黑龙江垦区统计年鉴

STATISTICAL YEARBOOK OF HEILONGJIANG STATE FARMS

2014

（总第二十二期 No. 22）

黑龙江省农垦总局统计局
国家统计局黑龙江农垦调查队 编

图书在版编目(CIP)数据

黑龙江垦区统计年鉴. 2014 / 黑龙江农垦总局统计局，国家统计局黑龙江农垦调查队编. -- 北京：中国统计出版社，2014.9
ISBN 978-7-5037-7106-4

Ⅰ. ①黑… Ⅱ. ①黑… ②国… Ⅲ. ①农垦地区 – 统计资料 – 黑龙江省 – 2014 – 年鉴 Ⅳ. ①C832.35-54

中国版本图书馆 CIP 数据核字(2014)第 129326 号

黑龙江垦区统计年鉴 – 2014

作　　者 / 黑龙江农垦总局统计局　国家统计局黑龙江农垦调查队
责任编辑 / 陈越月　韩军
责任校对 / 韩军　白国兴　于远滋　刘博　张斌　刘洲　张春艳　于春艳　徐子辉　姜波
封面设计 / 韩军　王秀芝
出版发行 / 中国统计出版社
地　　址 / 北京市丰台区西三环南路甲 6 号　邮政编码 /100073
电　　话 / 邮购(010)63376909　书店(010)68783171
网　　址 / http://csp.stats.gov.cn
印　　刷 / 黑龙江银手杖印务有限公司
经　　销 / 新华书店
开　　本 / 890mm × 1240mm　1/16
字　　数 / 1000　千字
印　　张 / 23.25 印张
版　　别 / 2014 年 9 月第 1 版
版　　次 / 2014 年 9 月第 1 次印刷
定　　价 / 320.00 元

如有印装差错，由本社发行部调换。

《黑龙江垦区统计年鉴-2014》

编委会和编辑人员

编委会

主　　任：谭占龙

副 主 任：李建明　王　峰　谢建辉

编　　委：（以姓氏笔画为序）

万良平　于　雷　王甲林　王克坚　王丛江　王建民
王学利　史桂霞　刘几何　朱建东　向世华　孙明义
张忠旭　张启新　张宏升　张凤格　冯建全　陈　智
杨　健　郝安林　周健龙　赵雅辰　郭宝松　钱柏莫
高起中　崔龙江　崔　萍　葛文杰　樊庆东　潘福田

编辑工作人员

总 编 辑：李建明

副总编辑：朱建东　黄　丰　秦莉萍　黄信梅

编辑人员：（以姓氏笔画为序）

于远滋　于春艳　王　彤　王相宇　王璐璋　白国兴
刘　洲　刘　博　西　洋　张春艳　张　斌　张　鸣
杨雪松　姜　波　徐子辉　韩　军　裴　蕾

责任编辑：韩　军　陈越月

装帧设计：朱建东　韩　军

资料提供人员

安仲才　康　欣　王镇波　陈红杰　朱金刚　甄美慧　李　雪
王智利　徐　斌　朱岩松　李程遥　周　秦　宋春明　李　铮
董瑞龙　蔡艳明　耿　东　王宏伟　陈　谅　祝海锋　吴伟民
孙东伟　李　宏　张印松　范曙光　董良福　刘国红　于建国
孙　革　曹晓娟　彭　涛　宿雪萍　祝　宏　刘宗瑞　侯杰男
孙　静　许秋荣　陈　艳　吕广辉　王　刚　张　涛　余　捷

出版发行：中国统计出版社

编 辑 说 明

一、《黑龙江垦区统计年鉴—2014》是一部全面反映黑龙江垦区经济和社会发展情况的资料性年刊，本书系统收录了全垦区和各管理局、总局直属单位、农牧场2013年经济和社会各方面的统计数据，以及历史重要年份的主要统计数据。

二、全书主要分16部分：特载(文字资料)；1.综合；2.国民经济核算；3.人口、就业人员和职工工资；4.固定资产投资；5.资源环境和能源；6人民生活；7.农林牧渔业；8.工业；9.建筑业；10.交通运输和通讯业；11.批发零售业和餐饮业；12.对外经济贸易；13.教育科技和文艺事业；14.卫生环保和其他；15.各农牧场和总局直属单位主要指标。各部分末附有主要统计指标解释。

三、本年鉴资料主要来自黑龙江省农垦总局2013年及以前各年度的统计年报、业务部门的统计年报和抽样调查资料，部分专业历史数据和资料来源口径有所调整，请留意表中注释。

四、本年鉴的编辑原则。由于各种原因，黑龙江垦区的管理体制几经变动，为了研究问题方便，在汇编全垦区历史性资料时，我们采取了现行管理体制口径，就是以2013年管理体制口径为准，凡是2013年以前划出的单位(农场或工厂等)，其统计数据，一律从其各年汇总的总计数据中扣除(包括追溯的部分指标历史数字)。本年鉴个别指标，由于数据来源和计算方法不同，当年资料总局数据与管理局的汇总数不等，请使用时注意。

五、本年鉴中所使用的度量衡单位均采用国际统一标准计量单位。

六、本年鉴根据出版的要求，标明2014年是出版年份，而资料截止于2013年底。

七、符号使用说明："…"表示数据不足本表计量单位；"空格"表示该项统计指标数据不详或无该项数据；"#"表示其中的主要项。

编　者

二〇一四年五月

目　　录

特　　载

一、综　合

二、国民经济核算

三、人口、就业人员和职工工资

四、固定资产投资

五、资源环境和能源

六、人民生活

七、农林牧渔业

八、工　　业

九、建筑业

十、交通运输和通讯业

十一、批发零售业和餐饮业

十二、对外经济贸易

十三、教育科技和文化事业

十四、卫生和其他

附录 各农牧场和总局直属单位基本情况

特载

全面深化改革　合力攻坚克难
不断谱写垦区科学发展新篇章

——在中共黑龙江省农垦总局委员会（扩大）会议上的报告

隋凤富

（2014年1月3日）

同志们：

现在，我代表总局党委向大会作报告。

这次会议的主题是：深入贯彻落实党的十八大、十八届三中全会和省委十一届四次全会精神，以两大平原现代农业综合配套改革先行先试为契机，按照“强工、兴城、优农”统筹发展方针，全面深化改革，合力攻坚克难，着力维护国家粮食安全，建设国家安全食品生产基地，加快全面建成小康社会，进一步开创垦区经济持续健康发展、社会和谐稳定的新局面。

一、回顾与总结

2013年，在党和国家的正确领导下，在省委省政府和农业部的关心支持下，总局党委团结带领垦区人民，坚持统筹发展，加快“四化”同步，切实转变作风，着力改善民生，经济社会继续保持平稳较快的发展态势，为全面深化改革奠定了坚实基础。预计全年实现地区生产总值1322亿元，同比增长12.5%；农场职工家庭人均纯收入22950元，同比增长13.5%。

（一）*粮食生产实现“十连增”，现代农业综合配套改革稳步推进。*全面启动两大平原现代农业综合配套改革试验区建设，发挥先行先试作用，为我省率先实现农业现代化积累经验、探索新路。克服“四涝”叠加的不利影响，战胜特大洪涝灾害，粮食总产达到424.2亿斤，实现“十连增”。农业基础建设进一步加强，水利工程投资突破20亿元，新增高标准农田90万亩，农业综合机械化率提高到98%。农业现代化与信息化加速融合，垦区被认定为“全国农业农村信息化示范基地”。畜牧业呈现转型升级发展态势，预计实现增加值152亿元，同比增长5.2%。森林垦区建设持续推进，生态经济型林业蓬勃发展。

（二）*工业经济快速增长，国家安全食品生产基地建设初显成效。*全力推进“强工”攻坚战，工业经济总体运行良好，预计实现全口径工业增加值255.5亿元，同比增长16.3%；全口径工业销售收入1300亿元，同比增长16%；全口径工业利润29亿元，与上年持平。新建、续建、改扩建一批产业项目，11个省重点产业项目顺利实施。33家省级以上重点产业化龙头企业生产形势向好，九三粮油工业集团和北大荒商贸集团销售收入双双突破400亿元。5个省级开发区和20个总局级工业园区吸引力、拉动力持续增强，入驻企业达到357家。农产品质量追溯系统已覆盖58个农场和企业，“三品一标”农产品扩展到9大类60余个品种。垦区33个产品荣列我省消费者最喜爱的百种有机、绿色、无公害食品榜单，其中九三大豆油位居榜首。北大荒品牌价值达到452亿元，在亚洲品牌排行榜中名列第165位。

（三）*城镇发展质量不断提升，承载拉动功能逐渐显现。*落实以人为本理念，推进农垦城镇向现代化、生态化迈进，城镇化率达到85.7%，人均住宅面积提高到31.5平方米。城镇及管理区绿化覆盖率达到39%。“三供两治一清洁”建设取得较快进展，新建给排水管道715公里，新增供热锅炉1091吨，新上垃圾处理项目19个、污水处理项目28个。城镇公共服务设施日臻完善，成为吸纳劳动力的“蓄水池”、产品流通的“周转站”、产业发展的“聚集地”。预计实现第三产业增加值347亿元，同比增长17%。旅游产业发展成效喜人，垦区被亚太环境保护协会评选为“全球百座避暑旅游名城”，全年接待游客561.2万人次，收入26.3亿元。

（四）*民生工程全面落实，和谐社会建设成果丰*

硕。继续实施“十大民生工程”，提升百姓幸福指数。新建农村公路 422 公里、市政道路 302 公里。开工建设保障性安居工程 4.8 万套，因灾受损房屋全部修缮完毕。新建饮水安全工程 96 处，又解决了 12.4 万人的饮水安全问题。建设清洁能源项目 12 个。完成造林绿化 11.7 万亩。文化惠民工程深入实施，让老百姓得到了精神文化上的诸多实惠。义务教育阶段学校全部通过标准化验收，国家现代农村职业教育改革试验区建设全面启动。创建示范社区卫生服务中心 9 所，“六位一体”社区卫生服务质量和水平进一步提高。覆盖全民社保体系基本建成，养老金实现按时足额发放。新增就业 3.6 万人，帮助 2.4 万名下岗人员实现再就业。最低生活保障标准提高到 450 元，月人均补差标准提高到 282 元。残疾人就业及保障金收缴工作取得新进展。2686 户职工家庭纳入“职工共同富裕行动”帮扶体系，在册困难和低收入家庭脱困脱低率达 94.5%。推进“法治垦区”“平安垦区”建设，依法行政能力显著增强，“三位一体”大调解工作体系进一步完善。坚持“抓源头”，做好信访工作，职工群众权益得到切实维护。安全生产形势持续稳定好转。充分调动各方面的积极性和创造性，统战、老干部、工会、共青团、残联、关工委、民兵和预备役等在和谐垦区建设中都发挥了重要作用。

（五）改革开放深入推进，体制机制活力进一步释放。规范土地承包管理，出台了《关于进一步完善土地承包制度加强农工负担监管的意见》，农工权益得到有效保障。积极发展新型农业经营主体，农工专业合作社发展到 2630 个，出资总额 79.3 亿元。北大荒集团总公司基本框架和法人治理结构进一步完善，资本运作取得重大突破，实现了融资模式多元化。建三江、九三管理委员会各项工作全面启动，运行顺畅，改革红利初步显现，当年实现税收 5.6 亿元，引进产业项目 19 个，吸引投资 136 亿元。外贸进出口呈现规模化、多元化发展趋势，进出口总额达到 25 亿美元，同比增长 4.2%。“走出去”步伐不断加快，合作项目涉及 23 个国家和地区，境外开发土地突破 300 万亩。垦地共建深入开展，农机“三代”作业、农技推广、龙头企业拉动基地面积均超过 5000 万亩。为周边农村开展农业保险 4000 万亩，赔付 8.1 亿元，在大灾之年最大程度减少了农民损失。

（六）思想文化工作卓有成效，向心力凝聚力进一步增强。以弘扬北大荒精神、践行北大荒核心价值观为主旨，广泛开展了北大荒历史、愿景和情感“三项教育”活动，增强了垦区干部群众的归属感和认同感，形成了“讲传统、明愿景、知感恩、勇超越”的浓厚氛围。通过评选“感动北大荒人物”和“十佳公仆”，树立起一大批先优人物和典型群体。深入开展“讲文明、树新风”、“三优”文明城镇、学雷锋志愿服务等精神文明创建活动，进一步提升了职工群众文明素养。加强文化遗产保护，着力开展了垦区文化资源抢救性发掘工作。强化文化主阵地建设，推动传统优秀文化资源数字化、网络化传播，增强了北大荒文化对外影响力。

（七）党的群众路线教育实践活动扎实开展，党建科学化水平全面提高。按照中央、省委统一部署，启动开展党的群众路线教育实践活动，制定出台了转变工作作风、密切联系群众九项规定，对群众反映强烈的“四风”问题进行了专项治理，全局性会议同比下降 50%，公文同比下降 30%，公务接待费用同比下降 38%，公务出国同比下降 70%，精简和下放行政审批事项 37 项，总局机关清理办公用房 650 平方米、违规公务用车 72 辆，赢得了人民群众好评。着力加强学习型、服务型、创新型领导班子和干部队伍建设，各级领导干部科学执政、民主执政、依法执政水平不断提高。继续深化干部人事制度改革，调整了农（牧）场和上市分公司正职管理办法。深入开展“创先争优”活动，进一步激发了基层党建的生机活力。大力实施“清风净土”工程，加强反腐倡廉宣传教育和廉政文化建设，完善惩治和预防腐败体系，严肃查处违纪违法案件，为垦区经济社会发展提供了坚强政治保障。

这些成就的取得，主要得益于党和国家的关怀支持，得益于省委、省政府和农业部的正确领导，得益于广大干部职工的共同努力。特别是，这些成就是在战胜特大洪涝灾害基础上取得的，殊为不易。在此，我代表总局党委、总局，向所有关注支持垦区发展的各级领导、各界人士，向为北大荒发展建立卓越功勋的老领导、老同志，向奋战在各条战线的垦区广大干部群众，表示衷心的感谢并致以崇高的敬意！

在肯定成绩的同时，我们还必须清醒地认识到，当前还存在一些问题和不足：近年来土地承包费上涨引发的矛盾比较突出，职工群众对捆绑收费意见很大；一些农场资金压力比较沉重，社保统筹难度加大；产业结构不尽合理，产业发展市场化程度不够；“三重一大”决策制度贯彻执行不力，存在特权行为；有的领导干部凌驾于组织之上、法律之上，出现的严重违法违纪问题，影响极其恶劣，权力制约监督体制机制仍需完善。

我们必须正视存在的矛盾和问题，坚持底线思维，增强危机意识和紧迫感，以更大的决心和勇气推动改革、赢得主动，开创垦区科学发展新局面。

二、2014年重点工作目标和任务

经过六十多年的开发建设，特别是近三十多年的改革发展，垦区面貌发生了翻天覆地的变化，各项事业取得了令人瞩目的巨大成就。这要归根于解放思想，得益于改革开放，有赖于创新实践。2014年是全面深化改革的开局年，也是全面完成“十二五”规划的关键年，机遇和挑战并存，改革与发展共进。站在新的历史起点上，我们必须把思想和行动统一到中央和省委的重大决策部署上来，以敢涉险滩、自我革新的勇气，踏石留印、抓铁有痕的劲头，凝聚全民力量，冲破思想障碍，打破利益藩篱，突破发展瓶颈，不断把垦区改革发展事业推向前进。

今年总的工作要求是：要以党的十八大、十八届三中全会和省委十一届四次全会精神为指针，围绕我省“五大规划”，按照“强工、兴城、优农”统筹发展方针，以维护国家粮食安全和食品安全为己任，以两大平原现代农业综合配套改革先行先试为重点，以农业产业化经营为导向，全面深化各项改革，着力构建新型农业经营体系，着力深化国有企业改革，着力改进社会治理方式，着力强化权力运行制约监督，进一步开创垦区科学发展的新局面。

2014年预期目标：保持经济增速10%，其中工业增速达到12.2%；固定资产投资额与上年持平；外贸进出口总额增长2.9%；农场职工家庭人均纯收入增长11%；实现粮食总产435亿斤。

三、服务国家粮食安全战略，推进现代化大农业建设

以保障国家粮食安全为核心，加快推进现代化大农业建设，努力走出一条生产技术先进、经营规模适度、市场竞争力强、生态环境可持续的新型农业现代化道路。

（一）巩固提高农业综合生产能力。加快推进两大平原现代农业综合配套改革试验区建设，力争先行先试取得重大成果。积极争取和落实国家农业支持保护政策，提高农工种粮积极性，让多生产粮食者多得补贴，把有限资金真正用在刀刃上。强化夯基础、调结构、增科技、上标准、强管理等措施落实，努力实现农业生产“十一连增”。抢抓政策机遇，全面推进三江平原、兴凯湖、青龙山等灌区建设。新增高标准农田97.5万亩。加大农机投入，优化农机结构，使农业综合机械化率保持在98%以上。发展农用航空，努力提高航化作业对两大平原的覆盖能力。加快质量效益型畜牧业发展步伐，再打造2个国际水平的现代化畜牧养殖示范区，创建10个国家级标准化示范牧场。

（二）进一步完善规范土地承包制度。稳定土地承包关系，进一步规范“两田一地”制度，认真执行“基本田”配置标准，科学确定“规模田”承包规模，严格控制“机动地”规模。通过“基本田”的定项收费和“规模田”的控制收费，加强农工负担监管。禁止通过行政手段强行摊派、强制服务收费，禁止将涉农公益性服务变成有偿服务，禁止将经营性服务等收费与土地承包费捆绑收缴。依法规范土地承包合同管理，公示土地承包收费。规范基本田和规模田流转。

（三）积极培育新型农业经营主体。完善以家庭农场为基础的统分结合双层经营体制，加快构建家庭经营、合作经营、企业经营共同发展的新型农业经营体系，让农业经营有效益，让农业成为有奔头的产业。加快培育新型农业经营主体，重点发展农工合作组织，促进规模化、专业化和现代化经营，提高社会化服务水平，力争合作组织覆盖耕地的面积扩大到40%以上。加强典型示范、政策引导，命名一批示范合作社。把培养青年农工纳入垦区实用人才培养计划，不断提高农工素质，造就新型职业农工队伍，让农工成为体面的职业。

（四）强力实施农业“走出去”战略。发挥垦区现代农业基础优势，走出垦区、走出国门谋发展。制定“走出去”中长期规划和年度计划，充分利用好两个市场、两种资源，加快境外农业开发。积极争取国家政策支持，实施好委内瑞拉双边农业合作、丰缘集团澳大利亚土地开发、新友谊农场建设等项目。对接落实国家农业技术示范援助项目，提高援助国的农业种植水平和粮食产量，搭建合作共赢、可持续发展平台。深入推进垦地合作共建，完成农机“三代”作业、农技推广、龙头企业拉动基地面积各5000万亩，推广良种面积3500万亩，农业保险覆盖农村面积4000万亩。

四、深化国有企业改革，创新农业产业化经营机制

以深化国有企业改革为抓手，进一步增强工业发展活力，加快由农业生产向农业产业化经营跨越，全面实现三年攻坚战奋斗目标。全口径工业销售收入达到1500亿元以上，工业增加值占生产总值的比重达到20%以上。

（一）加快国有企业改革。整合资源，合理调整国有经济战略布局。进一步推动国有企业产权多元化，积极引进战略投资者，鼓励非公有制企业参与国企改革，发展混合所有制经济。建立和完善现代企业制度，健全公司法人治理结构，强化经营责任追究，提高经营决策的科学化、规范化水平，推进企业治理转型升级。建立适应市场要求的用人制度，提高企业经营管理者市场化选聘比例。

（二）推进经营机制创新。充分发挥市场在资源配置中的决定性作用，创新龙头企业与原料基地产业化联结机制，鼓励龙头企业吸收核心基地农场、农工合作社、家庭农场等以资金、土地、设备、技术等要素入股，实现利益共享、风险共担。创新垦区现代绿色食品营销体系建设，以消费者为导向，推动营销模式向直销和电子商务转变，实现营销管理扁平化。建立产学研协同创新机制，强化企业技术创新主体地位，发挥龙头企业骨干作用，激发创新活力。完善科技成果转化服务体系，发展技术市场，加强知识产权保护和运用。

（三）加强国有资产监管。完善国有资产管理体制，发挥北大荒集团总公司作用，加大资本市场融资和产权交易力度，通过兼并或分立、合资合作、公司制改建、培育上市公司等多种形式，增强资本运营能力，实现国有资本保值增值。建立健全总局出资企业的投资管理、财务管理、产权管理、风险管理、业绩评估等专项制度。

（四）发展非公有制经济。坚持权利平等、机会平等、规则平等原则，促进非公有制经济发展。实行统一的市场准入制度，科学制定“负面清单”，允许各类市场主体依法平等进入“负面清单”之外领域。搞好各类工业园区基础设施建设，搭建服务平台，为中小微企业发展营造优良环境。切实发挥北大荒担保公司作用，改善融资条件。

五、提高城镇化水平，建设美丽北大荒

认真落实国家新农村建设和农业部“美丽乡村”创建活动部署，以人为核心，提高城镇化发展质量，加快城乡一体化进程，全面打造宜居、宜产、宜游的美丽北大荒。

（一）提高城镇建设水平。进一步完善“四五”城镇体系规划，做到一张蓝图抓到底。按照尊重自然、顺应自然、天人合一的理念，打造垦区美丽新城镇。要节约集约用地，控制开发强度，优先解决存量，有序引导增量，决不能无节制扩大建设用地。用好九三、建三江管委会税费政策，推进新兴城市建设提档升级。充分利用公益事业建设一事一议财政奖补政策，按照垦区美丽乡村建设三年行动计划，做好管理区规划与建设。深入实施十大民生工程，加强以“三供两治一清洁”为重点的城镇基础设施建设，以交通、教育、卫生、文化、体育、金融等为重点的公共服务设施建设，使垦区人民生活更便捷、生产更高效。

（二）创新城镇管理体制机制。按照创建“三优”文明城市要求，提高公共服务水平，建立具有垦区特色的城镇管理模式。建立市场化运营机制，鼓励企业、社会团体或个人参与城镇基础设施和公益设施建设管理。以建三江、红兴隆管理局为试点，逐步推进城镇数字化管理。完善城镇社区综合服务中心，实行一站式管理、一条龙服务。科学设置城镇公共管理机构，争取赋予其执法主体资格，促进依法治城。加强城镇管理人才队伍建设，重点引进专业型人才，提高城镇管理水平。按照国家户籍改革要求，建立符合垦区实际的户籍制度。

（三）提升城镇文明程度。注重培育特色文化城镇，充分挖掘文化资源，认真梳理文化脉络，把农垦城镇打造成为弘扬北大荒文化的基地。坚持因势利导、多措并举，提升城镇居民文明素养。切实优化城镇软环境，以博物馆、图书馆、文体馆、文化广场等为载体，不断丰富职工群众精神文化生活。深入开展“文明城镇、文明社区、文明楼道、文明户”评比创建活动，引导职工群众形成文明、健康的生产生活方式。

（四）打造生态宜居环境。坚持走城镇化与生态化并举道路，发挥垦区自然优势、环境优势和生态优势，着力建设优美宜居的园林城镇、滨水城镇和生态城镇。秉承“绿色、低碳、节能”理念，加强农业面源污染防治，搞好工业清洁生产，发展低碳循环经济，让垦区人民享受更洁净的空气、更明媚的阳光、更舒适的环境。加强国家级、省级自然保护区和湿地监督管理，搞好宝泉岭、建三江国家生态文明示范区试点建设，把垦区良好的生态资源转化为职工群众共享的“绿色福利”。

六、转变行政管理职能，改进社会治理方式

创新行政管理方式，提高社会治理水平，确保人民安居乐业、社会安定有序。

（一）转变行政管理方式。承接落实好《黑龙江省垦区条例》赋予的各项行政管理职能，推动垦区行政管理向创造良好发展环境、提供优质公共服务、维护社会公平正义转变。深化行政审批制度改革，简政放权，行政审批项目要取消和下放三分之一以上。规范压缩行政自由裁量权，落实行政执法责任制。建立高效行政运转机制，优化职能配置，推进机构编制管理

科学化与规范化，做到事有人管、责有人负、相互协调、运转流畅。稳定和完善财务管理，探索建立内部政企分开的财政、财务管理体制，积极争取将垦区社会管理和公共服务纳入中央财政保障范围。继续加强电子政务建设，提高管理效率和服务水平。

（二）推进社会事业改革。按照保基本、强基层、建机制要求，推进社会事业改革创新。深化教育领域综合改革，建立经费保障机制，加大公办幼儿园建设力度，引导社会力量举办学前教育，支持提供普惠型服务，促进教育公平。推进医疗卫生体系综合改革，整合区域医疗卫生服务资源，健全农场社区卫生服务运行机制，加快推进农（牧）场和管理区医疗机构一体化管理。探索将垦区基层医疗卫生机构纳入事业单位管理，鼓励和引进医疗卫生人才到基层服务。构建更加公平可持续的社会保障制度，积极争取上级政策支持，加强社会保险扩面征缴工作，做到应保尽保。研究建立职工医疗保险总局级统筹制度。完善社会救助制度，提高最低生活保障能力、社会救助能力和综合养老能力。加强残疾人社会保障和服务体系建设，提高残疾人就业生活保障能力。

（三）提高社会治理水平。以“法治垦区”建设为基本方略，全面贯彻《黑龙江垦区依法治垦纲要》，着力营造公正高效的法治环境。积极稳妥推进垦区司法体制改革。以“平安垦区”建设为载体，大力推动社会管理创新，为构建和谐社会、构筑幸福民生提供安全稳定的社会环境。进一步加强基层群防群治自治组织建设，引导社会力量参与社区服务管理。探索建立以社区为平台、以居委会为枢纽，以社会组织为支撑的“三社联动”工作机制，构建良性互动社会治理模式。健全应急管理体系，提高预防和应对突发公共事件能力。加强安全监管、预防、排查和治理，杜绝重大安全事故发生。严密防范和依法惩治违法犯罪活动，营造安全有序、稳定和谐的社会氛围。

（四）积极化解社会矛盾。切实加强治安防控体系建设，做到预防为主、防控结合，努力把问题和矛盾解决在源头，化解在基层。建立健全党委主导的维护群众权益机制，畅通群众诉求表达、利益协调、权益保障渠道，使群众问题能反映、矛盾能化解、权益有保障。加强和改进信访工作，促进涉法涉诉信访依法终结。搭建基层调处化解矛盾综合性平台，构建人民调解、行政调解、司法调解联动的工作体系。健全行政复议体制，纠正违法或不当行政行为。积极排查化解社会矛盾，搞好重点人群和特殊人群服务管理，做好“三重一大”社会风险评估，保持垦区社会大局稳定。

七、注重宣传思想文化引领，汇聚改革发展的强大力量

按照中央关于培育和践行社会主义核心价值观的意见，弘扬北大荒精神，践行北大荒核心价值观，为推进垦区改革发展提供有力的舆论支撑和思想保障。

（一）加强宣传思想教育，把握主流舆论导向。各级党委要切实负起宣传思想工作和意识形态工作的领导责任，牢牢掌握宣传思想工作的领导权和主动权，着力构建“大宣传”的工作格局。党政主要负责同志要带头抓意识形态工作，批评、驳斥错误的、偏激的思想言论，把握舆论导向。要切实把网上舆情工作摆上重要位置，建立健全网络宣传、管理的组织机构和人员队伍，引领网络风气，传递正能量。要从服务群众出发，充分发挥正面宣传鼓舞人、激励人的作用，提升主流思想舆论的影响力、引导力。

（二）传承北大荒精神，践行北大荒核心价值观。要提高北大荒精神和北大荒核心价值观的吸引力和感染力，使之成为垦区人民自觉遵守的道德准则和行为规范，激励北大荒人在艰苦条件下奋发向上、自强不息，在市场竞争中互利共赢、和谐发展。深入实施公民道德建设工程，加强社会公德、职业道德、家庭美德和个人品德建设，积极宣传先进典型，组织好学雷锋志愿服务等活动，着力培育良好的社会风尚。要深化北大荒历史、情感、愿景“三项教育”活动，让新老北大荒人更多地了解北大荒的历史，认同北大荒的文化，坚守住北大荒的根和魂。

（三）巩固壮大宣传思想文化主阵地，积极推进文化创新。各大媒体、文艺社团组织要准确定位、发挥作用，围绕总局党委中心工作，聚焦改革发展重大成就，关注民生热点难点问题，坚守主阵地，把握主动权，唱响主旋律。新闻、文艺工作者要树立群众意识，深化“走转改”，广泛接地气，把党的路线、方针、政策传播到职工群众中间。加强宣传平台建设，加快推进“三网融合”，开通垦区政务微博、微信平台，用好管好新兴媒体，及时准确传播主流声音。鼓励发展有垦区特色的现代文化产业，促进垦区文化旅游和文化创意产业发展。

（四）加强对外宣传交流，扩大北大荒影响力。适应新媒体时代需要，加强外宣工作，着力在创新理念、创新手段上下功夫，构建起具有北大荒特色、能打动世人的话语体系，把一个真实的、开放的、发展的北大荒充分展示出来，让更多的人了解北大荒、关注北大荒。大力实施文化“走出去”工程，进一步加强与中外主流媒体的合作交流，展示北大荒特色，传播北大荒声音，讲述北大荒故事，树立北大荒形象。

八、着力推进党风廉政建设，强化权力运行制约监督

社会向往公平，民心向往公正，人民呼唤清廉。各级党委要坚定不移反对腐败，坚定不移转变作风，营造“清风净土”，建设“廉洁北大荒”。

（一）加强惩治和预防腐败体系建设。认真贯彻落实中央惩防腐败体系工作规划，结合垦区实际构建惩防腐败体系。坚持党要管党、从严治党，加强党委对党风廉政建设和反腐败工作的统一领导，健全完善反腐败领导体制和工作机制，严格执行党风廉政建设责任制，切实落实党委主体责任、纪委监督责任和相关部门工作责任，加大责任追究力度。落实纪律检查体制改革要求，创新反腐败体制机制，加强和改进垦区纪检监察工作，切实发挥好纪律检查和行政监察机关的作用。对领导干部违纪违法案件要严肃查办，对涉及民生方面的突出问题要坚决惩治，对以权谋私、吃拿卡要等行为要坚决查处。

（二）坚持不懈抓好党的作风建设。持续推进改进作风的常态化、长效化、制度化，以优良作风为垦区全面深化改革保驾护航。严明党的纪律，从严抓好党风，持之以恒落实好中央八项规定、省委九项规定，坚决纠正“四风”。坚持对党员干部严格要求、严格教育、严格管理、严格监督，大力弘扬优良传统作风，树立党员干部“为民、务实、清廉”形象，进一步密切党同人民群众的血肉联系。结合垦情改革政绩考核机制，加大民生改善、社会进步、生态效益、作风转变等指标的权重。健全民主考评选任机制，把群众满意度作为干部考评选任的重要标准，真正实现“问绩于民”。

（三）切实加强对权力的制约和监督。加强体制机制创新，严格执行“三重一大”决策机制，完善职工代表大会制度，深化场（厂）务公开工作，形成符合垦情、科学有效的权力运行监督体系，让权力在阳光下运行。明确各级党政主要领导职责权限，加强和改进对主要领导干部的权力制约和监督。发挥审计、监察等部门的作用，通过“织网建笼”，有效防止权力失控、决策失误、行为失范。充分发挥惩治腐败的震慑作用，始终保持惩治腐败的高压态势，坚持有腐必惩、有贪必肃，坚决查处领导干部违纪违法案件，切实解决发生在群众身边的腐败问题。

（四）广泛深入开展“三廉”活动。强化以述廉、评廉、考廉为主要内容的管理和监督机制，促进干部廉洁自律。一是“公开述廉”。各级领导班子和领导干部应每年一次在党委会或在中层以上干部会议上进行述廉。二是“民主评廉”。对领导班子和干部的述廉情况进行民主测评。对“好”和“较好”满意率低于70%的领导干部，要进行诫勉谈话。三是“定期考廉”。在述廉、评廉基础上，对各级党员领导干部学习党纪政纪法规的情况进行定期测试，不及格者直接亮黄牌。对新任领导干部实行任前考廉制度，不及格者不能提拔。通过开展“三廉”活动，增强各级党员领导干部的廉洁自律和主动接受监督意识，始终做到脑中有弦、心中有度、脚下有根。

九、加强和改善党的领导，为科学发展提供有力的组织保障

加强和改善党的领导，是全面深化改革的关键。必须充分发挥各级党委的领导核心作用、基层党组织的战斗堡垒作用和党员的先锋模范作用，确保垦区各项改革发展事业有序推进。

（一）加强领导班子建设。坚持党管干部原则，深化干部人事制度改革，构建有效管用、简便易行的选人用人机制，使各方面干部充分涌现。始终把握正确用人导向，坚持德才兼备、以德为先的原则，注重选拔信念坚定、为民服务、勤政务实、敢于担当、清正廉洁的干部，配齐配强各级党委班子。优化领导班子年龄结构，用好各年龄段干部。着力加强领导班子和干部队伍建设，提高服务科学发展的能力和水平。进一步发挥党组织领导和把关作用，坚持和完善民主推荐，改进干部考察，规范公开选拔和竞争上岗，从严把握破格提拔，完善干部交流回避，严明干部选拔任用工作纪律，努力建设一支政策水平高、专业能力强、实践经验丰富、善于改革创新的领导干部队伍。

（二）创新基层党组织建设。认真落实党建工作责任制，完善总局、管理局、农（牧）场三级“联述联评联考”制度。围绕创建党的建设模范区，进一步强化农场、管理区、社区、国有企业和事业单位的党组织建设，加大非公有制经济组织、社会组织党建工作力度，扩大党组织覆盖面。加强基层服务型党组织建设，把工作重心转移到服务改革、服务发展、服务民生、服务群众和服务党员上来。建设好基层党组织带头人队伍，将服务百姓意识强、引领致富能力强的骨干力量充实到基层领导岗位上来。加强党员队伍建设，引导广大党员积极投身改革事业，为全面深化改革作贡献。

（三）加强人才队伍建设。认真贯彻落实国家和省中长期人才发展纲要，深入实施“人才强垦”战略，培养和造就结构优化、素质优良、效能明显的垦区人才队伍。遵循市场经济规律和人才成长规律，加快人才发展体制机制改革和政策创新。建立产学研战略联盟，支持企业与高等院校、科研院所联合培养高层次人才。持之以恒抓好“百千万”人才工程，有计划地引进一批企业高级管理人才、高层次科技人才和关键岗位专业技术人才。鼓励人才向基层、向艰苦地区和岗位流动、在一线创业。用好用活本地人才，建立“专业技术人才基金”，设立“拔尖人才”奖项，激励各类人才脱颖而出，为垦区可持续发展积蓄后备人才力量。

（四）深入扎实开展好党的群众路线教育实践活动。继续巩固第一批教育实践活动的成果，扎实搞好第二批教育实践活动。要超前谋划，精心部署，认真开展好学习教育、整改落实、整章建制等环节工作。要借鉴第一批教育实践活动的经验，加强舆论引导，树立一批叫得响、立得住、群众公认的“为民、务实、清廉”先进典型，用身边事教育身边人，推动第二批教育实践活动不断预热升温。对已经查找出来的“四风”问题，要坚持边学边改、边查边改，确保教育实践活动不偏、不空、不虚，以作风建设的新成效凝聚起全面深化改革的强大力量。

同志们，让我们紧密团结在以习近平同志为总书记的党中央周围，在省委省政府和农业部的坚强领导下，团结带领全垦区人民，进一步解放思想，振奋精神，开拓进取，扎实工作，不断谱写垦区科学发展更加壮美的新篇章！

在总局党委(扩大)会议上的总结讲话

王有国

(2014年1月3日)

同志们:

总局党委(扩大)会议历时一天,圆满完成了各项预定议程,现在就要结束了。

这次会议,是在垦区上下深入贯彻落实党的十八大、十八届三中全会和省委十一届四次全会精神,加快推进改革创新的新形势下召开的一次重要会议。会议自始至终突出了“全面深化改革,合力攻坚克难,不断谱写垦区科学发展新篇章”这个主题。特别是凤富书记代表总局党委所做的《报告》,使我们进一步认清了形势,明确了任务,凝聚了共识,坚定了信念,为垦区上下全面把握机遇,强化自觉自信,推进改革发展,奠定了坚实基础。

今天下午,会议代表对《报告》进行了分组讨论。大家一致认为,凤富书记所做的《报告》,凝练务实,内涵丰富,完全符合中央和省委精神,切合垦区改革发展实际,顺应职工群众所思所想所盼,具有很强的实践指导性,是推进垦区更好更快发展的纲领性文件。代表们本着对垦区事业高度负责的精神,对《报告》提出了一些很好的意见和建议,会后我们将组织相关部门认真研究,积极吸纳。

总体看,这次党委(扩大)会议有三个特点:

一是民意体现充分。这次党委(扩大)会议是一次重民意、集民智、聚民心的大会。会前,总局党委先后派出了13个专题调研组,深入各管理局、农(牧)场和龙头企业征求意见建议。报告起草期间,又广泛吸纳了各级党员干部、职工群众,特别是离退休老领导、老专家的意见建议,为总局党委科学决策、深入谋划今年各项工作奠定了坚实基础。

二是改革主题突出。这次党委(扩大)会议是一次改革方向明确、措施得力的大会。会议紧紧围绕省委提出的“五大规划”,尤其是两大平原现代农业综合配套改革试验区建设,提出了七大方面的改革创新任务,着力推动垦区经济提质增效升级,社会和谐稳定发展,体现出总局党委敢于突破、勇往直前的深谋远虑与责任担当。

三是会风节俭务实。这次党委(扩大)会议是一次厉行节俭、高效务实的大会。大会认真贯彻落实中央关于转变作风的各项规定,缩简了会议规模和经费开支,议程首次压缩到一天,视频同步开通到管理局、农场、佳办和浩化公司分会场,务实高效节俭之风贯穿始终。

在大家的共同努力下,这次会议已经达到预期目的,取得了圆满成功。我们一定要牢牢把握会议精神,把总局党委部署的各项任务传达好、贯彻好、落实好。下面我重点讲四点意见。

一、贯彻落实总局党委(扩大)会议精神,要更加注重方式、方法、节奏和效果

一是要认真研读凤富书记所作的工作报告。《报告》描绘了垦区未来改革发展的新蓝图,实现了上级精神的垦区化和具体化。要深刻理解和把握好《报告》的精髓:中心就是贯彻落实党的十八届三中全会精神;主题就是“全面深化改革”;机遇就是我省实施“五大规划”,特别是推进两大平原现代农业综合配套改革试验;导向就是全面实现由农业生产向农业产业化经营的跨越;着力点就是构建新型农业经营体系,深化国有企业改革,提高城镇化水平,改进社会治理方式,壮大北大荒文化软实力,强化权力运行制约监督,加强改善党的领导。各单位各部门要紧紧围绕总局党委的战略部署,迅速找准位置,明确任务,确定方法,把握节奏抓紧推进。

二是要认真研判形势广谋发展良策。当前,垦区发展处在农业产业化升级跨越的转折期,率先全面建成小康社会的关键期。在改革与发展共进、机遇和挑战并存的新形势下,各单位要结合会议精神,抓住具有导向性的重大问题和方针政策,迅速对号入座,加紧对接落实。

三是要认真研究先进典型学以致用。这次会议印发了8个方面典型经验交流材料，从不同侧面展示了垦区改革发展的主要成果。各单位要从先进典型身上得到有益的启迪和借鉴，在真抓实干、求实创新上狠下功夫，在更加注重质量效益上狠下功夫。

二、贯彻落实总局党委（扩大）会议精神，要聚焦突出问题

习近平总书记指出，“改革是由问题倒逼而产生，又在不断解决问题中而深化”。凤富书记在《报告》中提出，“我们必须正视存在的矛盾和问题，坚持底线思维，增强危机意识和紧迫感”。

当前，总局机关及所属单位党的群众路线教育实践活动正进入整章建制阶段，方案已经制定，任务已经明确，核心是切实抓整改，从严抓整改。特别是在公务用车、办公用房、“三公”经费支出等方面，要严格按中央要求执行。对上级的明确要求，决不允许“上有政策、下有对策”，决不允许有令不行、有禁不止，决不允许在贯彻执行上打折扣、做选择、搞变通。对重大问题，要强化程序观念，该报告的必须报告，该打招呼必须打招呼，该履行的职责必须履行，该承担的责任必须承担，少些“迈过锅台上炕”的做法，少些“事后诸葛亮”的行为。

要坚决杜绝“小金库”和“账外账”，层层递交承诺书。要坚决遏制挤占挪用专项资金，主管部门必须加强审核把关，做好跟踪检查。切实加强审计监督、司法监督，落实严格的问责制，对严重违规违纪问题，依法依纪严肃追究。要不唯GDP论，更加注重质量效益，真正发挥市场在资源配置中的决定性作用。

三、贯彻落实总局党委（扩大）会议精神，要突出抓好的几方面工作

垦区改革发展路线图已经明晰，我们要按照总局党委决策部署，以现代农业综合配套改革先行先试为重点，以打造全产业链为方向，以建设美丽北大荒为目标，以更好保障和改善民生为根本，推动垦区经济社会持续健康发展。

（一）以两大平原综合配套改革为重点，巩固提高现代农业综合生产能力

总书记在中央农村工作会议上指出，“悠悠万事，吃饭为大”，“中国人的饭碗任何时候都要牢牢端在自己手上，我们的饭碗应该主要装中国粮”，“保障国家粮食安全是一个永恒的课题，任何时候这根弦都不能松。抓农业工作，首先要抓好粮食生产”。省委书记王宪魁在两大平原现代农业综合配套改革启动大会上指出，“要充分发挥农垦体制机制优势，在改革发展中，走在前列，做出表率”。生产粮食是垦区的根本使命，保障国家粮食安全是垦区的天职。继续巩固提高农业综合生产能力，就要充分发挥垦区独特优势，把那些农民想干干不了，农民能做做不好的事做好，真正起到引领作用。

一要大力兴修水利，为农业可持续发展奠定基础。全力推进三江平原灌区建设，完成兴凯湖灌区和青龙山灌区后续工程，今年力争完成绥滨、二九〇、饶河灌区工程，以及江萝、勤得利、八五九灌区近期工程。要高标准推进“节水增粮行动”，充分考虑西部马铃薯种植基地发展需求，因地制宜发展各类高效节水灌溉工程。要大力实施松花江、嫩江、黑龙江干流重点堤段达标工程建设，特别是要全面推进水毁工程修复，有效提高防洪、除涝、抗旱保障能力。

二要加大农业机械装备投入，为粮食增产提供动力支撑。加快农机换代更新步伐，进一步优化升级农机装备结构，农机化率保持在98%以上。在此基础上，加快发展农业航空，重点做好利用美国政府贷款项目购置农用飞机收尾工作，确保年底全部到位。全力推进肇东航空站建设，力争年内投入运营，提高航化作业对两大平原的覆盖能力。进一步搞好农机跨区作业，积极支持与地方共建农机合作社，提高农业机械使用效率和产出效益，农机跨区作业面积突破5000万亩。

三要加快高标准农田建设，为粮食增产提供基本保障。从今年起，将农业综合开发资金重点投向高标准农田建设项目，力争在2020年前，完成中低产田改造，建成全面积高标准农田。要继续优化种植结构，稳步扩大水稻、玉米等高产高效优质粮食作物种植面积。引进适合垦区三、四积温带早熟、抗冷害、优质水稻品种，努力提高水稻品质。积极开展高密度玉米栽培试验和玉米“吨田”栽培技术示范，进一步挖掘玉米单产潜力。在哈尔滨、绥化、齐齐哈尔等管理局及城郊农场，加快发展设施高效农业，提高土地产出率和资源利用率。

四要推进现代畜牧业发展，有效提高农业附加值。没有畜牧业的农业是不完整的农业，没有畜牧业的现代化就是不完整的农业现代化。发展现代畜牧业，是落实省委省政府发展食品产业战略的必然需要，更是职工群众拓宽增收渠道的现实需要。要抓好奶源基地与龙头企业的有效衔接，促进垦区奶源基地合理布局，保证完达山乳业有充足优质的奶源供应。通过股份制、公司制、规模养殖户、合作社等多种形式，推进现代标准化牧场建设，加速规模化经营步

伐。要抓好苜蓿草示范基地建设，加快草原土地流转，实现苜蓿机械化、标准化、规模化高产高效种植。

（二）以打造全产业链为方向，全力推进农业产业化经营

省委省政府要求垦区在进一步巩固提高农业综合生产能力的基础上，全面实现由农业生产向农业产业化经营的跨越。如何完成这个新跨越，就是要牢牢把握我省大力发展食品产业的机遇，发挥垦区优势，打造全产业链，把更多的农产品端上全国人民的餐桌，叫响“北大荒”品牌。

一要明确分工定位。形成全产业链的前提，就是要坚持以市场为导向，调整优化产业分工，让资源在各环节的配置更加合理、更加高效。总局和各管理局是全产业链的“中枢”，主要负责顶层设计，抓好产业规划、产业布局和产业结构宏观调整。农场是全产业链的“源头”，重点抓好种植业和养殖业。习近平总书记在中央农村工作会议中指出：“食品安全，首先是产出来的”，建设国家安全食品基地，重在“种”和“养”。为龙头企业稳定提供安全、绿色、优质原料是农场的责任。要强化企业与农户的利益联结，让农户分享更多加工环节带来的利润。龙头企业是全产业链的“主干”，上联市场，下联基地，要创新经营模式，整合营销渠道，实现“从田间到餐桌”的全产业链贯通。

二要深化国企改革。国有企业一直是垦区经济的主要支柱，充分发挥国有企业的带动力和影响力一直是我们的主攻方向。但是，国有企业存在着经营者与所有者之间信息不对称、激励不相容和责任不对等的问题，致使国有企业效率低下。构筑现代企业制度的核心是创造一个公平竞争的市场环境。有了这种外部市场环境，并改进企业内部的管理体制，国有企业也可以是有效率的。

要引进战略投资者。积极发展混合所有制经济。强化国有企业董事会建设。加强企业管理。有效化解债务风险。积极盘活存量资产。降低应收账款和库存。以销定产，提高达产率和利润率。强化国有企业经营投资责任追究，完善国有企业考核监管方式。加快推进企业用人制度市场化改革，提高企业市场营销、研发、管理等关键技术岗位和企业经理人市场化选聘比例。

三要整合营销网络。加快构建垦区绿色食品产业现代营销体系，确保农产品产得出、销得畅、卖上价。重点打造两种营销模式。一是“三企两线一中心”直销模式。以九三粮油工业集团、完达山乳业、北大荒商贸集团三家企业为重点，在省会以上中心城市，采取混合所有制的方式分别建设粮油食品和乳制品直营店，整合所在城市物流资源，建设统一的物流配送中心。同时，逐步在中心城市的卫星城建设产品分装厂和仓储配送中心，实现厂库合一，有效降低物流成本，促进资源配置最优化。二是电子商务营销模式。充分利用淘宝、天猫、京东商城、当当网等全国知名网购平台，开办北大荒绿色食品旗舰店，力争三年内实现国内市场网络营销配送全覆盖。通过两种模式的打造，带动垦区食品产业逐步由传统代理营销向“直销＋电子商务”转型，产品包装仓储从产区向销区前移转型，营销管理由多级汇总向扁平管控、区域中心配送转型。

四要放大主营业务。垦区的主营业务就是粮食产业和食品产业，要围绕上下游链条，做强“米面油乳肉”等十大支柱及种业、保险等相关产业。抢抓完达山进入国家婴幼儿配方粉民族品牌重点企业的机遇，推进完达山企业内部重组，做强乳制品产业。加快发展油脂产业，在保证非转基因大豆原料的基础上，加大省内企业生产量，增加小包装产品，叫响九三非转基因品牌。做大做强马铃薯产业，打造种薯、淀粉、全粉、终端食品、副产品综合利用的马铃薯产业链，继续保持行业排头兵地位。大力发展小麦产业，稳步扩大域外种植基地，加快谷朊粉项目联动投产，全面激活小麦加工产业。着力促进肉业发展，在巩固提高肉牛、生猪产业的基础上，建设好白羽肉鸡产业项目。不断壮大种子产业，着力推进北大荒垦丰种业上市工作，拓展国内黄淮海夏作区和长江流域水稻区的业务，加强与国际著名种子研发经营机构合作，尽快构建具有国际竞争力的育繁推一体化种业强企。进一步扩大农业保险覆盖面，积极开发保险产品，为农业现代化提供安全保障。

（三）以建设美丽北大荒为目标，继续推进城镇化建设提档升级

我们要按照中央城镇化工作会议部署，围绕农业部“美丽乡村”创建活动总体安排，着力推进以人为核心的城镇化，努力形成城镇化与农业现代化、新型工业化以及信息化相互协调的发展模式。

一抓干净、无死角。乡村美不美，干净是第一位的。不可能想象，连干净都做不到，谈何美丽。干净不能只是表面干净，要全方位干净。有的正街干净，背街下不去脚。有的院子干净，屋里下不去脚。干净是衡量一个单位领导基本素质和基本素养的具体体现。用过得去、差不多的眼光来衡量，把干净当成“不

顶吃不顶喝”的事，就不可能建成美丽乡村、优美城镇。领导眼中要有活，要有标准，哪怕一张纸、一个烟头、一根草棍都不能放过。要大力开展文明示范单位、文明楼栋、文明小区创建活动，提高居民文明素养，展示北大荒人自信文明的精神风貌。

二抓特色、上品位。农垦的特色是农业。国有农场是现代农场，现代化的国有农场是我们的基本特色，世界一流的现代国有农场是我们的品位。农场不是农村，当然也不是城市，是实现了城镇化的现代农场。场与场之间也不能整齐划一，要依据各自的自然地理环境，实行差异化建设，可以引进，但要有特色。从一屋一房风格，到整体布局，都要精心设计、精密施工、精细管理，形成模式多样、特色突出的“优美城镇”格局。

三抓基础、求宜居。城镇建设的核心是“以人为本”，舒适宜居是目标。总局要全面规划城镇基础设施建设方案，依据轻重缓急安排各局直、农场的给水、排水、供电、供热、供气、垃圾处理、污水处理等项目，提升城镇基本功能。完善博物馆、图书馆、文体馆功能，推进城镇数字化管理，促进信息化与城镇化有效融合，进一步使农场城镇化提档升级。

四抓试点、寻突破。切实抓好建三江、九三两个管委会税费政策改革试点，寻求垦区在税费政策方面的新突破；抓好建三江、红兴隆城镇数字化管理试点，寻求信息化与新型城镇化融合的新突破；抓好宝泉岭、建三江国家生态文明示范区建设试点，寻求让垦区人民共享“绿色福利”的新突破。

（四）以更好保障和改善民生为根本，提高社会事业发展水平

十大民生工程是总局党委确保发展成果惠及职工群众的具体体现，必须一以贯之抓好落实。要充分发挥“路、住、水、能、树，文、教、卫、保、富”等工程的集成效应，统筹协调，形成合力，提升北大荒人民的幸福指数。

今年新建农村公路通畅里程 400 公里、通达工程 500 公里。集中全力确保完成 4 万套保障性住房历史欠账任务。再解决 12 万人口的饮水安全问题。新建生物质能源工程 10 项，新增清洁能源用户 1.8 万户。建设防护林 6 万亩，巩固退耕还林成果后续产业工程 64 处。继续实施文化惠民工程，加强文化信息资源镜像库建设。优化基础教育，加快信息化建设，实现 90%学校班班通；做强职业教育，开展从业人员培训，农业劳动力培训面达 60%以上。农场级以下公办医疗机构，实行基本药物零差率制度。进一步完善垦区社会保险体系，加强扩面征缴，规范低保管理，建立与经济水平发展相适应的增长机制和分类施保制度，确保动态管理下的应保尽保。

全方位拓宽职工增收渠道，逐步构建起橄榄型分配格局。通过发展家庭林场、牧场，提高经营性收入；通过加快发展现代服务业，做大做强旅游业，增加工资性收入；通过强化政策支持保护，增加转移性收入；通过完善产权制度，提高财产性收入。最终使百姓致富挣“票子”，群众过上好日子。

四、贯彻落实总局党委（扩大）会议精神，要突出抓好当前工作

垦区各级党组织要迅速掀起学习宣传贯彻总局党委（扩大）会议精神热潮，把垦区广大干部群众的思想和行动，统一到中央、省委和总局党委的各项部署和要求上来。

（一）切实抓好政策衔接和落实工作。相关部门要主动与国家和省对接，使国家强农惠农富农政策农垦化。要积极对接落实大中型灌区后续配套工程建设、北大荒物流营销网络建设等相关政策。要落实好国家税费改革和惠农补贴政策，加强农工负担监管，严格控制土地承包收费标准。要利用中央财政资金对垦区符合条件的龙头企业进行贷款贴息，促进农产品加工业结构升级。要积极争取国家高标准农田示范项目资金。要积极落实“走出去”政策等等。

（二）切实抓好秋粮收储和今年农业生产准备工作。要准确及时掌握发布粮食市场信息，抓好与龙头企业及客商的有效对接，促进农产品销售，为职工增收、企业增效提供优质服务。要做好春耕生产的各项准备工作，着手落实今年种植计划、农机检修、种子和生产资料采购，维护农资市场秩序，严厉查处伪劣农资坑农、害农事件。要继续开展“冬训”活动，提高职工科技素质和生产技能。要突出抓好畜牧业生产服务体系建设，加强疫病防治，确保大牲畜安全越冬。

（三）切实抓好安全生产工作。按照三年重点达标、五年全面达标的要求，继续深入推进垦区安全生产标准化创建工作。落实安全生产责任制，做到党政同责、一岗双责、齐抓共管。加大责任追究力度，对因工作不力，玩忽职守、失职、渎职造成重特大安全事故的责任人要依法从严查处，构成犯罪的要坚决追究其刑事责任。深化安全生产隐患排查治理，要从“事后处理整改”转到“事前防范”上来，集中开展道路交通、医院学校、建筑工地及其他关键部位的安全大检查，排查隐患。对各行业安全生产薄弱环节、重

大危险源和重大安全隐患要严肃整改，为垦区改革发展竖起安全屏障。继续深化“打非治违”专项整治活动，建立健全联合执法机制，加强部门协调配合，实现常态化、规范化和制度化。

（四）切实抓好化解社会矛盾，确保垦区社会稳定有序。当前，各项改革深入推进，各种矛盾相互交织，保持垦区经济社会稳定至关重要。要践行党的群众路线，以积极的态度化解矛盾，解决问题。坚持“抓源头”方针，把各种不稳定因素控制和解决在基层和萌芽状态，防止出现越级上访和进京上访。要做到“新官理旧账”。有效做好突发事件应急处置工作，做到发现在早、防范在先、处置在小，防止碰头叠加、蔓延升级。加强社会治安综合治理，坚决打掉黑恶势力、暴力团伙和经济领域的犯罪，全面推进“法治垦区”“平安垦区”建设，创造稳定、安全、公平、有序的经济社会发展环境。

同志们！垦区未来改革发展的宏伟目标已经确定，率先全面建成小康社会的号角已经吹响。站在历史发展的新起点上，我们要紧密团结在以习近平为总书记的党中央周围，在总局党委的坚强领导下，锐意进取，攻坚克难，谱写垦区科学发展新篇章，为率先全面建成小康社会，实现北大荒的中国梦而努力奋斗！

黑龙江省农垦总局2013年经济和社会发展统计公报

2013年，垦区各级在总局党委的正确领导下，坚持“强工、兴城、优农”统筹发展方针，加速“四化”同步发展步伐，切实转变作风，着力改善民生，经济社会继续保持平稳较快的发展态势，为全面深化改革奠定了坚实基础。

一、综　　合

经济实力显著增强。初步核算，垦区全年实现地区生产总值（GDP)1095.1亿元，按可比价格计算，比上年增长10.6%，连续11年保持两位数增长。人均生产总值达到63365元，增长10.5%，以当年平均汇率折算人均地区生产总值为10393美元，比上年增加1433美元。全年实现非公有经济增加值458.6亿元，比上年增长16.3%。

三次产业稳步增长。第一产业增加值521.5亿元，增长6.6%，第二产业增加值276.0亿元，增长12.8%，第三产业增加值297.6亿元，增长16.2%。一、二、三产业对垦区当年经济增长的贡献率分别为31.5%、29.8%和38.7%。

经济结构调整呈现新变化。三次产业结构为47.6：25.2：27.2，第三产业比重比上年提高1.9个百分点，第一产业比重降到50%以下；农、林、牧、渔业结构为77.9：1.1：20.3：0.7，牧业比重比上年提高0.7个百分点；公有和非公有经济结构为58.1：41.9，非公有经济比重比上年提高2.0个百分点。

图1　2009—2013年垦区地区生产总值及其增长速度

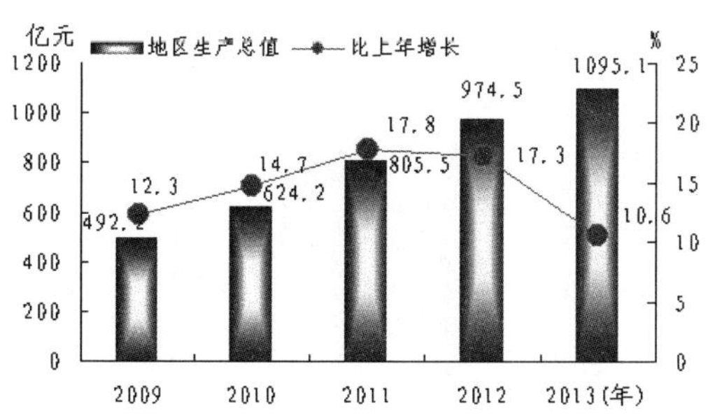

二、农、林、牧、渔业

粮食生产连续10年实现播种面积、综合单产和总产量历史性突破。2013年垦区种植各种农作物288万公顷，比上年增长0.3%，实现农业增加值406.3亿元，增长8.0%。其中，粮食种植面积280.3万公顷，比上年增长0.2%，占全部农作物的比重达97.3%。高产作物水稻和玉米分别达到156.7万公顷和89.1万公顷，两者占粮食面积的比重为87.7%，比上年提高1.8个百分点，为垦区粮食总产量跃上新台阶奠定了坚实的基础。粮食综合单产实现7566公斤/公顷，比上年增长0.6%。粮食综合生产能力再创历史新高，总产量达到212.1亿公斤，比上年增长0.7%。在我省粮食生产中的地位和对国家粮食安全的贡献进一步增强，粮食产量占全省和全国的比重分别为35.3%和3.5%。为国家提供商品粮200亿公斤，粮食商品率达94.2%，比上年提高0.1个百分点。

历经66年的开发建设，垦区已累计生产粮食3065.3亿公斤，累计向国家交售商品粮2425.9亿公斤。垦区每年提供的商品粮总量可以保障全国1.2亿城镇人口一年的口粮供应，成为国家名副其实的“中华大粮仓”。

“三品一标”认定规模逐年扩大，农产品质量追溯系统建设稳步发展。2013年，垦区全年种植绿色有机农作物220.8万公顷，其中绿色食品作物种植面积199.3万公顷，占垦区种植面积69.2%，有机作物种植面积21.5万公顷，占垦区种植面积7.5%。绿色食品获证企业104家，有效使用绿色食品标志产品数288个；有机农产品企业72家，有机农产品达到278个；无公害农产品产地认定面积267万公顷，无公害农产品480个。到2013年末，垦区累计获得国家地理标志农产品8个，累计获得全国农业标准化示范场24个，创建全国绿色食品标准化生产基地63个。垦区农产品质量追溯系统覆盖规模逐年扩大。2013年垦区共有农产品质量追溯项目建设单位 58 家，追溯“三品一标”农产品扩展到 9 大类 60 余个品种。垦区农产品检验检测体系建设全面展开，建成了部级质检中心 3 个，6 个重点县级和 3 个县级农产品质检站项目全面启动。

图 2　2009—2013 年粮食产量及其增长速度

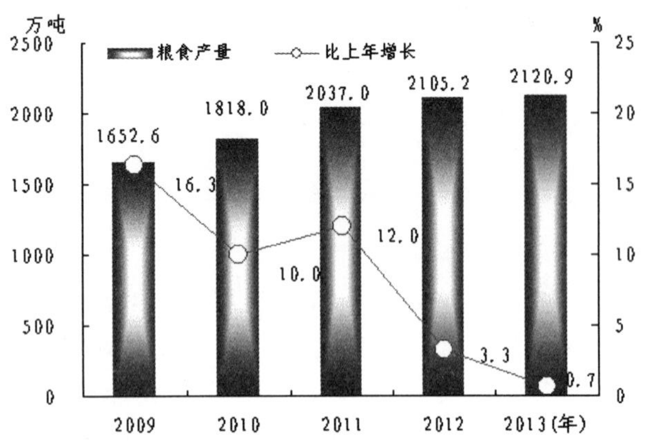

表 1　　2013 年主要农产品产量

产品名称	产量(万吨)	比上年增长(%)
粮　　食	2120.9	0.7
其中:水 稻	1385.7	1.1
小 麦	5.6	-73.6
玉 米	656.3	11.9
大 豆	62.1	-42.0
杂 豆	5.3	-20.1
马铃薯(折粮)	5.1	-61.3
油　　料	1.0	-38.9
亚　　麻	0.1	-72.8
甜　　菜	13.6	-42.6
蔬　　菜	24.8	21.4
瓜　　类	27.2	22.5
饲料作物	174.6	4.4

森林垦区建设持续推进，生态经济型林业得到快速发展。2013 年垦区林业以创建“森林垦区”为重点，全面实施林业生态护农工程、林业产业富民工程和农垦城镇森林靓化工程，使垦区园林化档次明显提高，林业产业得到稳步发展。全年实现林业增加值 5.6 亿元，比上年增长 6.9%。当年完成造林绿化 11.7 万亩，新建义务植树基地 317 个，完成农牧田防护林 1078 条，绿色通道 651 公里，使城镇暨管理区绿化覆盖率提高 1 个百分点，达到 39%，区域森林覆盖率达 18.4%。全年未发生大的森林、草原火灾，森林过火面积控制在 0.5‰以下，林业有害生物成灾率控制在 2.9‰以下，森林病虫害防治率达 90%以上。严厉查处毁林、毁湿案件，林政案件结案率达 100%。省人大常委会审议通过了《黑龙江挠力河国家级自然保护区管理条例》，为垦区强化生态资源保护提供重要法律保障。

畜牧业呈现转型升级发展态势，垦区绿色健康养殖基地的建设步伐加快。全年实现增加值 105.8 亿元，同比增长 0.8%。年末垦区“两牛一猪”存栏分别达到黄牛 23.1 万头、奶牛 27.1 万头和生猪 164.3 万头，全年肉蛋奶产量分别为 63.3 万吨、7.2 万吨和 119.2 万吨。

渔业发展势头良好。全年实现渔业增加值 3.8 亿元，比上年增长 24.0%。全年养殖面积为 2.43 万公顷，水产品产量 3.66 万吨，比上年增长 6.2%。

农业基础设施继续强化，现代化水平显著提高。年末垦区有效灌溉面积达 164.2 万公顷，增长 1.3%，其中节水灌溉面积 26.7 万公顷，增长 9.8%；机电井 8.7 万眼，增长 1.0%。现有粮食处理中心 301 座，种子加工厂 94 个，金属粮仓 2441 座，水泥晒场 2866 万平方米，农用飞机场 72 处。粮食仓储能力达到 1087 万吨，比上年增长 13.4%。农机装备能力显著提升，截至 2013 年末，垦区建设完善了 400 个现代农机装备作业区，农业生产田间作业综合机械化率提高到 98%。年末拥有农用机械总动力 895.3 万千瓦，比上年增长 9.4%；农用大中型拖拉机 6.85 万台，增长 10.0%，其中 100 马力以上拖拉机 7065 台，增加 595 台；机动水稻插秧机 7.28 万台，增长 4.4%；联合收获机 2.84 万台，增长 7.8%。现有农用飞机 47 架，垦区航化作业面积 177.9 万公顷，比上年增长 3.9%。

图 3　2009—2013 年农业机械情况

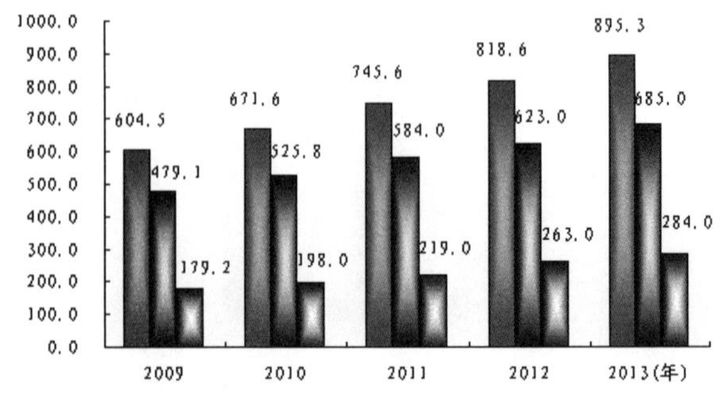

三、工业和建筑业

工业生产较快增长，整体实力不断增强。2013年，全力推进“强工”攻坚战，突出抓好工业重点产业项目建设，大力推进农业产业化经营，工业经济总体运行良好。全年实现工业增加值192.5亿元，比上年增长16.8 %。其中，食品加工业实现增加值136.4亿元，增长9.7%，占全口径增加值的比重达70.9%；其中，规模以上企业实现增加值145.9亿元，增长9.3%；省级以上龙头企业实现增加值63.7亿元，增长17.9%。在全部工业增加值中，轻工业增加值155.2亿元，增长9.4 %；重工业增加值37.3亿元，增长27.5 %。

图4　2009—2013年工业增加值及其增长速度

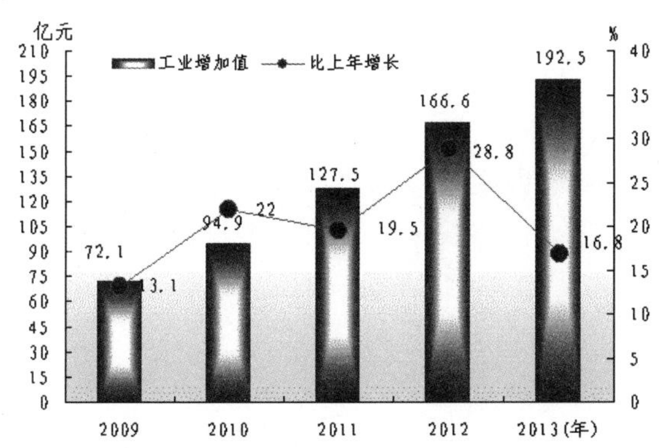

表3 2013年主要工业产品产量

指标名称	计量单位	产　量	比上年增长(%)
小麦粉	万吨	22.4	-31.5
大米	万吨	615.4	1.4
食用植物油	万吨	172.1	39.1
乳制品	万吨	30.5	1.7
其中:乳液体	万吨	25.9	12.4
鲜冷藏冻肉	万吨	13.9	-2.6
白酒	千升	105993	33.0
配混合饲料	万吨	56.2	-6.7
豆粕	万吨	681.3	27.7
中成药	万吨	0.5	23.7
化肥(实物量)	万吨	35.7	-7.6
水泥	万吨	158.4	-20.7
发电量	亿吨	9.8	27.5
豆制品	万吨	7.4	38.9
淀粉	万吨	5.6	-14.1

工业企业效益稳定增长。全部工业企业(不含个体)全年实现主营业务收入1024.3亿元，比上年增长8.4%；实现利润21.3亿元，增长2.3%。

建筑业稳步发展。全年实现建筑业增加值83.5亿元，比上年增长3.6%。当年新开工的单位工程施工个数4828个，比上年增加328个。当年单位工程竣工个数4619个，比上年增加361个。年内房屋建筑施工面积和竣工面积分别达到535.8万平方米和500.9万平方米，分别比上年下降38.3%和23.3%。实现利税23.7亿元，下降12.2%，其中利润16.6亿元，下降7.3%。

四、固定资产投资

固定资产投资强度减弱。全年完成固定资产投资总额301.4亿元，投资既连续4年保持30%以上高增长之后，首次出现负增长，比上年下降18.1%。从用途上看，生产性建设投资180.1亿元，下降1.3%，非生产性建设投资121.3亿元，下降34.6%。从产业投向上看，第一产业84.3亿元，增长4.0%，占28.0%；第二产业62.4亿元，下降19.1%，占20.7%。其中工业60.5亿元，下降21.1 %；第三产业154.7亿元，下降26.2%，占51.3%。从投资主体看，公有控股经济投资175.3亿元，下降17.8%；非公有控股经济投资126.2亿元，下降18.4%。11个省重点产业项目顺利实施，全年完成投资28.1亿元，同比增长35.1%。

图5　2009—2013年固定资产投资及其增长速度

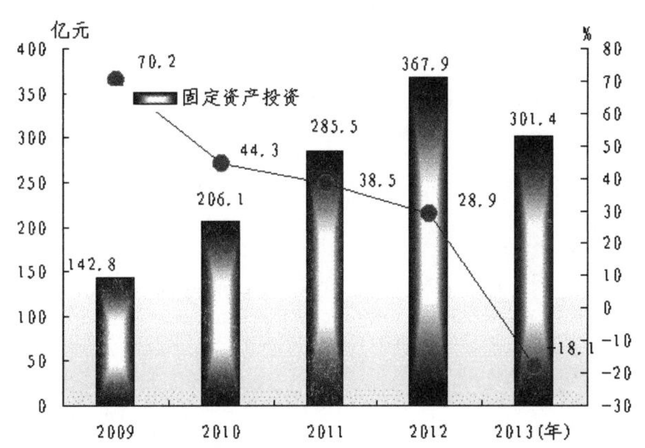

五、交通运输、通讯和旅游业

交通运输能力增强。全年垦区完成运输场站、公路养护等投资3.1亿元。新建农场客运站5个；完成农村公路养护设备购置123台套，新建及改造景观路32.8公里。全年共完成道路客运量0.1亿人次，客运周转量6.8亿人公里，货运量0.2亿吨，货运周转量 13.6 亿吨公里，分别比上年增长 1.9%、1.7%、2.6% 和 1.8%。

公路建设取得新成果。2013 年末，全年完成公路建设投资 24.2 亿元，增长 52.2%，其中境内省属第二条建三江至抚远（黑瞎子岛）高速公路完成投资 12.3 亿元。新建农村公路 422 公里，使垦区农村公路硬化里程达到 10400 公里，为垦区新农村建设做出了突出贡献。

通信事业健康发展。年末农垦通信拥有通信线路 27372 公里，比上年增长 1.2%。其中，光缆线路总长度 17965 皮长公里，增加 1213 皮长公里。垦网固定电话达到 26.7 万部，比上年增长 1.9%，垦网户均固定电话普及率达到 54.2%，比上年下降 0.3 个百分点。宽带用户达到 18 万户，比上年增加 2.2 万户，增长 14.1%。

旅游业蓬勃发展。全年累计接待国内外旅游者 561.2 万人次，实现旅游收入 26.3 亿元，比上年分别增长 19.8% 和 15.3%。年末，垦区拥有 A 级以上景区 44 个，比上年增加 23 个，其中，AAAA 级景区 4 个，AAA 级景区 17 个。

六、国内贸易和对外经济

消费品市场平稳运行。全年垦区实现社会消费品零售总额 177.6 亿元，比上年增长 12.1%。其中，农场及农场以下消费品零售额 150.7 亿元，增长 11.2%；批发零售贸易业消费品零售额 150.3 亿元，增长 11.3%；餐饮业零售额 27.3 亿元，增长 16.2%；食品类商品零售额 68 亿元，增长 12.8%，占全部零售额的比重为 38.3%。

对外贸易持续发展。全年实现外贸进出口总额 25.1 亿美元，比上年增长 4.2%，其中，出口总额实现 9.1 亿美元，比上年增长 10%；进口总额实现 16 亿美元，比上年增长 1.9%。

招商引资和对外经济贸易合作取得新进展。全年签订国内外经济技术合作项目 380 项，其中利用外资项目 50 项。实际利用国内外资金 47.3 亿元，其中合同利用外资到位额 7000 万美元。

实施“走出去”战略向纵深推进。垦区在俄罗斯、澳大利亚、朝鲜、巴西、哈萨克斯坦、香港等 23 个国家和地区注册公司 33 个，其中，独资企业 20 个，合资企业 4 个，合作企业 9 个；境外产业多元发展，在优势农业境外开发的基础上，产业链条延伸到加工业、畜牧业、木材采伐、矿藏开采、贸易流通、现代物流网络建设等行业。境外租种土地 300 多万亩；对外劳务输出累计达到 1.5 万人次，输出生产机械 0.48 万台套；境外投资超过 18 亿元人民币，累计生产粮豆 18.1 亿公斤。

七、科技、教育、卫生、文化和体育

科技事业成果丰硕。2013 年末垦区拥有专业科研机构 19 个，技术推广中心（站）113 个，省级科技成果推广示范基地 11 个，国家级农业科技园区 1 个，省级农业科技园区 3 个，国家级工程技术中心 1 个，省级工程技术中心 5 个，生产力促进中心 2 个。年内开展国家级科技项目 28 项，全年垦区各级科技投入 13.5 亿元，比上年增长 31.1%。有 8 项科技成果、9 名同志均获得全国农牧渔业丰收奖；有 6 项科技成果获得黑龙江省科技奖励。新增农业部“科技入户直通车”11 辆，累计 109 辆。新增专利优势企业 1 个，累计 7 个。

教育事业稳步发展。垦区在全省率先建成学前教育服务体系，义务教育阶段学校全部通过标准化验收，国家现代农村职业教育改革试验区建设全面启动，各级各类教育办学质量普遍提高。年末垦区有独立普通小学 26 所，招生 1.1 万人，在校生 6.3 万人，毕业生 1.2 万人；普通中学 124 所，招生 2.3 万人，在校生 7.3 万人，毕业生 3.3 万人。普通高等院校 3 所，招生 0.9 万人，在校生 2.9 万人，毕业生 0.9 万人；中等职业教育学校 10 所，招生 0.5 万人，在校生 2.9 万人，毕业生 0.6 万人。2013 年垦区高考考生 9898 人，进入一本线人数 930 人，比上年增加了 91 人；进入二本线人数 2607 人，比上年增加 220 人。高考录取率为 93.41%，比上年提高了 3.31 个百分点，本科录取率为 62.51%，比上年提高了 3.69 个百分点。

医疗卫生服务体系不断完善。各类综合配套改革扎实推进，“六位一体”社区卫生服务质量和水平进一步提高。2013 年末垦区共有各级各类卫生机构 1570 个，其中综合医院 124 所，专科医院 1 所，疗养院 1 所；卫生监督所 118 个，妇幼保健院 97 所。卫生技术人员 14375 人，执业医师和执业助理医师 8498 人，注册护士 4723 人。拥有住院床位和观察床位 10777 张。全垦区现有社区卫生服务中心 113 家，其中创建示范社区卫生服务中心 9 所，社区卫生服务站 422 家，基层卫生覆盖率达到 100%。当年垦区共发生法定传染病 17 种，其中乙类传染病 11 种，丙类传染病 6 种，报告发病率 102.27/10 万，同比下降了 9.62%。

文化事业全面发展。年末垦区共有对外开放的博物(场史纪念馆)56个,文化馆55个,图书馆222个,社区、管理区综合文化活动室427个,文化广场、主题文化公园257个。现有一报四刊,《北大荒日报》全年总印数2233万份,杂志4种,全年总印数38.37万册。制作了大型生态专题片《圣洁的原野》;开展了以"美丽富饶北大荒"为主题的电视片主题展映评比活动,共拍摄68部专题片,全面展示了现代北大荒、绿色北大荒、幸福北大荒、魅力北大荒、神奇北大荒;开展了2013年度广播电视节目评奖活动,有170件作品分获16类奖项一、二、三等奖。 2013年垦区继续实施文化信息资源共享工程,在34个农场充实完善了文化信息资源展示系统和文化信息资源管理系统,在68个农场建立了文化信息采集系统,建立健全四级公共文化服务体系,文化信息资源共享工程覆盖率100%。

广播电视事业稳步发展。各级广播电视台站共开办专栏220余个,累计播出1200余期,省级以上媒体播发新闻550余条。农垦广播电视台开辟电视栏目32个,播出1000余期,农垦广播电视台和网络电视台共播出新闻20000余条。"龙广?北大荒之声"实现了24个频点覆盖,引进转播中央台和省台广播节目4个。继续推进数字电视平移,目前用户已达到38万户,比上年增加2万多户。

体育事业深入开展。年末垦区拥有体育场馆148个,全年组织各类体育运动会及体育比赛674次,有15.9万人参加了各种类型的体育运动项目。继续加大全民健身工程投入力度,当年在垦区建成国家全民健身中心"雪炭工程"6个,全民健身中心1个,省"兴镇强县"体育工程1个,建设农垦总局体育彩票"健身中心"20个,铺设健身苑10个,铺设健身路径120条。

八、社会保障和环境保护

社会保障覆盖面继续扩大。基本养老、医疗保险制度全面建立,实现了社会保险制度从从业人员到居民的全覆盖。年末垦区参加企业职工基本养老保险85.9万人,其中在职参保47.3万人,离退休人员38.6万人,全年累计发放养老金71亿元,比上年增长23.9%;参加机关事业保险养老保险5.5万人,其中参保职工3.4万人,离退休人员2.1万人;参加城镇社会养老保险0.9万人,其中享受待遇人数0.6万人。参加基本医疗保险141.7万人,其中参加职工医疗保险74.1万人,参加居民医疗保险67.6万人,全年支付医疗保险基金15.4亿元,比上年增长17.3%。参加失业保险43.4万人,全年发放失业保险基金422.5万元,比上年增长11.9%。参加工伤保险39.4万人,全年支付工伤保险基金5637万元,比上年增长11.1%。参加生育保险39.3万人,全年支付生育保险基金 2589万元,比上年增长26.8%。

保险事业加快发展。全年保费收入27.5亿元,比上年增长22%,其中,农险保费收入23.5亿元,比上年增长21.1%,农业保险承保面积8019万亩。全年赔付额27.7亿元,其中,农险赔付金额26.2亿元。

资源环境保护力度加大。年末垦区已建各级各类自然保护区21个,总面积51.5万公顷,占垦区土地总面积的9.1%。继续加强农村环境保护和自然生态保护工作,2013年垦区获得国家级生态乡镇称号(农场)2个,省级生态乡镇(农场)8个,省级生态村(管理区)81个,生态系列创建工作走在全省前列。狠抓污染防治工作,列入"十二五"松花江流域规划的8个项目完成率达30%,95%以上的农场开展饮用水源地划分工作,认真做好污染减排工作,全垦区新建在建生活污水处理项目28个、垃圾处理项目19个、工业废水治理项目4个、规范化畜禽养殖项目121个,大气脱硫项目7个,严格控制污染物排放量,如期完成年度减排目标。

九、人口与人民生活

人口保持低速增长。全年垦区人口出生率为4.21‰,比上年下降0.12个千分点,人口自然增长率为-1.41‰,比上年下降0.2个千分点。年末垦区总人口172.3万人,比年初减少1.1万人。其中,农场人口147.7万人,占总人口的85.7%。

从业人员薪酬保持高增长。年末垦区从业人员84.9万人,全年从业人员劳动报酬241.6亿元,比上年增长19.7%;年末全部在岗职工37.5万人,比上年增加0.8万人,在岗职工年平均工资为27742元/人,比上年增长14.8%。

农场职工生活水平大幅提高。全年农场职工家庭人均纯收入达到22891元,比上年增加2664元,增长13.2%。其中,工资性收入增长16.4%,家庭经营性收入增长6.4%,财产性收入增长15.7%,转移性收入增长21.2%。农场职工家庭人均生活消费支出10639元,比上年增长12.2%,其中食品消费支出所占比重即恩格尔系数为32.3%。耐用消费品数量稳中有增。年末，平均每百户农场职工家庭拥有彩色电视机 107 台、洗衣机 97 台、电冰箱 89 台、空调 4 台、摩托车 56 辆、热水器 55 台、微波炉 21 台、照相机 32 台、家用计算机 66 台、移动电话 208 部、生活用汽车 11 辆。

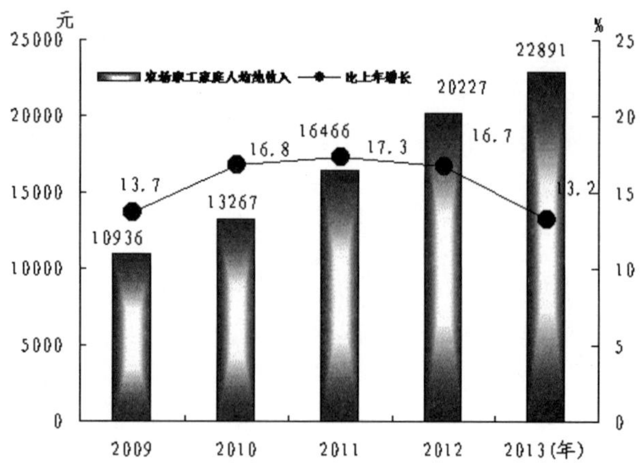

图 6　2009—2013 年农场职工家庭人均纯收入及其增长速度

居民居住条件和环境得到持续改善。垦区继续加快城镇居民住宅基础设施、公共设施建设步伐。到年末，垦区居民住房面积达到 5359.3 万平方米，比上年增长 2.3%，人均住房面积 31.1 平方米，比上年增加 0.9 平方米。集中供热面积 4141.1 万平方米，比上年增长 8.7%；城镇高等级混凝土路面已达 2266 公里，增长 16.7%；人均绿地面积 43 平方米，增长 4.9%；城镇化率达到 85.7%，比上年提高 0.7 个百分点。

居民储蓄存款继续增加。年末垦区居民储蓄总额 318.7 亿元，比上年增长 6.6%，人均储蓄额 18500 元。

注：1.垦区生产总值、各产业增加值、人均地区生产总值和农场职工家庭人均纯收入及其构成项目绝对数按现价计算，增长速度按可比价格计算。

2.公报数据为初步统计数据，最终数据以《2014 年黑龙江垦区统计年鉴》为准。

01 综 合

1-1　各部门机构数(一)

（2013年）　　　　单位:个

项　　目	合　计	宝泉岭管理局	红兴隆管理局	建三江管理局	牡丹江管理局
一、农　业					
农牧场个数	113	13	12	15	14
#农　场	105	13	12	15	14
牧　场	6				
农林牧渔业单位数	1127	252	108	156	189
#管理区	630	102	74	112	110
二、工　业					
工业企业及生产单位数	1249	156	284	159	182
#国有及国有控股	193	11	23	19	20
法　人	953	82	207	144	164
农场属	1061	141	255	115	155
三、建筑业					
建筑企业单位数	203	30	40	35	17
#国有及国有控股	33	6	7	13	3
四级以上资质等级	94	12	10	16	6
农场属	159	23	34	31	15
四、交通运输、仓储业					
交通运输、仓储业单位数	202	13	48	45	37
#国有及国有控股	152	12	38	34	34
法　人	34	2	8	7	3
农场属	159	12	36	38	26
五、批发和零售业					
批发和零售业单位数	626	56	62	49	70
#国有及国有控股	298	29	17	14	32
法　人	391	37	27	28	63
农场属	411	50	57	43	56
六、住宿和餐饮业					
住宿和餐饮业单位数	84	10	26	13	6
#国有及国有控股	51	8	12	12	6
法　人	24	3	3	3	1
七、居民服务及其他服务业					
居民服务及其他服务业单位数	39	8	19		4
#国有及国有控股	28	4	16		4
法　人	10	4	2		
八、信息传输、计算机服务和软件业					
信息传输、计算机服务和软件业单位数	39	1	10	12	1
九、房地产业					
房地产业单位数	64	5	7	8	8
十、租赁与商务服务业					
租赁与商务服务业单位数	64	4	8	12	3

1-1(1)续表　　(2013年)　　单位:个

项　目	北安管理局	九三管理局	齐齐哈尔管理局	绥化管理局	哈尔滨管理局	总局直属
一、农 业						
农牧场个数	15	11	11	10	11	1
#农　场	15	11	8	7	9	1
牧　场			3	1	2	
农林牧渔业单位数	136	109	68	65	40	4
#管理区	97	73	30	21	11	
二、工 业						
工业企业及生产单位数	115	92	84	71	91	15
#国有及国有控股	39	19	9	25	16	12
法　人	75	41	75	66	84	15
农场属	94	69	84	65	83	
三、建筑业						
建筑企业单位数	23	6	10	20	4	18
#国有及国有控股	1		1			2
四级以上资质等级	12	3	5	12	3	15
农场属	20	6	9	17	4	
四、交通运输、仓储业						
交通运输、仓储业单位数	28	3	7	14	6	1
#国有及国有控股	21	2	2	7	1	1
法　人	3	2	1	2	5	1
农场属	27	2	6	8	4	
五、批发和零售业						
批发和零售业单位数	69	22	43	90	23	142
#国有及国有控股	28	19	8	14	3	134
法　人	51	8	23	81	20	53
农场属	47	16	33	82	21	6
六、住宿和餐饮业						
住宿和餐饮业单位数	14	4	4	3	3	1
#国有及国有控股	7	2	1	1	1	1
法　人	4	2	2	3	2	1
七、居民服务及其他服务业						
居民服务及其他服务业单位数		1	2	1	2	2
#国有及国有控股		1	1		1	1
法　人			1		2	1
八、信息传输、计算机服务和软件业						
信息传输、计算机服务和软件业单位数	3	1	7	1	1	2
九、房地产业						
房地产业单位数	2	1	8	6	7	12
十、租赁与商务服务业						
租赁与商务服务业单位数	5	11	1	2		18

1-1 各部门机构数(二)

(2013年) 单位:个

项 目	合 计	宝泉岭管理局	红兴隆管理局	建三江管理局	牡丹江管理局
十一、个体经营户	45355	6162	6863	11220	5467
农林牧渔业	1080	134	381	16	63
工 业	2305	320	305	446	220
建 筑 业	114	34	48	6	10
交通运输业	961	161	81	46	67
批发和零售业	25811	2895	4118	6744	3118
住宿和餐饮业	8035	1465	862	2302	1194
其 他	7049	1153	1068	1660	795
十二、卫生事业					
医疗卫生机构	1596	310	379	108	244
1. 医 院	123	14	14	16	15
综合医院	122	14	14	16	15
专科医院	1				
2. 卫生院、门诊部(所)	1138	254	323	43	184
#基层卫生所	1138	254	323	43	184
3. 疗 养 院	1				
4. 卫生监督及防保机构	334	42	42	49	45
卫生监督所	118	14	15	17	16
疾病预防控制中心	119	14	14	16	15
妇幼保健站	97	14	13	16	14
十三、体育、教育、文化、电视事业					
1. 体育机构:体校	1		1		
2. 教育事业					
普通高等学校	3				
成人高等学校	3				
普通中等专业学校	2	1			
成人中等专业学校	4		1	1	
普通中学	124	16	15	17	16
职业中学	6		2	1	
小 学	26	2	10	2	
3. 文化、艺术事业					
艺术表演团体	1				
艺术创作机构	1				
俱乐部、文化站	166	10	28	15	67
图 书 馆、室	518	79	128	34	132
报 社	1				
4. 广播电视事业					
电视转播台(座)	38	9	7	7	6
有线电视站(个)	115	14	13	16	13
十四、科学研究事业					
独立科学研究机构	19	1	1	1	1
自然科学	17	1	1	1	1
社会科学	1				
科学技术情报和文献机构	1				

注:本表第十一、十二、十三(4)、十四部分的数据分别由工商局、卫生局、广电局、科技局提供。

1-1(2)续表　　　　(2013年)　　　　单位:个

项　　目	北安管理局	九三管理局	齐齐哈尔管理局	绥化管理局	哈尔滨管理局	总局直属
十一、个体经营户	4026	3985	4070	1567	1254	741
农林牧渔业	51	40	76	49	188	82
工　　业	112	162	351	45	215	129
建 筑 业	3	7	4	2		
交通运输业	39	42	12	504	9	
批发和零售业	2636	2422	2306	570	690	312
住宿和餐饮业	583	679	605	150	149	46
其　　他	602	633	716	247	3	172
十二、卫生事业						
医疗卫生机构	186	134	150	53	40	6
1. 医　　院	16	13	12	10	9	4
综合医院	16	13	12	10	9	3
专科医院	0	0	0	0	0	1
2. 卫生院、门诊部(所)	131	85	104	26	7	0
#基层卫生所	131	85	104	26	7	0
3. 疗 养 院	0	0	0	0	0	1
4. 卫生监督及防保机构	39	36	34	17	24	6
卫生监督所	17	13	10	8	6	2
疾病预防控制中心	16	12	12	9	9	2
妇幼保健站	6	11	12	0	9	2
十三、体育、教育、文化、电视事业						
1. 体育机构:体校						
2. 教育事业						
普通高等学校						3
成人高等学校						3
普通中等专业学校	1					
成人中等专业学校	1					1
普通中学	18	13	9	9	9	2
职业中学		2			1	
小　　学		7	3		2	
3. 文化、艺术事业						
艺术表演团体						1
艺术创作机构						1
俱乐部、文化站	20	13	2	4	4	3
图 书 馆、室	46	41	17	13	10	18
报　　社						1
4. 广播电视事业						
电视转播台(座)	2	3	2	1	1	
有线电视站(个)	15	12	11	9	9	1
十四、科学研究事业					11	
独立科学研究机构	1	1				13
自然科学	1	1				11
社会科学						1
科学技术情报和文献机构						1

1-2 国民经济主要指标总量

指 标	单位	1978	1980	1990	2000	2005	2010	2013
一、年末总人口	万人	166.3	156.7	155.4	157.5	158.6	167.3	172.3
二、从业人员数	万人	86.4	74.2	81.4	70.7	74.4	93.7	84.9
#职 工	万人	80.9	68.5	73.1	43.4	34.5	37.9	37.5
三、生产总值	亿元	9.7	11.3	40.2	145.7	269.8	688.1	1095.1
#第三产业增加值	亿元	2.6	2.4	9.9	42.6	70.9	171.1	297.6
四、工农业总产值	亿元	16.3	18.7	71.6	211.4	495.7	1267.9	1885.8
五、固定资产投资								
1.全社会固定资产投资总额	万元	30651	43826	69629	219391	593665	2061482	3014640
生产性建设	万元	21545	30897	54044	149840	396246	944961.74	1800702
非生产性建设	万元	9106	12929	15585	69551	197419	1116520.25	1213939
#住 宅	万元	4099	2590	7916	17777	56095	807163.59	590009
2.国有单位固定资产投资额	万元	30651	43826	63569	184210	421309	1346675.54	1753033
六、企业主要财务指标(统营)								
1.固定资产原值	亿元	21.1	23.9	43.4	124.2	222.5	458.7	764.3
2.固定资产净值	亿元	14.8	17.6	31.3	89.7	160.2	277.6	517.2
3.销售(经营)收入	亿元	14.7	22.8	65.7	111.8	207.8	639.1	1304.8
4.利润总额	万元	-13110	13719	22646	16831	49384	71287	75975
七、职工收入和消费								
1.职工工资总额	亿元	4.2	5.3	10.6	24.8	32.3	66.7	106
2.职工平均工资	元/人	518	763	1445	5593	9205	17639	27742
3.农场职工家庭人均纯收入	元/人	246	327	1217	3337	6179	13267	22891
4.农场职工家庭人均消费支出	元/人			816	2511	3373	7761	10639
八、农林牧渔业								
1.农林牧渔业总产值	亿元	10	13.2	44.9	144.0	279.7	693	946.1
2.主要农产品产量								
粮 食	万吨	234.6	324.9	460.3	814.1	1026.5	1818	2120.9
油 料	万吨	0.9	0.3	6.4	7.7	11.4	2.2	1.0
甜 菜	万吨	5.9	19.5	98.9	30.7	51.6	53.4	43.6
水 果	万吨		0.49	0.31	0.40	0.63	2.6	2.3
肉 类	万吨	6.3	5.1	3.5	10.0	32.4	52.8	54.4
牛 奶	万吨	2.5	1.9	21.9	28.0	82.5	89.3	85.1
水产品	万吨	0.19	0.17	0.69	1.21	1.90	2.58	3.66

注:本表第六、十、十二、十三(1)、十四部分的数据分别由总局财务处、交通局、商务局、教育局、卫生局提供。

1-2 续表

指　标	单位	1978	1980	1990	2000	2005	2010	2013
九、工　业								
1. 工业总产值	亿元	6.3	5.5	26.7	67.4	216.0	574.9	938.9
2. 主要工业产品产量								
原　煤	万吨	91.2	98.5	178.5	82.7	33.0	53.5	56
发电量	万吨	13874	9464	47219	43917	51646	46779	98259
水　泥	万度	8.6	10.9	38.8	77.0	134.8	189.6	158.4
化　肥(实物量)	万吨	3.4	0.1	10.9	9.9	20.8	29.7	35.7
机制纸及纸板	万吨	0.9	1.4	3.5	1.5	2.6	3.7	0.6
机制糖	万吨	0.8	1.9	8.8	1.5	1.7	3.3	1.9
食用植物油	万吨	1.2	1.4	5.4	9.2	49.3	104.3	172.1
乳制品(含液体乳)	万吨	0.1	0.2	2.8	4.4	17.8	57.7	30.5
十、交通运输								
1. 货物周转量	万吨公里	42298	41435	30933	50882	126138	128706	136155
2. 旅客周转量	万人公里			29178	29378	52308	63114	67781
十一、国内商业								
1. 商品销售总额	亿元			14.0	90.3	110.1	400.4	841.6
2. 社会消费品零售总额	亿元	3.5	4.2	12.0	35.4	58.8	116.7	177.6
十二、对外贸易								
进出口总额	万美元		5669.8	11174.9	6998.1	46100	205358.9	251464
进口额	万美元			912.0	229.2	21800	143995.2	160197
出口额	万美元		5669.8	10262.9	6768.9	24300	61363.7	91267
十三、教育文化								
1. 在校学生数								
高等学校	人	1225	1396	3030	7933	20659	29054	28029
中等专业学校	人	992	2131	3070	8080	7221	3189	8380
普通中学	万人	14.7	14.9	11.6	13.8	13.9	11	7.3
小　学	万人	26.9	27.8	16.9	14.6	12.8	9.7	6.3
2. 出版数量								
杂　志	万册	10.8	9.0	37.9	11.0	7.8	22.0	37.1
报　纸	万份	756.4	680.6	688.6	1650	1269.0	1829.1	2309.3
十四、卫　生								
卫生机构床位数	张	9197	9677	9324	7838	7352	11416	12370
卫生技术人员	人	17331	16324	14903	11487	10103	12143	12514
#医　生	人	3852	4882	7628	6392	6347	8333	6440

1-3 国民经济主要指标发展速度

指　　标	发展速度(2013年为以下各年)(%)						平均年增长速度(%)	
	1978	1980	1990	2000	2005	2010	1978−2013	2000−2013
一、年末总人口	103.6	110.0	110.9	109.4	108.6	103.0	0.10	0.69
二、从业人员数	98.3	114.4	104.3	120.1	114.1	90.6	-0.05	1.42
#职　工	46.4	54.7	51.3	86.4	108.7	98.9	-2.17	-1.12
三、生产总值	3029.8	2612.1	1162.0	526.0	291.3	152.6	10.24	13.62
# 第三产业增加值	2869.6	2936.6	1441.8	554.2	330.2	170.0	10.07	14.08
四、固定资产投资								
1. 全社会固定资产投资总额	9835.4	6878.7	4329.6	1374.1	507.8	146.2	14.01	22.33
生产性建设	8357.9	5828.1	3331.9	1201.7	454.4	190.6	13.48	21.08
非生产性建设	13331.2	9389.3	7789.1	1745.4	614.9	108.7	15.00	24.60
#住　宅	14394.0	22780.3	7453.4	3318.9	1051.8	73.1	15.26	30.92
2. 国有单位固定资产投资额	5719.3	4000.0	2757.7	951.6	416.1	130.2	12.26	18.92
五、企业主要财务指标								
1. 固定资产原值	3622.3	3197.9	1761.1	615.4	343.5	166.6	10.80	15.00
2. 固定资产净值	3494.6	2938.6	1652.4	576.6	322.8	186.3	10.69	14.43
3. 销售(经营)收入	8876.2	5722.8	1986.0	1167.1	627.9	204.2	13.67	20.80
4. 利润总额	779.5	553.8	335.5	451.4	153.8	106.6	6.04	12.29
六、职工收入和消费								
1. 职工工资总额	2523.8	2000.0	1000.0	427.4	328.2	158.9	9.66	11.82
2. 职工平均工资	5355.6	3635.9	1919.9	496.0	301.4	157.3	12.05	13.11
3.农场职工家庭人均纯收入	1761.3	1599.2	883.4	499.8	288.1	155.0	8.54	13.18
4.农场职工家庭人均消费支出			1303.8	423.7	315.4	137.1		11.75
七、农林牧渔业								
1. 农林牧渔业总产值	1832.0	1386.5	794.2	436.0	268.5	142.3	8.66	11.99
2. 主要农产品产量								
粮　食	904.0	652.8	460.8	260.5	206.6	116.7	6.49	7.64
油　料	111.1	333.3	15.6	13.0	8.8	45.5	0.30	-14.53
甜　菜	739.0	223.6	44.1	142.0	84.5	81.6	5.88	2.74
水　果		469.4	741.9	575.0	365.1	88.5		14.40
肉　类	1004.8	1241.2	1808.6	633.0	195.4	103.0	6.35	13.92
牛　奶	4768.0	6273.7	544.3	425.7	144.5	95.3	11.60	8.93
水产品	1926.3	2152.9	530.4	302.5	192.6	141.9	8.82	8.89

注:生产总值、人均纯收入、农林牧渔业总产值、工业总产值的发展速度和平均年增长速度均按可比价计算。

1-3 续表

指　标	发展速度(2013年为以下各年)(%)						平均年增长速度(%)	
	1978	1980	1990	2000	2005	2010	1978－2013	2000－2013
八、工　业								
1. 工业总产值	4063.5	4622.5	1617.5	901.9	336.4	155.4	11.17	18.43
2. 主要工业产品产量								
原　煤	61.4	56.9	31.4	67.7	169.7	104.7	-1.38	-2.95
发电量	708.2	1038.2	208.1	223.7	190.3	210.0		
水　泥	1841.9	1453.2	408.2	205.7	117.5	83.5	8.68	5.71
化　肥(实物量)	1050.0	35700.0	327.5	360.6	171.6	120.2	6.95	10.37
机制纸及纸板	66.7	42.9	17.1	40.0	23.1	16.2	-1.15	-6.81
机制糖	237.5	100.0	21.6	126.7	111.8	57.6	2.50	1.84
食用植物油	14341.7	12292.9	3187.0	1870.7	349.1	165.0	15.24	25.27
乳制品(含液体乳)	30500.0	15250.0	1089.3	693.2	171.3	52.9	17.76	16.06
九、交通运输								
1. 货物周转量	321.9	328.6	440.2	267.6	107.9	105.8	3.40	7.87
2 .旅客周转量			232.3	230.7	129.6	107.4		6.64
十、国内商业								
1. 商品销售总额			6011.4	932.0	764.4	210.2		18.73
2. 社会消费品零售总额	5074.3	4228.6	1480.0	501.7	302.0	152.2	11.87	13.21
十一、对外贸易								
进出口总额		4435.1	2250.3	3593.3	545.5	122.5		31.72
进口额			17565.5	69894.0	734.8	111.3		65.50
出口额		1609.7	889.3	1348.3	375.6	148.7		22.15
十二、教育文化								
1. 在校学生数								
高等学校	2288.1	2007.8	925.0	353.3	135.7	96.5	9.36	10.20
中等专业学校	844.8	393.2	273.0	103.7	116.1	262.8	6.29	0.28
普通中学	49.7	49.0	62.9	52.9	52.5	66.4	-1.98	-4.78
小　学	23.4	22.7	37.3	43.2	49.2	64.9	-4.06	-6.26
2. 出版数量								
杂　志	343.5	412.2	97.9	337.3	475.6	168.6	3.59	9.80
报　纸	305.3	339.3	335.4	140.0	182.0	126.3	3.24	2.62
十三、卫　生								
卫生机构床位数	134.5	127.8	132.7	157.8	168.3	108.4	0.85	3.57
卫生技术人员	72.2	76.7	84.0	108.9	123.9	103.1	-0.93	0.66
#医　生	167.2	131.9	84.4	100.8	101.5	77.3	1.48	0.06

1-4　国民经济主要比例关系

单位:%

指　　标	1978	1980	1990	2000	2005	2010	2013
一、生产总值三次产业比例							
第一产业	37.4	54.2	53.8	54.3	55.0	54.1	47.6
第二产业	35.6	24.5	21.6	16.4	18.7	21.4	25.2
第三产业	27.0	21.3	24.6	29.3	26.3	24.5	27.2
二、生产总值所有制结构比例							
公　有				59.8	59.7	57.6	58.1
非公有				40.2	40.3	42.4	41.9
第一产业:公　有				75.5	77.6	74.2	78.4
非公有				24.5	22.4	25.8	21.6
第二产业:公　有				47	39.0	36.0	32.9
非公有				53	61.0	64.0	67.1
第三产业:公　有				38	37.0	41.5	46.1
非公有				62	63.0	58.5	53.9
三、社会总产出五大部门比例							
农林牧渔业	50.5	56.4	54.1	55.5	47.5	40.9	37.3
工　业	31.9	23.8	32.1	26.4	36.4	35.0	37.8
建筑业	8.8	10.6	5.8	5.7	4.9	7.0	8.3
运输仓储和邮电业	1.7	2.0	1.8	3.9	3.4	3.0	3.0
贸易和餐饮业	7.1	7.2	6.2	8.5	7.8	6.3	13.6
四、固定资产投资资金来源比例							
国家预算内投资	50.6	32.9	20.2	26.8	15.8	16.9	14.8
国内贷款			23.2	7.1	4.7	3.5	3.5
利用外资				7.1	0.03	0.4	…
自筹投资	46.1	67.1	46.3	51.1	67.3	56.9	55.7
其他投资	3.3		10.3	7.9	12.17	22.3	26.0
五、固定资产投资生产与非生产比例							
生产性建设	70.3	70.5	77.6	68.3	66.7	45.8	59.7
非生产性建设	29.7	29.5	22.4	31.7	33.3	54.2	40.3
#住　宅			11.4	8.1	9.4	39.2	19.6
六、固定资产投资主要行业投资比例							
农林牧渔业	50.6	40.6	46.5	64.7	28.9	20.8	28.0
工　业	20.1	20.4	31.6	11.7	37.9	6.6	20.1
交通运输、通讯业	5.6	7.7	4.1	3.8	4.7	17.6	7.0
教育文化艺术和广电事业	1.8	3.6	3.7	3.7	5.8	2.4	3.5
科技事业		0.1	0.6	1.1	0.4	0.2	1.3

注:生产总值、社会总产出、工业总产值、农林牧渔业总产值的比例按现价计算。

1-4 续表

指　　　标	1978	1980	1990	2000	2005	2010	2013
七、国有固定资产投资三次产业比例							
第一产业	50.6	40.6	46.5	58.0	30.6	20.8	28.0
第二产业	20.1	20.4	31.6	14.4	38.2	6.6	20.7
第三产业	29.3	39.0	21.9	27.6	31.2	72.6	51.3
八、公有固定资产投资农工比例							
农林牧渔业	50.6	40.6	46.5	58.0	45.2	75.1	70.1
工　业	49.4	59.4	53.5	42.0	54.8	24.9	29.9
九、工农业总产值农轻重比例							
农林牧渔业	61.3	70.4	62.7	68.1	56.4	54.7	50.2
轻工业	20.7	19.2	26.6	24.4	37.2	38.5	43.5
重工业	18.0	10.4	10.7	7.5	6.4	6.8	6.3
十、工业总产值轻重工业比例							
轻工业	51.2	55.8	71.4	76.5	85.6	85.0	87.4
重工业	48.8	44.2	28.6	23.5	14.4	15.0	12.6
十一、农林牧渔业总产值各业比例							
农　业	90.4	93.6	90.7	84.9	73.2	69.9	74.2
林　业	0.8	0.9	0.8	0.9	0.6	0.8	1.1
牧　业	8.6	5.4	7.9	13.5	24.3	27.4	23.9
渔　业	0.2	0.1	0.6	0.7	0.7	0.5	0.8
十二、农林牧渔业总产值所有制结构比例							
农　业:国　有				89.1	99.0	98.7	98.7
非国有				10.9	1.0	1.3	1.3
林　业:国　有				64.8	73.4	74.4	87.9
非国有				35.2	26.6	25.6	12.1
牧　业:国　有				4.2	0.9	0.3	0.6
非国有				95.8	99.1	99.7	99.4
渔　业:国　有				20.1	12.6	27.9	49.7
非国有				79.9	87.4	72.1	50.3
十三、全社会从业人员人数比例							
1. 按三次产业分							
第一产业	59.4	55.0	54.3	59.6	62.5	64.3	57.1
第二产业	22.3	23.3	24.5	14.3	14.1	14.2	16.6
第三产业	18.3	21.7	21.2	26.1	23.4	21.5	26.3
2. 按经济类型分							
国有经济			89.8	81.2	73.1	71.9	68.5
非国有经济			10.2	18.8	26.9	28.1	31.5

1–5　主要经济指标占全国农垦和全省的比重

（2013 年）

指　　标	单　位	全国农垦	黑龙江省	黑龙江垦　区	占全国农　垦（%）	占黑龙江　省（%）
一、年末总人口	万人	1412.7	3835.0	172.3	12.2	4.5
二、全部从业人员	万人	669.6	2060.4	84.9	12.7	4.1
三、生产总值	亿元	5937.6	14382.9	1095.1	18.4	7.6
#农林牧渔业增加值	亿元	1750.1	2516.8	521.5	29.8	20.7
工业增加值	亿元	2033.1	5090.3	192.5	9.5	3.8
四、固定资产投资						
全社会固定资产投资总额	亿元	3996.3	11453.1	301.5	7.5	2.6
#公有控股经济投资	亿元	1321.4	3404.9	175.3	13.3	5.1
五、收　入						
农场职工家庭（农村居民）人均纯收入	元 / 人	12318.0	9634.0	22891	185.8	237.6
在岗职工平均工资	元 / 人	28131.0	40794.0	27742	98.6	68.0
六、主要农产品产量						
粮　食	万吨	3419.9	6004.1	2120.9	62.0	35.3
#水 稻	万吨	1855.7	2220.6	1385.7	74.7	62.4
小 麦	万吨	277.9	38.9	5.6	2.0	14.4
玉 米	万吨	1099.6	3216.4	656.3	59.7	20.4
大 豆	万吨	89.5	386.7	62.1	69.4	16.1
油　料	万吨	80.4	19.0	1.0	1.2	5.3
甜　菜	万吨	281.8	123.2	43.6	15.5	35.4
亚　麻	万吨	0.7	0.6	0.1	14.3	16.2
水　果	万吨	478.0	49.1	2.3	0.5	4.7
肉　类	万吨	286.4	221.2	54.4	19.0	24.6
牛　奶	万吨	402.1	518.2	85.1	21.2	16.4
七、主要工业产品产量						
大　米	万吨	1003.3	1619.9	615.4	61.3	38.0
食用植物油	万吨	343.4	352.9	172.1	50.1	48.8
乳 制 品	万吨	348.6	213.7	30.5	8.7	14.3
#液体乳	万吨	301.2	150.3	25.9	8.6	17.2
成品糖	万吨	250.6	14.9	1.9	0.8	12.8
发电量	亿千瓦时	490.6	826.4	9.8	2.0	1.2
水　泥	万吨	3139.5	4028.5	158.4	5.0	3.9
化　肥（折纯）	万吨	142.3	60.4	13.7	9.6	22.7
机制纸及纸板	万吨	45.8	75.1	0.6	1.3	0.8
中成药	万吨	5.0	5.2	0.50	10.0	9.6
八、交通运输						
货物周转量	亿吨公里		1952.7	13.6		0.7
旅客周转量	亿人公里		679.2	6.8		1.0
九、批发零售贸易						
社会消费品零售总额	亿元	5244.5	6251.2	177.6	3.4	2.8
十、对外贸易						
进出口总额	亿美元		388.8	25.1		6.5
进口额	亿美元		226.5	9.1		4.0
出口额	亿美元	137.4	162.3	16.0	11.6	9.9

1-6　平均每天主要社会经济活动及主要经济指标人均占有量

指　　标	单　位	1990	2000	2004	2005	2010	2013
一、平均每天主要社会经济活动							
(一)每天创造的财富							
生产总值	万元	1101.4	3991.8	6468.5	7391.8	18852.4	30003.4
农林牧渔业总产值	万元	1230.1	3945.2	6424.7	7663.1	18987.4	25920.5
工业总产值	万元	731.5	1848.6	4315.1	5917.8	15749.8	25937.0
销售(经营)收入	万元	1800.0	3063.0	4515.1	5693.2	17509.6	35747.9
利润总额	万元	62.0	46.1	127.8	135.3	195.3	208.2
水　泥	吨	1063.0	2109.6	3816.4	3693.2	5194.5	4339.7
化　肥	吨	298.6	271.2	347.9	569.9	813.6	912.1
(二)每天消费(销售)量							
消费总额	万元	328.8	969.9	1284.9	1611	3197.3	4867.0
平均每人消费额	元	2.1	6.2	8.1	10.2	19.0	28.2
粮食(原粮)	吨	894.6	541.2	565.7	670.3	604.2	578.6
肉　类	吨	46.2	67.2	58.8	76.4	77.0	76.0
食用植物油	吨	30.3	35.0	42.9	41.8	49.8	48.0
(三)每天其他经济活动							
新建住宅面积	平方米	121	1845	1532	1426	26932	8740
(四)每天人口变动							
出　生	人	46	29.1	20.8	19.6	20.6	18.4
死　亡	人	17	17.5	19.6	18.6	26.3	26.9
二、主要经济指标人均占有量							
(一)人均创造财富							
生产总值	元	2586	9254	14953	17012	41186	63365
销售(经营)收入	元	4231	7100	10437	13103	38190	75728
利润总额	元	145.6	106.4	295.5	311.4	426	440.9
水　泥	公斤	250	488.7	882.2	849.9	1133.0	919.5
化　肥	公斤	70	63	80.4	131.2	177.5	193.2
粮　食	公斤	2962	5170.2	5937.3	6472.5	10863.4	12311.6
肉　类	公斤	22.5	63.5	147.6	204.3	364.8	315.8
(二)人均占有生产资料							
耕　地	公顷	1.3	1.3	1.3	1.4	1.7	1.7
森　林	公顷	0.5	0.5	0.6	0.6	0.5	0.5
草　原	公顷	0.3	0.2	0.2	0.2	0.2	0.2
水　域	公顷	0.2	0.2	0.2	0.2	0.2	0.2
固定资产(净值)	元	2011	5785	8581	10101	16588	30022
(三)其他人均占有量							
纯 收 入	元	1217	3337	5593	6179	13267	22891
生活消费	元	816	2511	3119	3373	7761	10639

1-7　主要经济指标与以往历史最高水平对比

指　　标	单　位	以往历史最高水平		2012年	2013年	2013年比历史最高水平增长(%)
		年份	数量			
年末总人口	万　人	2012	173.4	173.4	172.3	-0.6
从业人员	万　人	2012	98.3	98.3	84.9	-13.6
生产总值	亿　元	2012	974.5	974.5	1095.1	10.4
农林牧渔业总产值	亿　元	2012	892.3	892.3	946.9	6.1
工业总产值	亿　元	2012	819.7	819.7	938.9	14.5
耕地面积	万公顷	2012	288.0	288.0	288.5	0.2
林地面积	万公顷	1978	98	91.8	92	-6.1
草原面积	万公顷	1978	105	35.2	35	-66.7
总播种面积	万公顷	2012	287.1	287.1	288	0.3
粮食作物面积	万公顷	2012	279.8	279.8	280.3	0.2
粮食总产量	万　吨	2012	2105	2105	2120.9	0.8
粮食平均单产	公斤/公顷	2012	7524	7524	7566	0.6
水稻单产	公斤/公顷	2012	8850	8850	8842	-0.1
小麦单产	公斤/公顷	2012	6080	6080	5598	-7.9
玉米单产	公斤/公顷	2011	8198	6864	7367	-10.1
大豆单产	公斤/公顷	2012	3380	3380	2179	-35.5
奶牛年末存栏	万　头	2009	32.0	24.2	16.6	-48.1
黄牛年末存栏	万　头	2005	50	24.7	13.9	-72.0
猪年末存栏	万　头	2009	217.6	181.6	148.4	-31.8
羊年末存栏	万　只	2003	210.4	134.8	57.4	-72.7
肉类总产量	万　吨	2011	54.9	53.5	54.4	-0.9
#猪　肉	万　吨	2011	35.7	33.7	32.8	-8.1
牛　肉	万　吨	2012	9.4	9.4	11.2	19.1
羊　肉	万　吨	2010	2.7	2.5	2.8	3.7
牛奶产量	万　吨	2007	97.7	87.6	85.1	-12.9
禽蛋产量	万　吨	2012	8.0	8.0	6.7	-16.3
水产品产量	万　吨	2012	3.5	3.5	3.7	5.7
交售粮食	万　吨	2012	1981.0	1981.0	1997.9	0.9
粮食商品率	%	2012	94.1	94.1	94.2	+0.1个百分点
出口大豆	万　吨	1989	50	14.0	14.9	-70.2
农场职工家庭人均纯收入	元/人	2012	20227	20227	22891	13.2
利润总额	万　元	2009	166107	123394	75975	-54.3

注：生产总值、农林牧渔业总产值、工业总产值、农场职工家庭人均纯收入的增长速度均按可比价计算。

主要统计指标解释

国民经济行业分类　自2012年定期报表开始使用新的《国民经济行业分类》(GB/T4754-2011)。该分类是由国家统计局组织修订,经国家质量监督检验检疫总局和国家标准化管理委员会批准发布,并于2011年11月1日起实施。这次修订是在2002年分类标准的基础上,参照联合国2007年颁布的《国际标准产业分类》(ISIC Rev. 4)进行的。修订后的《国民经济行业分类》(GB/T4754-2011)共有门类20个,大类96个,中类432个,小类1094个。

企业(单位)登记注册类型　是以在工商行政管理机关登记注册的各类企业为划分对象,以工商行政管理部门对企业登记注册的类型为依据,将企业登记注册泪型分为内资企业、港澳台商投资企业和外商投资企业三大类。内资企业包括国有企业、集体企业、股份合作企业、联营企业、有限责任公司、股份有限公司、私营公司和其他企业;港澳台商投资企业和外商投资企业分别包括合资经营企业、合作经营企业、独资经营企业和股份有限公司。对不在工商行政管理部门进行登记注册的行政机关、事业单位和社会团体,主要按其经费来源和管理方式进行划分。

单产业法人　法人单位只位于一个场所并主要从事一种社会经济活动,称为单产业法人,单位产业法人本身也是一个产业活动单位。

多产业法人　法人单位从事多种经济活动,或者位于多个地点,称为多产业法人。多产业法人由两个或两个以上产业活动单位组成。

管理区　根据黑垦发[2003]6号文件精神,重构农场(社区)基层管理组织,撤销分场、生产队建制,整合管理资源,集中设立管理区。管理区作为农场(社区)的派出机构,根据授权的委托,负责辖区经济建设和社会管理工作,履行社会公共服务职责,引导扶持非公有经济发展,代行农场和农业分公司土地、森林、草原、水面等资源性资产的发包和承包费收入。

发展速度　发展速度是报告期发展水平与基期水平之比。它是从相对数方面来说明现象发展程度的重要指标。

增长速度　增长速度是表明现象增长程度的相对指标。是根据增长量与基期水平之比计算的,也可用发展速度减1来计算,说明现象报告期水平比基期水平增长了多少倍或百分之几。

平均增长速度　平均增长速度表明社会经济现象在一个较长的时期内逐期平均增长变化的程度,它不能根据各个环比增长速度直接求得,但与平均发展速度之间存在着一定的数量关系:平均增长速度 = 平均发展速度 - 1。

平均发展速度是一种根据环比发展速度计算的序时平均数,由于各时期对比的基础不同,所以计算平均发展速度不能采用一般的序时平均数的计算方法,计算方法分为水平法和累计法。水平法,又称几何平均法,即将环比发展速度按连乘法用几何平均数公式计算。累计法,也称方程法,根据一段时期内各年发展水平总和与基期水平的关系,列出方程式计算平均发展速度。水平法着重考虑最后一年所达到的发展水平;累计法着重考虑整个时期累计发展水平的总量。

在一般情况下,两种方法计算的平均增长速度比较接近,但在经济发展水平出现大起大落时,两种方法的结果差别较大,本《年鉴》内所列的平均增长速度,都是用“水平法”计算。

02 国民经济核算

垦区生产总值(亿元)

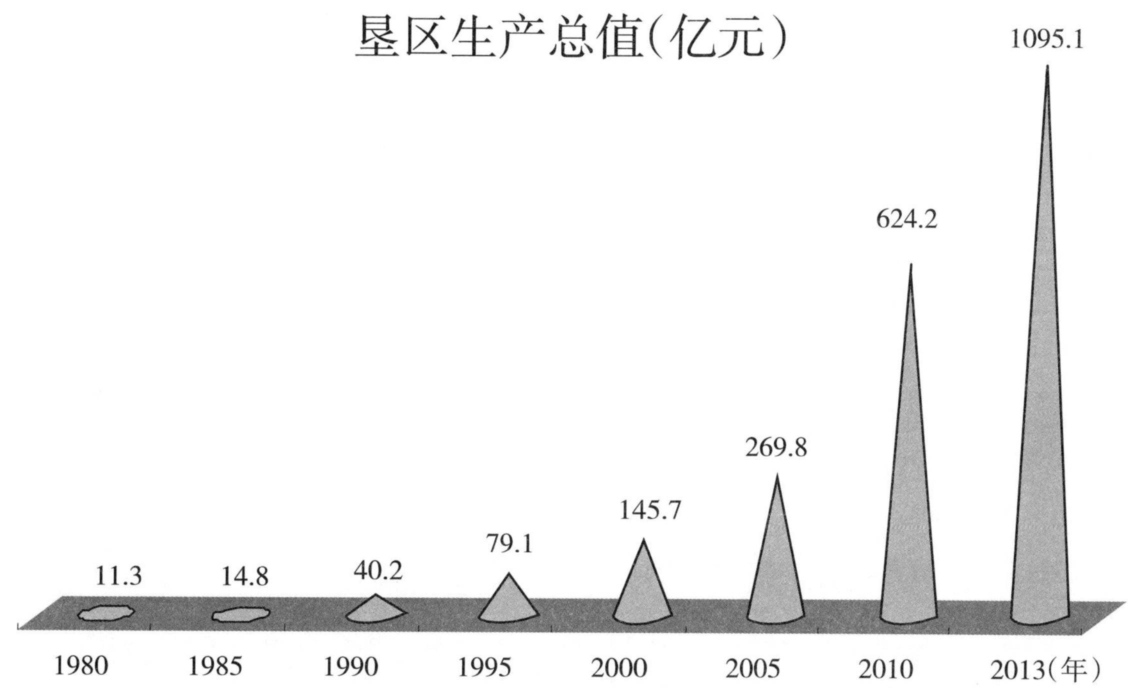

垦区生产总值构成(%)

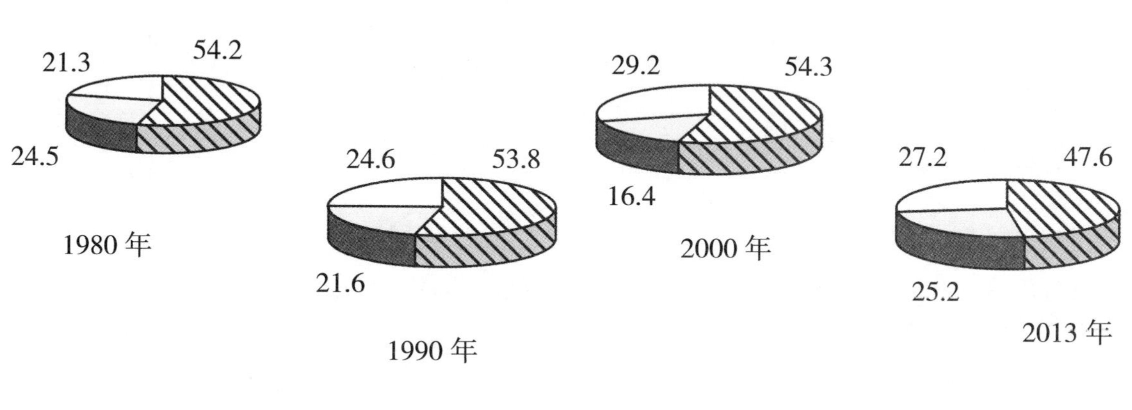

第一产业　第二产业　第三产业

2-1 地区生产总值

单位:万元

年份	生产总值	第一产业	第二产业	工业	建筑业	第三产业	#交通运输、仓储及通讯业	#贸易业及餐饮业
1949	93	69	7	3	4	17	1	8
1950	270	130	101	86	15	40	2	16
1951	225	128	55	32	23	41	2	20
1952	471	299	101	44	56	72	4	34
1953	860	478	244	91	153	138	9	68
1954	1697	1312	213	56	157	172	16	85
1955	2476	1641	396	70	326	440	17	210
1956	5957	3710	1336	235	1101	910	49	375
1957	7563	4129	2197	795	1402	1237	84	493
1958	11010	4328	3405	1822	1582	3277	134	1286
1959	20592	7661	6101	4043	2058	6830	302	2538
1960	19230	5732	7040	5105	1934	6458	214	2634
1961	19073	7005	5862	5010	852	6206	184	2567
1962	15026	6795	4895	4352	543	3335	156	1265
1963	18437	9046	5769	4600	1169	3622	199	1336
1964	20282	9892	6294	4705	1589	4096	239	1496
1965	22871	12061	6521	4908	1613	4290	280	1652
1966	27348	13537	8204	6515	1689	5607	360	2105
1967	33339	17770	8209	6519	1691	7360	485	2913
1968	34901	19023	8258	6705	1553	7620	537	2980
1969	32665	15022	9325	7123	2202	8318	420	3280
1970	40572	18143	11800	8794	3006	10629	533	3874
1971	41876	18274	12036	8730	3306	11566	628	4106
1972	47934	19821	14571	11143	3429	13542	674	4463
1973	49395	16478	16489	11749	4740	16428	720	5149
1974	65177	27320	19842	16106	3736	18015	881	6140
1975	77698	33290	23928	19594	4334	20480	998	6414
1976	80631	36095	24674	21115	3558	19862	1165	5752
1977	85550	34156	27772	24025	3747	23622	1280	6365
1978	96866	36259	34476	29068	5408	26131	1506	5424
1979	104102	40325	36452	30211	6241	27325	1484	5967

2–1 续表　　单位:万元

年　份	生　产总　值	第　一产　业	第　二产　业			第　三产　业		
				工　业	建筑业		#交通运输、仓储及通讯业	#贸易业及餐饮业
1980	113420	61462	27759	21086	6673	24199	1780	6290
1981	58905	5712	29109	23279	5830	24084	1241	6765
1982	123039	60295	31265	25876	5389	31479	2557	7541
1983	161292	91976	33333	28591	4742	35983	3291	7435
1984	136189	63325	36225	30545	5680	36639	3308	8200
1985	148093	66627	40622	34530	6092	40844	3589	9183
1986	178033	87239	43264	36334	6930	47530	4539	11904
1987	203952	92259	51194	42791	8403	60499	5547	19327
1988	243198	115960	63417	53817	9600	63821	6878	20746
1989	318931	166251	76980	65876	11104	75700	9512	22523
1990	401974	216131	86835	70856	15979	99008	10278	33453
1991	320288	121461	88443	74502	13941	110384	11516	41124
1992	362738	151691	90067	75550	14517	120980	11663	40621
1993	465133	229494	92592	76075	16517	143047	15041	39834
1994	567640	312972	94260	77258	17002	160408	13999	38670
1995	791074	454339	133478	110943	22535	203257	13710	51670
1996	1088400	669943	169305	139262	30043	249152	19377	67794
1997	1350782	846561	199633	161680	37953	304588	30470	90623
1998	1410402	826438	227622	181139	46483	356342	37472	116660
1999	1366008	759356	230359	181782	48577	376293	45996	115288
2000	1457251	791863	239595	191459	48136	425793	54207	129855
2001	1606628	865574	263036	212872	50164	478018	66735	140661
2002	1718555	874150	308845	246834	62011	535560	79257	177678
2003	1879502	938360	354302	279843	74459	586840	91421	214219
2004	2361168	1301394	432031	338494	93537	627743	100126	226270
2005	2698322	1484469	504860	405276	99584	708993	112212	268807
2006	3014742	1578985	622940	501038	121902	812817	134632	284547
2007	3603481	1892367	723288	572210	151078	987826	158832	372605
2008	4544690	2449720	898008	692135	205873	1196962	198462	471668
2009	4922240	2759188	965978	720623	245355	1197075	156365	385473
2010	6242100	3377043	1333866	948640	385226	1531191	189525	391574
2011	8055091	4226398	1841724	1274818	566905	1986970	275425	637106
2012	9744736	4885930	2396348	1665568	730779	2462458	370266	730651
2013	10951225	5215024	2760396	1924913	835483	2975806	409920	987635

注:国民经济核算数据为第二次和第三次经济普查衔接修订后的数据。

2-2 垦区生产总值构成

（以生产总值为 100） 单位:%

年 份	第一产业	第二产业	工 业	建筑业	第三产业	# 交通运输仓储及通讯业	# 贸易业及餐饮业	人均生产总值（元）
1949	74.2	7.7	3.0	4.7	18.1	0.9	8.6	192
1950	48.1	37.2	31.8	5.4	14.7	0.9	5.8	376
1951	57.0	24.7	14.2	10.4	18.4	0.7	8.9	152
1952	63.4	21.3	9.4	12.0	15.3	0.9	7.2	202
1953	55.6	28.4	10.6	17.8	16.0	1.0	7.9	278
1954	77.3	12.5	3.3	9.3	10.1	0.9	5.0	431
1955	66.3	16.0	2.8	13.2	17.8	0.7	8.5	397
1956	62.3	22.4	3.9	18.5	15.3	0.8	6.3	505
1957	54.6	29.1	10.5	18.5	16.4	1.1	6.5	434
1958	39.3	30.9	16.6	14.4	29.8	1.2	11.7	356
1959	37.2	29.6	19.6	10.0	33.2	1.5	12.3	368
1960	29.8	36.6	26.5	10.1	33.6	1.1	13.7	249
1961	36.7	30.7	26.3	4.5	32.5	1.0	13.5	234
1962	45.2	32.6	29.0	3.6	22.2	1.0	8.4	197
1963	49.1	31.3	24.9	6.3	19.6	1.1	7.2	248
1964	48.8	31.0	23.2	7.8	20.2	1.2	7.4	265
1965	52.7	28.5	21.5	7.1	18.8	1.2	7.2	280
1966	49.5	30.0	23.8	6.2	20.5	1.3	7.7	302
1967	53.3	24.6	19.6	5.1	22.1	1.5	8.7	348
1968	54.5	23.7	19.2	4.5	21.8	1.5	8.5	329
1969	46.0	28.5	21.8	6.7	25.5	1.3	10.0	258
1970	44.7	29.1	21.7	7.4	26.2	1.3	9.5	291
1971	43.6	28.7	20.8	7.9	27.6	1.5	9.8	287
1972	41.4	30.4	23.2	7.2	28.3	1.4	9.3	321
1973	33.4	33.4	23.8	9.6	33.3	1.5	10.4	327
1974	41.9	30.4	24.7	5.7	27.6	1.4	9.4	426
1975	42.8	30.8	25.2	5.6	26.4	1.3	8.3	502
1976	44.8	30.6	26.2	4.4	24.6	1.4	7.1	509
1977	39.9	32.5	28.1	4.4	27.6	1.5	7.4	525
1978	37.4	35.6	30.0	5.6	27.0	1.6	5.6	585
1979	38.7	35.0	29.0	6.0	26.2	1.4	5.7	649

2-2 续表　　（以生产总值为 100）　　单位:%

年　份	第一产业	第二产业	工　业	建筑业	第三产业	# 交通运输仓储及通讯业	# 贸易业及餐饮业	人均生产总值（元）
1980	54.2	24.5	18.6	5.9	21.3	1.6	5.5	729
1981	9.7	49.4	39.5	9.9	40.9	2.1	11.5	374
1982	49.0	25.4	21.0	4.4	25.6	2.1	6.1	775
1983	57.0	20.7	17.7	2.9	22.3	2.0	4.6	1006
1984	46.5	26.6	22.4	4.2	26.9	2.4	6.0	845
1985	45.0	27.4	23.3	4.1	27.6	2.4	6.2	927
1986	49.0	24.3	20.4	3.9	26.7	2.5	6.7	1127
1987	45.2	25.1	21.0	4.1	29.7	2.7	9.5	1297
1988	47.7	26.1	22.1	3.9	26.2	2.8	8.5	1559
1989	52.1	24.1	20.7	3.5	23.7	3.0	7.1	2056
1990	53.8	21.6	17.6	4.0	24.6	2.6	8.3	2589
1991	37.9	27.6	23.3	4.4	34.5	3.6	12.8	2055
1992	41.8	24.8	20.8	4.0	33.4	3.2	11.2	2325
1993	49.3	19.9	16.4	3.6	30.8	3.2	8.6	2977
1994	55.1	16.6	13.6	3.0	28.3	2.5	6.8	3639
1995	57.4	16.9	14.0	2.8	25.7	1.7	6.5	5093
1996	61.6	15.6	12.8	2.8	22.9	1.8	6.2	6979
1997	62.7	14.8	12.0	2.8	22.5	2.3	6.7	8617
1998	58.6	16.1	12.8	3.3	25.3	2.7	8.3	8959
1999	55.6	16.9	13.3	3.6	27.5	3.4	8.4	8646
2000	54.3	16.4	13.1	3.3	29.2	3.7	8.9	9237
2001	53.9	16.4	13.2	3.1	29.8	4.2	8.8	10186
2002	50.9	18.0	14.4	3.6	31.1	4.6	10.3	10868
2003	49.9	18.9	14.9	4.0	31.2	4.9	11.4	11906
2004	55.1	18.3	14.3	4.0	26.6	4.2	9.6	14973
2005	55.0	18.7	15.0	3.7	26.3	4.2	10.0	17049
2006	52.4	20.7	16.6	4.0	27.0	4.5	9.4	18956
2007	52.5	20.1	15.9	4.2	27.4	4.4	10.3	22214
2008	53.9	19.8	15.2	4.6	26.3	4.4	10.4	27467
2009	56.1	19.6	14.6	5.0	24.3	3.2	7.8	29582
2010	54.1	21.4	15.2	6.2	24.5	3.0	6.3	37361
2011	52.5	22.9	15.8	7.0	24.7	3.4	7.9	47586
2012	50.1	24.6	17.1	7.5	25.3	3.8	7.5	56560
2013	47.6	25.2	17.6	7.6	27.2	3.7	9.0	63365

2-3 垦区生产总值指数

（以1980年为100） 单位:%

年份	生产总值	第一产业	第二产业	工业	建筑业	第三产业	#交通运输、仓储及通讯业	#贸易业及餐饮业
1949	0.09	0.12	0.03	0.01	0.10	0.11	0.06	0.20
1950	0.28	0.24	0.46	0.46	0.33	0.25	0.19	0.38
1951	0.24	0.24	0.26	0.18	0.52	0.26	0.13	0.49
1952	0.51	0.57	0.48	0.26	1.25	0.46	0.32	0.83
1953	0.85	0.87	1.04	0.50	2.94	0.76	0.60	1.44
1954	1.58	2.17	0.94	0.32	3.08	0.96	1.10	1.84
1955	2.36	2.73	1.84	0.42	6.81	2.63	1.30	4.83
1956	4.90	5.45	5.18	1.24	18.94	4.48	3.00	7.10
1957	6.53	6.78	8.27	4.09	23.31	5.88	5.00	9.03
1958	10.52	8.96	12.36	8.35	27.62	16.36	8.38	24.73
1959	18.54	15.49	21.05	18.11	32.25	30.60	17.03	43.81
1960	18.06	11.39	24.77	22.44	34.02	32.47	13.56	51.03
1961	17.10	12.66	19.12	20.02	15.44	32.17	11.97	51.27
1962	13.63	11.13	17.75	19.40	10.64	18.67	11.01	27.28
1963	16.27	14.63	20.01	19.60	22.01	19.50	13.50	27.71
1964	18.33	17.13	21.57	19.95	28.93	21.32	15.66	30.00
1965	20.63	20.89	22.31	20.81	29.13	22.15	18.19	32.87
1966	24.14	23.41	27.88	28.04	27.75	26.35	21.27	38.11
1967	28.66	30.74	27.33	28.04	25.10	31.24	25.89	47.64
1968	30.78	32.90	27.98	28.80	25.37	35.58	31.54	53.61
1969	29.78	26.00	32.39	30.62	39.70	42.87	27.23	65.14
1970	37.13	33.19	41.71	40.04	48.60	49.13	30.98	69.00
1971	37.23	33.14	41.46	39.29	50.10	50.11	34.22	68.54
1972	41.40	31.81	49.65	48.22	56.05	63.29	39.62	80.36
1973	41.17	26.41	54.88	50.83	71.29	70.63	38.93	85.30
1974	55.61	43.75	70.28	74.93	57.10	78.71	48.41	103.37
1975	68.68	57.34	84.90	91.13	66.97	90.48	55.45	109.18
1976	71.04	57.88	88.76	98.22	60.23	96.11	70.90	107.24
1977	73.51	54.68	98.87	111.72	58.66	105.74	72.06	109.78
1978	84.00	58.99	124.66	137.93	83.84	115.87	84.70	92.62
1979	89.41	65.61	131.39	143.35	93.57	119.19	83.44	100.19

2-3 续表 （以 1980 年为 100） 单位：%

年份	生产总值	第一产业	第二产业			第三产业		
				工业	建筑业		#交通运输、仓储及通讯业	#贸易业及餐饮业
1980	100.00	100.00	100.00	100.00	100.00	100.00	100.00	100.00
1981	53.90	9.50	87.69	94.64	70.63	97.49	87.03	107.99
1982	110.77	96.67	102.97	115.11	71.44	142.48	160.35	117.71
1983	140.70	127.15	108.84	126.65	62.60	194.63	193.28	114.18
1984	136.48	110.11	124.47	142.09	78.74	193.27	199.05	118.20
1985	138.55	110.80	131.81	151.84	79.83	192.64	195.05	116.43
1986	155.76	145.69	126.30	143.53	81.57	201.41	228.20	142.39
1987	161.66	146.06	138.14	156.16	91.38	211.08	265.64	204.76
1988	165.02	161.15	150.47	173.01	91.97	185.68	297.53	188.38
1989	191.71	215.03	162.83	190.39	91.29	179.52	354.06	177.67
1990	224.80	259.22	185.43	209.60	122.69	203.68	408.03	245.63
1991	173.17	140.89	185.12	217.30	101.60	217.03	429.46	311.61
1992	188.12	164.96	189.04	220.07	108.51	226.97	472.02	283.46
1993	223.81	228.33	194.84	222.95	121.87	243.98	555.66	281.51
1994	227.59	235.62	195.82	222.33	127.00	244.44	449.89	231.04
1995	276.50	296.50	238.31	271.22	152.92	279.00	397.03	278.03
1996	338.71	392.45	264.31	301.30	168.36	318.23	500.06	338.36
1997	409.64	495.47	300.36	335.95	208.14	367.68	747.34	399.84
1998	440.77	513.31	328.29	363.16	237.90	424.67	878.12	467.01
1999	463.25	531.28	344.70	381.32	250.03	460.34	1094.14	481.02
2000	496.60	552.00	363.00	406.87	249.53	529.85	1270.30	550.77
2001	553.21	616.03	401.48	455.69	260.01	590.25	1415.11	592.08
2002	605.76	641.90	480.97	538.63	327.87	669.96	1702.38	757.86
2003	672.39	711.23	546.86	607.04	385.90	734.24	1963.70	913.68
2004	792.75	888.32	632.72	699.31	451.51	786.37	2150.64	964.20
2005	896.60	1000.25	725.10	817.49	480.86	889.38	2380.76	1132.94
2006	1016.74	1107.28	879.55	991.62	582.32	1001.44	2805.96	1178.03
2007	1150.95	1236.83	1003.57	1121.52	687.72	1156.66	3146.60	1466.29
2008	1329.35	1431.01	1164.14	1263.95	883.72	1326.69	3723.06	1767.76
2009	1492.40	1581.09	1354.38	1429.60	1124.27	1496.26	4141.16	2002.21
2010	1712.40	1733.94	1739.16	1744.55	1654.34	1726.80	4793.81	2335.78
2011	2017.12	1955.92	2171.46	2083.79	2285.97	2117.97	5968.77	2925.56
2012	2366.68	2175.72	2781.28	2683.80	2891.45	2548.35	7146.41	3532.32
2013	26177.55	2319.32	3137.29	3134.68	2995.54	2961.18	7618.07	4138.14

2-4 垦区生产总值指数

（以上年为100） 单位：%

年份	生产总值	第一产业	第二产业	工业	建筑业	第三产业	#交通运输、仓储及通讯业	#贸易业及餐饮业
1949	100.00	100.00	100.00	100.00	100.00	100.00	100.00	100.00
1950	300.31	196.26	1451.60	3216.00	333.30	235.63	300.00	194.40
1951	85.60	102.56	56.38	38.73	160.00	104.15	66.70	128.60
1952	211.99	235.82	184.86	144.00	240.60	174.51	250.00	170.00
1953	167.69	151.54	217.06	194.94	234.41	165.75	185.12	172.86
1954	185.10	250.42	89.86	64.66	104.85	127.09	183.56	127.68
1955	149.35	125.51	196.80	128.93	220.95	272.77	118.97	263.11
1956	207.85	200.12	281.57	297.09	278.24	170.37	230.24	146.97
1957	133.30	124.37	159.48	330.11	123.06	131.30	166.74	127.07
1958	161.08	132.15	149.47	204.06	118.52	278.22	167.46	273.89
1959	176.27	172.76	170.34	216.87	116.75	187.08	203.19	177.16
1960	97.44	73.55	117.70	123.92	105.49	106.13	79.66	116.48
1961	94.64	111.10	77.17	89.21	45.40	99.07	88.27	100.47
1962	79.72	87.95	92.83	96.90	68.89	58.04	91.95	53.22
1963	119.36	131.45	112.76	101.01	206.86	104.42	122.62	101.57
1964	112.67	117.09	107.80	101.79	131.42	109.37	116.01	108.26
1965	112.55	121.97	103.40	104.31	100.70	103.89	116.12	109.57
1966	117.04	112.07	125.01	134.77	95.28	118.93	116.99	115.94
1967	118.70	131.29	98.01	99.98	90.44	118.58	121.70	125.01
1968	107.40	107.03	102.39	102.73	101.08	113.89	121.81	112.53
1969	96.77	79.03	115.74	106.31	156.47	120.48	86.33	121.49
1970	124.66	127.66	128.80	130.77	122.43	114.61	113.81	105.93
1971	100.28	99.85	99.39	98.13	103.07	101.98	110.43	99.33
1972	111.19	95.99	119.75	122.72	111.89	126.31	115.79	117.25
1973	99.46	83.02	110.54	105.42	127.18	111.60	98.26	106.14
1974	135.07	165.64	128.06	147.41	80.10	111.44	124.35	121.19
1975	123.49	131.06	120.81	121.63	117.30	114.95	114.54	105.62
1976	103.45	100.95	104.55	107.78	89.93	106.22	127.86	98.22
1977	103.47	94.46	111.38	113.74	97.40	110.02	101.64	102.37
1978	114.26	107.89	126.08	123.46	142.92	109.58	117.54	84.37
1979	106.44	111.22	105.40	103.93	115.39	102.86	98.51	108.06

2–4 续表　　（以上年为 100）　　单位：%

年份	生产总值	第一产业	第二产业			第三产业		
				工业	建筑业		#交通运输、仓储及通讯业	#贸易业及餐饮业
1980	108.97	152.42	80.43	72.80	110.49	95.00	119.86	99.81
1981	53.90	9.50	87.69	94.64	70.63	97.49	87.03	107.98
1982	205.53	1017.70	117.42	121.63	101.14	146.15	184.25	109.00
1983	127.01	131.53	105.70	110.02	87.63	136.60	120.54	97.00
1984	97.00	86.60	114.37	112.19	125.78	99.30	102.99	103.53
1985	101.52	100.63	105.89	106.86	101.38	99.67	98.00	98.50
1986	112.42	131.49	95.82	94.53	102.18	104.55	116.99	122.30
1987	103.79	100.26	109.38	108.80	112.02	104.80	116.41	143.80
1988	102.08	110.33	108.93	110.80	100.65	87.97	112.00	92.00
1989	116.17	133.44	108.21	110.04	99.27	96.68	119.00	94.32
1990	117.26	120.55	113.88	110.09	134.39	113.46	115.24	138.25
1991	77.04	54.35	99.84	103.67	82.81	106.56	105.25	126.86
1992	108.63	117.09	102.12	101.28	106.79	104.58	109.91	90.97
1993	118.97	138.41	103.07	101.31	112.31	107.49	117.72	99.31
1994	101.69	103.19	100.50	99.72	104.21	100.20	80.97	82.07
1995	121.49	125.83	121.70	121.99	120.41	114.14	88.25	120.34
1996	122.50	132.36	110.91	111.09	110.10	114.06	125.95	121.70
1997	120.94	126.25	113.64	111.50	123.63	115.54	149.45	118.17
1998	107.60	103.60	109.30	108.10	114.30	115.50	117.50	116.80
1999	105.10	103.50	105.00	105.00	105.10	108.40	124.50	103.00
2000	107.20	103.90	105.30	106.70	99.80	115.10	116.10	114.50
2001	111.40	111.60	111.60	112.00	104.20	111.40	111.40	107.50
2002	109.50	104.20	119.80	118.20	126.10	113.50	120.30	128.00
2003	111.00	110.80	113.70	112.70	117.70	109.60	115.35	120.56
2004	117.90	124.90	115.70	115.20	117.00	107.10	109.52	105.53
2005	113.10	112.60	114.60	116.90	106.50	113.10	110.70	117.50
2006	113.40	110.70	121.30	121.30	121.10	112.60	117.86	103.98
2007	113.20	111.70	114.10	113.10	118.10	115.50	112.14	124.47
2008	115.50	115.70	116.00	112.70	128.50	114.70	118.32	120.56
2009	112.27	110.49	116.34	113.11	127.22	112.78	111.23	113.26
2010	114.74	109.67	128.41	122.03	147.15	115.41	115.76	116.66
2011	117.79	112.80	124.86	119.45	138.18	122.65	124.51	125.25
2012	117.33	111.24	128.08	128.79	126.49	120.32	119.73	120.74
2013	110.60	106.60	112.80	116.80	103.60	116.20	106.60	117.15

2-5 垦区生产总值

（2013 年）　　单位:万元

指标	合计	劳动者报酬	固定资产折旧	生产税净额	#补贴	营业盈余
生产总值	10951225	4358057	1330291	219182	304918	5043695
第一产业	5215024	2193674	470316	-302051	300247	2853085
1、农林牧渔业	5215024	2193674	470316	-302051	300247	2853085
(1)农　业	4063049	1730545	373509	-300104	298315	2259099
(2)林　业	56225	25275	4902	-234	190	26281
(3)畜牧业	1057725	422213	89257	-1693	1693	547949
(4)渔　业	38025	15641	2648	-20	48	19756
第二产业	2760396	918734	291647	334178	5499	1215838
2、工 业	1924913	521451	236213	256690	5499	910559
3、建筑业	835483	397283	55434	77488		305278
第三产业	2975806	1245649	568328	187056	-827	974772
4、批发和零售业	820284	293515	86096	76899		363773
5.交通运输、仓储业和邮政业	377327	149964	53011	28145	238	146208
(1)交通运输业	337320	132496	48931	26228	236	129666
(2)仓储业	38004	14510	3497	2104		17893
(3)邮政业	7440	1582	614	294	2	4951
6、住宿和餐饮业	200496	75831	30829	15559	12	78277
#餐饮业	167351	64424	25980	12747	12	64201
7、信息传输、软件和信息技术服务业	32593	20955	6493	1409		3736
#电信	29262	18493	6086	1316		3367
8、金融业	174597	40477	14358	14304	20	105458
#银行	153315	28406	12327	11419	20	101164
9、房地产业	269638	10723	222529	20616		15771
#职工自有住房	217750		217757			-8
10、租赁和商务服务业	63873	16819	7107	8237	-24	31709
11、科学研究、技术服务和地质勘查业	31405	20158	3019	1742		6486
12、水利、环境和公共设施管理业	70704	49255	8185	1022		12243
13、居民服务和其他服务业	172280	66389	26756	14763		64373
14、教　育	193995	162168	25050	178		6599
15、卫生和社会工作	162551	100730	16578	786		44457
16、文化、体育和娱乐业	9480	6946	835	241		1458
17、公共管理、社会保障和社会组织	234117	172172	46293	2495	-1074	13158
18、农林牧渔服务业	156400	56806	20636	69		78890
19、采矿业中的开采辅助活动						
20、制造业中的金属制品机械和设备修理业	6066	2742	554	592		2178

2-6 各管理局生产总值、构成和指数

（2013 年）

单位	生产总值	第一产业	#农业	#畜牧业	第二产业	工业	建筑业	第三产业	#贸易和餐饮业	人均生产总值（元）
绝对数（万元）	**10951225**	**5215024**	**4063049**	**1057725**	**2760396**	**1924913**	**835483**	**2975806**	**987635**	**63365**
宝泉岭局	1444194	675529	487485	176856	396237	285341	110896	372428	124023	70216
红兴隆局	1965559	1003203	764082	218045	501155	307808	193348	461201	141418	58285
建三江局	1953282	1320358	1224151	90458	286833	170709	116124	346091	84405	79416
牡丹江局	1829234	980638	791785	177173	431909	337457	94452	416687	114787	91526
北安局	752996	389782	259464	102272	105608	74274	31334	257605	89647	35840
九三局	783406	319879	237104	77629	110490	57580	52910	353038	104240	45835
齐齐哈尔局	557053	244388	121957	119655	82980	59854	23126	229685	91909	35543
绥化局	470632	210619	126862	78971	103697	71378	32319	156316	69752	62521
哈尔滨局	202221	62199	45001	13478	81091	75108	5983	58931	14995	39785
总局直属	992649	8430	5160	3190	660396	485405	174992	323823	152460	131141
构成%（总值=100）	**100**	**47.6**	**37.1**	**9.7**	**25.2**	**17.6**	**7.6**	**27.2**	**9.0**	
宝泉岭局	100	46.8	33.8	12.2	27.4	19.8	7.7	25.8	8.6	
红兴隆局	100	51.0	38.9	11.1	25.5	15.7	9.8	23.5	7.2	
建三江局	100	67.6	62.7	4.6	14.7	8.7	5.9	17.7	4.3	
牡丹江局	100	53.6	43.3	9.7	23.6	18.4	5.2	22.8	6.3	
北安局	100	51.8	34.5	13.6	14.0	9.9	4.2	34.2	11.9	
九三局	100	40.8	30.3	9.9	14.1	7.3	6.8	45.1	13.3	
齐齐哈尔局	100	43.9	21.9	21.5	14.9	10.7	4.2	41.2	16.5	
绥化局	100	44.8	27.0	16.8	22.0	15.2	6.9	33.2	14.8	
哈尔滨局	100	30.8	22.3	6.7	40.1	37.1	3.0	29.1	7.4	
总局直属	100	0.8	0.5	0.3	66.5	48.9	17.6	32.6	15.4	
指数%（上年=100）	**110.6**	**106.6**	**108.0**	**100.8**	**112.8**	**116.8**	**103.6**	**116.2**	**117.2**	**110.5**
宝泉岭局	108.4	100.5	102.8	94.9	114.0	114.2	113.5	120.0	124.5	109.3
红兴隆局	109.4	107.7	111.4	95.3	105.4	112.8	95.3	118.8	120.8	110.6
建三江局	110.1	111.1	113.1	88.1	107.0	104.8	110.4	109.1	123.0	109.8
牡丹江局	111.3	108.8	110.0	102.4	114.8	118.4	103.6	113.7	114.8	114.3
北安局	110.0	113.2	112.1	114.4	101.4	105.6	92.8	109.2	112.3	110.4
九三局	107.8	89.5	90.1	87.1	116.5	107.0	128.9	129.9	102.1	106.2
齐齐哈尔局	112.9	105.8	90.7	130.3	113.1	113.3	112.8	122.0	125.0	108.1
绥化局	106.1	105.1	106.1	102.8	98.5	102.8	90.2	113.4	122.0	104.1
哈尔滨局	113.0	107.0	96.5	161.6	114.9	114.6	119.3	117.4	106.0	102.1
总局直属	119.9	150.0	147.5	152.7	125.0	131.7	98.8	110.2	119.0	128.7

2-7 各管理局生产总值要素

单位:万元

年份 单位	生产 总值	劳动者 报酬	固定资 产折旧	生产税 净额	#补贴	营业盈余
2000	1457251	630025	210697	97431	401	528098
2004	2361168	998773	279839	39015	56481	1043541
2005	2698322	1119155	337362	42417	57730	1199388
2006	3014742	1279975	371311	33955	92848	1329501
2007	3603481	1517882	444800	24775	123183	1616024
2008	4544690	1856973	532018	-39217	216608	2194916
2009	4922240	2182496	649424	-22853	239890	2113174
2010	6242100	2779120	769526	93200	243188	2600254
2011	8055091	3439553	991068	111533	270030	3512938
2012	9744736	4052423	1219652	216413	308641	4256248
2013	10951225	4358057	1330291	219182	304918	5043695
宝泉岭局	1444194	426928	158507	4010	40818	854749
红兴隆局	1965559	875312	217601	30099	54788	842548
建三江局	1953282	917429	245689	-5603	61202	795767
牡丹江局	1829234	611948	216553	-8488	49658	1009220
北安局	752996	288259	113504	-15769	34693	367002
九三局	783406	283935	87760	-8577	30670	420288
齐齐哈尔局	557053	255494	91938	13035	14597	196586
绥化局	470632	205401	38546	8862	10167	217824
哈尔滨局	202221	83397	27061	15031	2602	76732
总局直属	992649	409956	133132	186583	5723	262978

2-8 各管理局生产总值要素构成

(以生产总值为100)

单位:%

年份 单位	生产 总值	劳动者 报酬	固定资 产折旧	生产税 净额	#补贴	营业盈余
2000	100	43.2	14.5	6.7	0.1	35.6
2004	100	42.3	11.9	1.7	2.4	44.1
2005	100	41.5	12.5	1.6	2.1	44.4
2006	100	42.5	12.3	1.1	3.1	44.1
2007	100	42.1	12.3	0.7	3.4	44.8
2008	100	40.9	11.7	-0.9	4.8	48.3
2009	100	44.3	13.2	-0.5	4.9	42.9
2010	100	44.5	12.3	1.5	3.9	41.7
2011	100	42.7	12.3	1.4	3.4	43.6
2012	100	41.6	12.5	2.2	3.2	43.7
2013	100	39.8	12.1	2.0	2.8	46.1
宝泉岭局	100	29.6	11.0	0.3	2.8	59.2
红兴隆局	100	44.5	11.1	1.5	2.8	42.9
建三江局	100	47.0	12.6	-0.3	3.1	40.7
牡丹江局	100	33.5	11.8	-0.5	2.7	55.2
北安局	100	38.3	15.1	-2.1	4.6	48.7
九三局	100	36.2	11.2	-1.1	3.9	53.6
齐齐哈尔局	100	45.9	16.5	2.3	2.6	35.3
绥化局	100	43.6	8.2	1.9	2.2	46.3
哈尔滨局	100	41.2	13.4	7.4	1.3	37.9
总局直属	100	41.3	13.4	18.8	0.6	26.5

2-9 各管理局生产总值所有制构成及指数

单位:万元

年份 单位	生产总值			构成(%)		指数%(上年=100)	
	合计	公有经济	非公有经济	公有经济	非公有经济	公有经济	非公有经济
2000	1457251	872036	585215	59.8	40.2	102.0	119.6
2004	2361168	1408770	952398	59.7	40.3	122.3	111.0
2005	2698322	1610853	1087469	59.7	40.3	113.1	113.0
2006	3014742	1785274	1229468	59.2	40.8	110.3	117.5
2007	3603481	2126799	1476682	59.0	41.0	111.5	115.5
2008	4544690	2547458	1997232	56.1	43.9	111.4	121.4
2009	4922240	3005077	1917163	61.1	38.9	111.6	113.3
2010	624210	3793056	2449044	60.8	39.2	114.2	115.6
2011	8055091	4862098	3192993	60.4	39.6	117.0	119.0
2012	9744736	5857223	3887513	60.1	39.9	116.8	118.1
2013	10951225	6365375	4585850	58.1	41.9	107.2	116.3
宝泉岭局	1444194	709693	734501	49.1	50.9	104.4	112.6
红兴隆局	1965559	972439	993120	49.5	50.5	106.2	113.1
建三江局	1953282	1449142	504140	74.2	25.8	112.8	103.5
牡丹江局	1829234	1001503	827731	54.7	45.3	107.5	116.5
北安局	752996	426849	326147	56.7	43.3	105.7	116.7
九三局	783406	426547	356859	54.4	45.6	106.8	123.7
齐齐哈尔局	557053	190160	366893	34.1	65.9	102.4	129.3
绥化局	470632	185326	285306	39.4	60.6	102.6	108.3
哈尔滨局	202221	93193	109028	46.1	53.9	122.6	105.8
总局直属	992649	910524	82126	91.7	8.3	116.3	114.4

注:本表公有经济为全部国有、集体经济及国有集体控股经济,2005年以前称国有经济。

2-10 各管理局总产出

单位:万元

年份 单位	总产出	第一产业	第二产业			第三产业		
				工业	建筑业		#交通运输、仓储及通讯业	#贸易业及餐饮业
2000	2989144	1445564	834381	686880	147501	709199	102795	221639
2004	5295840	2344534	1893431	1613925	279506	1057875	180985	416270
2005	6476202	2797343	2495947	2199109	296838	1182912	204145	471878
2006	7245997	2964399	2878622	2500072	378550	1402976	257541	515319
2007	8542381	3596771	3235100	2778363	456737	1710510	297128	702274
2008	10567719	4645351	3881360	3287011	594349	2041008	373262	846102
2009	12040953	5274717	4740642	4055704	684938	2025594	298903	699084
2010	15525196	6346454	6585048	5472311	1112736	2593694	391608	844249
2011	19614722	7826626	8360977	6763668	1597310	3427119	528228	1176263
2012	23450345	8923297	10308881	8418886	1889995	4218168	706290	1333956
2013	27940808	9468761	11706675	9589388	2117287	6765372	773862	3440904
宝泉岭局	3110943	1207702	1283196	1048000	235195	620046	114717	216253
红兴隆局	3930822	1734415	1457481	971393	486088	738926	155487	214694
建三江局	4010995	2206411	1152419	874908	277511	652165	109087	164956
牡丹江局	3716806	1773941	1335144	1152903	182241	607721	123830	160542
北安局	1697556	847245	353974	266603	87371	496338	77292	187688
九三局	1488405	602580	326139	190033	136106	559686	53353	181632
齐齐哈尔局	1273808	563445	312972	244062	68910	397391	59109	159947
绥化局	959835	395799	263306	200811	62495	300730	40560	138984
哈尔滨局	495910	115823	258469	240586	17883	121619	10251	31648
总局直属	7255727	21399	4963576	4400089	563487	2270752	30175	1984561

注:国民经济核算数据为与第二次经济普查衔接修订后的数据

主要统计指标解释

国民经济核算体系 是联合国各国推荐的统计制度。它以国民经济作为一个整体,是用帐户形式,进行系统核算的体系,是宏观经济管理、计划、预测和决策的重要手段。

1947年联合国发表关于《国民收入的测算及社会帐户的建立》的报告,1953年联合国制定了《国民经济核算帐户体系辅助表》(简称旧SNA),标志着规范化的国民经济核算体系的诞生,1968年,联合国在完善国民收入和生产核算的同时,引进投入产出核算、资金流量核算、国际收支核算和资产负债核算,从而形成了比较完整的国民经济核算体系,即新SNA,可以清晰地描述国民经济循环全过程。

1993年联合国统计委员会通过了新修订的SNA,我国目前正在实现向新国民经济核算体系的全面过渡。

国民生产总值 也叫国民总收入(GNI)。是指一个国家(或地区)所有常住单位在一定时期内收入初次分配的最终成果。国民生产总值是一个收入概念。我国常住单位从事生产活动所创造的增加值在初次分配过程中主要分配给我国的常住单位,但也有一部分以生产税及进口税(扣除生产和进口补贴)、劳动者报酬和财产收入等形式分配给非常住单位;同时,国外所创造的增加值也有一部分以劳动者报酬和财产收入等形式分配给我国常住单位,从而产生了国民生产总值概念。它等于国内生产总值加上来自国外的劳动者报酬和财产收入减去支付给国外的劳动者报酬和财产收入。

国内生产总值 是指一个国家(或地区)所有常住单位在一定时期内生产活动的最终成果。国内生产总值是一个生产概念。从价值形态看,它是所有常住单位在一定时期内所生产的全部货物和服务价值超过同期投入的全部非固定资产货物和服务价值的差额, 即所有常住单位的增加值之和;从收入形态看,它是所有常住单位在一定时期内所创造并分配给我们常住单位和非常住单位的初次分配收入之和,由劳动者报酬、固定资产折旧、生产税净额、营业盈余四部分构成;从产品形态看,它是最终使用的货物和服务减去进口货物和服务。在核算中,国内生产总值的三种表现形态表现为三种计算方法,即生产法、收入法(分配法)和支出法。三种方法分别从不同的方面反映国内生产总值及其构成。多年来,我国习惯上将国家和某一地区(省、市、县)的GDP统称为"国内生产总值",其英文全称为Gross Domestic Product,考虑到"Domestic"词有'国内、地区"等多种含义,将一个地区的GDP称为国内生产总值是不够恰当的。因此,为了准确的表达该指标,从2004年起各地区的GDP的中文译名不再叫"国内生产总值",统一改称为"××地区生产总值",如"××市生产总值",简称为"××市GDP"。

三次产业 按照我国现行计算国内生产总值的有关规定,将各物质生产部门和非物质生产部门在国民经济和社会发展中的地位和作用不同划分为三次产业。

第一产业 是指农林牧渔业。

第二产业 是指采矿业,制造业,电力、燃气及水的生产和供应业,建筑业。

第三产业 是指除第一、二产业以外的其他行业。包括:交通运输、仓储和邮政业,信息传输、软件和信息技术服务业,批发和零售业,住宿和餐饮业,金融业,房地产业,租赁和商务服务业,科学研究、技术服务和地质勘查业,水利、环境和公共设施管理业,居民服务和其他服务业,教育,卫生和社会工作,文化、体育和娱乐业,公共管理、社会保障和社会组织。

总产出 指一定时期内一个国家(或地区)常住单位生产的所有货物和服务的价值,既包括新增价值,也包括被消耗的货物和服务价值及固定资产的转移价值。总产出按生产者价格计算,它反映常住单位生产活动的总规模。

中间投入 指常住单位在生产或提供货物与服务过程中,消耗和使用的所有非固定资产货物和服务的价值。中间投入也称中间消耗,一般按购买者价格计算。

增加值 指常住单位生产过程创造的新增价值和固定资产的转移价值。它可以按生产法计算,也可以按收入法计算,按生产法计算,它等于总产出减中间投入;按收入法计算,它等于劳动者报酬、生产税净额、固定资产折旧和营业盈余之和。

劳动者报酬 指劳动者因从事生产活动所获得的全部报酬。包括劳动者获得的各种形式的工资、奖金和津贴,既包括货币形式,也包括实物形式的, 还包括劳动者所享受的公费医疗和医药卫生费、上下班交通补贴、单位支付的社会保险费、住房公积金等。

生产税净额 指生产税减生产补贴后的余额。生产税指政府对生产单位从事生产、销售和经营活动以及因从事生产活动使用某些生产要素(如固定资产、土地、劳动力)所征收的各种税、附加费和规费。生产补贴与生产税相反,指政府对生产单位的单方面转移支出,因此视为负生产税,包括政策亏损补贴、价格补贴等。

固定资产折旧 指一定时期内为弥补固定资产损耗按照规定的固定资产折旧率提取的固定资产折旧,或按国民经济核算统一规定的折旧率虚拟计算的固定资产折旧。它反映了固定资产在当期生产中的转移价值。各类企业和企业化管理的事业单位的固定资产折旧是指实际计提的折旧费;不计提折旧的政府机关、非企业化管理的事业单位和居民住房的固定资产折旧是按照统一规定的折旧率和固定资产原值计算的虚拟折旧。

营业盈余 指常住单位创造的增加值扣除劳动者报酬、生产税净额和固定资产折旧后的余额。它相当于企业的营业利润加上生产补贴,但要扣除从利润中开支的工资和福利等。

社会总产值 也称社会总产出。是反映一个国家(或地区)在一定时期内生产的全部物质产品的总和的重要指标。在实物形态上,它可分为生产资料和消费资料两大类;在价值形态上,它可分为:(1)生产过程中消耗掉的生产资料转移价值;(2)劳动者所创造的价值,其中包括相当于劳动报酬的那部分必要产品的价值和为社会创造的剩余产品的价值。在社会生活中,农业、工业、建筑业直接生产物质产品,运输业和商业担负着产品生产过程继续的职能,也创造和增加一部分价值。因此,农业、工业、建筑业、运输业、商业(包括饮食业和物质供应业)五个物质生产部门总产值(当年价格)之和,就是社会总产值。社会总产值的统计范围,是以地域为原则的。

当年价格 指报告期的实际价格,如工厂的出厂价格,农产品的收购价格,商业的零售价格等。按当年价格计算,是指一些以货币表现的物量指标,如社会总产值、工农业总产值、国民收入、国民生产总值等,按照当年的实际价格来计算总量,是为了使国民经济各项指标互相衔接,便于考察当年社会经济效益,便于对生产和流通、生产和分配、生产和消费进行经济核算和综合平衡。

按当年价格计算的价值指标,在不同年份之间进行对比时,因为包含有各年间价格变动的因素,不能确切地反映实物量的增减变动,必须消除价格变动因素后才能真实反映经济发展动态。因此,在计算增长速度时都使用可比价格计算的数字。

可比价格 指在不同时期的价格指标对比时,扣除了价格变动的因素,以确切表示物量的变动,按可比价格计算有两种方法:一种是直接按产品产量乘其不变价格计算;一种是用物价指数换算。

指数 指数是表明现象数量对比关系的相对数。广义上的指数,就是相对数。狭义上的指数,是一种特殊的相对数,是用来表明不能直接相加的各种要素所构成的复杂现象总体的数量对比关系的相对数。

03 人口、就业人员和职工工资

从业人员三次产业构成(%)

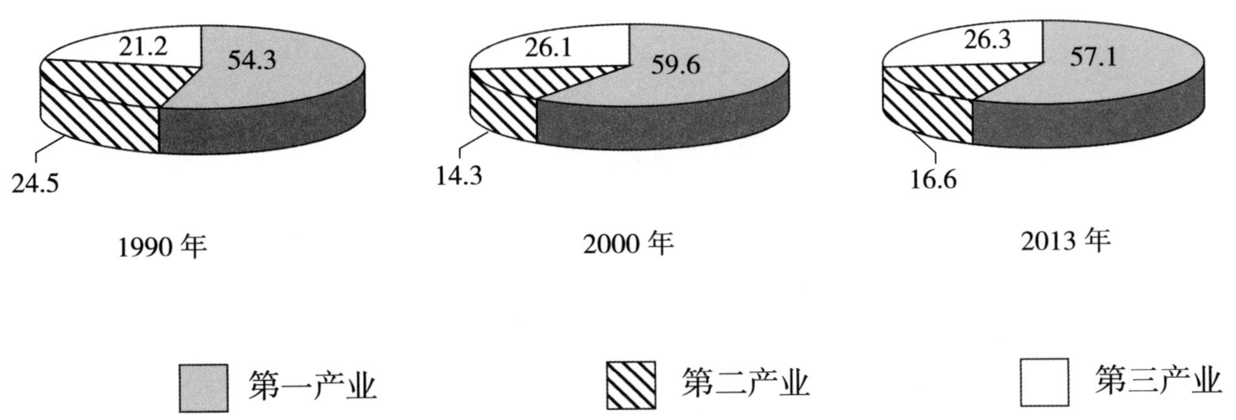

职工平均工资(元)

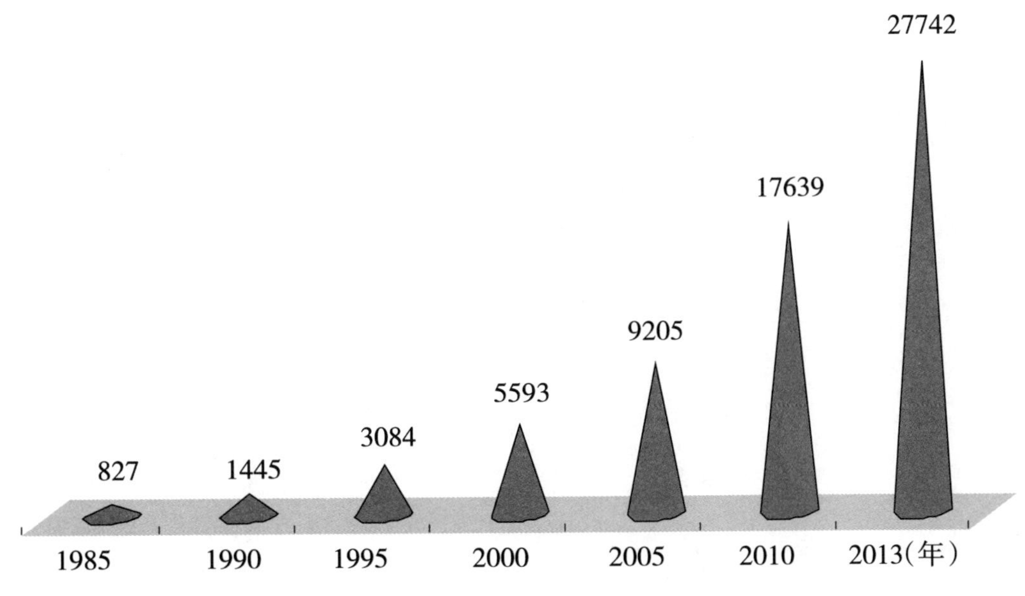

注 2000 年及以后年份为在岗职工平均工资,以前年份为全部职工平均工资

3-1 历年年末户数和人口数

年 份	总户数（户）	农场户	非农场户	总人口（人）	农场人口	非农场人口
1949	1008	1008		4836	4836	
1950	1744	1744		9557	9557	
1955	9891	8789	1102	81368	73098	8270
1960	116074	114259	1815	845814	790964	54850
1961	126957	125053	1904	786068	732406	53680
1962	127627	125633	1994	735683	682999	52684
1963	143450	138409	5041	748974	711476	37498
1964	139721	138543	1178	782495	738221	44274
1965	148639	144963	3676	853410	808494	44916
1966	176408	164830	11578	960571	863576	96995
1967	182203	172720	9483	956213	908389	47824
1968	205272	193309	11963	1162770	1096069	66701
1969	195158	181837	13321	1364831	1284793	80038
1970	199688	186254	13434	1426115	1341899	84216
1971	210764	195732	15032	1490392	1391233	99159
1972	217068	201456	15612	1492790	1385534	107256
1973	226752	209249	17503	1526608	1406482	120126
1974	241190	222834	18356	1534111	1419799	114312
1975	252320	236604	15716	1560671	1466163	94508
1976	265322	247804	17518	1609681	1475938	133743
1977	287719	265219	22500	1649667	1532771	116896
1978	308553	274437	34116	1663485	1509127	154358
1979	308255	286403	21852	1544882	1419951	124931
1980	333997	290889	43108	1567498	1417376	150122
1981	341806	312675	29131	1578689	1442805	135884
1982	364111	331392	32719	1596901	1457331	139570
1983	376948	342469	34479	1608840	1463934	144906
1984	390008	350737	39271	1612954	1465712	147242
1985	396939	357237	39702	1582424	1428940	153484
1986	406125	366585	39540	1576941	1423474	153467
1987	417000	375087	41913	1569000	1404137	164863
1988	417005	371586	45419	1551050	1380516	170534
1989	425613	386040	39573	1551257	1395910	155347
1990	444939	396467	48472	1554242	1383853	170389
1991	458444	409170	49274	1562401	1387522	174879
1992	466431	412990	53441	1558581	1370455	188126
1993	469268	420014	49254	1566351	1313572	252779
1994	470143	407047	63096	1553486	1370395	183091
1995	480926	429076	51850	1553051	1354009	199042
1996	489908	434803	55105	1566168	1363310	202858
1997	494924	434041	60883	1569137	1303196	265941
1998	499906	437884	62022	1579481	1370286	209195
1999	502246	445101	57145	1580554	1377611	202943
2000	510477	450073	60404	1574655	1371087	203568
2001	518438	460517	57921	1579927	1363533	216394
2002	520350	458559	61791	1582752	1349727	233025
2003	523822	462631	61191	1574558	1356351	218207
2004	529588	468388	61200	1579389	1365675	213714
2005	545198	484845	60353	1585954	1379391	206563
2006	552652	494864	57788	1594897	1390611	204286
2007	586854	525004	61850	1649509	1452205	197304
2008	596355	534825	61530	1659685	1460384	199301
2009	609174	544834	64340	1668033	1456360	211673
2010	626056	560598	65458	1673491	1443366	230125
2011	651529	570845	80684	1711963	1465347	246616
2012	659149	576075	83074	1733822	1481857	251965
2013	657971	578536	79435	1722718	1476837	245881

3-2 各管理局年末人口数

单位:人

年 份 单 位	总户数 (户)	总人口	按性别分		按农场、非农场户口分	
			男	女	农 场	非农场
2000	510477	1574655	829433	745222	1371087	203568
2005	545198	1585954	821075	764879	1379391	206563
2007	586854	1649509	857094	792415	1452205	197304
2008	596355	1659685	861105	798580	1460384	199301
2009	609174	1668033	877934	790099	1456360	211673
2010	626056	1673491	870314	803177	1443366	230125
2011	651529	1711963	883112	828851	1465347	246616
2012	659149	1733822	892265	841557	1481457	252365
2013	657971	1722718	883662	839056	1476837	245881
宝泉岭局	81517	204818	102953	101865	184876	19942
红兴隆局	135819	336221	171659	164562	307768	28453
建三江局	90078	247950	128708	119242	209147	38803
牡丹江局	82296	197326	101282	96044	175346	21980
北 安 局	76013	209868	108005	101863	193982	15886
九 三 局	60943	170938	86624	84314	133535	37403
齐齐哈尔局	59728	157600	81200	76400	151658	5942
绥 化 局	32316	75268	37226	38042	71939	3329
哈尔滨局	18307	50586	25937	24649	40350	10236
总局直属	20954	72143	40068	32075	8236	63907

3-3 各管理局计划生育情况

年 份 单 位	计划生育率 (%)	女性晚婚率 (%)	综合节育率 (%)	一孩生育率 (%)	二孩生育率 (%)	多孩生育率 (%)
2000	99.72	67.91	94.04	95.83	4.12	0.05
2005	99.54	60.51	93.11	92.79	7.16	0.05
2007	99.72	58.07	93.28	91.13	8.80	0.07
2008	99.66	54.48	92.44	90.38	9.49	0.13
2009	99.71	47.23	91.28	90.54	9.36	0.10
2010	99.44	50.58	91.22	91.17	8.69	0.14
2011	99.90	57.20	90.89	91.50	8.34	0.16
2012	99.92	61.17	90.52	91.56	8.27	0.17
2013	99.83	68.41	90.19	89.10	10.05	0.25
宝泉岭局	99.86	69.90	87.47	88.71	10.89	0.39
红兴隆局	99.34	75.83	91.60	91.23	7.03	0.08
建三江局	100.00	65.59	71.50	89.01	10.99	0.00
牡丹江局	100.00	73.45	87.97	88.38	11.29	0.33
北 安 局	99.70	58.89	91.04	91.14	8.56	0.30
九 三 局	100.00	62.54	89.77	88.19	11.22	0.59
齐齐哈尔局	100.00	62.98	91.02	89.29	10.46	0.24
绥 化 局	100.00	55.43	89.81	88.80	10.81	0.39
哈尔滨局	100.00	70.00	91.92	90.32	8.06	1.61
总局直属	100.00	62.98	84.56	100.00		

注:本表资料由总局计划生育委员会提供。

3-4 各管理局按年龄分组的人口数

单位：人

单 位	总人口	0-6 岁	7-15 岁	16-17 岁	#女性
总 局	**1722718**	**64165**	**130414**	**93945**	**45504**
宝泉岭局	204818	5692	12481	8986	4504
红兴隆局	336221	13444	27190	16399	7894
建三江局	247950	11264	19354	10483	4843
牡丹江局	197326	6816	14279	12978	6109
北 安 局	209868	7945	17663	14113	6692
九 三 局	170938	6786	14638	16215	8464
齐齐哈尔局	157600	5091	11171	3965	1969
绥 化 局	75268	3033	6236	3594	1871
哈尔滨局	50586	1612	3544	2269	1011
总局直属	72143	2482	3858	4943	2147

3-4 续表

单位：人

单 位	18-54 岁	#女 性	55-59 岁	#女 性	60 岁以上
总 局	**1063129**	**511286**	**151457**	**71171**	**219608**
宝泉岭局	122765	60252	21101	9484	33793
红兴隆局	198889	97109	32243	16328	48056
建三江局	163512	78995	19576	9447	23761
牡丹江局	117478	54919	19361	8414	26414
北 安 局	127156	60430	17464	7632	25527
九 三 局	99695	48695	13197	6327	20407
齐齐哈尔局	99169	47443	11587	5821	26617
绥 化 局	50062	24450	6644	2934	5699
哈尔滨局	31919	15650	5661	2625	5581
总局直属	52484	23343	4623	2159	3753

3–5 各管理局分民族人口数

（2010 年 11 月 1 日第六次人口普查资料）

单位	总人口（人）	汉族	满族	蒙古族	朝鲜族	回族	其他民族
总计	1667494	1634359	18072	4975	4709	1852	3527
宝泉岭局	192159	189369	1580	311	448	191	260
红兴隆局	343807	335916	4659	525	1564	221	922
建三江局	240892	238191	1677	403	237	96	288
牡丹江局	220789	216302	2469	428	938	256	396
北安局	185852	181102	3247	531	122	170	680
九三局	166274	163760	1078	468	266	444	258
齐齐哈尔局	127448	124600	661	1017	470	81	619
绥化局	63609	61548	543	1165	120	212	21
哈尔滨局	43931	42934	560	72	270	61	34
总局直属	82733	80637	1598	55	274	120	49

3–6 各管理局 6 岁及以上按文化程度分的人口数

（2010 年 11 月 1 日第六次人口普查资料）

单位	六岁及以上人口	未上过小学	小学	初中	高中	大学专科	大学本科	研究生
总计	1606333	58656	339593	719970	315021	126866	45155	1072
宝泉岭局	186467	7942	40604	81981	39777	11468	4602	93
红兴隆局	332839	13908	70896	151831	65995	21807	8266	136
建三江局	230299	7123	54708	113331	39477	10968	4609	83
牡丹江局	213575	7547	53462	99276	35697	12572	4941	80
北安局	179930	6101	39020	88704	32905	10197	2938	65
九三局	156626	7087	33392	69624	31500	11454	3516	53
齐齐哈尔局	123365	4665	24211	58793	27717	6356	1595	28
绥化局	61434	2281	13176	30965	11458	2783	750	21
哈尔滨局	42513	1219	7373	17748	10869	4030	1234	40
总局直属	79285	783	2751	7717	19626	35231	12704	473

3-7 分年龄人口数

（2010 年 11 月 1 日第六次人口普查资料）

年　龄	人口数			比重			性别比（女 =100）
	合计	男	女	合计	男	女	
总　计	1667494	849357	818137	100.00	50.94	49.06	103.82
少年儿童组（0–14 岁）	178095	92595	85500	10.68	5.55	5.13	108.30
学龄前儿童组（1–6 岁）	63248	33065	30183	3.79	1.98	1.81	109.55
婴儿组（0 岁）	8843	4561	4282	0.53	0.27	0.26	106.52
托儿组（1–3 岁）	28774	15016	13758	1.73	0.90	0.83	109.14
幼儿组（4–6 岁）	34474	18049	16425	2.07	1.08	0.99	109.89
学龄儿童（7–12 岁）	74713	38652	36061	4.48	2.32	2.16	107.19
初中适龄组（13–15 岁）	50371	26066	24305	3.02	1.56	1.46	107.25
高中适龄组（16–18 岁）	57687	29570	28117	3.46	1.77	1.69	105.17
大学适龄组（18–24 岁）	145990	75520	70470	8.76	4.53	4.23	107.17
男性兵员组（18–22 岁）	100976	52470	48506	6.06	3.15	2.91	108.17
孕龄高峰妇女组（20–29 岁）	201232	102893	98339	12.07	6.17	5.90	104.63
女性劳动力组（16–54 岁）	1110844	569677	541167	66.62	34.16	32.45	105.27
男性劳动力组（16–59 岁）	1219461	625459	594002	73.13	37.51	35.62	105.30
老年人口组（60 岁及以上）	250858	121554	129304	15.04	7.29	7.75	94.01
高龄老年人口组（80 岁及以上）	22801	12611	10190	1.37	0.76	0.61	123.76

3-8 各管理局家庭户数及家庭规模

（2010年11月1日第六次人口普查资料）

单　位	家庭户数	家庭人口数				平均家庭户规模（人/户）
		合　计	男	女	性别比（女为100）	
总　　计	643928	1594170	807427	786743	102.6	2.48
宝泉岭局	75620	183532	92340	91192	101.3	2.43
红兴隆局	137406	338757	170569	168188	101.4	2.47
建三江局	87908	234031	120542	113489	106.2	2.66
牡丹江局	89158	216746	109960	106786	103.0	2.43
北 安 局	73021	180362	91612	88750	103.2	2.47
九 三 局	65807	158549	80233	78316	102.4	2.41
齐齐哈尔局	50699	125734	63659	62075	102.6	2.48
绥 化 局	25208	63020	31308	31712	98.7	2.50
哈尔滨局	16502	42905	21731	21174	102.6	2.60
总局直属	22599	50534	25473	25061	101.6	2.24

3-9 各管理局户籍人口及外出人口

（2010年11月1日第六次人口普查资料）

单　位	户籍人口			外出半年以上人口		
	合　计	男	女	小　计	男	女
总　　计	1664363	845471	818892	294751	147230	147521
宝泉岭局	211033	106283	104750	48440	23791	24649
红兴隆局	348047	175360	172687	64350	31575	32775
建三江局	209346	108464	100882	30965	16083	14882
牡丹江局	194302	98486	95816	31478	15739	15739
北 安 局	203378	103851	99527	41605	20784	20821
九 三 局	174261	88222	86039	35636	17777	17859
齐齐哈尔局	137224	69846	67378	18378	9227	9151
绥 化 局	72808	36812	35996	15279	8020	7259
哈尔滨局	41159	20817	20342	6801	3299	3502
总局直属	72805	37330	35475	1819	935	884

3-10 各管理局人口增减变动情况

单位:人

年份 单位	年初人口数(人)	年内增加数(人)	迁入	出生	年内减少数(人)	迁出
2000	1580554	75065	66231	8834	80964	74493
2005	1579389	56147	48994	7153	49582	42795
2007	1594897	110616	103676	6940	56004	48720
2008	1649509	56390	49716	6674	46214	38291
2009	1659685	66735	59826	6909	58387	49893
2010	1668033	79846	72339	7507	74388	64779
2011	1673491	95540	88802	6738	57068	48391
2012	1711963	74929	67379	7550	53070	44061
2013	1733822	55036	48326	6710	66140	56302
宝泉岭局	206541	1989	1229	760	3712	2196
红兴隆局	338246	4250	3122	1128	6275	4287
建三江局	243964	11725	10370	1355	7739	6319
牡丹江局	202394	4823	3955	868	9891	8630
北安局	210332	5649	4941	708	6113	5049
九三局	170897	9516	9007	509	9475	8630
齐齐哈尔局	155850	5066	4505	561	3316	2375
绥化局	75284	1882	1474	408	1898	1426
哈尔滨局	51070	2206	2060	146	2690	2489
总局直属	79244	7930	7663	267	15031	14901

3-10续表

单位:人

年份 单位	死亡	年末人口数(人)	年平均人口数(人)	出生率(‰)	死亡率(‰)	自然增长率(‰)
2000	6375	1574655	1577605	6.82	4.10	2.72
2005	6787	1585954	1582672	5.17	4.74	0.43
2007	7284	1649509	1622203	4.55	4.91	-0.36
2008	7923	1659685	1654597	4.03	4.79	-0.75
2009	8494	1668033	1663859	4.15	5.10	-0.95
2010	9609	1673491	1670762	4.49	5.75	-1.26
2011	8677	1711963	1692727	3.98	5.13	-1.15
2012	9009	1733822	1722893	4.38	5.23	-0.85
2013	9838	1722718	1728270	3.88	5.69	-1.81
宝泉岭局	1516	204818	205680	3.70	7.37	-3.68
红兴隆局	1988	336221	337234	3.34	5.90	-2.55
建三江局	1420	247950	245957	5.51	5.77	-0.26
牡丹江局	1261	197326	199860	4.34	6.31	-1.97
北安局	1064	209868	210100	3.37	5.06	-1.69
九三局	845	170938	170918	2.98	4.94	-1.97
齐齐哈尔局	941	157600	156725	3.58	6.00	-2.42
绥化局	472	75268	75276	5.42	6.27	-0.85
哈尔滨局	201	50586	50828	2.87	3.95	-1.08
总局直属	130	72143	75694	3.53	1.72	1.81

3-11 各管理局从业人员人数

单位:人

年 份 单 位	从 业 人 员	国 有 单 位	集 体 单 位	其 他 单 位
2000	707390	574335	3813	129242
2005	743997	544052	233	199712
2007	883865	654430	213	229222
2008	906730	671054	236	235440
2009	916658	663369	126	253163
2010	936591	673791	524	262276
2011	957410	679676	659	277075
2012	982719	678627	745	303347
2013	849161	581989	785	266387
宝泉岭局	80510	52613	239	27658
红兴隆局	171696	129349	99	42248
建三江局	139709	104118	251	35340
牡丹江局	81278	55705		25573
北 安 局	86949	69773		17176
九 三 局	80484	63372		17112
齐齐哈尔局	67767	52408		15359
绥 化 局	42076	27836	73	14167
哈尔滨局	25225	13910	14	11301
总局直属	73467	12905	109	60453

3-12 各管理局按三次产业分的从业人员人数

年 份 单 位	绝对数(人)			构 成%(以全部从业人员为 100)		
	第一产业	第二产业	第三产业	第一产业	第二产业	第三产业
2000	421900	101245	184245	59.6	14.3	26.1
2005	465073	105950	172974	62.5	14.2	23.2
2007	594990	117256	171619	67.3	13.3	19.4
2008	611059	120317	175354	67.4	13.3	19.3
2009	603106	129208	184344	65.8	14.1	20.1
2010	602140	133298	201153	64.3	14.2	21.5
2011	599512	147185	210713	62.6	15.4	22.0
2012	598771	165194	218754	60.9	16.8	22.3
2013	485109	140687	223365	57.1	16.6	26.3
宝泉岭局	43323	13873	23314	53.8	17.2	29.0
红兴隆局	115257	17805	38634	67.1	10.4	22.5
建三江局	84723	11585	43401	60.6	8.3	31.1
牡丹江局	40447	11617	29214	49.8	14.3	35.9
北 安 局	57200	7741	22008	65.8	8.9	25.3
九 三 局	55374	6826	18284	68.8	8.5	22.7
齐齐哈尔局	49743	5740	12284	73.4	8.5	18.1
绥 化 局	26405	5003	10668	62.8	11.9	25.3
哈尔滨局	11813	7102	6310	46.8	28.2	25.0
总局直属	824	53395	19248	1.1	72.7	26.2

3-13 各管理局分行业从业人员人数

单位:人

年份 单位	合计	农林牧渔业	工业	建筑业	交通运输仓储和邮政业	批发、零售及住宿、餐饮业
2000	707390	421900	77768	23477	18446	49585
2005	743997	465073	77850	28100	20383	58568
2007	883865	594990	89508	27748	19836	58419
2008	906730	611059	91146	29171	19836	62377
2009	916658	603106	94695	34513	21105	64759
2010	936591	602140	97440	35858	22633	68673
2011	957410	599512	102867	44318	23362	72996
2012	982719	598771	106122	59072	24065	77269
2013	849161	485109	86095	54592	21038	71978
宝泉岭局	80510	43323	11232	2641	2372	7479
红兴隆局	171696	115257	14768	3037	4736	12203
建三江局	139709	84723	8486	3099	4397	17261
牡丹江局	81278	40447	9742	1875	3496	8184
北安局	86949	57200	4439	3302	2127	5567
九三局	80484	55374	4544	2282	837	5330
齐齐哈尔局	67767	49743	4916	824	1192	4557
绥化局	42076	26405	3267	1736	853	3492
哈尔滨局	25225	11813	6836	266	748	2025
总局直属	73467	824	17865	35530	280	5880

3-13续表

单位:人

年份 单位	房地产业及居民服务、修理和其他服务业	卫生和社会工作	教育、文化、体育和娱乐业	科学研究、技术服务业	公共管理、社会保障和社会组织	其他
2000	44599	14074	32120	1679	23742	
2005	17791	13764	27315	2292	13143	19718
2007	17505	12247	26831	1657	16532	18592
2008	17258	12614	26409	2082	16773	18005
2009	17416	13163	27081	2180	17431	21209
2010	22994	13844	26040	2379	19694	24896
2011	23807	14624	26046	3161	20654	26063
2012	24008	15154	26550	2626	25133	23949
2013	20589	15562	26221	2747	25157	40073
宝泉岭局	1570	2151	3056	195	1906	4585
红兴隆局	6617	3039	3427	44	2500	6068
建三江局	3859	1990	4088	339	5639	5828
牡丹江局	2046	1931	3402	188	3154	6813
北安局	2780	1425	2787	53	4296	2973
九三局	1443	1357	2350	206	1133	5628
齐齐哈尔局	892	986	1444		1695	1518
绥化局	585	508	1792	10	1647	1781
哈尔滨局	536	269	670		1697	365
总局直属	261	1906	3205	1712	1490	4514

3-14 年末按登记注册类型分的各行业从业人员人数

单位:人

行业	从业人员人数	国有单位	#在岗职工人数	集体单位	其他单位
总计	849161	581989	320109	785	266387
一、按国民经济行业分组					
(一)农林牧渔业	485109	457253	221999	28	27828
1.农业	396219	385749	196682		10470
2.林业	4150	3705	2185		445
3.畜牧业	81638	65414	22480	28	16196
4.渔业	3102	2385	652		717
(二)工业	86095	7203	5286	145	78747
(三)建筑业	54592	3190	944	211	51191
(四)批发和零售业	48212	3529	2907		44683
(五)交通运输、仓储和邮政业	21038	4183	3131		16855
(六)住宿和餐饮业	23766	2152	1535		21614
(七)信息传输、软件和信息技术服务业	4996	3150	3024		1846
(八)金融业	4828	1901	1411	401	2526
(九)房地产业	1209	496	195		713
(十)租赁和商务服务业	4175	3938	2575		237
(十一)科学研究和技术服务业	2747	2031	1653		716
(十二)水利、环境和公共设施管理业	14834	14644	10834		190
(十三)居民服务、修理和其他服务	19380	3703	1149		15677
(十四)教育	25398	25356	24189		42
(十五)卫生和社会工作	15562	15555	14784		7
(十六)文化、体育和娱乐业	823	665	621		158
(十七)公共管理、社会保障和社会组织	25157	24859	19087		298
农、林、牧、渔服务业	10358	8181	4785		2177
制造业中的金属制品机械和设备修理业	882				882
二、按三次产业分组					
第一产业	485109	457253	221999	28	27828
第二产业	140687	10393	6230	356	129938
第三产业	223365	114343	91880	401	108621

3-15 各管理局分行业全部职工人数

单位:人

年份 单位	合计	农林牧渔业	工业	建筑业	交通运输仓储和邮政业	批发、零售及住宿、餐饮业
2000	433963	268196	46020	11203	3975	13159
2005	345249	230132	31414	6287	4026	7313
2007	360922	243959	34577	6342	3589	7135
2008	361783	243171	36019	6504	3236	7819
2009	367968	242017	37383	8115	3244	8661
2010	379023	244733	39234	7402	3469	11207
2011	377354	237603	41356	8548	3494	11450
2012	367601	230262	37989	8207	3552	11003
2013	375498	224416	37658	6845	4007	12337
宝泉岭局	39272	25153	2585	651	190	665
红兴隆局	80379	62490	3786	460	781	527
建三江局	33563	13503	3385	452	884	1199
牡丹江局	39596	21397	3936	367	799	468
北安局	40610	30504	1181	292	357	486
九三局	42966	31298	1575	37	188	669
齐齐哈尔局	35258	23833	3299	303	526	2241
绥化局	17567	11322	550	318	30	794
哈尔滨局	6715	4092	408	1		16
总局直属	39572	824	16953	3964	252	5272

3-15 续表

单位:人

年份 单位	房地产业及居民服务、修理和其他服务业	卫生和社会工作	教育、文化、体育和娱乐业	科学研究、技术服务业	公共管理、社会保障和社会组织	其他
2000	24525	13523	30328	1050	22184	
2005	3108	12902	25783	1722	11905	10657
2007	2393	11306	25424	1378	13996	10823
2008	2178	11708	25081	1809	14138	10120
2009	1895	12157	25402	2004	15257	11833
2010	3031	12926	24287	2160	16192	14382
2011	2397	13641	24320	2384	17137	15024
2012	1886	14169	24621	2065	18629	15218
2013	2339	14784	24852	2111	19267	26882
宝泉岭局	391	2120	2993	143	1645	2736
红兴隆局	493	2855	3209	34	2220	3524
建三江局	180	1872	3846	331	3777	4134
牡丹江局	362	1839	3090	91	2088	5159
北安局	19	1404	2608	53	2697	1009
九三局	74	1306	2221	94	1126	4378
齐齐哈尔局	439	926	1340		1594	757
绥化局	46	505	1785	9	1633	575
哈尔滨局	97	167	629		1106	199
总局直属	238	1790	3131	1356	1381	4411

3–16 非私营个体单位从业人员情况

（2013 年）　　单位：人

行业	从业人员期末人数	在岗职工	从业人员平均工资	在岗职工
总计	**628971**	**360289**	**673541**	**361390**
一、按企业、事业、机关分组				
1.企业	564184	302163	609759	303655
2.事业	52628	48753	52540	48343
3.机关	12159	9373	11242	9392
二、按国民经济行业分组				
（一）农林牧渔业	466556	226631	483342	229501
1. 农业	450940	220304	466308	222442
2. 林业	2300	1720	2593	1831
3. 畜牧业	8641	2585	9233	2918
4. 渔业	1280	287	1258	278
5. 农林牧渔服务业	3395	1735	3950	2032
（二）工业	38815	29645	41111	30534
（三）建筑业	9499	5981	37918	6100
（四）批发和零售业	13419	11243	13147	11212
（五）交通运输、仓储和邮政业	4239	3308	4161	3202
（六）住宿和餐饮业	2222	1885	2068	1707
（七）信息传输、软件和信息技术服务业	3197	3065	3184	2984
（八）金融业	4219	3623	4292	3542
（九）房地产业	1028	591	1005	589
（十）租赁和商务服务业	4118	2784	3957	2502
（十一）科学研究和技术服务业	2314	2043	2320	2113
（十二）水利、环境和公共设施管理业	14220	10563	13146	9200
（十三）居民服务、修理和其他服务	623	571	598	546
（十四）教育	25326	24267	25269	24066
（十五）卫生和社会工作	15493	14909	15166	14580
（十六）文化、体育和娱乐业	665	622	665	620
（十七）公共管理、社会保障和社会组织	23018	18558	22192	18392

3-17 非私营个体单位从业人员劳动报酬情况

（2013年）　　单位：万元、元

行业	从业人员工资总额	在岗职工	从业人员平均工资	在岗职工
总计	1919152	1109812	28493	30710
一、按企业、事业、机关分组				
1.企业	1685505	888748	27642	29268
2.事业	198375	189656	37757	39231
3.机关	35272	31408	31375	33441
二、按国民经济行业分组				
(一)农林牧渔业	1242986	621747	25716	27091
1. 农业	1199916	605189	25732	27207
2. 林业	4652	3380	17940	18458
3. 畜牧业	25594	7877	27720	26993
4. 渔业	3689	840	29327	30209
5. 农林牧渔服务业	9135	4461	23127	21951
(二)工业	128718	106038	31310	34728
(三)建筑业	151739	20561	40018	33706
(四)批发和零售业	61263	56390	46598	50294
(五)交通运输、仓储和邮政业	9681	7642	23265	23867
(六)住宿和餐饮业	5126	4499	24789	26354
(七)信息传输、软件和信息技术服务业	14139	13470	44406	45141
(八)金融业	22444	19374	52292	54696
(九)房地产业	3370	2135	33530	36246
(十)租赁和商务服务业	12271	10216	31010	40831
(十一)科学研究和技术服务业	10768	9976	46413	47213
(十二)水利、环境和公共设施管理业	27283	20035	20754	21778
(十三)居民服务、修理和其他服务	1193	1116	19955	20449
(十四)教育	95179	92652	37666	38499
(十五)卫生和社会工作	56013	54474	36933	37362
(十六)文化、体育和娱乐业	3768	3680	56668	59363
(十七)公共管理、社会保障和社会组织	73211	65807	32990	35780

3-18 国有单位按性别和专业技术分的各行业从业人员数

（2013年） 单位:人

行业	从业人员合计	#女性	比重(%)	#专业技术人员	比重(%)
总计	**581989**	**253053**	**43.5**	**48014**	**8.2**
一、按企业、事业、机关分组					
1.企业	514227	218749	42.5	18282	3.6
2.事业	51809	29430	56.8	27706	53.5
3.机关	15953	4874	30.6	2026	12.7
二、按国民经济行业分组					
(一)农林牧渔业	457253	198783	43.5	10222	2.2
1. 农业	385749	168600	43.7	9392	2.4
2. 林业	3705	1089	29.4	229	6.2
3. 畜牧业	65414	28576	43.7	574	0.9
4. 渔业	2385	518	21.7	27	1.1
(二)工业	7203	1939	26.9	967	13.4
(三)建筑业	3190	309	9.7	221	6.9
(四)批发和零售业	3529	1228	34.8	716	20.3
(五)交通运输、仓储和邮政业	4183	1488	35.6	481	11.5
(六)住宿和餐饮业	2152	1321	61.4	54	2.5
(七)信息传输、软件和信息技术服务业	3150	970	30.8	1261	40.0
(八)金融业	1901	827	43.5	518	27.2
(九)房地产业	496	218	44.0	50	10.1
(十)租赁和商务服务业	3938	1368	34.7	898	22.8
(十一)科学研究和技术服务业	2031	688	33.9	1026	50.5
(十二)水利、环境和公共设施管理业	14644	6207	42.4	934	6.4
(十三)居民服务、修理和其他服务	3703	1980	53.5	208	5.6
(十四)教育	25356	16250	64.1	14919	58.8
(十五)卫生和社会工作	15555	9966	64.1	10050	64.6
(十六)文化、体育和娱乐业	665	273	41.1	433	65.1
(十七)公共管理、社会保障和社会组织	24859	7189	28.9	4122	16.6
农、林、牧、渔服务业	8181	2049		934	
制造业中的金属制品机械和设备修理业					

3-19 各管理局国有单位分行业职工人数

单位:人

年份 单位	合计	农林牧渔业	工业	建筑业	交通运输仓储和邮政业	批发、零售及住宿、餐饮业
2000	414995	265875	34158	8902	3333	12162
2005	313509	228243	10552	3505	3413	4415
2007	320089	240048	5628	2879	2962	4234
2008	321361	240235	10366	1261	2733	4028
2009	317681	238685	6007	861	2650	3935
2010	326823	241832	8405	784	2648	4074
2011	323751	234592	9975	1450	2705	4026
2012	316280	227392	9739	1471	2802	3778
2013	320109	221999	5286	944	3131	4442
宝泉岭局	36877	25021	611	457	190	601
红兴隆局	76379	62334	1053	108	752	416
建三江局	28969	13374	1112	114	766	381
牡丹江局	35521	21317	468	103	793	323
北安局	38948	30152	526	162	303	263
九三局	40654	30458	558		54	467
齐齐哈尔局	28140	23330	160		3	115
绥化局	16211	11254	351		18	192
哈尔滨局	6312	4092	171			16
总局直属	12098	667	276		252	1668

3-19 续表

单位:人

年份 单位	房地产业居民服务、修理和其他服务业	卫生和社会工作	教育、文化、体育和娱乐业	科学研究、技术服务业	公共管理、社会保障和社会组织	其他
2000	23519	13484	30328	1050	22184	
2005	2946	10740	25783	1604	11905	10403
2007	2215	11306	25424	1268	13996	10129
2008	1904	11691	24992	1315	13848	8988
2009	1619	12128	25402	1530	14994	9870
2010	1860	12842	24287	1670	16204	12217
2011	1691	13620	24296	1860	17129	12407
2012	1266	14169	24618	1418	18533	11094
2013	1344	14784	24810	1653	19087	22629
宝泉岭局	360	2120	2993	143	1645	2736
红兴隆局	424	2855	3209	22	2220	2986
建三江局	72	1872	3846	297	3777	3358
牡丹江局	338	1839	3090	82	2088	5080
北安局		1404	2608	53	2556	921
九三局	27	1306	2221	64	1126	4373
齐齐哈尔局	2	926	1340		1565	699
绥化局	9	505	1785		1633	464
哈尔滨局	27	167	629		1096	114
总局直属	85	1790	3089	992	1381	1898

3-20　各管理局国有单位分行业女性从业人员数

单位:人

年份 单位	合计	农林牧渔业	工业	建筑业	交通运输仓储和邮政业	批发、零售及住宿、餐饮业
2000	231094	155368	16939	2169	3732	3232
2005	217827	170414	4235	2438	1655	2507
2007	271406	227743	1895	741	1407	2527
2008	277511	233083	3445	442	1258	2479
2009	274966	230134	2165	246	1302	2074
2010	280857	232662	2755	499	1444	2349
2011	282545	232122	3336	297	1421	2275
2012	285950	234248	3239	313	1469	2391
2013	253053	198783	1939	309	1488	2549
宝泉岭局	23027	17235	139	122	81	317
红兴隆局	58280	49142	226	40	386	296
建三江局	44841	35471	337	69	354	317
牡丹江局	23923	16094	233	75	433	153
北安局	26783	21498	435		114	259
九三局	28618	23691	127		6	218
齐齐哈尔局	24454	21863	56	3	3	101
绥化局	11776	9432	150		71	140
哈尔滨局	5654	4048	146		5	18
总局直属	5697	309	90		35	730

3-18续表

单位:人

年份 单位	房地产业及居民服务、修理和其他服务业	卫生和社会工作	教育、文化、体育和娱乐业	科学研究、技术服务业	公共管理、社会保障和社会组织	其他
2000	13818	8910	18577	790	5970	
2005	1656	6931	16746	657	3030	7558
2007	1104	7794	16432	475	4267	7021
2008	1122	8007	16391	501	4259	6524
2009	980	8500	17466	590	4276	7233
2010	2576	8977	16482	656	4921	7536
2011	2915	9676	16268	1005	5334	7896
2012	2549	10066	16442	609	7268	7356
2013	2198	9966	16523	688	7189	11421
宝泉岭局	200	1202	1948	57	573	1153
红兴隆局	1611	1943	2428	6	602	1600
建三江局	137	1411	2723	143	1735	2144
牡丹江局	166	1221	2242	33	863	2410
北安局		1038	1686	17	936	800
九三局	8	915	1436	26	285	1906
齐齐哈尔局		656	1004		379	389
绥化局	7	263	905		603	205
哈尔滨局	21	184	409		761	62
总局直属	48	1133	1742	406	452	752

3-21 各管理局分行业个体劳动者人数

单位:人

年份 单位	合计	农林牧渔业	工业	建筑业	交通运输仓储和邮政业	批发、零售及住宿、餐饮业	房地产业及居民服务和其它服务业	其他
2000	69912	12521	9252	359	8101	32571	5888	1220
2005	63702	1624	8677	179	10350	32069	6036	4767
2006	59882	1584	8221	179	9553	31789	6538	2018
2007	64669	1589	8430	169	9132	36798	6221	2330
2008	54703	1069	6317	341	2889	25279	13	18795
2009	55688	1526	4597	234	908	39820	6156	2447
2010	59343	1543	4687	428	1012	43337	6282	2054
2011	58925	1630	4383	163	570	41061	7111	4007
2012	75262	1902	5348	216	4735	50325	8891	3845
2013	71806	2206	4313	412	1009	50242	10557	3067
宝泉岭局	11040	440	800	246	446	7317	1224	567
红兴隆局	11299	746	865	99	255	7685	1416	233
建三江局	16798	45	4	19	86	13683	2457	504
牡丹江局	5467	63	220	10	67	3118	695	1294
北安局	6060	121	297	8	76	4669	842	47
九三局	3985	40		7	42	3101	577	218
齐齐哈尔局	10435	125	1074	20	19	7967	1217	13
绥化局	1624					862	629	133
哈尔滨局	3334	472	437	3	13	1106	1301	2
总局直属	1764	154	616		5	734	199	56

注:3-21 表资料由总局工商局提供。

3-22 各管理局职工增减变动情况

年份 单位	年末职工人数	1. 增加人数	#招收职工子女	#调入人数	2. 减少人数	#离退休退职	#调出人数
2000	433963	37200	1075	20641	63555	5647	11469
2005	345249	17064	248	9375	58325	6775	6894
2007	360922	33046	418	6573	18161	6798	3510
2008	361783	21113	544	7398	20252	8406	4418
2009	367968	27725	796	6513	21540	9685	2329
2010	379075	34101	1599	9564	25406	9551	5295
2011	377354	25975	1439	8379	25792	11911	4116
2012	367601	20449	1739	6005	29175	12895	4506
2013	375498	43777	2057	13103	36493	13769	6157
宝泉岭局	39272	4858	405	1204	5518	2136	1264
红兴隆局	80379	3406	317	1286	5992	4345	812
建三江局	33563	12372	17	667	2110	525	231
牡丹江局	39596	11589	1164	6314	2997	1007	857
北安局	40610	2552	39	417	5771	1262	895
九三局	42966	2071	52	881	5214	1786	1184
齐齐哈尔局	35258	1908	37	973	2814	1464	109
绥化局	17567	1102	1	22	1594	499	10
哈尔滨局	6715	375	1	123	393	146	34
总局直属	39572	3544	24	1216	4090	599	761

3-23 各管理局新就业和失业人数

单位:人

年份 单位	新就业 人数	国有 单位	集体 单位	从事个体 劳动和 灵活就业	其他	失业 人数
2000	3529	3467	62			18046
2005	53975	2816		7140	44019	24151
2007	52584	7282		38007	7295	23127
2008	48263	11409		27968	8886	22570
2009	52118	12065		17870	22183	20622
2010	42558	11834		28530	2194	19759
2011	55026	11198		38115	5713	22148
2012	57084	12033		41197	3854	22678
2013	50579	5728		40536	4315	21384
宝泉岭局	5724	509		5189	26	748
红兴隆局	11759	1968		9577	214	4939
建三江局	11042	450		9486	1106	3020
牡丹江局	4706	700		3622	384	1980
北安局	4617	649		2784	1184	2232
九三局	5457	1166		4264	27	2740
齐齐哈尔局	4134	73		2862	1199	2319
绥化局	1969	45		1868	56	1190
哈尔滨局	966	168		679	119	215
总局直属	205			205		2001

3-24 各管理局离退休、退职及五七工家属工人员人数

单位:人

年份 单位	离退休 人员总数	离休人员	退休人员	退职人员	五七工 家属工 人数
2000	176445	8218	160012	8215	
2005	215859	8010	199292	8557	
2007	230577	7908	214548	8121	
2008	245583	6079	231728	7776	
2009	263703	5736	246893	11074	68743
2010	341186	3326	250611	11444	75805
2011	356967	3573	267833	10873	74688
2012	390134	3501	302160	9785	74688
2013	410121	3203	336409		70509
宝泉岭局	55286	484	46325		11149
红兴隆局	91399	771	84906		10327
建三江局	38598	217	34196		6818
牡丹江局	57323	581	55989		4133
北安局	42329	275	31677		12721
九三局	38006	215	29586		9926
齐齐哈尔局	28119	120	21340		8031
绥化局	17187	108	12610		5302
哈尔滨局	6351	31	5185		1427
总局直属	15536	401	14595		675

注:3-23-24 由总局人力资源和社会保障局提供

3-23 表 2009 年离退休人员总数没包括“五七工”、“家属工”。

3-25 年末按登记注册类型分的各行业从业人员劳动报酬

（2013年）　　　　单位：万元

行业	全部从业人员劳动报酬	国有单位	集体单位	其他单位
总计	**2416085**	**1634954**	**2275**	**778856**
一、按企业、事业、机关分组				
1.企业	2180653	1399688	2275	778690
2.事业	191740	191574		166
3.机关	43692	43692		
二、按国民经济行业分组				
（一）农林牧渔业	1320827	1249084	26	71717
1. 农业	1088767	1070632		18135
2. 林业	10767	10420		347
3. 畜牧业	214592	162865	26	51701
4. 渔业	6701	5167		1534
（二）工业	280133	32572	236	247325
（三）建筑业	202005	11957	695	189353
（四）批发和零售业	119303	11699		107604
（五）交通运输、仓储和邮政业	49459	9071		40388
（六）住宿和餐饮业	49569	4943		44626
（七）信息传输、软件和信息技术服务业	23163	14015		9148
（八）金融业	21512	5801	1318	14393
（九）房地产业	4939	1428		3511
（十）租赁和商务服务业	12385	10254		2131
（十一）科学研究和技术服务业	14710	9816		4894
（十二）水利、环境和公共设施管理业	25003	24676		327
（十三）居民服务、修理和其他服务	35139	4556		30583
（十四）教育	94457	94382		75
（十五）卫生和社会工作	54851	54840		11
（十六）文化、体育和娱乐业	4032	3763		269
（十七）公共管理、社会保障和社会组织	74069	73612		457
农、林、牧、渔服务业	29131	18485		10646
制造业中的金属制品机械和设备修理业	1398			1398

3-26 各管理局分行业全部从业人员劳动报酬

单位:万元

年 份 单 位	合 计	农林牧渔业	工 业	建筑业	交通运输仓储和邮政业	批发、零售及住宿、餐饮业
2000	396155	192470	48625	18488	16003	37502
2005	650106	346371	80201	28968	19256	57292
2007	955967	542337	114619	42167	25667	71771
2008	1047553	587327	123424	50910	32350	84297
2009	1211368	659472	151740	62797	37871	102480
2010	1446263	789944	178988	84080	47943	108954
2011	1771923	898442	231176	194260	49681	127816
2012	2019216	1025434	269969	212049	53864	149716
2013	2416085	1320827	277993	202006	49459	168871
宝泉岭局	239213	129561	34276	11548	4419	15333
红兴隆局	467866	327155	33643	12422	11222	19175
建三江局	428975	271067	24242	12185	12205	44263
牡丹江局	175048	83612	27519	4762	6053	15888
北安局	157825	107054	6167	10133	3385	6739
九三局	237688	143965	28499	7611	3063	15824
齐齐哈尔局	214900	158170	16962	5277	3149	10392
绥化局	84901	54816	5885	2679	1816	5863
哈尔滨局	83607	44309	17615	1129	1707	6216
总局直属	326062	1118	83185	134260	2440	29178

3-24 续表

单位:千元

年 份 单 位	房地产业及居民服务、修理和其他服务业	卫生和社会工作	教育、文化、体育和娱乐业	科学研究、技术服务业	公共管理、社会保障和社会组织	其 他
2000	23596	11893	26587	1209	19781	
2005	20058	18841	37960	2864	22324	15971
2007	28299	21032	54538	4719	32371	18447
2008	25716	24707	57164	6227	34192	21239
2009	24826	28421	71186	7864	38930	25781
2010	32222	32734	72819	10310	52434	35835
2011	39717	40949	78850	11972	55083	43977
2012	41961	46843	81018	12684	65385	60293
2013	40078	54851	98489	14710	74069	114732
宝泉岭局	3636	8419	12439	388	7482	11712
红兴隆局	9502	11635	13122	197	8943	20850
建三江局	10279	7065	15325	1088	12928	18328
牡丹江局	3822	5806	8124	639	8450	10373
北安局	3038	2513	6665	169	7317	4645
九三局	3826	4814	10339	505	4679	14563
齐齐哈尔局	1811	2886	5612		7175	3466
绥化局	1078	643	4352	23	4141	3605
哈尔滨局	1590	657	2647		6323	1414
总局直属	1496	10413	19864	11701	6631	25776

3-27 历年职工工资总额及指数

年份	绝对数（万元）			指数%（以上年为100）		
	全部工资总额	#国有单位	#集体单位	全部工资总额	#国有单位	#集体单位
1980	53083	53083		112.4	112.4	
1981	49232	49232		92.7	92.7	
1982	53829	51536	2293	109.3	104.7	
1983	59919	57340	2579	111.3	111.3	112.5
1984	56220	54301	1919	93.8	94.7	74.4
1985	59625	58357	1268	106.1	107.5	66.1
1986	71514	70085	1429	119.9	120.1	112.7
1987	75577	74081	1496	105.7	105.7	104.7
1988	83782	82320	1462	110.9	111.1	97.7
1989	98052	96550	1502	117.0	117.3	102.7
1990	105714	104587	1127	107.8	108.3	75.0
1991	122926	121398	1528	116.3	116.1	135.6
1992	128583	127369	1214	104.6	104.9	79.5
1993	134022	132909	891	104.2	104.3	73.4
1994	159523	158477	907	119.0	119.2	101.8
1995	206936	204441	445	129.7	129.0	49.1
1996	225754	223234	352	109.1	109.2	79.1
1997	293753	289674	562	130.1	129.8	159.7
1998	293082	281792	3889	99.8	97.3	692.0
1999	255899	247033	2371	87.3	87.7	60.9
2000	247612	237619	1642	96.8	96.2	69.3
2001	255055	242167	1361	103.0	101.9	82.9
2002	271122	247702	1667	106.3	102.3	122.5
2003	289497	262480	826	106.8	105.9	49.6
2004	321104	282633	229	110.9	107.7	27.7
2005	323252	287772	128	100.7	101.8	55.9
2006	367043	305834	145	113.5	106.3	113.3
2007	418058	360559	121	113.9	117.9	83.4
2008	462402	401942	181	126.0	131.4	124.8
2009	535581	441496	137	116.0	110.0	76.0
2010	667263	549249	169	144.3	136.6	93.4
2011	773721	637378	1174	116.0	116.0	694.7
2012	904081	736852	1291	116.8	115.6	110.0
2013	1059542	852454	943	117.2	115.7	73.0

3-28 历年职工平均工资及指数

年 份	平均货币工资（元）			指数%（以上年为100）		
	全部职工	#国有单位	#集体单位	全部职工	#国有单位	#集体单位
1980	763	763		119.4	119.4	
1981	720	720		94.4	94.4	
1982	732	761	391	101.7	105.7	
1983	802	839	402	109.6	110.2	102.8
1984	763	783	442	95.1	93.3	110.0
1985	827	842	449	108.4	107.5	101.6
1986	971	986	556	117.4	117.1	123.8
1987	1004	1011	745	103.4	102.5	134.0
1988	1146	1151	887	114.1	113.8	119.1
1989	1363	1370	1041	118.9	119.0	117.4
1990	1445	1455	913	106.0	106.2	87.7
1991	1641	1646	1329	113.6	113.1	145.6
1992	1713	1718	1327	104.4	104.4	99.8
1993	1835	1843	1163	107.1	107.3	87.6
1994	2242	2248	1669	122.2	122.0	143.5
1995	3084	3077	2643	137.6	136.9	158.4
1996	3541	3544	2205	114.8	115.2	83.4
1997	4714	4730	3048	133.1	133.5	138.2
1998	4985	5024	3844	105.7	106.2	126.1
1999	5360	5366	4065	107.5	106.8	105.7
2000	5593	5621	4827	104.3	104.8	118.8
2001	6158	6138	5421	110.1	109.2	112.3
2002	6639	6544	7031	107.8	106.6	129.7
2003	7256	7060	5492	109.3	107.9	78.1
2004	8255	8026	7099	113.8	113.7	129.3
2005	9205	9012	6574	111.5	112.3	92.6
2006	10291	10094	7591	111.8	112.0	115.5
2007	11531	11291	7402	112.0	111.9	115.5
2008	13066	12806	8036	113.0	113.0	109.0
2009	14862	14305	10301	114.0	112.0	128.0
2010	17639	16947	14355	135.0	132.3	178.6
2011	20480	19850	27820	116.1	117.1	193.8
2012	24174	23202	24059	118.0	117.0	87.0
2013	27742	27004	26349	114.8	116.4	109.5

3-29 各管局分行业全部职工工资总额

单位:万元

年份 单位	合计	农林牧渔业	工业	建筑业	交通运输仓储和邮政业	批发、零售及住宿、餐饮业
2000	247612	126718	28832	8089	2536	9213
2005	323252	175497	36032	6166	3343	8525
2007	418058	224825	50338	8357	3127	7575
2008	462402	239064	58372	13051	3340	11395
2009	535581	268820	67960	16352	3745	16862
2010	667263	340418	88704	20325	5733	22269
2011	773721	397342	104145	30632	6629	20723
2012	904081	472421	123762	31589	8386	29599
2013	1059542	520961	143922	23590	9902	43344
宝泉岭局	75463	31871	8005	1251	409	1626
红兴隆局	246634	183281	12410	3039	1477	1256
建三江局	104155	37204	11611	1540	2290	3627
牡丹江局	65067	27681	8096	657	818	1018
北安局	61077	39042	1693	579	415	855
九三局	123184	81451	6297	172	486	1521
齐齐哈尔局	131909	89010	12590	2469	1686	5224
绥化局	27050	14435	975	259	58	695
哈尔滨局	26104	16573	1217	3	65	53
总局直属	198899	413	81028	13621	2198	27469

3-29 续表

单位:万元

年份 单位	房地产业及居民服务、修理和其他服务业	卫生和社会工作	教育、文化、体育和娱乐业	科学研究、技术服务业	公共管理、社会保障和社会组织	其他
2000	14789	11434	25641	1061	19299	
2005	2140	18310	36792	2527	21645	12275
2007	2578	20362	52527	3989	30173	14207
2008	2540	23874	55758	5788	32338	16882
2009	2776	27193	68664	7474	36802	18934
2010	5650	31234	66210	9771	48339	28610
2011	4093	39104	75971	10516	50033	34533
2012	4948	43967	77004	10576	56002	45827
2013	5537	53229	94425	12746	66177	85709
宝泉岭局	472	8361	12341	293	6909	3925
红兴隆局	1012	11415	12590	174	8158	11822
建三江局	608	6916	14242	1067	11089	13961
牡丹江局	404	5473	7350	151	6321	7098
北安局	27	2469	6481	169	6710	2637
九三局	217	4783	9742	265	4664	13586
齐齐哈尔局	927	2796	5483		6926	4798
绥化局	150	634	4330	22	4109	1383
哈尔滨局	274	451	2182		4895	391
总局直属	1446	9931	19684	10605	6396	26108

3-30 各管理局国有单位分行业职工工资总额

单位:万元

年份 单位	合计	农林牧渔业	工业	建筑业	交通运输仓储和邮政业	批发、零售及住宿、餐饮业
2000	237619	126178	22648	6505	2100	8366
2005	287772	173724	13189	3451	2833	4263
2007	360559	223055	7029	1612	2322	5772
2008	401942	241724	15395	1693	2626	5788
2009	441496	265927	10712	1498	3016	5675
2010	549249	337076	21326	1756	4270	6970
2011	637378	394116	27868	2760	4590	7809
2012	736852	467583	41332	4836	5600	8161
2013	852454	520961	29623	2170	6871	14287
宝泉岭局	69035	31870	2304	861	410	1550
红兴隆局	229039	183282	2662	277	1091	730
建三江局	88698	37204	4284	585	1937	1036
牡丹江局	56210	27681	721	58	803	697
北安局	58343	39042	908	389	326	560
九三局	117032	81451	3450		52	1156
齐齐哈尔局	106864	89010	445		7	296
绥化局	25262	14435	406		47	277
哈尔滨局	25242	16573	641			53
总局直属	76729	413	13802		2198	7932

3-30 续表

单位:万元

年份 单位	房地产业及居民服务、修理和其他服务业	卫生和社会工作	教育、文化、体育和娱乐业	科学研究、技术服务业	公共管理、社会保障和社会组织	其他
2000	14402	11417	25641	1061	19299	
2005	2063	15363	36792	2448	21645	12001
2007	2371	20362	52527	3811	30173	11525
2008	2251	23874	55758	4684	32338	15811
2009	2258	27159	68664	6376	36636	13575
2010	2870	31232	69210	8028	48339	18172
2011	2362	39025	75897	8252	49993	24706
2012	2437	43967	76999	6879	55961	23097
2013	2126	53229	94311	8924	65884	54068
宝泉岭局	418	8361	12341	293	6909	3718
红兴隆局	624	11415	12590	89	8158	8121
建三江局	215	6916	14242	957	11089	10233
牡丹江局	365	5473	7350	136	6321	6605
北安局		2469	6481	169	6527	1472
九三局	51	4783	9742	229	4664	11454
齐齐哈尔局	7	2796	5483		6868	1952
绥化局	15	634	4330		4109	1009
哈尔滨局	108	451	2182		4843	391
总局直属	323	9931	19570	7051	6396	9113

主要统计指标解释

总户数 是农垦辖区内农(牧)场和各级机构主办的各企事业单位中的常住户数。一般按户口所在单位进行统计。为全面反映和掌握农垦辖区内农垦系统总户数,凡在城镇居住的属本系统企事业单位正式职工(户主)的户数,均应统计在内。虽居住在辖区,但不是本系统职工(户主)则不能统计在农垦总户数内。

农场户数 指独立核算的农(牧)场总户数。包括农(牧)内所有各行各业的户数。

总人口 指一定时点,农垦辖区内农(牧)场和各级机构主办的各类企事业单位的有生命的个人总和,一般按户口上常住人口统计。为全面反映和掌握农垦辖区内农垦系统总人口数,对户口不在本系统,而本人是本系统正式职工的也要统计在内。如果本人是户主,则户口上的非职工家庭成员(即供养人员)也要统计在内,虽然居住在辖区,但不是本系统职工或供养人,不能统计在农垦总人口数内。

农场人口 指独立核算的农(牧)场的有生命的全部人口数。

年初人口 指一月一日零时的人口数,当年年初人口数实际上就是上年年末人口数。年初人口=上年初人口数+上年内出生人数+上年内迁入人数一上年内死亡人数一上年内迁出人数

年末人口 指十二月三十一日二十四时的人口数,实际上就是下一年的年初人口数。

年末人口=年初人口数+年内出生人数+年内迁入人数一年内死亡数一年内迁出人数

出生人数 是指一定时期(一般是一年)内出生的有生命标志的婴儿的总和。出生人数只包括有生命现象的活产数,不包括死产数。婴儿出生时只要有过一瞬间的生命现象,都算作活婴。如刚出生有生命而又很快死去的,则既作出生人数统计,又作死亡人数统计。统计出生人数时,无论婚生子女与非婚生子女,都要包括在内。

出生率 又称粗出生率或总出生率,是指一定时期(通常为一年)内出生人数与同期平均人口数之比,以千分数表示。若出生人数计算期不是一年(或大于一年)的,需折算为年出生人数。公式:

人口出生率=年内出生人数/年平均人数×1000‰。

死亡人数 指一定时期(一般是一年)内丧失生命的人口数。

凡丧失生命的人均包括在内。统计死亡人数时,不包括死产。但有生命现象的活婴出生后发生死亡,不论其生存时间长短,均应加入统计。

死亡率又称粗死亡率或总死亡率。死亡率是一个国家或地区在一定时期(通常为一年)内的死亡人数与同期平均人口数之比,以千分比表示。公式为:

人口死亡率=年内死亡人数/年平均人数×1000‰。

死亡率一般按年计算,如统计期满一年或超过一年,年内死亡人数与同年平均人口数之比应折算成一年计算。

人口自然增长率 指一定时期内(通常为一年)某一地区人口的净增(减)数与年平均人口数的比例,一般用千分率表示。计算公式:

$$\text{人口自然增长率(‰)}=\frac{\text{本年出生人口数}-\text{本年死亡人口数}}{\text{年平均人口数}}\times 100‰$$

或=人口出生率(‰)-人口死亡率(‰)

从业人员 指从事一定社会劳动并取得劳动报酬或经营收入的人员。包括:(1)全部职工;(2)城镇私营企业从业人员;(3)城镇个体劳动者;(4)农村社会劳动者;(5)其他社会劳动者。这一指标反映了一定时期内全部劳动力资源的实际利用情况是研究我国基本国情国力的重要指标。

单位从业人员 指在各级国家机关、政党机关、社会团体及企业、事业单位中工作,并取得劳动报酬的全部人员。包括:职工、再就业的离退休人员、民办教师以及在各单位中工作的外方人员和港、澳、台方人员。各单位的从业人员反映了各单位实际参加生产或工作的全部劳动力。

其他从业人员 指劳动统计制度规定不作职工统计但实际参加社会劳动并取得劳动报酬的人员。各单位的其他从业人员是指单位中除职工以外的全部参加单位生产或工作并取得劳动报酬的人员。包括再就业的离退休人员、民办教师以及在各单位中工作的外方人员和港、澳、台方人员、兼职人员、借用的外单位人员和从事第二职业的人员。

职工 指在国有经济、城镇集体经济、联营经

济、股份制经济、外商和港、澳、台投资经济、其人口、从业人员和职工工资他经济单位及其附属机构工作,并由其支付工资的各类人员。不包括私营企业。(1998 年以后的数据均为在岗职工数据,其他相关指标如职工工资总额,职工平均工资等指标也从 1998 年按此口径进行了相应调整。)

在岗职工 指在本单位工作并由单位支付工资的人员,以及有工作岗位,但由于学习、病伤产假等原因暂未工作,仍由单位支付工资的人员。

合同制职工 指各单位根据国务院国发(1986)77 号文件和国务院令第 99 号的规定,通过签订有固定期限劳动合同、无固定期限劳动合同的以完成一项工作为期限劳动合同所使用的职工。包括实行全员劳动合同制单位的全部职工。

长期职工 指用工期限在一年以上(含一年)的在岗职工。

临时职工 指用工期限不超过一年的在岗职工。

离开本单位仍保留劳动关系的职工 指由于各种原因,已经离开本人的生产或工作岗位,并已不在本单位从事其他工作,但仍与用人单位保留劳动关系的职工。

内部退养职工 指接近正常退休年龄但因各种原因退出工作岗位,并办理了内退手续,在办理正式退休手续前由单位按月发给一定生活费的职工。

从业人员劳动报酬 指各单位在一定时期内直接支付给本单位全部从业人员的劳动报酬总额。包括在岗职工工资总额和其他从业人员劳动报酬两部分。

其他从业人员劳动报酬 指各单位在一定时期内直接支付给本单位其他从业人员的全部劳动报酬。

工资总额 是指各单位在一定时期内直接支付给本单位全部职工的劳动报酬总额。

工资总额的计算原则应以直接支付给职工的全部劳动报酬为根据。各单位支付给职工的劳动报酬以及其他根据有关规定支付的工资,不论是计人成本的还是不计人成本的,不论是按国家规定列入计征奖金税项目的,还是未列入计征奖金税项目的,不论是以货币形式支付的还是以实物形式支付的,均应列人工资总额的计算范围。

在岗职工工资总额 指各单位在一定时期内直接支付给本单位全部在岗职工的劳动报酬总额。

工资总额包括:计时工资、计件工资、奖金、津贴、补贴、加班加点工资、其他工资。

离开本单位仍保留劳动关系职工的生活费 指离开本单位仍保留劳动关系的职工在离开本单位期间从本单位领取的生活费用。

职工平均工资 指企业、事业、机关单位的职工在一定时期内平均每人所得的货币工资额。它表明一定时期职工工资收入的高低程度,是反映职工工资水平的主要指标。计算公式为:

$$职工平均工资=\frac{报告期实际支付的全部职工工资总额}{报告期全部职工平均人数}$$

职工平均实际工资 指扣除物价变动因素后的职工平均工资。计算公式为:

$$职工平均实际工资=\frac{报告期职工平均工资}{报告期城镇居民消费价格指数}$$

04 固定资产投资

固定资产投资资金来源的构成情况(%)

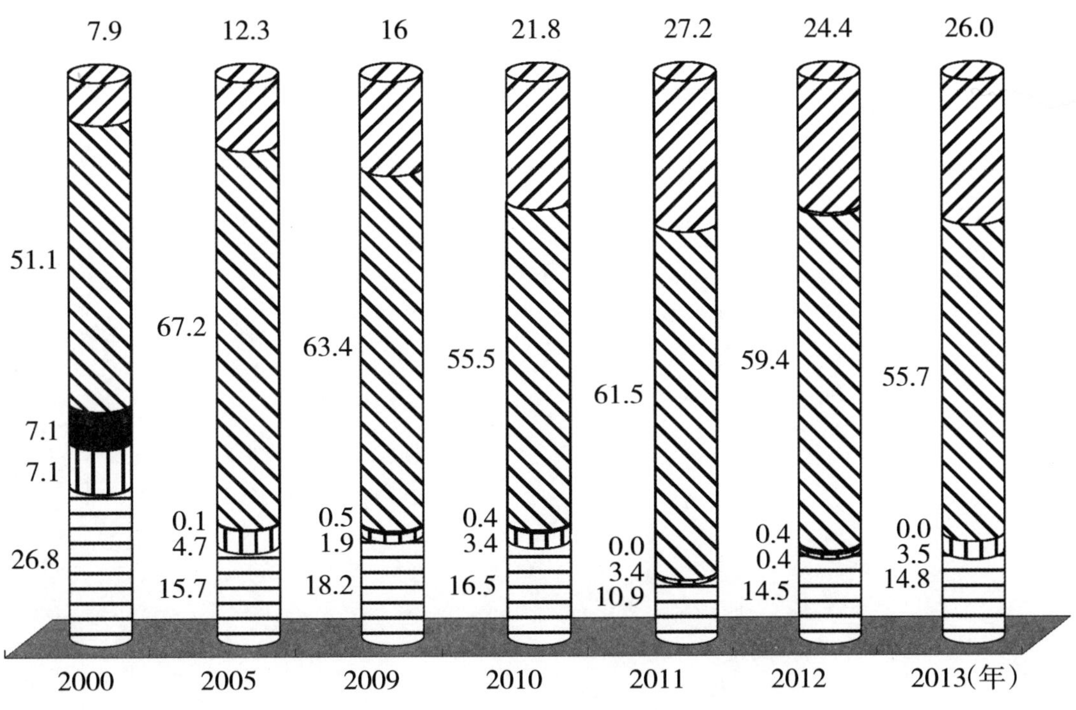

固定资产投资完成额(万元)

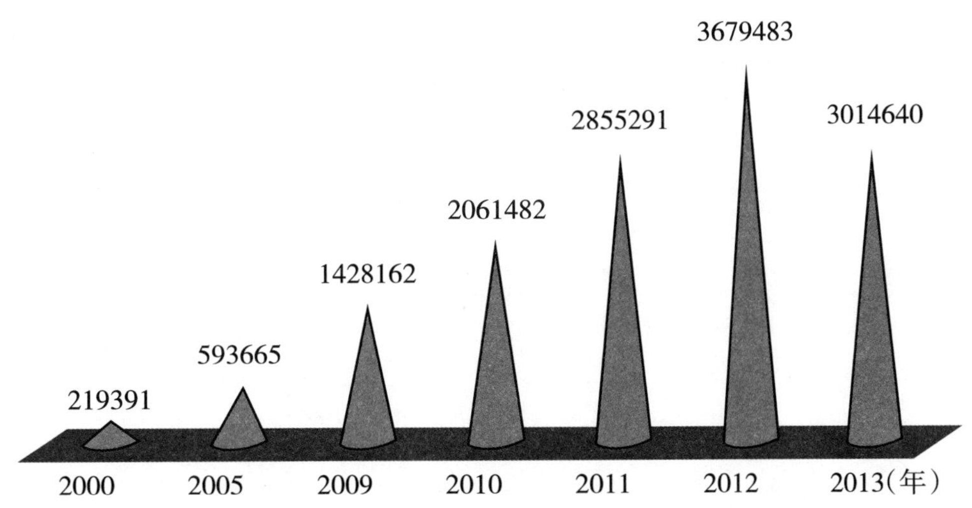

4-1 固定资产投资构成

指　　标	2000	2005	2009	2010	2011	2012	2013
一、投资总额(万元)	219391	593665	1428162	2061482	2855291	3679483	3014640
按资金来源分							
国家预算内投资	60396	93632	268228	340755	312310	534632	425140
国内贷款	15918	27798	28432	69943	10475	13300	102010
利用外资	15900	187	6636	7348	680	15522	420
自筹资金	115166	399571	933392	1144056	1759477	2186184	1591079
其他投资	17880	73468	234868	448380	776347	897709	746654
按用途分							
生产性建设	149840	396246	594825	944962	1098379	1823539	1800702
非生产性建设	69551	197419	833337	1116520	1756912	1855944	1213939
# 住宅	17777	56095	603485	807164	1239248	986263	590009
按产业分							
第一产业	142051	171316	295987	429583	502581	810802	843593
第二产业	26545	247080	151946	136005	262934	771126	623720
第三产业	50797	175269	980229	1496794	2089776	2097555	1547327
二、构成(%)							
按资金来源分							
国家预算内投资	26.8	15.7	18.2	16.9	10.9	14.7	14.8
国内贷款	7.1	4.7	1.9	3.5	0.4	0.4	3.5
利用外资	7.1	…	0.5	0.4	…	0.4	…
自筹资金	51.1	67.2	63.4	56.9	61.5	59.9	55.7
其他投资	7.9	12.4	16.0	22.3	27.2	24.6	26.0
按用途分							
生产性建设	68.3	66.7	41.6	45.8	38.5	49.6	59.7
非生产性建设	31.7	33.3	58.4	54.2	61.5	50.4	40.3
# 住宅	8.1	9.4	42.3	39.2	43.4	26.8	19.6
按产业分							
第一产业	64.7	28.9	20.7	20.8	17.6	22.0	28.0
第二产业	12.1	41.6	10.6	6.6	9.2	21.0	20.7
第三产业	23.2	29.5	68.7	72.6	73.2	57.0	51.3
三、新增固定资产	183265	483168	1069067	1663907	2506694	3025226	2290394

4-2 各管理局固定资产投资完成情况

(2013 年) 单位:万元

单位名称	本年固定资产投资				比重(以投资总额为 100)		
	合 计	公有控股经济	非公有控投经济	#个 体	公有控股经济	非公有控投经济	#个 体
总 计	**3014640**	**1753033**	**1261607**	**994382**	**58.1**	**41.9**	**33.0**
宝泉岭局	329112	148952	180160	60546	45.3	54.7	18.4
红兴隆局	395430	231020	164410	126110	58.4	41.6	31.9
建三江局	489997	320761	169236	127363	65.5	34.5	26.0
牡丹江局	319396	249481	69915	51584	78.1	21.9	16.2
北 安 局	185562	109987	75576	70280	59.3	40.7	37.9
九 三 局	281996	122180	159816	140650	43.3	56.7	49.9
齐齐哈尔局	202769	110180	92589	77740	54.3	45.7	38.4
绥 化 局	51031	42213	8818	7512	82.7	17.3	14.7
哈尔滨局	394736	55292	339444	332244	14.0	86.0	84.2
总局直属	364611	362967	1644	354	99.7	0.3	…

4-3 各管理局按用途分的固定资产投资

(2013 年) 单位:万元

单位名称	生产性建设投资				非生产性建设投资			
	合 计	公有控股经济	非公有控投经济	#个 体	合 计	公有控股经济	非公有控投经济	#个 体
总 计	**1800702**	**1074253**	**726449**	**512059**	**1213939**	**678780**	**535159**	**482323**
宝泉岭局	216979	75829	141150	42922	112133	73124	39010	17624
红兴隆局	247038	132821	114217	75917	148392	98199	50193	50193
建三江局	294608	194453	100155	84063	195389	126308	69081	43300
牡丹江局	158701	106133	52568	34477	160695	143348	17347	17107
北 安 局	108699	55471	53228	47932	76864	54516	22348	22348
九 三 局	204783	62449	142334	125591	77213	59731	17482	15059
齐齐哈尔局	70051	32081	37970	24370	132718	78099	54619	53370
绥 化 局	27988	22664	5324	4650	23044	19549	3494	2862
哈尔滨局	121230	41950	79280	72080	273506	13342	260164	260164
总局直属	350626	350402	224	57	13986	12565	1421	297

4-4 各管理局按用途分的固定资产投资

年份 单位	绝对数（万元）			比重%(以投资总额为100)		
	生产性建设	非生产性建设	#住宅	生产性建设	非生产性建设	#住宅
2000	149840	69551	17777	68.3	31.7	8.1
2005	396246	197419	56095	66.7	33.3	9.4
2009	594825	833337	603485	41.6	58.4	42.3
2010	944962	1116520	807164	45.8	54.2	29.3
2011	1098379	1756912	1239248	38.5	61.5	43.4
2012	1091706	1855944	986263	49.6	50.4	26.8
2013	1800702	1213939	590009	59.7	40.3	19.6
宝泉岭局	216979	112133	41312	65.9	34.1	12.6
红兴隆局	247038	148392	44746	62.5	37.5	11.3
建三江局	294608	195389	57388	60.1	39.9	11.7
牡丹江局	158701	160695	33950	49.7	50.3	10.6
北安局	108699	76864	17030	58.6	41.4	9.2
九三局	204783	77213	17799	72.6	27.4	6.3
齐齐哈尔局	70051	132718	95134	34.5	65.5	46.9
绥化局	27988	23044	15072	54.8	45.2	29.5
哈尔滨局	121230	273506	265429	30.7	69.3	67.2
总局直属	350626	13986	2149	96.3	3.7	0.6

4-5 各管理局按产业分的固定资产投资

年份 单位	绝对数（万元）			比重%(以投资总额为100)		
	第一产业	第二产业	第三产业	第一产业	第二产业	第三产业
2000	142051	26454	50797	64.7	12.1	23.2
2005	171316	247080	175269	28.9	41.6	29.5
2009	295987	151946	980229	20.7	10.6	68.7
2010	429583	136005	1496794	20.8	6.6	72.6
2011	502581	262934	2089776	17.6	9.2	73.2
2012	810802	771126	2097555	22.0	21.0	57.0
2013	843593	623720	1547327	28	20.7	51.3
宝泉岭局	111382	88464	129265	33.8	26.9	39.3
红兴隆局	131628	97833	165969	33.3	24.7	41.9
建三江局	213445	51872	224680	43.5	10.6	48.9
牡丹江局	100156	50831	168409	31.4	15.9	52.7
北安局	79140	17321	89101	42.7	8.3	48.0
九三局	117464	77759	86773	41.6	27.6	30.8
齐齐哈尔局	39307	25218	138244	19.4	12.4	68.2
绥化局	16317	6411	28304	32.0	12.5	55.5
哈尔滨局	27695	31685	335356	7.0	8.0	85.0
总局直属	7060	176159	181392	1.8	48.4	49.8

4-6 各管理局按行业分的固定资产投资

（2013年）

单位:万元

单位名称	(一)农林牧渔业投资				1. 农 业			
	合 计	公有控股经济	非公有控投经济	#个 体	合 计	公有控股经济	非公有控投经济	#个 体
总 计	**843593**	**549212**	**294381**	**254597**	**707813**	**483414**	**224399**	**217266**
宝泉岭局	111382	53987	57395	34355	81988	50829	31159	31159
红兴隆局	131628	92630	38998	38998	129872	91310	38562	38562
建三江局	213445	158935	54510	52524	202011	147507	54504	52518
牡丹江局	100156	78538	21618	18402	95680	74558	21122	18227
北安局	79140	39369	39771	39008	74355	36889	37466	36703
九三局	117464	49043	68421	58273	47862	18547	29315	28452
齐齐哈尔局	39307	27857	11450	11450	31421	21011	10410	10410
绥化局	16317	14435	1882	1250	14596	12734	1862	1236
哈尔滨局	27695	27415	280	280	26163	26163		
总局直属	7060	7003	57	57	3865	3865		

4-6续表1

单位:万元

单位名称	其中:农机具购置				2. 林 业			
	合 计	公有控股经济	非公有控投经济	#个 体	合 计	公有控股经济	非公有控投经济	#个 体
总 计	**249533**	**62887**	**186645**	**185527**	**17698**	**17621**	**77**	**71**
宝泉岭局	36908	6562	30346	30346	2910	2904	6	6
红兴隆局	43608	11185	32423	32423	300	300		
建三江局	69387	17909	51478	51478	8208	8208		
牡丹江局	30264	12599	17665	17665	2298	2298		
北安局	35214	7868	27346	26583	755	690	65	65
九三局	18572	1298	17274	17274	415	415		
齐齐哈尔局	9945	1422	8523	8523	1928	1928		
绥化局	4891	3300	1591	1236	391	385	6	
哈尔滨局	333	333			493	493		
总局直属	411	411						

4-6 续表 2

单位:万元

单位名称	3. 畜牧业				4. 渔业			
	合计	公有控股经济	非公有控投经济	#个体	合计	公有控股经济	非公有控投经济	#个体
总计	**115684**	**45807**	**69877**	**37231**	**2399**	**2371**	**28**	**28**
宝泉岭局	26430	200	26230	3190	55	55		
红兴隆局	1456	1020	436	436				
建三江局	1095	1089	6	6	2131	2131		
牡丹江局	1993	1497	496	175	185	185		
北安局	4024	1790	2234	2234	6		6	6
九三局	69187	30081	39106	29821				
齐齐哈尔局	5937	4917	1020	1020	20		20	20
绥化局	1328	1316	12	12	2		2	2
哈尔滨局	1039	759	280	280				
总局直属	3194	3137	57	57				

4-6 续表 3

单位:万元

单位名称	(二)工业				(二)建筑业			
	合计	公有控股经济	非公有控投经济	#个体	合计	公有控股经济	非公有控投经济	#个体
总计	**604591**	**233856**	**370735**	**205991**	**19129**	**12841**	**6288**	**6121**
宝泉岭局	88464	6152	82312	7124				
红兴隆局	97833	6813	91020	52720				
建三江局	47636	12846	34790	25803	4236		4236	4236
牡丹江局	50831	19881	30950	16075				
北安局	16034	414	15620	11087	1287	75	1212	1212
九三局	76791	7940	68851	66790	968	295	673	673
齐齐哈尔局	25218	26	25192	11592				
绥化局	6411	3011	3400	3400				
哈尔滨局	31685	13085	18600	11400				
总局直属	163688	163688			12638	12471	167	

4-6 续表 4 单位:万元

单位名称	(四)交通运输、仓储业				(五)信息传输、计算机服务			
	合计	公有控股经济	非公有控投经济	#个体	合计	公有控股经济	非公有控投经济	#个体
总计	**211994**	**201516**	**10478**	**5085**	**5852**	**3037**	**2816**	**2816**
宝泉岭局	14461	13923	538	538	184	49	135	135
红兴隆局	7491	7491						
建三江局	21036	18836	2200	1200	2147	1147	1000	1000
牡丹江局	5108	5108			1494	1494		
北安局	3618	1928	1690	1690	1866	265	1601	1601
九三局	12956	7143	5813	1420	50		50	50
齐齐哈尔局	4940	4703	237	237	111	81	30	30
绥化局	3242	3242						
哈尔滨局	1200	1200						
总局直属	137942	137942						

4-6 续表 5 单位:万元

单位名称	(六)批发和零售业				(七)住宿和餐饮业			
	合计	公有控股经济	非公有控投经济	#个体	合计	公有控股经济	非公有控投经济	#个体
总计	**43216**	**32163**	**11053**	**6673**	**60846**	**2106**	**58740**	**58740**
宝泉岭局	1765	1120	645	645	906	646	260	260
红兴隆局					811	811		
建三江局	4967	287	4680	300	311	311		
牡丹江局	53	53						
北安局	850		850	850				
九三局	1299	262	1037	1037	1208		1208	1208
齐齐哈尔局	141		141	141	572		572	572
绥化局								
哈尔滨局	3700		3700	3700	56700		56700	56700
总局直属	30441	30441			338	338		

4–6 续表 6

单位:万元

单位名称	(八)房地产				(九)科学、技术服务业			
	合 计	公有控股经济	非公有控投经济	#个 体	合 计	公有控股经济	非公有控投经济	#个 体
总 计	594790	146620	448170	407863	39166	14516	24649	24649
宝泉岭局	41312	2437	38875	17489	26	26		
红兴隆局	46129	14786	31343	31343				
建三江局	46620	12156	34464	17901	22310	1863	20447	20447
牡丹江局	47337	33121	14216	14216	8995	7858	1137	1137
北 安 局	16058	12185	3874	3874	3619	554	3065	3065
九 三 局	15691	8422	7269	7269	3272	3272		
齐齐哈尔局	98088	44391	53697	52448				
绥 化 局	15072	12210	2862	2862	14	14		
哈尔滨局	266879	6715	260164	260164	30	30		
总局直属	1604	198	1406	297	900	900		

4–6 续表 7

单位:万元

单位名称	(十)水利、环境和公共设施业				(十一)居民服务和其他服务			
	合 计	公有控股经济	非公有控投经济	#个 体	合 计	公有控股经济	非公有控投经济	#个 体
总 计	240835	228806	12029	6544	139921	125394	14527	8572
宝泉岭局	25192	25192			21708	21708		
红兴隆局	57952	57952			16399	16399		
建三江局	54788	45677	9111	3952	37224	33875	3349	
牡丹江局	44384	44384			19512	17760	1752	1752
北 安 局	22939	20816	2123	2123	17046	13248	3798	3798
九 三 局	12115	12015	100	100	20950	16005	4945	2381
齐齐哈尔局	18160	17791	369	369	4319	3678	641	641
绥 化 局	3236	2924	312		2759	2717	42	
哈尔滨局	2024	2024						
总局直属	46	31	15		4	4		

4-6 续表 8

单位:万元

单位名称	(十二)教育				(十三)卫生、社会保障和福利业				(十四)文化、体育	
	合计	公有控股经济	非公有控投经济	#个体	合计	公有控股经济	非公有控投经济	#个体	合计	公有控股经济
总计	**72004**	**72004**			**41265**	**40704**	**561**	**275**	**33919**	**33257**
宝泉岭局	3809	3809			6792	6792			5203	5203
红兴隆局	13653	13653			8350	8350			6636	6636
建三江局	9631	9631			5583	5537	46		13071	12668
牡丹江局	21680	21680			1570	1330	240		2795	2793
北安局	5729	5729			5931	5916	15	15	695	695
九三局	6542	6542			3719	3719			3338	3081
齐齐哈尔局	2057	2057			6398	6138	260	260	1532	1532
绥化局	413	413			1463	1463			165	165
哈尔滨局	926	926			1174	1174				
总局直属	7565	7565			285	285			484	484

4-6 续表 9

单位:万元

单位名称	和娱乐业		(十五)公共管理和社会组织				(十六)农林牧渔服务业			
	非公有控投经济	#个体	合计	公有控股经济	非公有控投经济	#个体	合计	公有控股经济	非公有控投经济	#个体
总计	**662**	**259**	**47449**	**47128**	**321**		**16072**	**9874**	**6198**	**6198**
宝泉岭局			6039	6039			1869	1869		
红兴隆局			5499	5499			3049		3049	3049
建三江局	403		3360	3360			3632	3632		
牡丹江局	2	2	14280	14280			1202	1202		
北安局			6499	6499			4251	2294	1957	1957
九三局	257	257	3757	3757			1877	685	1192	1192
齐齐哈尔局			1734	1734			192	192		
绥化局			1941	1620	321					
哈尔滨局			2723	2723						
总局直属			1617	1617						

4-7 各管理局新增固定资产及资金来源

（2013年） 单位:万元

单位名称	本年新增固定资产	公有控股经济	非公有控投经济	#个体	本年资金来源	公有控股经济	非公有控投经济	#个体
总计	**2290394**	**1378149**	**912245**	**632239**	**2865303**	**1625671**	**1239632**	**964940**
宝泉岭局	320746	143442	177304	57562	329112	149817	179295	59564
红兴隆局	388152	223354	164798	126398	392230	227282	164948	126548
建三江局	313976	185192	128784	86891	466880	301365	165515	123642
牡丹江局	248130	176194	71936	35605	324458	250596	73862	50051
北安局	129861	76299	53562	48266	176936	110457	66480	61184
九三局	240877	99771	141105	119958	280136	114045	166091	144944
齐齐哈尔局	202769	110180	92589	77740	202769	110180	92589	77740
绥化局	48497	39976	8521	7386	50791	42129	8662	7512
哈尔滨局	95389	23309	72080	72080	367419	46817	320602	313402
总局直属	301998	300432	1567	354	274572	272983	1589	354

4-8 各管理局按资金来源分的固定资产投资

单位:万元

年份/单位	投资总额	国家预算内投资	国内贷款	利用外资	自筹资金	其他资金
2005	594656	93632	27798	187	399571	73468
2008	842399	207941	5147	9652	554824	64835
2009	1471557	268228	28432	6636	933392	234868
2010	2010481	340755	69943	7348	1144055	448380
2011	2859289	312310	10476	680	1759477	776347
2012	3647347	534633	13300	15522	2186184	897709
2013	2865303	425140	102010	420	1591079	746654
宝泉岭局	329112	54725			237714	36673
红兴隆局	392230	86919			253270	52040
建三江局	466880	98939	977		283989	82976
牡丹江局	324458	52749	14097		196495	61117
北安局	176936	38477			93802	44657
九三局	280136	34699		420	133763	111254
齐齐哈尔局	202769	24386			142692	35691
绥化局	50791	17754			25101	7936
哈尔滨局	367419	9518	25000		40554	292347
总局直属	274572	6973	61936		183700	21963

4-9 全社会房屋年末实有面积及构成

单位:万平方米

指　标	2000	2005	2009	2010	2011	2012	2013
总　计	3808.0	4494.5	5910.7	6534.2	7264.2	7932.6	8078.8
农业用房	230.7	247.5	275.0	289.3	304.3	328.1	333.7
畜牧用房	143.6	333.0	472.8	520.6	527.9	535.0	538.1
科学研究用房	6.7	6.5	8.1	7.1	7.3	8.0	9.5
文教卫生用房	245.6	287.5	348.7	349.0	371.2	390.0	420.7
住宅	2315.5	2700.5	3715.4	4215.3	4830.0	5240.2	5359.3
其他用房	865.9	919.5	1090.7	1152.9	1223.5	1431.3	1417.5
构成(%)							
农业用房	6.1	5.5	4.7	4.4	4.2	4.1	4.1
畜牧用房	3.8	7.4	8.0	8.0	7.3	6.7	6.7
科学研究用房	0.2	0.1	0.1	0.1	0.1	0.1	0.1
文教卫生用房	6.4	6.4	5.9	5.3	5.1	4.9	5.2
住宅	60.8	60.1	62.9	64.6	66.5	66.1	66.3
其他用房	22.7	20.5	18.4	17.6	16.8	18.1	17.6

主要统计指标解释

全社会固定资产投资 包括国有经济单位投资、集体经济单位投资、其他各种经济类型的单位投资和城乡居民个人投资。按照我国现行计划管理体制，全社会固定资产投资总额又包括基本建设、更新改造、房地产开发投资和其它固定资产投资。

固定资产投资按用途分 固定资产投资按其不同的经济用途，分为生产性建设和非生产性建设两大类，其目的在于反映固定资产投资在各种不同用途的建设工程中的分配情况，以便研究固定资产投资的使用方向。

生产性建设 指用于物质生产和直接为物质生产服务的建设。包括工业建设；建筑业建设；农、林、牧、渔水利建设；交通、运输、邮电建设；批发零售贸易业建设。

非生产性建设 指用于满足人们的生活需要的建设和非物质生产部门的建设。包括：住宅建设、文化、教育、卫生建设、房地产和公用事业建设、生活服务事业建设、科学研究建设、综合技术服务事业建设等。如企业、事业单位的职工食堂、浴室以及医院、学校、招待所等建筑物和设备。

本年新增固定资产 指报告期内交付使用的固定资产价值。包括本年内建成投入生产或交付使用的工程投资和达到固定资产标准的设备、工具、器具的投资及有关应摊人的费用。

属于增加固定资产价值的其他建设费用，应随同交付使用的工程一并计人新增固定资产。

自开始建设至本年底累计新增固定资产 指建设项目开始建设以来至本年底已累计交付使用的固定资产价值，它是自开始建设累计完成投资中开始发挥效益的部分，是反映整个建设项目的建设进度和建设成果的指标。

本年资金来源小计 指固定资产投资单位在报告期收到的，用于固定资产投资的各种货币资金。包括国内预算的资金、国内贷款、债券、利用外资、自筹资金和其他资金。

国家预算资金 自2011年起，按照全国人大和国务院的要求，各级财政的所有资金，包括税收和非税收入，均必须纳入预算管理，我国已不存在预算外资金的概念，因此各级政府用于固定资产投资的财政资金均为预算资金。由于已经没有预算外资金，因此名称改为国家预算资金，包括中央预算资金和地方预算资金，旧的国家预算内资金的内容和现中央预算资金的内容基本一致。

国家预算包括一般预算、政府性基金预算、国有资本经营预算和社保基金预算。各类预算中用于固定资产投资的资金全部作为国家预算资金填报，其中一般预算中用于固定资产投资的部分包括基建投资、车购税、灾后恢复重建基金和其他财政投资。各级政府债券也应归入国家预算资金。

国内贷款 指报告期固定资产投资单位向银行及非银行金融机构借入的用于固定资产投资的各种国内借款，包括银行利用自有资金及吸收的存款发放的贷款、上级主管部门拨入的国内贷款、地方财政专项资金安排的贷款、国家专项贷款、周转贷款等。

银行贷款 指向各商业银行、政策性银行借入的用于固定资产投资的各种贷款。

利用外资 指报告期收到的用于固定资产建造和购置投资的境外资金（包括设备、材料、技术在内）。包括外商直接投资、对外借款（外国政府贷款、国际金融组织贷款、出口信贷、外国银行商业贷款、对外发行债券和股票），以及外商其他投资（包括补偿贸易和加工装配由外商提供的设备价款、国际租贷）。不包括我国自有外汇资金（即国家外汇、地方外汇、留成外汇、调剂外汇和中国银行自有资金发行的外汇贷款等）。

自筹资金 指固定资产投资单位报告期收到的，由各地区、各部门及企业、事业单位筹集用于固定资产投资的预算外资金，包括中央各部门、各级地方政府和企业、事业单位的自有资金。

其他资金来源 指在报告期收到的除以上各种资金之外其他用于固定资产投资的资金。包括社会集资、个人资金、无偿捐赠的资金及其他单位拨入的资金等。

05 资源环境和能源

5-1 自然状况及资源

（2013 年） 单位：个

项 目	单 位	数 量	项 目	单 位	数 量
一、自然状况			#可开发量	亿立方米	33.04
1. 地理位置			水库数量	座	193
北 纬	度	43° 56'-50° 21'	水库容量	万立方米	110232
东 经	度	123° 32'-134° 33'	大型水库	座	2
2. 土地总面积	万公顷	553.65		万立方米	31020
构成：山 地	%	11.7	八五二农场蛤蟆通水库	万立方米	15720
丘 陵	%	29.0	查哈阳农场太平湖水库	万立方米	15300
漫 岗	%	24.6	中型水库	座	16
平 原	%	16.5		万立方米	41424
沼 泽	%	18.2	八五三农场清河水库	万立方米	2588
3. 气 候			八五二农场大索伦水库	万立方米	1650
年平均气温	摄氏度	-0.9-4.0	云山农场云山水库	万立方米	5196
有效积温≥10	摄氏度	2100-2500	八五六农场青山水库	万立方米	4362
年降水总量	亿立方米	265	八五五农场红星水库	万立方米	1940
年平均降水量	毫米	450-600	海林农场双峰水库	万立方米	1163
相对湿度	%	66-74	二龙山农场跃进水库	万立方米	5757
全年日照时数	小时	2400-2900	引龙河农场青年水库	万立方米	4910
年无霜期	天	100-140	赵光农场工农水库	万立方米	1930
二、自然资源			尾山农场三七水库	万立方米	1238
1. 土地资源			建设农场青石岭水库	万立方米	1470
耕地面积	万公顷	288.0	襄河农场襄河水库	万立方米	1401
水面面积	万公顷	25.2	格球山农场炮台山水库	万立方米	1286
#已养殖面积	万公顷	2.6	七星泡农场东风水库	万立方米	2700
林地面积	万公顷	91.8	红五月农场南阳河水库	万立方米	1614
草地面积	万公顷	35.2	大西江农场西江水库	万立方米	2219
2. 林木资源			小(I)型水库	座	106
森林蓄积量	万立方米	8852		万立方米	34305
森林覆盖率	%	19.8	小(II)型水库	座	69
3. 水利资源				万立方米	3483
河流入境水量	亿立方米	3000	4. 矿产资源		
水资源总量	亿立方米	97.59	煤 炭	万吨	15000
(1) 地表水量	亿立方米	56.66	石灰石	亿吨	10
(2) 地下水量	亿立方米	40.93	黄 金	吨	15.4

注：气候资料为多年平均值；矿产资源为以前调查数；林木资源和水利资源分别由林业局和水务局提供。

5-2 土地资源利用情况

单位:公顷

年份 单位	土地 总面积	耕地	林地	#苗圃	园地	牧地草原
2000	5385957	2045117	790619	2298	2667	336986
2005	5439344	2268907	895467	2055	1899	355370
2008	5542014	2535598	903042	2044	2285	372585
2009	5534858	2649854	910712	2270	3111	368515
2010	5536308	2800938	916808	2370	2951	358918
2011	5536485	2853885	916743	2939	3428	353542
2012	5536483	2879660	917792	3248	3309	351651
2013	5536699	2885333	920230	3471	3222	349690
宝泉岭局	575667	330711	84298	474	40	19205
红兴隆局	880811	476877	165124	537	2362	18080
建三江局	1234694	738356	175043	273		23459
牡丹江局	855134	467023	165051	409	118	45733
北安局	898616	324297	130519	621	84	81647
九三局	565729	270743	87775	504	25	92847
齐齐哈尔局	265486	150112	43198	405	448	40080
绥化局	201849	98099	58212	206	96	20130
哈尔滨局	53536	25900	10920	40	33	8478
总局直属	5178	3214	90	1	16	32

5-2 续表

单位:公顷

年份 单位	苇塘	水面	可垦荒地	宜林地	场址道路 及其他建 筑占地	其他土地
2000	36956	277967	562315		235584	1095448
2005	37297	268335	395013	17662	234451	964943
2008	37341	277510	270969	21150	242915	878619
2009	38902	263212	224167	19232	239266	817889
2010	33849	260797	185950	17091	232279	726727
2011	33849	256683	164635	17124	229672	708653
2012	32003	252261	155552	16751	227605	699899
2013	31792	252249	154478	16768	226591	696347
宝泉岭局	926	41734	23769	1546	25316	48122
红兴隆局	11969	54164	37705	5014	59504	50012
建三江局	9273	47040	43736	7290	49422	141075
牡丹江局	3851	73082	7912	635	29908	61821
北安局	1	12979	19429	744	24326	304590
九三局	1094	7791	16867	112	15151	73325
齐齐哈尔局	3860	6959	1679	1427	10143	7580
绥化局	521	6036	3364		7411	7980
哈尔滨局	297	2154	17		4176	1561
总局直属		311			1234	281

5-3 各管理局平均气温

(2013 年)　　单位：摄氏度

月 份	宝泉岭管理局	红兴隆管理局	建三江管理局	牡丹江管理局	北 安管理局	九 三管理局	齐齐哈尔管 理 局	绥 化管理局	哈尔滨管理局
一 月	−22.2	−21.0	−22.7	−20.4	−24.0	−26.5	−23.2	−22.8	
二 月	−17.5	−16.4	−17.7	−15.0	−19.9	−20.7	−19.4	−18.7	
三 月	−8.0	−6.8	−8.5	−6.0	−11.6	−11.7	−11.4	−9.6	
四 月	3.5	3.6	3.2	3.7	1.4	1.7	1.7	3.0	
五 月	15.1	15.7	15.0	13.8	15.2	15.4	15.7	16.4	
六 月	20.3	21.4	21.1	19.9	18.9	19.4	19.4	20.1	
七 月	22.0	22.3	22.2	21.9	21.1	21.7	21.2	22.4	
八 月	20.8	21.1	21.0	21.4	19.4	19.4	18.4	20.6	
九 月	13.6	14.9	14.4	15.2	12.7	12.9	12.8	13.8	
十 月	5.1	6.1	5.7	6.8	4.1	3.4	4.1	6.0	
十一月	−4.2	−2.4	−3.7	−1.9	−6.6	−5.6	−6	−5.6	
十二月	−15.5	−14.4	−17.6	−13.1	−17.2	−17.2	−15.6	−16.4	
全 年	**2.8**	**3.7**	**2.7**	**3.9**	**1.1**	**1.0**	**1.5**	**2.4**	
比历年(+\-)	0.0	0.5	0.2	0.3		0.3		0.6	

注：1-4 表至 1-7 表的数据由农业局提供。

5-4 各管理局降水量

(2013 年)　　单位：毫米

月 份	宝泉岭管理局	红兴隆管理局	建三江管理局	牡丹江管理局	北 安管理局	九 三管理局	齐齐哈尔管 理 局	绥 化管理局	哈尔滨管理局
一 月	5.3	7.4	9.3	3.0	6.2	5.4	3.6	3.8	
二 月	6.9	7.0	5.4	5.9	12.6	8.3	10.2	15.3	
三 月	36.3	17.2	17.4	20.4	16.7	11.3	17.0	14.0	
四 月	14.1	19.2	24.5	16.6	5.6	25.0	8.0	7.3	
五 月	82.5	48.3	57.9	64.0	49.0	75.5	30.2	63.2	
六 月	16.0	69.5	10.5	88.0	71.1	108.3	64.1	97.9	
七 月	215.0	155.2	151.3	255.1	218.3	213.9	313.4	179.7	
八 月	141.3	369.3	161.0	140.8	180.4	307.5	232.3	203.1	
九 月	27.2	30.9	34.8	50.4	45.4	54.3	63.2	33.9	
十 月	46.0	61.9	33.3	65.4	12.3	34.0	17.4	16.4	
十一月	47.3	69.8	60.9	4.9	31.8	8.7	31.6	25.6	
十二月	3.1	3.5	2.4	1.9	3.3	5.1	2.7	7.5	
全 年	**641.0**	**859.2**	**568.7**	**716.4**	**652.7**	**857.3**	**793.7**	**667.7**	
比历年(+\-)	72.0	351.5	39.2	150.4	85.1	362.8	301.1	46.1	

5-5 各管理局日照时数

（2013 年）　　单位：小时

月 份	宝泉岭管理局	红兴隆管理局	建三江管理局	牡丹江管理局	北 安管理局	九 三管理局	齐齐哈尔管 理 局	绥 化管理局	哈尔滨管理局
一 月	152.3	130.9	193.4	164.1	160.3	93.1	154.5	123.7	
二 月	144.0	131.5	197.4	144.6	175.6	96.9	188.3	132.4	
三 月	261.5	222.1	239.1	201.8	232.6	200.3	257.4	214.7	
四 月	231.5	214.9	177.9	170.4	204.0	249.0	227.8	186.4	
五 月	220.7	156.8	212.5	205.0	232.4	245.1	220.7	252.8	
六 月	229.6	188.2	222.1	198.4	191.3	234.5	188.2	193.2	
七 月	187.8	172.7	165.9	168.9	164.6	256.0	238.8	203.1	
八 月	195.4	168.4	187.5	182.0	116.2	210.6	176.8	152.7	
九 月	217.9	227.9	244.0	220.0	229.6	206.8	227.8	209.2	
十 月	169.4	139.8	175.9	145.2	182.0	144.3	185.8	149.5	
十一月	127.4	107.2	130.2	129.8	110.3	90.5	132.0	95.5	
十二月	167.1	132.8	157.8	149.3	160.9	83.0	140.3	106.1	
全 年	**2304.6**	**1993.2**	**2303.7**	**2079.5**	**2159.8**	**2110.1**	**2338.4**	**2019.3**	
比历年(+\-)	2299.5	1983.9	2160.6	2079.5	2154.7	2100.8	-303.3	2019.3	

5-6 各管理局无霜期及≥10℃积温

（2013 年）　　单位：毫米

单 位	初终霜日期（日 / 月）及无霜期（天）				≥10℃ 初终日期（日 / 月）及积温（℃）			
	终 日	初 日	无霜期	比历年(+\-)	初 日	终 日	积 温	比历年(+\-)
宝泉岭局	27/4	24/9	149	12	3/5	22/9	2710.7	150.4
红兴隆局	27/4	25/9	150	7	3/5	28/9	2888.7	247.0
建三江局	26/4	25/9	151	15	3/5	1/10	2864.7	349.5
牡丹江局	22/4	30/9	160	9	1/5	3/10	2854.0	237.9
北 安 局	26/4	21/9	147	26	28/4	23/9	2640.2	335.5
九 三 局	3/5	25/9	144	22	28/4	27/9	2731.2	421.0
齐齐哈尔局	21/5	21/9	122	-1	28/4	23/9	2651.0	257.6
绥 化 局	6/5	24/9	140	21	28/4	1/10	2908.3	456.8
哈尔滨局								

5-7 工业污染排放及处理利用情况

（2013 年）

单位名称	工业企业数（个）	工业锅炉数（台）	工业窑炉数（座）	废水治理设施数（套）	废水治理设施处理能力（万吨/日）	工业废水处理量（万吨）	工业废水排放量（万吨）	化学需氧量产生量（吨）
总　　计	**164**	**255**	**7**	**83**	**8.0**	**1052.3**	**2736.1**	**37279.7**
宝泉岭局	25	43	1	12	2.0	330.2	926.7	8975.3
红兴隆局	22	46	1				361.5	1415.9
建三江局	28	53		1	0.4	0.4	74.0	250.6
牡丹江局	25	24		16	4.6	609.9	973.6	7862.7
北　安　局	11	26		50	0.6	27.5	53.2	5687.3
九　三　局	16	27		3	0.4	31.5	176.0	1730.7
齐齐哈尔局	7	9				0.0	91.6	10917.5
绥　化　局	15	12	2			49.8	49.8	284.8
哈尔滨局	15	15	3	1		3.0	29.9	154.9

注：14-18 至 14-23 表资料由总局环保局提供。

5-7 续表 1

单位名称	化学需氧量排放量（吨）	氨氮产生量（吨）	氨氮排放量（吨）	石油类产生量（吨）	石油类排放量（吨）	工业废气排放量（亿立方米）	废气治理设施数（套）
总　　计	**8770.8**	**1380.6**	**318.4**	**42.0**	**11.6**	**204.9**	**230**
宝泉岭局	533.7	1127.3	259.3	32.0	1.6	68.2	47
红兴隆局	1373.7	13.3	12.4			21.9	44
建三江局	235.5	4.2	4.2			37.5	30
牡丹江局	4462.0	82.7	17.5			40.3	26
北　安　局	195.5	21.0	4.3			8.2	26
九　三　局	1471.8	10.3	9.0			16.8	27
齐齐哈尔局	237.0	92.1	4.4	10.0	10.0	4.1	8
绥　化　局	116.5	5.6	4.9			4.9	8
哈尔滨局	145.1	24.2	2.4			3.0	14

5-7 续表 2

单位名称	废气治理设施处理能力（万立方米/时）	二氧化硫产生量（吨）	二氧化硫排放量（吨）	氮氧化物产生量（吨）	氮氧化物排放量（吨）	烟(粉)尘产生量（吨）	烟(粉)尘排放量（吨）
总　　计	**949.5**	**11468.2**	**11463.2**	**5935.5**	**5935.5**	**160063.8**	**20878.6**
宝泉岭局	172.0	3545.4	3540.4	2197.5	2197.5	33858.4	7547.0
红兴隆局	184.9	1777.7	1777.7	849.2	849.2	11179.7	2045.4
建三江局	178.5	1316.3	1316.3	431.7	431.7	26154.7	2660.2
牡丹江局	157.2	1349.7	1349.7	1188.3	1188.3	57691.0	4806.4
北 安 局	61.0	520.9	520.9	272.0	272.0	2773.7	692.3
九 三 局	132.2	1945.4	1945.4	534.4	534.4	24771.3	2073.4
齐齐哈尔局	32.7	285.2	285.2	148.4	148.4	1101.6	278.2
绥 化 局	12.3	308.6	308.6	149.6	149.6	1318.8	428.9
哈尔滨局	18.8	419.1	419.1	164.3	164.3	1214.5	346.8

5-7 续表 3

单位名称	一般工业固体废物产生量（吨）	一般工业固体废物综合利用量（吨）	其中:综合利用往年贮存量（吨）	一般工业固体废物处置量（吨）	其中:处置往年贮存量（吨）	一般工业固体废物贮存量（吨）
总　　计	**108.1**	**77.1**		**0.2**		**30.7**
宝泉岭局	56.6	25.6		0.2		30.7
红兴隆局	20.8	20.8				
建三江局	10.8	10.8				
牡丹江局	7.9	7.9				
北 安 局	2.3	2.3				
九 三 局	4.5	4.5				
齐齐哈尔局	3.0	3.0				
绥 化 局	0.9	0.9				
哈尔滨局	1.3	1.3				

5-8 农业污染排放及处理利用情况

（2013）

单位名称	化学需氧量产生量（吨）	总氮产生量（吨）	总磷产生量（吨）	氨氮产生量（吨）	化学需氧量排放量（吨）	总氮排放量（吨）	总磷排放量（吨）	氨氮排放量（吨）
总　　计	**766132.1**	**77148.4**	**11713.0**	**7766.6**	**139664.4**	**35403.6**	**2908.2**	**6052.4**
宝泉岭局	121577.1	12382.9	1869.1	2826.8	31756.7	6531.1	521.1	1998.6
红兴隆局	76171.8	7635.8	1178.3	895.2	10780.7	4029.8	383.4	738.2
建三江局	51588.7	5287.8	805.4	744.8	8571.4	3485.8	246.2	955.8
牡丹江局	173519.1	17562.2	2705.3	1459.7	28563.4	7377.6	589.8	1033.1
北　安　局	114116.3	11414.8	1688.5	597.3	19190.2	4852.2	423.2	568.8
九　三　局	113662.8	11344.8	1690.4	409.2	20098.0	4175.0	310.0	207.1
齐齐哈尔局	55865.2	5560.4	829.4	207.8	9125.3	2363.7	169.4	249.9
绥　化　局	46207.7	4588.2	687.1	277.2	8874.2	1946.6	163.4	211.7
哈尔滨局	13423.4	1371.4	259.5	348.7	2704.6	641.9	101.8	89.3

5-9 城镇生活污染排放及处理情况

（2013年）

单位名称	生活用水总量（万吨）	污水排放量（万吨）	生活污水中主要污染产生量(吨)		生活主要污染物排放量(吨)				
			化学需氧量	氨氮	化学需氧量	氨氮	二氧化硫	氮氧化物	烟尘
总　　计	**5819.5**	**5219.0**	**19913.7**	**2765.8**	**19913.7**	**2765.8**	**3806.4**	**1046.6**	**5032.4**
宝泉岭局	634.8	569.3	2203.7	298.3	2203.7	298.3	415.2	114.2	621.7
红兴隆局	1110.9	996.4	3681.7	532.0	3681.7	532.0	726.7	199.8	893.0
建三江局	1004.1	901.5	3363.9	475.6	3363.9	475.6	657.5	180.8	846.1
牡丹江局	634.8	569.4	2253.6	298.3	2253.6	298.3	415.2	114.2	541.7
北　安　局	740.6	664.2	2574.8	354.2	2574.8	354.2	484.5	133.2	618.7
九　三　局	581.9	521.9	2054.9	290.5	2054.9	290.5	380.6	104.7	478.2
齐齐哈尔局	476.9	427.0	1627.6	223.7	1627.6	223.7	311.4	85.6	441.3
绥　化　局	476.8	427.0	1627.6	223.7	1627.6	223.7	311.4	85.6	441.3
哈尔滨局	158.7	142.3	525.9	69.6	525.9	69.6	103.8	28.5	150.4

5-10 各地区自然保护区名录

（2013年）

自然保护区名称	地　点	面积（公顷）	主要保护对象	批准日期	类　型	级别
1.洪河自然保护区	同江市抚远县洪河农场	21836	水禽,自然沼泽湿地	1984.1 1996.11	内陆湿地和水域生态系统	国家级
2.兴凯湖自然保护区	密山市兴凯湖农场、八五七农场、虎林市八五六农场、鸡西市八五一0农场	120761	珍贵稀有野生动,植物湿地生态环境	1990.4 1994.4	内陆湿地和水域生态系统	国家级
3.挠力河自然保护区	宝清县饶河县富锦市五九七、八五二、八五三、红旗岭、饶河、八五九、胜利、红卫等	160595	湿地,水禽	2002.7	内陆湿地和水域生态系统	国家级
4.虎口湿地自然保护区	虎林县八五八、八五六农场	15000	湿地,水禽	1997.2	内陆湿地和水域生态系统	省　级
5.勤得利鲟鳇鱼自然保护区	同江市抚远县勤得利农场	42538	鲟鳇等水生动物、森林湿地水域	1998.12	野生动物	省　级
6.乌苏里江自然保护区	抚远县八五九农场	22972	湿地,水禽	2001.1	内陆湿地和水域生态系统	省　级
7.哈拉海自然保护区	齐齐哈尔市哈拉海农场	16564	湿地,水禽	2005.7	内陆湿地和水域生态系统	省　级
8.水莲自然保护区	萝北县共青、名山、军川农场	8952	湿地,水禽	2003.9	内陆湿地和水域生态系统	省　级
9.东风自然保护区	德都县七星泡农场、五大连池市格球山农场	1667	水禽,水资源,野生动物,沼泽湿地	1994.6 1996.12	内陆湿地和水域生态系统	总局级
10.科洛河自然保护区	嫩江县山河、嫩江、七星泡农场	3577	湿地,水禽	1996.12	内陆湿地和水域生态系统	总局级
11.锦江自然保护区	二九一农场	9700	湿地	2006.1	内陆湿地和水域生态系统	总局级
12.友谊自然保护区	友谊农场	4593	湿地	2007.12	内陆湿地和水域生态系统	总局级
13.双兴自然保护区	绥棱县绥棱农场	3396	水生资源野生动植物	1995.7	内陆湿地和水域生态系统	分局级
14.锦河自然保护区	黑河市锦河农场	1470	森林、野生动植物风景点	1995.9	森林生态系统	分局级
15.跃进自然保护区	德都县二龙山农场	2800	森林生态系统,动、植物	1996.1	森林生态系统	分局级
16.育新自然保护区	海伦市海伦农场	3361	森林生态系统、动植物	1996.1	森林生态系统	分局级
17.青石岭自然保护区	北安市建设农场	20300	水、鱼、鸟及周围森林植被	1997.11	水域生态系统类型	分局级
18.和平草原自然保护区	大庆市和平牧场	6500	草原草甸	2000.3	草原与草甸生态系统	分局级
19.沾河自然保护区	逊克县逊克农场	2904	火山遗迹、珍贵动植物	2001.11	地质遗迹	分局级
20.嘉荫次生林自然保护区	嘉荫县嘉荫农场	10133	天然次生林	2001.12	森林生态系统	分局级
21.王老好河然保护区	长水河农场	2700	湿地	2005.1	内陆湿地和水域生态系统	分局级
22.其它自然保护区	扎龙自然保护区(林甸县巨浪农场、齐齐哈尔种畜场)	17100	湿地、水禽	2005.1	内陆湿地和水域生态系统	
23.其它自然保护区	嘟噜河自然保护区(绥滨县普阳农场、汤原县梧桐河农场)	4813	湿地、水禽	2003	内陆湿地和水域生态系统	

5-11 生态垦区建设指标

（2013 年）

指　　标	计量单位	完成情况
经济发展		
1.农场家庭年人均纯收入	元 / 人	22891
2.第三产业占 GDP 比例	%	27.2
3.环保投入占 GDP 比例	%	3.5
4.受保护地区占国土面积比例	%	14.5
5.应当实施强制性清洁生产企业通过验收的比例	%	30
生态环境保护与建设		
6.森林覆盖率(林草覆盖率平原区）	%	18.5
7.地表水水质满足功能区要求率	%	无
8.集中式饮用水源水质达标率	%	92
9.主要污染物排放强度 SO2	千克 / 万元 GDP	1.24
10.主要污染物排放强度 COD	千克 / 万元 GDP	2.30
11.城市噪声满足功能区要求率	%	98
12.化肥施用强度(折纯）	Kg/hm^2	156.1
13.农用塑料薄膜回收率	%	96.9
14.规模化畜禽养殖场粪便综合利用率	%	94.2
15.绿色食品(含有机食品)种植面积比率	%	76.7
16.工业固体废物处置利用率	%	100
17.工业用水重复利用率	%	46.5
18.城市污水集中处理率	%	60
19.城镇生活垃圾无害化处理率	%	80
20.城镇人均公共绿地面积	m^2 / 人	19.2
节能减排与资源利用		
21.单位 GDP 能耗	吨标煤 / 万元	0.903
22.单位 GDP 水耗	M^3/ 万元	980
23.秸秆综合利用率	%	94.3
24.城市燃气普及率	%	84.9
社会进步		
25.集中供热普及率	%	70.2
26.城市化水平	%	85.7
27.公众对环境的满意率	%	95

5-12 分行业能源消费量(实物量)

(2013年)

指标名称	原煤 (吨)	天然气 (万立方米)	汽油 (吨)	煤油 (吨)	柴油 (吨)	燃料油 (吨)	液化石油气 (吨)	润滑油 (吨)	外购热力 (百万千焦)	电力 (万千瓦时)
能源消费量	4419830	1499	159377	3649	437968	2108	29695	6496	32972821	375663
一、第一产业	126003	10	16560	2553	284266	461	491	3624	980531	49223
二、第二产业	3677556	333	23309	350	44002	1426	501	590	5176134	219402
1.工业	3669720	333	19854	47	33416	1365	421	370	5111883	214866
2.建筑业	7832		3453	303	10583	61	80	222	64254	4537
三、第三产业	162737	439	92244	486	100097	180	15190	1993	8162211	46000
1.交通运输、仓储和邮电通讯业	7948		76657	384	68315	151	4306	1722	125044	1386
2.批发零售业、住宿餐饮业	74869	20	5140	21	24524	10	4881	191	1654693	22653
3.其他	79917	419	10460	81	7265	19	6005	82	6382476	21962
四、生活消费	453534	717	27264	260	9603	41	13513	289	18653945	61038
1.管理局以上	77237	555	9634		116	14	1232	1	3166364	24077
2.农场以下	376298	162	17630	260	9487	27	12281	288	15487581	36961

5-13 各管理局能源消费量

(2013年)

年份 单位	原煤 (吨)	天然气 (万立方米)	汽油 (吨)	煤油 (吨)	柴油 (吨)	燃料油 (吨)	液化石油气 (吨)	润滑油 (吨)	外购热力 (百万千焦)	电力 (万千瓦时)
2000	1922201	122	54970	398	226558	47132	11568	8440	6546158	89517
2005	2650825	167	56175	655	265944	2460	12689	5880	9566747	119862
2007	3384042	217	71092	731	334204	1815	14051	2572	11497788	165058
2008	4209353	239	84701	323	359172	1920	19275	3621	13646519	184855
2009	3839112	260	96359	499	367092	2435	20157	4621	15169324	235695
2010	3513869	544	103234	1343	375630	461	22217	5788	19511821	253393
2011	3750265	1099	115592	2024	393444	396	22553	5548	26323271	298054
2012	3979541	1321	151615	1828	428861	3410	24028	5956	28738323	357560
2013	4419830	1499	159377	3649	437968	2108	29695	6496	32972821	375663
宝泉岭局	363388		38816		84368	3	2432	700	3381378	33734
红兴隆局	1169980	25	16743	166	56107	31	1401	898	4965954	49814
建三江局	308028	11	25675		105690		3123	981	5941324	48405
牡丹江局	669281	69	18502	2783	54859	165	8303	2720	5654166	28459
北安局	256086	87	14976	83	41528	476	1801	597	2751379	14048
九三局	211568	200	10490	32	20699	4	4090	145	1512344	22088
齐齐哈尔局	107633	263	6632	370	26068	99	2069	168	905808	9268
绥化局	144798		9551		17551		1248	270	1304809	5912
哈尔滨局	94155	3	2063	3	4396		484	15	714662	5764
总局直属	1094913	841	15929	212	26702	1330	4744	2	5840997	158171

主要统计指标解释

森林面积 指生长着乔木和竹林，郁闭度在0.3度以上(不包括0.3)的林地面积,即有林地面积。它是反映森林资源总面积的重要指标。森林面积包括天然林面积和人工林面积。但不包括灌木林地和疏林地面积。

森林覆盖率 通常是指森林面积占地总面积之比,一般用百分数表示。但国家规定在计算森林覆盖率时,森林面积还包括灌木林面积、农田林网树占地面积以及四旁树木的覆盖面积。森林覆盖率,是反映一个国家或地区森林资源和绿化水平的重要指标。计算公式:

$$森林覆盖率(\%)=\frac{森林面积}{土地总面积}\times 100\%$$

森林蓄积量 指森林面积上生长着的林木树干材积总量。它是反映一个国家或地区森林资源总规模和水平的重要指标。

草地面积 指牧区和农区用于放牧牲畜或割草,植被盖度在5%以上的草原、草坡、草山等面积。包括天然的和人工种植或改良的草地面积。

淡水总面积 指江、河、湖泊、塘堰、水库等各种流水或蓄水的水面占地面积。

自然保护区 指为了保护自然环境和自然资源,促进国民经济的持续发展,将一定面积的陆地和水体划分出来,并经各级人民政府批准而进行特殊保护和管理的区域个数。根据保护对象,自然保护区分为自然生态系统类、野生生物类、自然遗迹类。风景名胜区、文物保护区不计在内。

矿产保有储量 指探明的矿产储量(包括工业储量和远景储量)扣除已开采部分和地下损失量后的年底实有储量。它反映国家矿产资源的现状。

≥0℃积温 为稳定通过0℃的各日平均温度累计值。

有效积温 为稳定通过0℃的各日平均温度累计值。

平均气温 气温指空气的温度,我国一般以摄氏度为单位表示。气象观测的温度表是放在离地面约1.5米处通风良好的百叶箱里测量的，因此,通常说的气温指的是离地面1.5米处百叶箱中的温度。计算方法:月平均气温是将全月各日的平均气温相加,除以该月的天数而得。年平均气温是将12个月的月平均气温累加后除以12而得。

相对湿度 指空气中实际水气压与当时气温下的饱和水气压之比。其统计方法与气温相同。

降水量 指从天空降落到地面的液态或固态(经融化后)水,未经蒸发、渗透、流失而在地面上积聚的深度。计算方法:月降水量是将全月各日的降水量累加而得。年降水量是将12个月的月降水量累加而得。

日照时数 指太阳实际照射地面的时数。其计算方法与降水量相同。

水资源总量 指当地降水形成的地表和地下产水总量,即地表径流量与降水入渗补给量之和。

地表水资源量 指河流、湖泊以及冰川等地表水体中可以逐年更新的动态水量,即天然河川径流量。

地下水资源量 指地下饱和含水层逐年更新的动态水量,即降水和地表水入渗对地下水的补给量。

单位GDP能耗 GDP,即国内(地区)生产总值。单位GDP能耗,即一个国家或地区生产(创造)一个计量单位（通常为万元）的GDP所消费的能源。能源消费的核算范围既包括全部三次产业的生产、经营及其他活动用能,也包括居民生活用能。

能源消费总量 指一定时期内全国（地区)物质生产部门、非物质生产部门和生活消费的各种能源的总和,是观察能源消费水平、构成和增长速度的总量指标,能源消费总量包括原煤和原油及其制品、天然气、电力。能源消费总量分为三部分,即终端能源消费量、能源加工转换损失量和损失量。

能源消费总量=终端能源消费量折标准煤之和+能源加工转换投入量折标准煤之和-能源加工转换产出量折标准煤之和+能源损失量折标准煤之和

能源消费的两种形式 能源消费有两种形式。一种是一次性直接消费,又称终端消费;另一种是加工转换消费,又称中间消费。

终端消费是对中间消费而言,是指能源不用于中间加工转换,而是直接投入到各种加热、动力等设备,用于生产和非生产活动的消费。主要包括:

1. 作为燃料、动力使用的能源。是指将能源投入到各种加热、动力等设备，产生光、热、功所消费的能源。

2. 作为原料使用的能源。是指在工业生产活动中，把能源作为原料投入使用，经过一系列化学反应，逐步转化为另一种新的非能源产品，如化肥厂生产的合成氨、化工厂生产的合成橡胶等产品所消耗的天然气、煤炭、焦炭；生产染料、塑料、轻纺产品所消耗的原料油等。

3. 作为材料使用的能源。是指一些能源的使用，不构成产品的实体，只起辅助作用的消费。如洗涤用的汽油、柴油、煤油；各种设备所使用的润滑油等。

4. 工艺用能。是指在生产过程中既不作为原料使用，也不作为燃料、动力使用的工艺用能。如生产电石用电、电解用电等。

中间消费，是指能源加工、转换企业（或车间）生产二次能源产品所消费的能源数量。其特点是在能源加工转换过程中投入消费的是能源，产出的主要产品仍是能源，其生产的目的是为了提高能源的质量和使用价值，为社会提供更高级的能源产品。

某品种的能源中间消费量 = 该种能源加工转换投入量

上式只代表单一能源品种在中间消费的物量消耗，不是能源的能量消耗，中间消费的能量消耗（能源加工转换损失）应按下式计算：

能源中间消费量（能源加工转换损失）= 能源加工转换投入量折标准煤之和一能源加工转换产出量折标准煤之和

终端能源消费量 能源消费分两个部分，即加工转换消费和终端消费。终端能源消费，是在能源核算时，为反映能源的实际消费情况而设置的一个综合指标，它是指没有经过加工转换的一次能源或经过加工转换后的二次能源直接用作原料、材料、燃料、动力以及工艺性消费的数量，不包括二次能源在加工转换过程中再投入的部分。

终端能源消费量 = 终端消费的各种能源折标准煤之和

工业综合能源消费量 指报告期内工业企业在工业生产活动中实际消费的各种能源的总和。计算综合能源消费量时，需要先将使用的各种能源折算成标准燃料后再进行计算。根据生产活动的性质，综合能源消费量在不同的企业有不同的计算方法。

非能源加工转换企业综合能源消费量，就是企业工业生产消费的各种一次能源和二次能源的总和，即：综合能源消费量 = 工业生产消费的能源合计。

能源加工转换企业综合能源消费量，是企业工业生产消费的各种一次能源和二次能源扣除加工转换产出的二次能源后的实际能源消费量。计算公式为：综合能源消费量 = 工业生产消费的能源合计 – 能源加工转换产出合计。

06 人民生活

农场职工家庭人均纯收入(元)

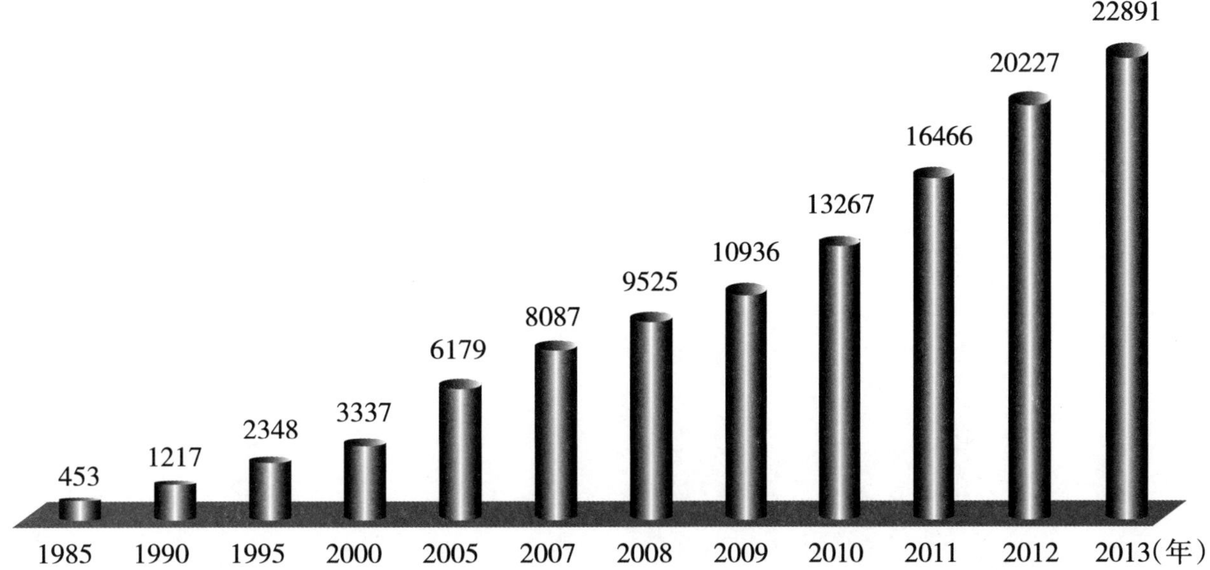

垦区居民人均存款余额(元)

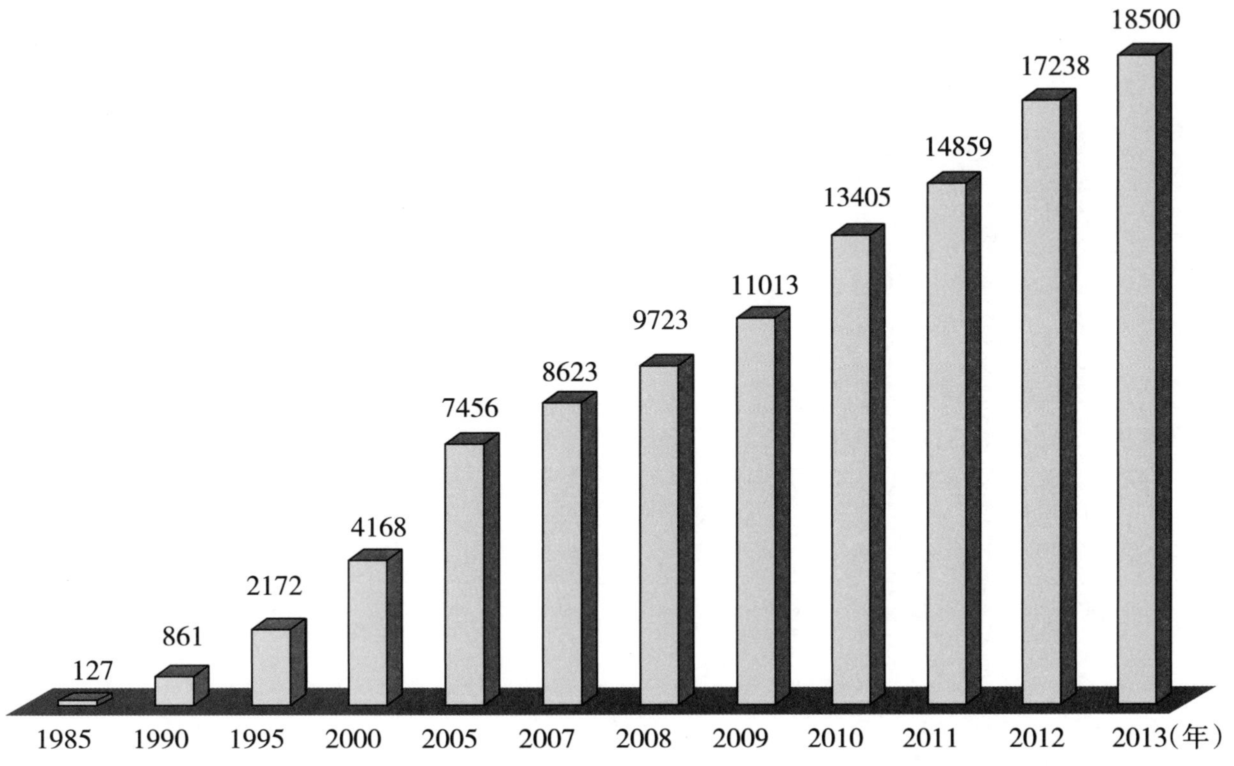

6-1 物质文化生活水平

指标	单位	1985	1990	1995	2000	2005	2010	2012	2013
一、收入									
农牧场职工家庭人均纯收入	元	453	1217	2348	3337	6179	13267	20227	22891
职工年平均工资	元	827	1445	3084	5593	9205	17639	24174	27742
二、消费水平									
人均生活消费	元	327.00	816.00	1674.00	2510.80	3372.80	7760.69	9478.78	10639.08
消费品支出	元	307.00	701.00	1628.55	1815.10	2221.92	4757.39	6186.25	7169.56
服务性支出	元	20.00	115.00	38.10	695.70	1150.88	3003.30	3292.53	3469.52
三、储蓄									
居民年末储蓄存款余额	亿元	2.01	13.35	33.73	65.63	118.25	224.33	298.87	318.71
人均储蓄存款余额	元	127	861	2172	4168	7456	13405	17238	18500
四、住房									
年末住宅总面积	万平方米	1449.20	1767.70	2040.30	2315.50	2700.50	4215.28	5240.24	5359.31
平均每人居住面积	平方米	9.10	11.40	13.10	14.70	17.03	25.19	30.22	31.10
五、交通									
每百人拥有自行车	辆	23.80	38.60	40.00	37.46	24.00	24.38	20.36	21.48
每百人拥有摩托车	辆	0.80	1.40	2.70	12.00	18.00	24.75	22.03	20.38
六、公用事业									
已安装自来水管理区	个		891	1410	1659	644	566	565	627
管理区自来水普及率	%		35.10	58.70	72.90	97.40	99.00	99.50	99.50
七、文化									
每百人拥有彩色电视机	台	17.00	24.80	29.30	32.25	33.00	38.21	39.13	39.15
每百人拥有电脑	台						19.90	22.46	23.97
每百人每天有报纸	份	1.20	1.20	2.40	14.20	4.14	3.00	3.16	3.67
每百人每年有杂志	册	17.60	24.40	8.60	18.75	4.92	11.48	19.90	21.54
八、教育									
学龄儿童入学率	%	98.80	99.70	100.00	100.00	100.00	100.00	100.00	100.00
每万人口有在校大学生数	人	14.70	19.50	27.50	47.30	131.84	173.61	158.40	162.70
九、卫生									
每万人拥有医院病床数	张	50.70	57.90	60.00	49.78	46.36	57.31	61.65	65.29
每万人拥有医生人数	人	25.10	49.10	43.10	40.59	40.02	49.79	49.50	48.91
十、就业									
每一劳动力负担人数	人	1.73	1.60	1.37	1.57	1.45	1.34	1.34	1.35

注:公用事业部分2004年前为生产队数,2005年后为管理区数,由总局建设局提供。

6-2 各管理局物质文化生活水平主要指标

年份 单位	农场职工家庭人均纯收入（元）	职工年平均工资（元）	居民年末储蓄存款余额（万元）	人均储蓄存款余额（元）	人均居住面积（平方米）
2000	3337	5593	656293	4168	14.7
2003	4267	7256	959461	6094	15.6
2004	5593	8255	1067537	6759	16.3
2005	6179	9205	1182537	7456	17.0
2006	7064	10291	1375160	8622	18.2
2007	8087	11531	1422358	8623	19.4
2008	9525	13066	1613778	9723	20.8
2009	10936	14862	1836927	11013	22.3
2010	13267	17639	2243266	13405	25.2
2011	16466	20480	2543774	14859	28.2
2012	20227	24174	2988718	17238	30.2
2013	22891	27742	3187065	18500	31.1
宝泉岭局	24500	19056	614942	30024	36.0
红兴隆局	27650	29805	551292	16397	31.5
建三江局	26200	32007	1039290	41915	31.5
牡丹江局	25762	21108	179549	9099	35.8
北安局	20841	14330	192410	9168	28.0
九三局	25137	28419	155136	9076	22.1
齐齐哈尔局	22086	28784	114244	7249	32.5
绥化局	24161	15355	59882	7956	31.6
哈尔滨局	25442	39762	37149	7344	25.9
总局直属	17673	49431	243171	33707	31.5

6-2 续表

年份 单位	自来水普及率（%）	学龄儿童入学率（%）	每万人拥有医院病床数（张）	每万人拥有医生数（人）	每一就业者负担人数（人）
2000	77.5	100	49.8	40.6	2.23
2003	94.0	100	38.5	42.1	2.23
2004	94.6	100	42.1	39.3	2.23
2005	95.1	100	46.4	40.0	2.13
2006	95.8	100	46.9	48.7	2.04
2007	95.9	100	44.9	43.7	1.87
2008	96.0	100	48.0	39.5	1.83
2009	97.2	100	48.4	37.6	1.82
2010	99.0	100	56.3	49.8	1.79
2011	99.3	100	59.6	50.7	1.79
2012	99.5	100	61.7	49.5	1.76
2013	99.5	100	65.3	48.9	2.03
宝泉岭局	100.0	100	56.9	65.7	2.54
红兴隆局	100.0	100	86.1	44.6	1.96
建三江局	100.0	100	63.0	55.5	1.77
牡丹江局	100.0	100	52.6	57.9	2.43
北安局	100.0	100	34.8	48.2	2.41
九三局	100.0	100	41.0	44.2	2.12
齐齐哈尔局	95.0	100	49.4	30.6	2.33
绥化局	100.0	100	41.2	21.5	1.79
哈尔滨局	100.0	100	43.5	26.9	2.01
总局直属	100.0	100	256.4	71.0	0.98

6-3 农场职工家庭基本情况

指标	单位	1985	1990	1995	2000	2005	2010	2012	2013
调查户数	**户**	**560**	**252**	**336**	**500**	**500**	**500**	**500**	**500**
调查人口									
1.常住人口	人	2392	956	1157	1528	1383	1382	1376	1364
2.平均每户常住人口	人	4.27	3.79	3.44	3.06	2.77	2.76	2.75	2.73
3.平均每户整、半劳动力	人	2.47	2.37	2.34	1.95	1.88	2.06	2.05	2.02
4.平均每个劳动力负担人口	人	1.73	1.60	1.37	1.57	1.45	1.34	1.34	1.35
平均每人全年收入									
1.总收入	元	1197.60	1456.04	6910.62	5545.60	15726.03	34622.31	50301.21	55122.79
2.纯收入	元	453.29	1216.72	2348.00	3337.20	6179.40	13267.07	20227.35	22891.21
3.现金收入	元	894.45	1436.27	6056.55	5203.60	14610.91	33050.74	47646.49	54455.30
人均纯收入分组户数所占比重									
2000元以下	%	100.0	84.1	66.1	48.7	18.6	7.7	4.1	3.8
2000–4000元	%		15.9	33.9	51.3	14.8	9.1	5.5	3.4
4000–6000元	%					22.4	10.8	7.2	6.8
6000–8000元	%					17.4	12.0	8.6	5.8
8000–10000元	%					9.6	25.1	20.5	15.8
10000–12000元	%					17.2	6.8	8.7	7.4
12000–14000元	%						5.8	5.6	9.6
14000–16000元	%						3.8	6.6	7.6
16000–18000元	%						3.2	8.2	8.0
18000–20000元	%						3.2	4.4	7.2
20000元以上	%						12.5	20.6	24.6
平均每人全年支出									
1.总　支　出	元	1163.81	1122.40	6143.19	4929.28	13868.78	32151.35	41857.87	45448.74
家庭经营费用支出	元	792.22	209.92	4357.84	1410.55	6965.64	15310.99	22836.91	24383.13
生活消费支出	元	327.23	816.36	1666.65	2510.75	3372.80	7760.69	9478.78	10639.08
其他支出	元	44.36	96.12	118.70	1007.98	3530.34	9079.67	9542.18	10426.53
2.现金支出	元	805.49	1296.69	5767.51	5402.13	13814.40	31488.42	41215.74	44940.83
生产性费用和开发性生产投资	元	217.78	166.60	1847.60	1350.50	7437.57	17660.23	23810.80	25377.18
缴纳税金和上交集体承包费	元	121.54	11.77	888.05	365.80	2283.16	4583.69	5773.68	6090.70
生活消费支出	元	315.02	788.70	1522.88	1809.40	3332.74	7644.68	9366.44	10574.87
其他非生产性支出	元	20.51	37.73	116.43	579.30	760.93	1599.82	2264.82	2898.08

注:①本表至6-16表为农场住户调查资料。②本表人均纯收入各分组户数占调查总户数比重中,1985年2000元以上没有进行分组全部包括在2000元以下组;1990、1995、2000年4000元以上没有进行分组全部包括在2000-4000元组;2005年10000元以上没有进行分组全部包括在10000-12000元组。各分组数值不包括上限。

6-4 农场职工家庭人均全年纯收入

(2013年)　　单位:元

指　　标	数　量	指　　标	数　量
纯收入	22891.21	1. 利息	18.80
一、工资性收入	5119.59	2. 集体分配股息和红利	64.93
1. 在非企业组织劳动得到收入	3247.05	3. 其他股息和红利	2.49
2. 在本场地域内劳动得到收入	1823.50	4. 租金(包括农业机械)	63.30
3. 外出从业得到收入	49.04	5. 出让无形资产净收入	
二、家庭经营收入	10004.68	6. 储蓄性保险投资收入	5.50
1. 第一产业收入	8580.18	7. 转让承包土地经营权收入	206.27
(1)农业收入	7658.83	8. 其他	241.34
(2)林业收入	4.10	**四、转移性收入**	7164.31
(3)牧业收入	910.85	1. 家庭住户成员寄回和带回	
(4)渔业收入	6.40	2. 城市亲友赠送	214.36
2. 非农产业收入	1424.50	3. 城市亲友支付赡养费	33.00
A.第二产业收入		4. 农场亲友支付赡养费	1.10
(1)工业收入		5. 救济金、抚恤金、救灾款	17.68
(2)建筑业收入		6. 退税	
B.第三产业收入	1424.50	7. 退耕还林还草补贴	
(1)交通、运输、邮电业收入	460.23	8. 无偿扶贫或扶持款	7.33
(2)批零贸易业、饮食业收入	879.05	9. 得到赔款	44.17
(3)社会服务业收入	52.74	10. 各项补贴收入	2022.19
(4)文教卫生业收入	8.04	# 粮食直补、良补收入	688.60
(5)其他行业收入	24.44	综合补贴收入	1328.40
三、财产性收入	602.63	11. 其他	4824.48

6–5 农场职工家庭人均全年总收入

单位:元

指　　标	1985	1990	1995	2000	2001	2010	2012	2013
总收入	1197.60	1456.04	6910.62	5545.60	15726.03	34622.31	50301.21	55122.79
一、基本收入	1157.24	1388.64	6686.65	5257.10	14594.87	30724.32	43726.39	47258.32
(一)劳动者的报酬收入	260.90	837.88	1272.76	2043.90	1648.15	2997.52	4398.22	5119.59
1.在国有经济单位得到的	250.75	812.16	1261.66	1188.80	1137.22	1804.02	2793.19	3247.05
2.在非国有经济单位得到的	10.15	25.72	11.10	855.10	510.93	1193.50	1605.03	1872.54
(二)家庭经营收入	896.34	550.76	5419.89	3211.90	12946.72	27726.80	39328.17	42138.73
1.种植业收入	714.40	264.93	4766.50	2434.30	10495.49	23425.63	32935.61	35151.02
# 粮食收入	714.40	136.32	4244.59	2308.80	9479.63	21601.45	29266.11	32651.78
2.林业收入		4.15	0.03	0.40	24.73	11.37	6.94	10.77
3.牧业收入	92.70	163.98	324.78	329.10	1464.17	1952.01	2304.45	2409.53
4.渔业收入	2.37	0.07	6.93	4.20	1.29	11.51	6.54	8.40
5.工业收入			4.34	13.40	44.57			
6.建筑业收入				59.50	14.54			
7.交通、运输、邮电业收入	12.95	50.82	50.12	77.80	98.62	818.69	1278.56	1450.14
8.批零贸易业、饮食业收入	1.60	1.16	6.39	103.60	578.37	1389.72	2516.72	2786.01
9.社会服务业收入	1.79	9.12	87.85	22.80	39.83	44.00	79.21	120.16
10.其他家庭经营收入	17.18	38.82	166.95	166.76	185.11	69.09	200.14	202.70
二、转移性收入	40.36	67.40	176.26	239.70	851.06	3551.76	6054.12	7261.84
# 家庭住户成员寄回和带回	1.67	1.05	9.97	12.80	22.11	46.42		
城市亲友赠送收入	5.82	13.06	29.14	7.70	42.09	47.92	139.72	214.36
三、财产性收入			47.71	49.40	280.1	346.23	520.70	602.63
# 利息收入			37.00	18.10	26.91	18.24	29.90	18.80
股息和红利收入			0.27	3.66	27.87	49.43	60.65	67.42

注:1994 年以前的财产性收入含在转移性收入内。

6-6 农场职工家庭人均全年总收入和总支出

（2013 年）

单位:元

指　　标	数　量	指　　标	数　量
总　收　入	**55122.79**	**总　支　出**	**45448.74**
一、工资性收入	**5119.59**	**一、家庭经营费用支出**	**24383.13**
1.在非企业组织劳动得到收入	3247.05	（一）第一产业生产费用支出	22165.63
2.在本场地域内劳动得到收入	1823.50	1. 农业生产支出	20896.76
3.外出从业得到收入	49.04	2. 林业生产支出	6.67
二、家庭经营收入	**42138.73**	3. 牧业生产支出	1260.03
1.第一产业收入	37579.72	4. 渔业生产支出	2.17
（1）农业收入	35151.02	（二）第二产业生产费用支出	
# 粮食收入	32651.78	1. 工业生产支出	
（2）林业收入	10.77	2. 建筑业支出	
（3）牧业收入	2409.53	（三）第三产业生产费用支出	2217.51
（4）渔业收入	8.40	1. 交通运输邮电业生产费用支出	505.81
2.第二产业收入		2. 批零贸易餐饮业生产费用支出	1681.59
（1）工业收入		3. 社会服务业生产费用支出	24.93
（2）建筑业收入		4. 其他行业生产费用支出	5.18
3.第三产业收入	4559.01	**二、购置生产用固定资产支出**	**1033.10**
（1）交通、运输、邮电业收入	1450.14	**三、建造生产性固定资产雇工支出**	
（2）批零贸易业、饮食业收入	2786.01	**四、税费支出**	**6489.26**
（3）社会服务业收入	120.16	1. 第一产业的税金	
（4）文教卫生业收入	16.53	2. 第二产业的税金	
（5）其他行业收入	186.17	3. 第三产业的税金	15.12
三、转移性收入	**7261.84**	4. 其他各种收费	6474.14
# 家庭住户成员寄回和带回		**五、生活消费支出**	**10639.08**
城市亲友赠送收入	214.36	**六、财产性支出**	**3.83**
农场亲友赠送收入	142.14	**七、转移性支出**	**2900.34**
四、财产性收入	**602.63**	# 给大中专学生生活费和学杂费	793.31
1.利息收入	18.80	赠送农场亲友	528.49
2.股息和红利收入	67.42	赠送城市亲友	147.58
3.租金收入（包括农业机械）	63.30	购买非储蓄性保险	206.54
4.储蓄性保险投资收入	5.50	赡养费	43.68
5.转让承包土地经营权收入	206.27		
6.其他财产收入	241.34		

6-7 农场职工家庭人均全年消费性支出与构成

单位:元

指　　标	1985	1990	1995	2000	2001	2010	2012	2013
消费性支出(元)	327.23	816.36	1666.70	2510.75	3372.80	7760.69	9478.78	10639.08
一、食品	187.40	381.33	916.88	906.37	1214.28	2677.44	3109.04	3436.42
# 主食	64.62	128.55	355.94	232.61	239.32	316.93	341.32	383.12
副食	79.50	151.76	366.10	367.81	783.12	1278.24	1476.43	1587.71
其他食品	34.13	77.51	168.85	211.23	191.84	392.51	441.93	500.72
二、衣着	46.03	115.26	201.07	287.79	332.12	735.80	890.14	997.13
# 服装			96.50	163.58	202.61	478.70	613.47	703.68
三、居住	19.75	81.45	193.55	185.74	394.20	1017.32	1517.95	1879.68
# 住房	10.92	51.90	63.89	57.70	270.05	485.48	832.57	1137.80
四、家庭设备、用品及服务	41.81	93.20	84.61	206.00	195.10	480.38	611.10	694.70
五、交通通讯	5.97	19.88	34.04	210.80	369.59	957.00	1190.97	1333.29
六、文化教育娱乐用品及服务	15.26	67.84	127.55	367.80	524.49	1176.08	1309.67	1386.42
# 文化教育娱乐用品	7.49	26.16	31.72	80.35	101.59	278.03	357.57	475.90
七、医疗保健	9.65	40.66	55.99	221.56	270.13	565.45	649.36	701.31
八、其他商品和服务	1.36	16.74	52.95	124.68	72.88	151.20	200.55	210.13
消费支出构成(%)								
一、食品 (恩格尔系数)	57.30	46.70	55.00	36.10	36.00	34.50	32.80	32.30
# 主食	34.50	33.70	38.80	25.66	19.70	11.84	10.98	11.15
副食	42.40	39.80	39.90	40.58	64.49	47.74	51.26	46.20
其他食品	18.20	20.30	18.40	23.31	15.80	14.66	14.21	14.57
二、衣着	14.10	14.10	12.10	11.46	9.85	9.48	9.39	9.37
# 服装			48.00	56.84	61.01	65.06	68.92	70.57
三、居住	6.00	10.00	11.60	7.40	11.69	13.11	16.01	17.67
# 住房	55.30	63.70	33.00	31.60	68.50	47.72	54.85	60.53
四、家庭设备、用品及服务	12.80	11.40	5.10	8.20	5.78	6.19	6.45	6.53
五、交通通讯	1.80	2.40	2.00	8.40	10.96	12.33	12.56	12.53
六、文化教育娱乐用品及服务	4.70	8.30	7.60	14.65	15.55	15.15	13.82	13.03
# 文化教育娱乐用品	49.10	38.60	24.90	21.85	19.37	23.64	27.30	34.33
七、医疗保健	2.90	5.00	3.40	8.82	8.01	7.29	6.85	6.59
八、其他商品和服务	0.40	2.10	3.20	4.97	2.16	1.95	2.12	1.98

6-8 农场职工家庭人均全年生活消费支出

（2013年） 单位：元

指　　标	数　量	指　　标	数　量
生活消费支出	**10639.08**	（4）生活用房	597.72
其中：服务性支出	3469.53	（5）生活用燃料	233.17
一、食品	**3436.42**	2.居住消费服务性支出	508.71
1.购买食品支出	2471.55	#生活用电	230.76
（1）谷物	354.01	生活用水	38.77
（2）薯类	20.83	**四、家庭设备、用品**	**694.70**
（3）豆类	8.28	1.家庭设备用品支出	667.57
（4）食用油	150.61	（1）日用品	212.27
（5）蔬菜及制品	393.03	（2）床上用品	65.48
（6）肉、禽、蛋、奶及制品	569.79	（3）室内装饰品	67.36
（7）水产品及制品	127.39	（4）家俱类	165.96
（8）烟、酒	291.76	（5）机电设备	156.50
（9）茶叶、饮料	55.13	2.家庭设备用品服务性消费支出	27.13
（10）其他类食品	500.72	**五、交通和通讯**	**1333.29**
2.食品消费服务性支出	964.87	1.购买交通和通讯用品支出	800.16
（1）在外饮食	959.37	#交通工具	491.01
（2）食品加工费	1.02	通讯工具	122.89
（3）其他服务性支出	4.48	2.交通和通讯服务消费支出	533.13
二、衣着	**997.13**	（1）交通服务支出	303.40
1.购买衣着支出	993.75	（2）通讯服务支出	229.73
（1）服装	703.68	**六、文化教育娱乐用品及服务**	**1386.42**
（2）服装材料	10.11	1.购买文化教育、娱乐用品	475.90
（3）鞋类	254.97	2.教育服务消费	649.00
（4）其他	24.99	3.文化、体育、娱乐服务消费	261.52
2.衣着消费服务性支出	3.38	**七、医疗保健**	**701.31**
#衣着加工费	1.61	1.购买医疗保健用品	260.93
三、居住	**1879.68**	2.医疗保健服务消费支出	440.38
1.购买居住消费品支出	1370.97	**八、其他商品和服务**	**210.13**
（1）建筑生活用房材料	32.23	1.购买其他商品支出	128.72
（2）维修生活用房材料	38.61	2.其他消费服务支出	81.41
（3）装修生活用房材料	469.24		

6-9 农场职工家庭人均全年现金收入与现金支出

(2013年) 单位:元

指标	数量	指标	数量
一、期内现金收入	**54455.30**	牧业生产支出	1221.62
1.工资性收入	5119.01	渔业生产支出	2.17
2.家庭经营收入	41556.61	工业生产支出	
#出售农产品的现金收入	32521.15	交通运输邮电业生产支出	505.81
出售林业产品的现金收入	10.77	批零贸易餐饮业生产支出	1680.94
出售牧业产品的现金收入	2404.02	社会服务业生产支出	24.93
工业现金收入		(2)购置生产用固定资产支出	1033.10
交通、运输、邮电业的现金收入	1450.14	#购买役畜、产品畜	
批零贸易业、饮食业的现金收入	2786.01	农林牧渔业机械	884.55
3.转移性收入	7233.68	(3)建、造生产性固定资产雇工支出	
#家庭住户成员寄回和带回		2.税费支出	6090.70
亲友赠送收入	330.35	3.生活消费支出	10574.87
4.财产性收入	546.00	4.财产性支出	3.83
#利息收入	18.80	5.转移性支出	2894.25
二、非收入现金所得	**25497.26**	#赠送亲友	669.75
1.非借贷性现金所得	1773.31	**四、非消费性支出**	**32804.25**
#出售财物	241.86	1.非借贷性支出	1840.15
出售役畜、产品畜	35.42	2.储蓄、借贷性支出	30964.10
2.借贷性现金所得	23723.95	#归还银行、信用社	6122.33
#银行、信用社的贷款	5954.20	归还借款	1147.15
借入款	1078.47	存入银行信用社	21351.23
收回借出款	2474.44	**五、期末金融资产余额**	**44161.13**
三、期内现金支出	**44940.83**	#手存现金	4270.43
1.生产费用支出的现金	25377.18	银行存款	39887.40
(1)家庭经营费用支出的现金	24344.08	**六、期末债务余额**	**860.41**
#农业生产支出	20896.76	#银行、信用社贷款	634.20
林业生产支出	6.67	个人借款	226.21

6-10 农场职工家庭人均收入与支出情况

（1978-2013 年） 单位:元

年份	总收入	总支出	#生活消费支出	人均纯收入	人均纯收入指数(%)(上年＝100)	人均纯收入指数(%)(1978＝100)
1978				246	100.0	100.0
1979				289	104.1	104.1
1980				327	105.8	110.1
1981				321	98.5	108.5
1982	370	330	288	351	103.9	112.7
1983	429	373	309	405	107.1	120.7
1984	466	384	317	440	103.7	125.2
1985	1198	1164	327	453	96.2	120.4
1986	994	894	366	507	104.4	125.7
1987	920	764	465	655	120.2	151.1
1988	1469	1164	553	789	105.5	159.4
1989	1885	1584	675	938	103.6	165.2
1990	1456	1122	816	1217	120.7	199.4
1991	1246	1149	888	1058	86.8	173.1
1992	1274	1116	825	1049	97.2	168.2
1993	2679	2210	983	1491	127.3	214.1
1994	4361	3870	1254	1831	104.9	224.6
1995	6911	6143	1674	2348	111.5	250.4
1996	6541	5893	2394	2832	111.7	279.8
1997	8128	6785	2644	3321	114.7	320.9
1998	5610	5066	2703	3448	104.8	336.3
1999	5462	4814	2463	3216	100.0	336.3
2000	5546	4929	2511	3337	104.8	352.4
2001	6062	5387	2675	3650	109.3	385.2
2002	6789	6275	2761	3863	106.5	410.2
2003	11180	10638	2912	4267	109.1	447.5
2004	13994	12198	3119	5593	125.1	559.8
2005	15726	13869	3373	6179	109.2	611.3
2006	18203	16200	4078	7064	112.3	686.5
2007	20968	18493	5144	8087	111.1	762.7
2008	26674	24883	6772	9525	112.2	855.7
2009	28696	27040	7358	10936	113.7	972.9
2010	34622	32151	7761	13267	116.8	1136.3
2011	41702	36103	8675	16466	117.3	1332.9
2012	50301	41858	9479	20227	116.7	1555.5
2013	55123	45449	10639	22891	113.2	1760.8

6-11　农场职工家庭人均全年主要消费品消费量

品　名	单 位	1985	1990	1995	2000	2004	2005	2010	2012	2013
粮　　食	公斤	161.71	210.10	229.13	125.45	130.73	154.27	131.78	119.54	122.58
蔬　　菜	公斤	142.23	140.33	150.75	187.99	63.99	70.31	63.36	50.27	48.98
食　　油	公斤	7.11	8.12	12.31	8.71	9.92	9.62	10.86	10.56	10.16
肉　　类	公斤	8.60	10.86	11.82	15.57	13.58	15.17	16.79	15.13	16.09
家　　禽	公斤	1.06	2.32	1.86	2.03	2.05	2.52	2.64	2.45	2.04
蛋　　类	公斤	4.80	6.69	5.89	6.43	5.92	6.23	6.11	7.82	7.38
鱼　　虾	公斤	2.75	3.42	5.24	5.70	4.32	5.18	5.23	5.16	5.93
食　　糖	公斤	2.32	2.10	2.51	1.75	1.53	1.21	1.13	0.91	0.94
水　　果	公斤		11.84	9.87	36.76	24.53	26.97	24.31	22.02	23.22
卷　　烟	盒	13.41	33.61	40.41	18.63	25.56	25.04	21.33	20.05	22.27
酒	公斤	4.60	7.58	9.75	12.98	13.82	13.64	15.09	12.74	13.35

6-12　农场职工家庭人均全年主要消费品消费量

（2013年）

品　名	单　位	数　量	品　名	单　位	数　量
谷物	公斤	119.71	蛋类及蛋制品	公斤	7.38
#小麦	公斤	61.83	奶和奶制品	公斤	6.01
豆类	公斤	1.45	水产品	公斤	5.93
#大豆	公斤	0.06	#鱼类	公斤	5.18
豆制品	公斤	1.55	虾贝蟹类	公斤	0.52
蔬菜及菜制品	公斤	48.98	食糖	公斤	0.94
油脂类	公斤	10.16	酒	公斤	13.35
植物油	公斤	10.15	#白酒	公斤	3.23
动物油	公斤	0.01	啤酒	公斤	9.98
肉禽及其制品	公斤	18.13	瓜类和水果类	公斤	30.91
#猪肉	公斤	11.51	坚果及果仁制品	公斤	2.17
牛肉	公斤	0.66	服装	件	4.52
羊肉	公斤	0.58	鞋类	双	1.98
家禽	公斤	2.04			

6-13 农场职工家庭平均每百户生产性固定资产拥有情况

指　　标	单位	1985	1990	1995	2000	2005	2010	2012	2013
一、年末生产性固定资产原值	元	90382	66403	401127	608456	1804506	4287098	5429865	5160810
# 役畜	元	6873	3274	12548	9281	14400	2600		
农牧渔业机械(具)	元	53444	10595	279360	552084	1078186	1667860	2895306	3000048
生产用房	元		952	9821	22989	274860	771840	762260	484620
二、年末拥有固定资产数量									
1.役畜	头		5.16	8.93	6.11	16.00	1.20		
2.胶轮大车	架			1.79	3.06	3.00	1.20	2.80	3.00
3.小型和手扶拖拉机	台		3.17	13.99	21.39	34.00	27.80	26.60	25.20
4.大中型拖拉机	台		0.79	6.25	13.10	9.00	21.60	22.00	22.80
5.联合收割机	台			1.19	8.91	3.00	3.60	6.00	5.40
6.汽车	辆		0.40	0.30	2.12	1.00	4.80	5.00	3.80

6-14 农场职工家庭平均每百户年末耐用消费品拥有量

品　　名	单位	1985	1990	1995	2000	2005	2010	2012	2013
自行车	辆	101.79	146.43	137.80	116.13	77.00	67.40	56.20	58.60
固定电话机	部					82.00	81.20	78.40	75.20
移动电话	部					88.00	185.40	204.40	208.00
汽车(生活用)	辆						7.40	8.20	11.00
洗衣机	台	50.89	46.83	52.08	75.20	74.00	92.60	95.80	96.20
家用电冰箱	台		1.98	7.74	24.80	28.00	75.60	81.40	88.60
摩托车	辆	3.22	5.16	9.23	37.20	49.00	68.40	60.80	55.60
微波炉	台					3.00	17.40	18.00	20.20
摄像机	台					1.00	7.40	4.60	5.00
热水器	台					9.00	34.80	50.40	54.40
彩色电视机	台	72.50	32.14	64.88	98.90	96.00	105.60	108.00	106.80
家用计算机	台						55.00	62.00	65.40
照相机	架		5.56	7.44	11.62	17.00	23.40	27.20	31.60
抽油烟机	台			5.06	17.24	16.00	44.00	60.20	63.80
吸尘器	台			1.49	3.22	3.00	7.60	6.80	8.40

6-15 农场职工家庭人均全年购买主要商品数量

品　名	单位	1985	1990	1995	2000	2005	2010	2012	2013
粮　食	公斤	137.45	230.79	207.95	125.32	153.58	137.22	119.18	122.42
蔬　菜	公斤	45.81	49.12	76.75	40.84	33.70	33.73	29.91	30.94
食用植物油	公斤	5.54	6.41	9.70	8.58	9.62	10.86	10.54	10.16
猪　肉	公斤	6.77	7.52	10.72	9.71	10.62	10.54	10.64	11.32
牛羊肉	公斤	0.29	0.82	1.39	0.86	1.30	1.36	1.17	1.24
家　禽	公斤	0.82	0.49	1.27	2.38	1.65	1.42	1.60	1.61
鲜　蛋	公斤	1.41	1.29	2.46	6.43	5.05	5.03	6.66	6.82
鱼　虾	公斤	1.87	2.91	4.28	3.35	5.07	4.90	4.81	5.47
食　糖	公斤	2.08	1.90	1.74	1.75	1.21	1.13	0.91	0.94
卷　烟	盒	13.09	33.53	40.41	18.63	25.04	21.33	20.05	22.27
酒	公斤	3.94	7.21	9.66	12.98	13.52	15.03	12.72	9.98
服　装	件		1.36	1.34	2.52	3.72	4.43	4.52	4.52
鞋　类	双	0.23	0.31	0.39	1.43	2.25	2.17	1.98	1.98

6-16 农场职工家庭房屋建设与使用情况

指　标	单位	1985	1990	1995	2000	2005	2010	2012	2013
户均年末使用面积	平方米	38.45	42.49	47.65	60.32	54.46	66.06	69.30	70.49
#私有房屋面积	平方米	7.95	18.37	43.14	60.32	54.46	66.06	69.30	70.49
私有房屋价值	元	1351.19	2142.73	8262.67	18305.66	24042.56	74192.41	106917.64	118102.43
人均年末使用房屋面积	平方米	9.00	11.20	13.84	19.21	24.91	33.92	34.38	32.98
1.生产用房	平方米		0.03	0.45	2.28	5.22	10.02	9.20	7.13
2.生活用房	平方米	9.00	11.17	13.39	16.93	19.69	23.90	25.18	25.85
# 砖木结构	平方米	7.28	9.02	12.72	14.31	16.37	14.73	9.82	8.46
户均本年新建(购)房屋									
1.新建(购)房屋面积	平方米	1.11	0.76	0.51	0.68	0.21	2.23	0.73	1.71
2.新建(购)房屋价值	元	82.32	138.10	148.81	185.00	112.00	4185.12	1418.30	3570.83
3.每平方米价值	元	74.47	181.25	294.71	272.06	533.33	1880.11	1932.29	2086.98
人均本年新建(购)房屋面积	平方米	0.26	0.20	0.15	0.22	0.07	0.81	0.27	0.63

主要统计指标解释

常住人口 指全年经常在家或在家居住六个月以上,而且经济生活和本户连成一体的人口。在外劳动超过六个月的合同工、临时工和其他副业工,其收入主要带回家中或交钱给国有或集体单位的,仍要计算在内。在家居住,生活和本户连成一体的国家职工、退休人员也要计算在内。不包括参军人员,以及已成家,经济自理,不在一起用饭,但因住房问题仍住在一起的人口。

职工家庭整半劳动力 指常住职工家庭成员中有劳动能力并经常参加实际劳动的人员。它是生产的基本要素指标之一,是发展生产增加职工家庭收入的重要源泉。按规定,男 18 周岁至 50 周岁、女 13 周岁至 45 周岁为整劳动力;男 16 周岁到 17 周岁、51 周岁到 60 周岁,女 16 周岁到 17 周岁、46 周岁到 55 周岁为半劳动力。职工家庭整半劳动力既包括在上述规定劳动的年龄内和在劳动年龄以外有劳动能力并经常参加实际劳动的男女整半劳动力,也包括家庭常住人员中属于职工的劳动力。但不包括在劳动年龄内已丧失劳动能力的人员。

平均每个劳动力负担人口 指职工家庭中每个整半劳动力负担的人口数量,包括劳动者本人。

总收入 指调查期内农场住户和住户成员从各种来源渠道得到的收入总和。按收入的性质划分为工资性收入、家庭经营收入、财产性收入和转移性收入。

纯收入 指农场住户当年从各个来源得到的总收入相应地扣除所发生的费用后的收入总和。纯收入主要用于再生产投入和当年生活消费支出,也可用于储蓄和各种非义务性支出。“农场职工人均纯收入”按人口平均的纯收入水平,反映的是一个地区或一个农场住户居民的平均收入水平。计算方法:纯收入 = 总收入 - 家庭经营费用支出 - 税费支出 - 生产性固定资产折旧 - 赠送农场外部亲友支出。

总支出 指农场住户用于生产、生活和再分配方面的全部支出。包括家庭经营费用支出、购置生产性固定资产支出、生产性固定资产折旧、税费支出、生活消费支出、财产性支出和转移性支出。

生活消费支出 指农场住户用于物质生活和精神生活方面的支出。包括食品、衣着、居住、家庭设备用品及服务、医疗保健、交通和通讯、文化教育娱乐用品及服务、其他商品和服务等消费支出。

现金收入 指农场住户和住户成员在调查期内得到以现金形态表现的收入。按来源分成工资性收入、家庭经营现金收入、财产性收入、转移性收入。

现金支出 指农场住户在调查期内用于生产、生活和再分配所支付的现金。包括家庭经营费用支出、缴纳的税费、购买生产性固定资产、生活消费、财产性和转移性支出。

居民年底储蓄存款余额 指农垦系统的居民存入银行及信用社储蓄的年底时点数(存入数扣除取出数的余额),不包括居民的手存现金。

恩格尔系数 指食物支出金额在消费性总支出金额中所占的比例。计算公式为:

$$\text{恩格尔系数} = \frac{\text{食品支出金额}}{\text{消费性总支出金额}} \times 100\%。$$

07 农林牧渔业

本年农作物面积结构

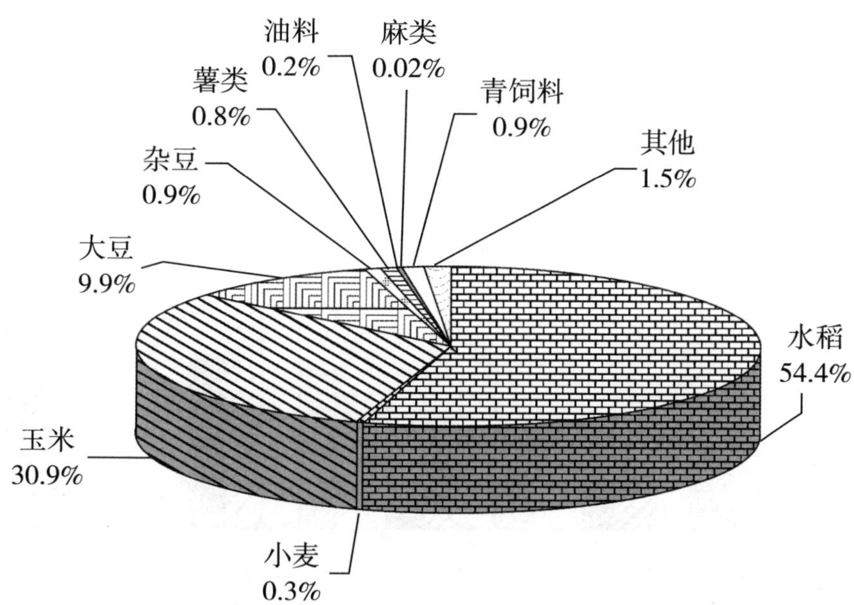

主要年度粮食产量(万吨)

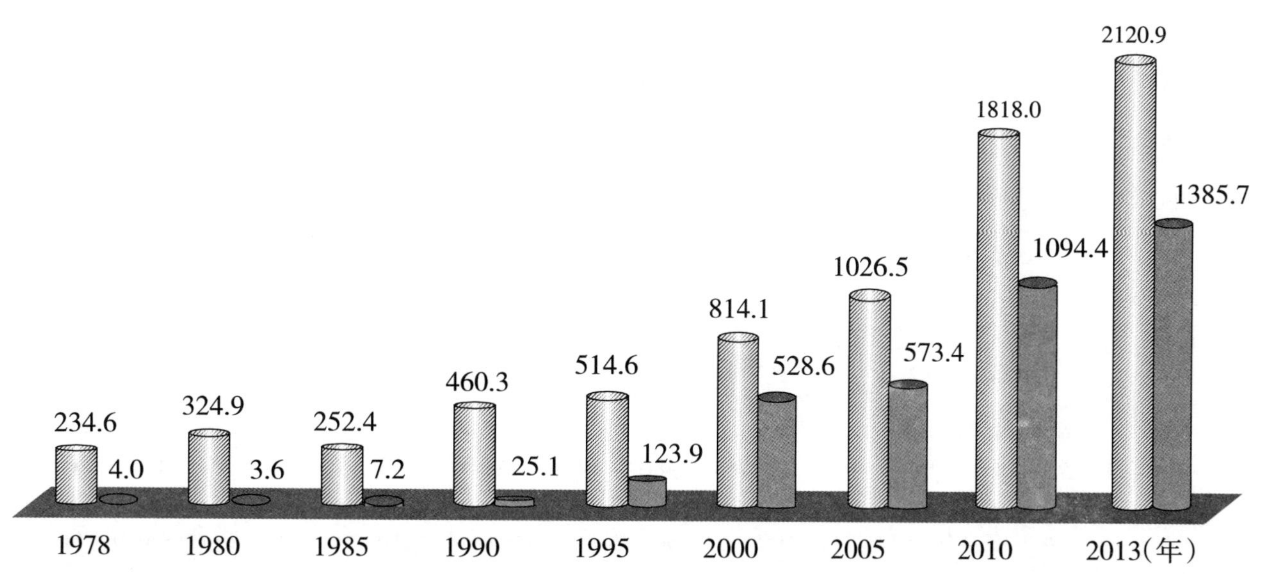

畜牧业生产情况

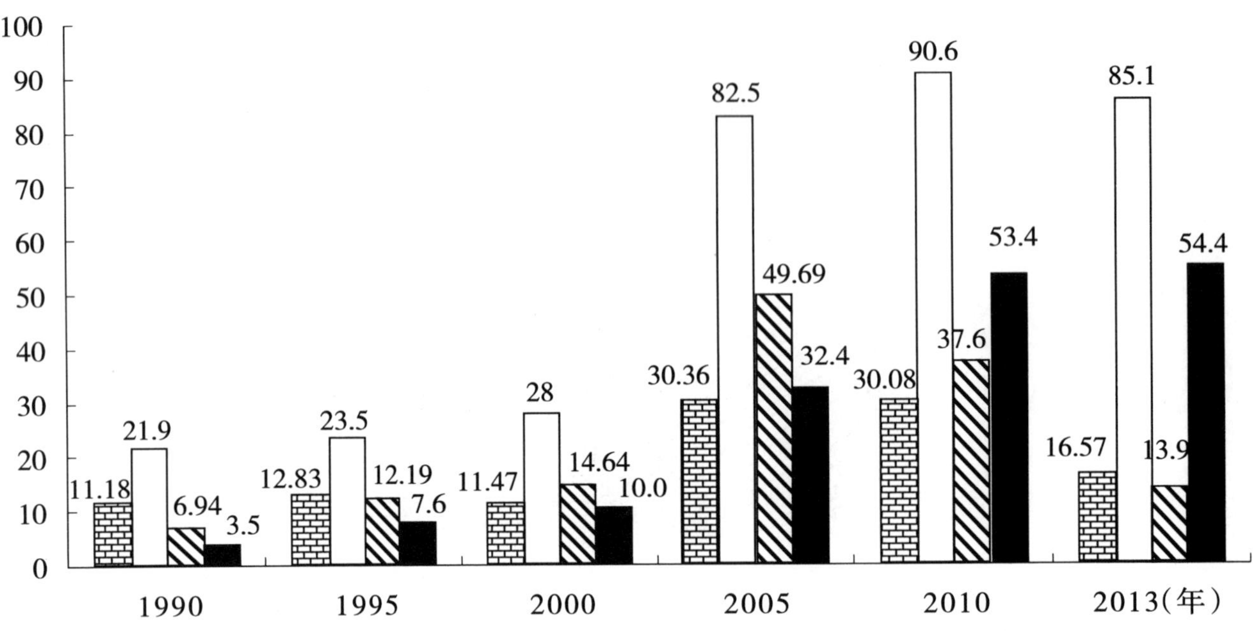

农业机械情况

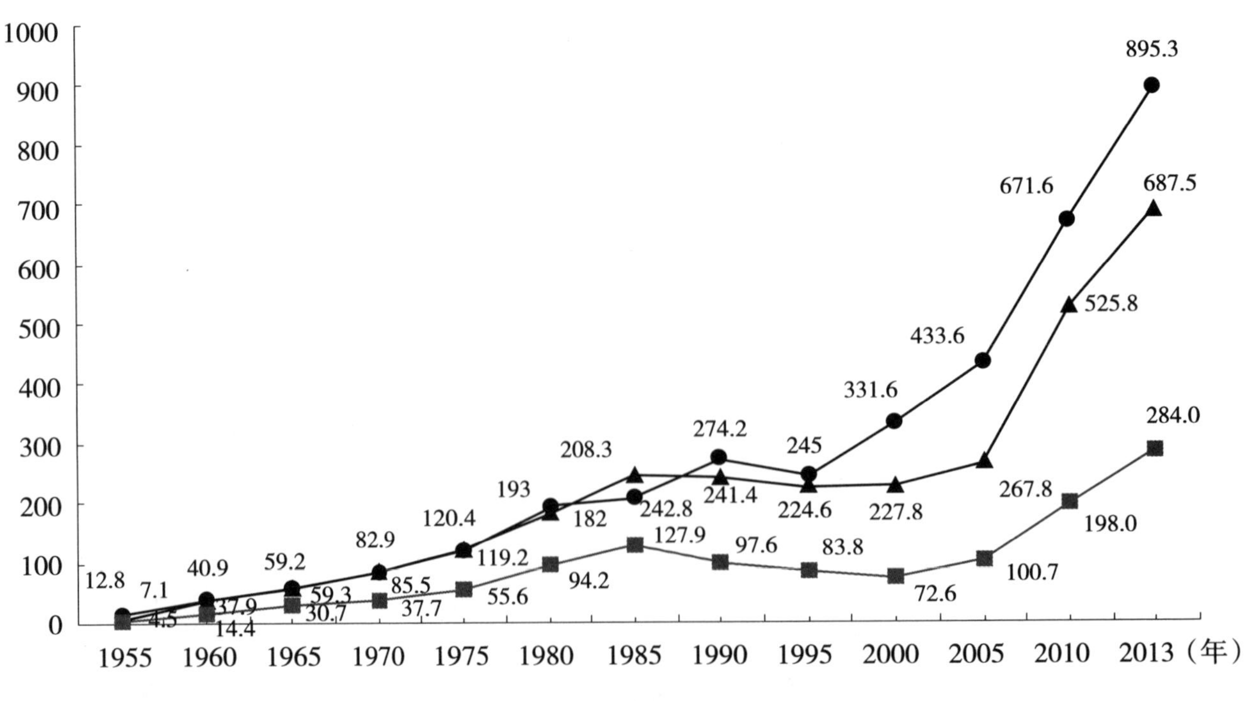

7-1 各管理局农林牧渔业总产值

（当年价格） 单位:万元

年 份 单 位	农林牧渔 业总产值	农 业	# 粮食主产品	林 业	畜牧业	渔 业
2000	1440064	1223047	1037488	12177	194617	10223
2005	2764991	2047212	1665820	18019	680610	19150
2009	5274717	3823998	3352744	40648	1380912	29159
2010	6346454	4666106	4123374	56764	1588834	34750
2011	7826626	5722439	5021328	73891	1986829	43467
2012	8923297	6587032	5794039	99948	2176429	59890
2013	9468761	7023063	5912791	108458	2268437	68803
宝泉岭局	1207702	835579	746332	8084	353954	10085
红兴隆局	1734415	1271845	1034118	18541	426650	17379
建三江局	2206411	2001523	1783444	3960	194766	6162
牡丹江局	1773941	1377057	1092367	8410	375042	13432
北 安 局	847245	557922	498717	43441	238614	7268
九 三 局	602580	412076	349351	6961	181660	1884
齐齐哈尔局	563445	271470	235020	10657	278708	2611
绥 化 局	395799	207540	125316	3020	177160	8080
哈尔滨局	115823	78517	39090	5294	30207	1805
总局直属	21399	9534	9035	90	11677	98

7-2 各管理局农林牧渔业总产值构成

（以农林牧渔总产值为100） 单位:%

年 份 单 位	农林牧渔 业总产值	农 业	# 粮食主产品	林 业	畜牧业	渔 业
2000	100	84.9	72.0	0.9	13.5	0.7
2005	100	74.0	59.6	0.7	24.6	0.7
2009	100	72.5	63.6	0.8	26.2	0.6
2010	100	73.5	65.0	0.9	25.0	0.5
2011	100	73.1	64.2	0.9	25.4	0.6
2012	100	73.8	64.9	1.1	24.4	0.7
2013	100	74.2	62.4	1.1	24.0	0.7
宝泉岭局	100	69.2	61.8	0.7	29.3	0.8
红兴隆局	100	73.3	59.6	1.1	24.6	1.0
建三江局	100	90.7	80.8	0.2	8.8	0.3
牡丹江局	100	77.6	61.6	0.5	21.1	0.8
北 安 局	100	65.9	58.9	5.1	28.2	0.9
九 三 局	100	68.4	58.0	1.2	30.1	0.3
齐齐哈尔局	100	48.2	41.7	1.9	49.5	0.5
绥 化 局	100	52.4	31.7	0.8	44.8	2.0
哈尔滨局	100	67.8	33.7	4.6	26.1	1.6
总局直属	100	44.6	42.2	0.4	54.6	0.5

7-3 各管理局农林牧渔业总产值

（可比价格） 单位：万元

年份 单位	农林牧渔业总产值	农业	#粮食主产品	林业	畜牧业	渔业
2000	1441403	1232910	1077350	11788	186593	10112
2005	2730593	2010338	1631347	18019	683495	18741
2009	5153695	3618395	3156147	40648	1465818	28834
2010	5735103	4151462	3623461	56764	1492840	34037
2011	6998712	5159130	4463540	72064	1725622	41896
2012	8633158	6312248	5535822	100139	2160959	59812
2013	9435578	7109439	5992756	107730	2144573	73836
宝泉岭局	1208240	843014	753727	7961	346551	10714
红兴隆局	1744238	1295328	1055040	18480	411715	18715
建三江局	2200069	2005558	1787512	3838	184009	6664
牡丹江局	1756411	1382478	1100169	8333	351235	14365
北安局	848831	578217	519113	43791	219100	7723
九三局	601718	428059	364338	6574	165050	2036
齐齐哈尔局	547345	274295	235680	10363	259886	2800
绥化局	394447	215505	128816	3020	167144	8778
哈尔滨局	113330	77179	39065	5279	28937	1934
总局直属	20949	9806	9298	91	10946	106

7-4 各管理局农林牧渔业总产值指数

（以上年为100） 单位：%

年份 单位	农林牧渔业总产值	农业	#粮食主产品	林业	畜牧业	渔业
2000	99.9	99.2	96.3	103.3	104.3	101.1
2005	117.8	111.3	107.1	106.0	140.3	116.6
2009	112.4	113.4	116.6	134.9	109.7	114.1
2010	108.7	108.6	108.1	139.6	108.1	116.7
2011	110.3	110.6	108.2	127.0	108.6	120.6
2012	110.3	110.3	110.2	135.5	108.8	137.6
2013	105.7	107.9	103.4	107.8	101.9	123.3
宝泉岭局	100.8	103.3	102.3	90.2	95.1	107.9
红兴隆局	103.8	110.0	109.1	92.1	87.4	154.2
建三江局	111.6	114.6	108.1	105.4	86.8	108.1
牡丹江局	109.7	111.7	103.4	126.6	101.5	128.0
北安局	109.0	108.1	104.5	118.2	109.6	110.6
九三局	85.5	85.1	83.8	96.6	86.2	103.2
齐齐哈尔局	113.1	101.2	93.3	112.3	129.0	118.6
绥化局	102.1	101.7	94.7	95.1	102.0	118.7
哈尔滨局	109.9	97.8	83.7	115.3	160.8	119.9
总局直属	141.5	156.1	154.4	455.0	130.4	96.4

7-5 各管理局国有经济农林牧渔业总产值

单位:万元

年份 单位	农林牧渔业总产值	农业	林业	畜牧业	渔业
2000	1108208	1090048	7890	8213	2057
2005	2048887	2027107	13231	6144	2405
2009	3812019	3771328	25709	6373	8609
2010	4638430	4581644	41646	5531	9609
2011	5694657	5615528	64965	3318	10846
2012	6525606	6406142	86804	8730	23930
2013	7007110	6872632	89568	11782	33129
宝泉岭局	852956	835253	7705		9999
红兴隆局	1306430	1269740	18540	770	17379
建三江局	2004435	2000465	3960		10
牡丹江局	1293341	1283552	7064	1858	867
北安局	586908	554761	31685		462
九三局	419830	411776	6961		1094
齐齐哈尔局	236638	230170	6468		
绥化局	212960	207444	2590		2926
哈尔滨局	82681	76065	4594	1630	392
总局直属	10931	3407		7524	

7-6 各管理局非国有经济农林牧渔业总产值

单位:万元

年份 单位	农林牧渔业总产值	农业	林业	畜牧业	渔业
2000	331856	132999	4287	186404	8166
2005	716104	20105	4788	674466	16745
2009	1462698	52670	14939	1374539	20550
2010	1708024	84462	15118	1583303	25141
2011	2131969	106911	8926	1983511	32621
2012	2397691	180890	13144	2167699	35960
2013	2461651	150432	18890	2256655	35675
宝泉岭局	354746	326	379	353954	87
红兴隆局	427986	2105		425880	
建三江局	201976	1058		194766	6152
牡丹江局	480600	93505	1346	373184	12565
北安局	260337	3161	11756	238614	6806
九三局	182750	300		181660	790
齐齐哈尔局	326807	41301	4189	278708	2611
绥化局	182839	96	430	177160	5154
哈尔滨局	33142	2452	700	28577	1413
总局直属	10468	6127	90	4153	98

注:7-5 表和 7-6 表按当年价格计算。

7-7 农林牧渔业分项产值

（2013 年） 单位：万元

指 标	现价产值	可比价产值	构成(%)
农林牧渔总产值	**9468761**	**9435578**	**100.0**
一、农业产值	**7023063**	**7109439**	**74.2**
(一)主产品产值	6237312	6323687	88.8
1. 谷物	5586255	5656906	89.6
# 水稻	4076893	4076893	73.0
小麦	12316	11701	0.2
玉米	1495039	1566306	26.8
大麦			
2. 大豆	266250	288212	4.3
3. 杂豆	38712	36115	0.6
4. 薯类	21574	11523	0.3
5. 油料	9869	9211	0.2
# 白瓜籽	4061	4024	41.1
向日葵	2052	1431	20.8
花 生	3674	3674	37.2
6. 麻类	425	425	…
# 亚麻	425	425	100.0
7. 糖类	27065	28096	0.4
8. 烟叶	2437	2991	…
9. 药材	14913	20838	0.2
10. 蔬菜	53655	45898	0.9
# 叶菜类	23373	16972	43.6
瓜菜类	8775	7418	16.4
11. 食用菌	36238	35426	0.6
12. 瓜果类	85092	93220	1.4
# 果用瓜	65097	71441	76.5
13. 花卉园艺	3328	3328	0.1
14. 饲料饲草	41596	41596	0.7
15. 其他种植业	49905	49905	0.8
(二)副产品产值	785751	785751	11.2
# 粮食副产品	772178	772178	98.3

注：分项产值构成按当年价格计算。

7-7 续表 单位:万元

指　　标	现价产值	可比价产值	构成(%)
二、林业产值	**108458**	**107730**	**1.1**
(一)林木的培育和种植	63863	61823	58.9
1. 育种育苗	9690	7650	15.2
2. 造林	15448	15448	24.2
3. 抚育和管理	38725	38725	60.6
(二)林产品采集	33288	33288	30.7
(三)林木采运	11307	12619	10.4
三、牧业产值	**2268437**	**2144573**	**24.0**
(一)牲畜的饲养	1069583	941409	47.2
1. 黄牛(含肉牛)	423000	343902	39.5
2. 奶 牛	109657	89152	10.3
3. 马.驴.骡	750	750	0.1
4. 羊	177776	173508	16.6
5. 奶产品	343238	318020	32.1
# 牛奶	343230	318012	99.9
6.毛绒产品	15161	16077	1.4
(1) 羊毛	7761	8676	51.2
(2) 羊绒	7401	7401	48.8
(二)猪的饲养	812827	823033	35.8
(二)家禽的饲养	274068	268173	12.1
1. 肉禽	204617	202311	74.7
2. 禽蛋	69451	65862	25.3
(四)其他畜牧业	111959	111959	4.9
# 兔	1942	1942	1.7
鹿茸	8336	8336	7.4
狐	46794	46794	41.8
四、渔业产值	**68803**	**73837**	**0.7**
1. 鱼类	66397	71431	96.5
# 鲤鱼	30054	34441	45.3
鲢鳙鱼	11413	11513	17.2
鲫鱼	11258	11803	17.0
2. 虾蟹类	2406	2406	3.5

7-8 耕地面积增减变动情况

单位:公顷

指　　标	2000	2005	2009	2010	2011	2012	2013
一、年初耕地面积	2046697	2123679	2535598	2649854	2800938	2853885	2879660
二、年内增加面积	2786	160149	128739	158837	69054	32891	27525
三、年内减少面积	4365	14921	14483	7753	16107	7116	21852
1. 国家基建占地	26	11	116	76			
2. 场队基建占地	1360	28	6	329	3		
3. 个人建房占地							
4. 农业结构调整	561	2633					
退耕改林	552	1370					
退耕改牧		1263		104			
退耕改园地							
退耕改渔池	9						
5. 划归系统外		59	4852				
6. 其他减少	2418	12190	9509	7244	16104	7116	21852
四、年末耕地面积	2045118	2268907	2649854	2800938	2853885	2879660	2885333
1. 水田	679971	726971	1093322	1285450	1455644	1546101	1568117
2. 旱田	1365147	1541936	1556532	1515488	1398241	1333559	1317216
#水浇地	41800	54456	122184	105433	81969	75393	73724

7–9 各管理局耕地面积增减变动情况

单位:公顷

年份 单位	年初耕地面积	年内增加面积	年内减少面积	国家基建占地	场队基建占地	农业结构调整占地	#退耕改林
2000	2046697	2786	4365	26	1360	561	552
2005	2123679	160149	14921	11	28	2633	1370
2009	2535598	128739	1448	116	6		
2010	2649854	158837	7753	76	329		
2011	2800938	67326	16107		3		
2012	2853886	32891	7116				
2013	2879660	27525	21852				
宝泉岭局	328721	1990					
红兴隆局	476936	28	87				
建三江局	738356	20233	20233				
牡丹江局	467143	383	503				
北安局	323571	1319	593				
九三局	270743	357	357				
齐齐哈尔局	147956	2156					
绥化局	98099	78	78				
哈尔滨局	24920	981	1				
总局直属	3214						

7–9 续表

单位:公顷

年份 单位	#退耕改牧	划归系统外	其他减少	年末耕地面积	水田面积	旱田面积	#水浇地
2000			2418	2045118	679971	1365147	41800
2005	1263	59	12190	2268907	726971	1541936	54456
2009		4852	9509	2649854	1093322	1556532	122184
2010	104		7244	2800938	1285450	1515488	105433
2011			16104	2852157	1455644	1396513	81969
2012			7116	2879660	1546101	1333559	75393
2013			21852	2885333	1568117	1317216	73724
宝泉岭局				330711	235067	95644	6372
红兴隆局			87	476877	226272	250605	10268
建三江局			20233	738356	674515	63841	
牡丹江局			503	467023	296711	170312	961
北安局			593	324297	15004	309293	3240
九三局			357	270743	10263	260480	5202
齐齐哈尔局				150112	73168	76944	37858
绥化局			78	98099	24767	73332	8180
哈尔滨局			1	25900	10755	15145	1643
总局直属				3214	1595	1619	

7-10 各管理局主要农业机械年末拥有量

单位:台

年份 单位	农业机械总动力（万千瓦）	农用大中型拖拉机	#100马力以上	农用小型拖拉机	大中型拖拉机配套农具	小型拖拉机配套农具
2000	331.6	22782	2656	60270	56390	41175
2005	433.6	26775	4166	71920	57954	68406
2009	604.5	47898	4913	71764	93856	75815
2010	671.6	52577	5409	69808	100628	72513
2011	745.6	58454	6105	67973	110618	70121
2012	818.6	62309	6470	65130	116201	69770
2013	895.3	68750	7132	61761	126391	73014
宝泉岭局	139.9	14632	760	4609	19005	5697
红兴隆局	157.3	10844	1585	12530	19315	14509
建三江局	247.1	20867	989	8064	48079	16571
牡丹江局	147.3	11922	890	12325	15737	12125
北安局	63.0	3435	1088	9713	10548	10854
九三局	49.2	1838	797	4490	5722	6158
齐齐哈尔局	47.4	3038	568	5167	4294	3457
绥化局	26.5	1189	396	2455	2259	2428
哈尔滨局	11.9	788	40	2325	1258	1073
总局直属	5.9	197	19	83	174	142

7-10续表1

单位:台

年份 单位	机动水稻插秧机	水稻工厂化育秧设备(套)	农用排灌动力机械	#柴油机	农用水泵	喷灌机(套)
2000	15045	298	39758	36188	40002	1875
2005	29546	167	54686	48435	52617	4898
2009	55066	153	76037	57335	74149	8062
2010	60989	176	80197	58168	78041	7771
2011	66276	211	85906	58548	80769	8932
2012	69763	217	91413	59347	85240	9776
2013	72822	320	95291	59920	91806	10120
宝泉岭局	10849	30	16887	10182	15868	1142
红兴隆局	11164	38	18432	11724	15336	2890
建三江局	29803	49	29946	17449	30909	426
牡丹江局	14197	8	18981	15081	18264	1670
北安局	127	2	150	63	81	76
九三局	194		1680	248	1537	336
齐齐哈尔局	4011	2	5960	3769	7171	3054
绥化局	1270	4	1224	608	1209	254
哈尔滨局	1134		1797	758	1237	145
总局直属	73	187	234	38	194	127

7-10 续表 2

单位:台

年份 单位	联合收获机	自走式	牵引式	水稻收获机	机动割晒机	其他收获机械
2000	7258	7222	36	817		
2005	11065	10442	623	3460	6153	819
2009	17874	17167	707	9833	5657	1103
2010	19802	19054	748	11120	5748	1079
2011	21888	21068	820	12858	5806	962
2012	26352	23970	2382	15722	5452	981
2013	28402	27110	1292	18555	5977	1002
宝泉岭局	3956	3805	151	2278	224	79
红兴隆局	5285	5063	222	3000	1167	152
建三江局	8928	8541	387	7724	1491	63
牡丹江局	5328	5152	176	3880	2914	317
北安局	1140	1065	75	21	79	142
九三局	989	970	19	214	14	78
齐齐哈尔局	1432	1206	226	854	65	153
绥化局	934	930	4	292	14	1
哈尔滨局	354	334	20	276	9	13
总局直属	56	44	12	16		4

7-10 续表 3

单位:台

年份 单位	机动脱粒机	谷物烘干机	种子包衣机	种子清选机	机动喷雾(粉)机	牧草播种机
2000	13682	322		883	1407	
2005	11545	232	213	893	3726	37
2009	5557	367	274	947	13047	44
2010	4383	371	267	1007	12814	37
2011	3472	466	299	988	16966	36
2012	3382	485	290	934	17089	38
2013	3408	455	312	933	20722	35
宝泉岭局	553	76	15	106	1303	
红兴隆局	730	164	94	183	2110	10
建三江局	398	42	24	93	14837	3
牡丹江局	1377	41	8	95	2005	3
北安局	69	32	73	173	87	10
九三局	25	44	20	98	160	7
齐齐哈尔局	161	5	26	28	120	1
绥化局	49	5	3	4	3	1
哈尔滨局	19		1			
总局直属	27	46	48	153	97	

7-10 续表 4

单位:台

年份 单位	牧草收割机（台）	牧草打捆机（台）	铡草机（台）	电动挤奶机（部）	机动渔船（艘）	农用汽车（辆）	#农用载重汽车	农用运输车（辆）
2000	291		340	513	293	2800	1139	3778
2005	451	65	2051	2414	248	2204	937	4904
2009	418	140	3059	4698	289	2519	973	5201
2010	478	150	3425	5492	294	2820	775	5671
2011	476	160	3267	5464	303	3340	872	6187
2012	477	170	3292	5903	335	4096	900	6350
2013	469	181	2907	5480	389	4257	879	6785
宝泉岭局	2	20	1253	1310	113	1377	80	1051
红兴隆局	26	52	850	295	15	1104	299	2147
建三江局	9	29	119	3	99			567
牡丹江局	102	1	432	1161	97	514	69	707
北安局	2	16	27	832	10	563	176	793
九三局	12	15	2	493	2	422	215	863
齐齐哈尔局	302	47	26	1240		99	23	437
绥化局	7		43	28	48	112	6	38
哈尔滨局	7	1	155	116	5	34	4	146
总局直属				2		32	7	36

7-10 续表 5

单位:台

年份 单位	农产品加工机械	#碾米机	#磨面机	#榨油机	农用飞机（架）	飞机场（处）	推土机	挖掘机
2000	4472	1126	657	379	24	45	876	374
2005	3874	1443	438	306	31	57	739	396
2009	5400	1221	498	353	47	60	900	635
2010	5528	1382	467	317	45	68	1214	756
2011	7017	1717	467	285	44	68	1987	2237
2012	8120	2092	407	292	44	69	1202	1388
2013	6860	1949	422	260	47	72	1196	1371
宝泉岭局	521	181	32	74		8	145	185
红兴隆局	1233	345	37	26		10	201	143
建三江局	1641	786	16	10		16	182	372
牡丹江局	709	229	27	27		11	195	124
北安局	409	15	116	30		13	102	75
九三局	110	4	25	20		8	52	29
齐齐哈尔局	204	135	16	30		3	136	55
绥化局	485	109	17	36		2	60	45
哈尔滨局	504	26	77	7			51	9
总局直属	1044	119	59		47	1	72	334

注:农用运输车、农产品加工机械、推土机和挖掘机数据为全社会口径。

7-11 各管理局农业机械化情况

单位:公顷

年 份 单 位	机械耕整地面积	#水田机整地面积	机械播种面积	#水稻机播、机插面积	机械田间管理面积
2000	1943731		1642118	317494	
2005	2134745	726266	1917673	562235	1805795
2009	2636246	1089436	2510000	1013297	2397667
2010	2797725	1280987	2709132	1228426	2577674
2011	2840126	1449353	2787905	1413760	2644253
2012	2865300	1543885	2831973	1520134	2711652
2013	2873258	1560881	2829632	1547916	2715483
宝泉岭局	333304	235067	330912	229622	316834
红兴隆局	477617	226272	473665	223496	475332
建三江局	736702	674263	730909	666173	727822
牡丹江局	467793	290618	463469	296393	387825
北安局	322655	14994	304743	14849	314856
九三局	267437	10263	266228	10263	262124
齐齐哈尔局	150278	73168	146430	72535	143590
绥化局	90026	24767	86800	23692	74359
哈尔滨局	24301	9874	23521	9480	11236
总局直属	3145	1595	2955	1413	1505

7-11 续表

单位:公顷

年 份 单 位	#飞机作业面积	#飞机施肥面积	#飞机防治病虫害面积	机械收获面积	#水稻机收面积
2000	350123			1352654	
2005	719148	450008	302841	1797027	555772
2009	1194577	855458	805775	2503664	1041390
2010	1411412	1013899	1043785	2706084	1254540
2011	1583700	1172516	1272939	2792154	1441024
2012	1712158	1258906	1379644	2799046	1526858
2013	1779050	1377329	1443468	2800128	1549377
宝泉岭局	235080	196869	165798	321455	230417
红兴隆局	286924	211259	235579	470375	223371
建三江局	604189	551476	530548	733497	669492
牡丹江局	221284	155981	201224	457770	295598
北安局	202784	112184	166712	313860	14998
九三局	150773	132073	76851	259779	10263
齐齐哈尔局	77930	17401	66756	141660	73053
绥化局				82091	23573
哈尔滨局	86	86		16701	7078
总局直属				2940	1534

7-12 各管理局农用肥料、农药、农膜、电力使用量

单位:吨

年份 单位	化肥施用总量		氮肥		磷肥		钾肥	
	实物量	折纯量	实物量	折纯量	实物量	折纯量	实物量	折纯量
2000	521503	259703	205518	100833	137579	61066	53072	24809
2005	646843	310988	239490	116246	194291	88618	89259	41815
2009	916213	437102	346987	166705	269928	120937	163729	80055
2010	1006176	483542	384874	185013	289598	128202	184324	90894
2011	1103724	527655	422757	201358	302930	135089	218165	108616
2012	1175372	579642	449334	216984	318296	145130	222082	110750
2013	1212289	580459	458898	218450	324527	145692	240585	117953
宝泉岭局	161863	81149	69746	33410	39014	17863	31134	16457
红兴隆局	199488	98344	83243	41749	44856	21738	29631	14083
建三江局	294567	137747	105430	46490	78757	34075	86115	44806
牡丹江局	200750	87506	71942	30136	58719	24683	40326	16856
北安局	128446	65234	44371	24100	44313	20873	20301	9583
九三局	99875	50767	36432	20224	34651	16358	13288	6414
齐齐哈尔局	80327	36165	31485	14949	19741	7982	13270	6574
绥化局	34847	17750	11864	5413	650	286	4373	2083
哈尔滨局	10983	5219	3819	1729	3506	1636	2027	1028
总局直属	1143	578	566	250	320	198	120	69

7-12 续表

单位:吨

年份 单位	复合肥		生物肥施用量	有机肥施用量	农药施用量	#化学除草剂	农膜使用量	农业用电量(万度)
	实物量	折纯量						
2000	125334	72995		496017	6721	5479	5883	18481
2005	123803	64309	3822	565452	8364	7011	8839	17469
2009	135569	69405	19921	835078	12103	9772	12215	41737
2010	147380	79433	16918	998044	13686	10706	13912	45656
2011	159872	82592	14396	1035999	14846	11233	14788	52360
2012	185660	106778	14862	1351612	14793	11314	17375	60732
2013	188279	98364	15001	1395357	16155	12156	16567	59726
宝泉岭局	21969	13419	424	27645	1296	1183	2177	12973
红兴隆局	41758	20774	3454	104762	2571	1974	2572	12779
建三江局	24265	12376	3535	9377	4460	2920	6860	16866
牡丹江局	29763	15831	6000	41628	4188	2938	3966	5158
北安局	19461	10678	321	7884	1317	1155	20	4203
九三局	15504	7771	22	32953	1256	1154	37	2502
齐齐哈尔局	15831	6660	715	907015	408	288	524	2252
绥化局	17960	9968	312	248762	513	461	286	1805
哈尔滨局	1631	826	48	8332	138	73	116	781
总局直属	137	61	170	7000	9	8	9	406

7-13 各管理局农田水利化情况

年　份 单　位	机电井（眼）	#已配套	排灌站（座）	排灌能力（立方米/秒）
1985	3156	1940		
1990	5027	3870	124	412
1992	6475	4914	132	237
1993	7268	5632	119	258
1994	7413	5934	138	457
1995	10854	8610	129	548
1996	21775	19255	131	600
1997	28017	24034	144	682
1998	37213	31950	124	623
1999	40678	37534	127	682
2000	43320	39921	141	786
2001	45342	41489	146	807
2002	49462	43714	152	907
2003	45166	39464	165	943
2004	46987	41199	166	816
2005	48924	44007	168	887
2006	52747	47599	173	916
2007	61891	56757	202	991
2008	66571	60413	208	1349
2009	70539	64309	211	1488
2010	73936	67488	220	2027
2011	81711	74174	230	2513
2012	86544	79111	223	2497
2013	87417	80021	249	3159
宝泉岭局	17894	16814	25	215
红兴隆局	14604	13375	68	410
建三江局	27857	27857	21	125
牡丹江局	11393	8486	56	2054
北安局	542	156	7	157
九三局	1081	1056	7	87
齐齐哈尔局	10991	9368	50	80
绥化局	1033	1008	8	24
哈尔滨局	1852	1758	6	7
总局直属	170	143	1	

7–14 灌溉、除涝、治水情况

指　　标	单位	2000	2005	2009	2010	2011	2012	2013
年底灌区数	处	242	234	260	282	292	323	338
设计 0.067 万公顷以上灌区	处	33	43	49	49	49	49	54
设计 0.067 万公顷以下灌区	处	209	191	211	233	243	274	284
设计灌溉面积	万公顷	93.95	124.32	165.77	189.29	205.2	212.24	218.06
有效灌溉面积	万公顷	77.41	94.54	134.31	155.74	173.25	184.09	185.37
江河引水灌溉	万公顷	7.66	8.3	8.73	9.04	9.4	10.19	10.87
水库塘坝蓄水灌溉	万公顷	3.79	4.78	5.39	5.44	5.54	5.55	4.85
江河提水灌溉	万公顷	5.90	9.23	13.38	15.65	16.5	17.39	17.60
机电井灌溉	万公顷	54.20	57.26	86.85	102.86	117.68	125.37	126.52
喷滴灌灌溉	万公顷	5.91	14.97	19.96	22.75	24.13	25.59	25.53
在有效灌溉面积中：								
机电灌溉面积	万公顷	65.97	81.46	120.19	141.26	158.31	168.35	146.10
涝区面积	万公顷	257.48	257.48	260.3	260.30	260.68	260.68	260.80
易涝耕地面积	万公顷	154.24	154.73	166.75	166.75	166.93	166.93	167.05
除涝面积	万公顷	131.17	137.01	141.24	142.10	142.77	143.71	143.48
三至五年	万公顷	119.40	120.29	123.76	124.24	123.03	123.77	123.37
五年以上	万公顷	11.77	16.72	17.46	17.86	19.74	19.94	20.11
除涝面积占易涝面积比重	%	85.04	88.55	84.7	85.21	85.53	86.09	86
堤防长度	公里	2634.30	2828.53	2856.72	2856.72	2877.67	2926.07	3042.54
保护耕地面积	万公顷	70.05	74.79	89.38	89.38	89.82	91.17	90.37
保护人口	万人	61.44	63.72	93.37	93.37	93.49	94.66	93.65
水库	座	146	153	178	190	193	193	193
# 大型水库	座	2	2	2	2	2	2	2
中型水库	座	13	14	16	16	16	16	16
水土流失面积	万公顷	66.95	66.95	67.85	68.42	68.42	68.42	68.42
治理水土流失面积	万公顷	29.43	34.05	37.21	37.05	38.84	39.96	28.14
占流失面积比重	%	43.96	50.86	54.84	54.17	56.77	58.40	41

注：7–14 至 7–15 表资料由总局水务局提供。

7-15 各管理局灌溉、除涝、治水情况

年份 单位	水库座数（座）	年底灌区数（处）	有效灌溉面积（万公顷）	#水田灌溉面积	#喷滴灌面积	#机电井灌溉面积	当年实际灌溉面积（万公顷）	易涝耕地面积（万公顷）
2000	146	242	77.41	70.44	5.91	65.97	72.27	154.24
2005	153	234	94.54	78.47	14.97	81.46	76.83	154.73
2009	178	260	134.31	113.51	19.96	120.19	121.60	166.75
2010	190	282	155.74	132.23	22.75	141.26	134.95	166.75
2011	193	292	173.25	148.5	24.13	158.30	149.96	166.93
2012	193	323	184.09	157.46	25.59	125.36	159.55	166.93
2013	193	54	185.37	158.80	25.53	126.52	161.00	167.05
宝泉岭局	7	4	29.99	23.80	6.19	21.96	23.51	29.59
红兴隆局	45	17	27.36	23.56	3.66	17.93	24.36	37.60
建三江局	6	3	74.50	68.06	6.43	66.06	67.57	51.60
牡丹江局	42	9	30.87	30.18	0.69	15.59	29.66	29.20
北安局	30	5	2.94	1.50	1.19		1.50	9.51
九三局	32	2	3.60	1.03	2.57	1.00	1.03	0.95
齐齐哈尔局	12	7	11.25	7.27	3.48	2.54	8.88	2.76
绥化局	13	6	3.58	2.34	1.11	0.84	3.25	5.02
哈尔滨局	5	1	1.12	0.90	0.21	0.44	1.08	0.82
总局直属	1		0.16	0.16		0.16	0.16	

7-15 续表

年份 单位	除涝面积（万公顷）	三至五年	五年及以上	堤防长度（公里）	保护耕地面积（万公顷）	保护人口（万人）	水土流失面积（万公顷）	治理水土流失面积（万公顷）
2000	131.17	119.40	11.77	2634.30	70.05	61.44	66.95	29.43
2005	137.01	120.29	16.72	2828.53	74.79	63.72	66.95	34.05
2009	141.24	123.76	17.46	2856.72	89.38	93.37	67.85	37.21
2010	142.10	124.24	17.86	2856.72	89.38	93.37	68.42	37.06
2011	142.77	123.03	19.74	2877.67	89.82	93.49	68.42	33.84
2011	143.71	123.77	19.94	2926.07	91.17	94.66	68.42	39.96
2013	143.48	123.37	20.11	3042.54	90.37	93.65	68.42	28.14
宝泉岭局	23.92	23.92		628.81	12.12	12.39	4.38	1.61
红兴隆局	34.33	20.22	14.11	1064.05	30.41	19.54	8.52	2.94
建三江局	42.47	42.20	0.27	282.01	8.76	4.56	4.69	1.47
牡丹江局	27.57	21.90	5.67	620.62	17.11	15.80	10.87	7.53
北安局	7.75	7.75		106.75	1.40	0.59	18.21	8.49
九三局	0.50	0.50		28.26	0.37	5.90	17.13	2.97
齐齐哈尔局	2.01	2.01		214.73	17.73	31.00	1.65	1.56
绥化局	4.40	4.34	0.06	97.31	2.47	3.87	2.81	1.48
哈尔滨局	0.53	0.53					0.16	0.09
总局直属								

7-16 各管理局主要农作物播种面积

单位:公顷

年份 单位	总播种 面积	粮食作物		在粮食作物播种面积中				
		播种面积	占总播种 面积%	谷物	水稻	小麦	玉米	高粱
1978	1739733	1529800	87.9	961472	16066	710579	187146	5144
1979	1873067	1695267	90.5	1063575	13359	850036	158944	5666
1980	1979466	1792200	90.5	1176699	12600	994600	139800	5737
1981	2003823	1827914	91.2	1170057	12008	1042224	92919	3375
1982	1867053	1703727	91.3	895802	12015	795348	59702	1988
1983	1930423	1758921	91.1	1139398	14846	1003805	80069	2131
1984	1841471	1689064	91.7	931291	18198	807498	82038	663
1985	1776333	1649451	92.9	900872	25977	814418	45185	93
1986	1731472	1617913	93.4	988708	36559	859662	71534	216
1987	1789005	1649684	92.2	925571	43328	758713	75804	234
1988	1608482	1428899	88.8	670148	36560	550714	50766	138
1989	1772186	1604916	90.6	918121	44427	763635	74705	363
1990	1817801	1636135	90.0	1006983	58401	786456	122182	271
1991	1836356	1646932	89.7	998233	68478	779710	117302	171
1992	1675355	1463223	87.3	868330	80901	682557	87005	872
1993	1830058	1634846	89.3	815628	105500	612565	67172	648
1994	1819826	1621119	89.1	835928	126805	532896	93949	916
1995	1776749	1609675	90.5	846297	178407	460556	169622	2247
1996	1867409	1732325	92.8	1156427	342894	499287	269373	2405
1997	1923167	1811557	94.2	1196837	530844	401375	232471	745
1998	1994437	1861392	93.3	1283230	658253	397761	203639	775
1999	1978736	1846120	93.3	1373003	686358	476386	186162	1568
2000	1980732	1818622	91.8	1081524	676635	299502	83388	1501
2001	2011437	1831757	91.1	1045046	677710	207770	115990	1161
2002	2012107	1792702	89.1	1074587	698925	128580	149664	3958
2003	1967419	1693944	86.1	910432	553540	124719	154178	2193
2004	2152183	1875886	87.2	1105061	686162	152599	225490	924
2005	2155968	1904847	88.4	1197993	737454	140178	252205	837
2006	2349243	2083721	88.7	1410757	872768	133647	301992	
2007	2396780	2151491	89.8	1557184	1000355	110038	402616	670
2008	2501994	2296413	91.8	1623454	1030062	114038	401657	929
2009	2643866	2544187	96.2	1830295	1092140	144604	588071	574
2010	2801189	2702869	96.5	2017606	1282393	112860	621620	560
2011	2842779	2744067	96.5	2229179	1454964	93520	680399	196
2012	2870592	2797784	97.5	2438180	1548497	34901	854478	138
2013	2879922	2803387	97.3	2469569	1567146	10014	890869	1359
宝泉岭局	333304	332597	99.8	325318	235065		90253	
红兴隆局	477617	463526	97.0	424436	226272	18	198146	
建三江局	736702	736663	100	735342	674515		60827	
牡丹江局	468321	453567	96.8	410958	296623		114335	
北安局	322870	319785	99.0	222026	15004	6415	200607	
九三局	270743	250949	92.7	147838	10263	3581	133336	610
齐齐哈尔局	150278	136123	90.6	122790	73168		49622	
绥化局	92475	86387	93.4	58293	24767		33160	366
哈尔滨局	24450	20672	84.5	19611	9874		9237	367
总局直属	3162	3118	98.6	2957	1595		1346	16

注:1985–2007年的粮食作物中不含薯类。

7-16 续表 1

单位:公顷

年份 单位	谷子	其他作物	#大麦	豆类	#大豆	薯类	油料	#油菜籽	麻类
1978	33774	8763	4867	557133	557133		37200	34467	2133
1979	26991	8579		624867	624867		4533	2333	1867
1980	17829	6133		613600	613600		5933	2261	1314
1981	12562	6969		657175	657175		5669	1273	948
1982	9079	17670	13913	807564	807564		7750	3605	645
1983	8435	30112	26313	618993	618993		6603	2222	500
1984	3566	19328	12167	757696	757696		6067	2267	467
1985	486	14713	10867	748579	748579	5425	14609	8302	696
1986	250	20487	18687	629205	629205	5007	28299	25856	617
1987	164	47328	44333	724113	724113	4511	46764	44885	1038
1988	63	31907	29333	758751	758751	4408	67556	66167	1161
1989	84	34907	32224	686795	686795	4703	51322	49248	657
1990	14	39659	36610	629152	629152	3859	59328	57833	439
1991		32572	30403	648699	648699	6037	57400	55796	324
1992	3	16992	15342	594893	592025	5655	85228	83529	18
1993	6	29737	28258	819218	810407	5129	60596	56809	50
1994	40	81322	79449	785191	754305	3693	64055	48320	54
1995	40	35425	34225	763378	746029	3363	47838	41212	380
1996	30	42438	41123	575898	567290	2382	32041	26210	77
1997		31402	31248	614720	607972	2116	21740	18780	67
1998		22802	22802	578162	571893	2701	34328	27256	161
1999	367	22162	21266	473117	452723	2187	76687	56632	1311
2000	182	20316	19530	737098	668210	2914	80684	50196	7196
2001	204	42211	38753	786711	709823	5297	47650	2077	34388
2002	123	93337	92154	718115	664521	6619	64533	801	38974
2003	90	75712	74942	783512	661744	10015	90804	1474	60523
2004	67	39819	39007	770825	663949	8959	80960	2195	61496
2005	2	67317	67223	706854	595631	16399	79222	1267	46125
2006		102350	102350	672964	539975	17827	88537		32187
2007	439	43066	42959	594307	473146	23882	70006		29991
2008	371	76398	76398	628770	538538	44188	67587		22700
2009	33	4873	4873	696891	664137	17001	21189		3874
2010	128	45		658930	624125	26333	14543		1250
2011	100			497164	456299	17724	20783		854
2012	166			340409	316545	19195	10631		551
2013	181			311280	284905	22538	5566	76	200
宝泉岭局				7279	7212				
红兴隆局				39077	38610	13	480		
建三江局				1321	1321				
牡丹江局				41721	29081	888	2348		
北安局				92357	89157	5402			
九三局	48			96443	92993	6668	81	76	
齐齐哈尔局				4700	667	8633	666		
绥化局				27427	25076	667	1067		200
哈尔滨局	133			796	629	265	924		
总局直属				159	159	2			

7-16 续表 2

单位:公顷

年份 单位	甜菜	烟叶	药材	蔬菜瓜类 合计	蔬菜	瓜类	其他 作物	#青饲料	#饲草
1978	10533	133	100	58933	56266	2667	100901	67600	
1979	10333	27	500	55467	52400	3067	105073	66133	
1980	22982	5	800	59203	55643	3560	97029	54067	
1981	22344	23	607	56008	52226	3782	90310	39889	
1982	24324	52	653	52386	49207	3179	77516	37094	
1983	31968	7	813	50123	45917	4206	81488	35121	
1984	33851	33	833	37293	34026	3267	73863	33000	
1985	37045	45	727	24898	21698	3200	43437	22600	
1986	30706	76	600	23736	20028	3708	24518	16887	
1987	34473	28	600	24057	18044	6013	27850	18413	
1988	51046	10	47	21442	17632	3810	33913	19454	
1989	41538	226	87	25187	18699	6488	43550	22690	
1990	50956	403	21	24022	21068	2954	42638	28667	
1991	51982	546	36	19897	16911	2986	53202	34703	
1992	49130	264	174	18184	15519	2665	53479	31852	
1993	47257	106	566	20010	16516	3494	61498	37830	
1994	53427	2	415	21643	16424	5219	55418	36940	
1995	51683		182	15794	11809	3985	47834	30810	
1996	48086	5	3	12968	9944	3024	39522	23748	
1997	45398	88	100	13010	9059	3951	29091	18848	
1998	46674	6	2773	19077	15368	3709	27325	16758	
1999	18943	37	2940	8418	5480	2938	22093	11431	
2000	12335	210	1949	14717	8246	6471	42105	13815	3490
2001	25601	305	2810	17299	10853	6446	46330	19857	11464
2002	32994	47	3941	19576	11705	7871	52721	26003	9602
2003	14967	57	10424	25246	16021	9225	61439	43838	8926
2004	12173	138	15888	18056	10680	7376	78627	41718	7533
2005	14702	40	14929	22251	13318	8933	57453	42016	1358
2006	18762	44	13969	24651	12131	12520	69545	52163	1215
2007	22554	54	15893	23812	12041	11771	59097	48943	331
2008	21755	157	12133	23854	14025	9829	57395	47207	502
2009	12738	203	5987	13737	7122	6615	41951	37798	576
2010	12375	239	8470	13865	6808	7057	47578	35874	1633
2011	17906	467	5641	12682	6449	6233	40379	35032	833
2012	15334	705	4931	8341	3994	4347	32315	24643	
	16705	744	4997	11358	4552	6806	36965	29484	333
宝泉岭局		30		30		30	647	647	
红兴隆局	9244		160	2501	587	1914	1706	1159	
建三江局				39	25	14			
牡丹江局	52	47	110	1784	1166	618	10413	6753	
北安局				364	144	220	2721	2540	
九三局	6669		1460	181	137	44	11403	10426	
齐齐哈尔局			1134	3509	1059	2450	8846	7299	
绥化局		667	2133	2021	740	1281			
哈尔滨局	740			894	667	227	1220	660	333
总局直属				35	27	8	9		

7-17 各管理局主要农作物产品产量

单位:吨

年份 单位	粮食	#交售量	谷物	水稻	小麦	玉米
1978	2345727	1046229	1576444	39831	1018266	482387
1979	2686098	1330553	2068585	32401	1641213	362199
1980	3248751	1912481	2476467	35739	2052748	364534
1981	1768858	566732	1376864	17646	1253212	95887
1982	2348038	1226370	1342349	29748	1195097	92815
1983	3310967	1963993	2506506	32432	2244818	169216
1984	2740114	1409748	1783774	43596	1553092	153476
1985	2523653	1352367	1713948	72044	1520038	95392
1986	2990814	1708914	2030390	105584	1691502	192359
1987	3095582	1661438	2033181	122009	1595222	217155
1988	2571177	1263996	1481975	128103	1167808	116669
1989	3556477	2079103	2434079	167015	1973870	224654
1990	4602621	3007306	3482435	250726	2678139	444493
1991	3665609	2307705	2725918	274700	2041543	332033
1992	3748940	2268879	2934079	374382	2245505	279436
1993	4020256	2615917	2425519	508549	1597071	251228
1994	4144379	2745415	2483452	715899	1174573	424953
1995	5145803	3660850	3651251	1238760	1356677	969940
1996	7156390	5526525	5883478	2449896	1691549	1595375
1997	8519638	6833772	7010823	4049746	1475454	1376591
1998	8685468	7007850	7473844	4758487	1408724	1226452
1999	9052941	7437180	8070419	5175982	1607090	1197488
2000	8141318	6434761	6518426	5286365	645111	535983
2001	8607864	6981008	6820851	5274201	620391	791115
2002	8105875	6342259	6401178	4527726	485210	1005977
2003	7553359	6596891	5692853	4241574	268480	1004569
2004	9375115	8245476	7477942	5286192	558042	1484851
2005	10265095	9043548	8448308	5734267	610861	1839583
2006	11322488	10090187	9797336	6825046	585291	1939997
2007	12463848	11355394	11175179	7980678	507476	2512890
2008	14205932	12995003	12338535	8421787	560774	2990738
2009	16526330	15286855	14626455	9273179	777029	4550139
2010	18179839	16940364	16330285	10943942	565399	4816312
2011	20369839	19147649	18904030	12789134	534767	5577911
2012	21051884	19809823	19783276	13704198	212203	5865000
2013	21209471	19979322	20484245	13856705	56060	6563032
宝泉岭局	2544217	2473189	2528696	1919706		608990
红兴隆局	3803431	3660129	3689215	2005396	63	1683756
建三江局	6196411	5945014	6192941	5688401		504540
牡丹江局	3580695	3370508	3471602	2652496		819106
北安局	2280942	2150924	2070856	152763	37722	1880371
九三局	1510422	1216767	1376226	97308	18275	1258215
齐齐哈尔局	898237	845752	876258	566964		309294
绥化局	525367	515490	469070	185301		280426
哈尔滨局	138209	120392	134525	69797		62179
总局直属	25712	25389	25306	13450		11728
自1949年起累计	**306010040**	**242608465**	**254052991**	**27560903**	**268263**	**56731240**

7-17 续表 1

单位:吨

年份 单位	高粱	谷子	其他	#大麦	豆类	大豆	杂豆
1978	7705	19399	8856	5925	750694	750694	
1979	7158	14047	11567		605377	605377	
1980	8559	5856	9031		770838	770838	
1981	2520	2287	5312		391508	391508	
1982	2259	3330	19100	17209	1005003	1005003	
1983	2463	2761	54816	50174	803931	803931	
1984	890	965	31755	26486	956175	956175	
1985	115	261	26098	22955	809705	809705	
1986	285	175	40485	38682	960424	960424	
1987	313	165	98317	95597	1062401	1062401	
1988	318	36	69041	65760	1089202	1089202	
1989	513	50	67977	64913	1122398	1122398	
1990	1029	11	108037	103747	1120186	1120186	
1991	253		77389	74679	939691	939691	
1992	2237	2	32517	30299	814861	811304	3557
1993	2574	8	66089	64192	1594737	1584474	10263
1994	3485	104	164438	162991	1660927	1621171	39756
1995	8549	26	77299	73182	1494552	1462054	32498
1996	11427		135231	131075	1272912	1257467	15445
1997	1598		107434	106818	1508815	1494345	14470
1998	4989		75192	75192	1211624	1199335	12289
1999	6979	1288	81592	79702	982522	949581	32941
2000	4607	372	45988	43800	1622892	1493855	129037
2001	5390	408	129346	126839	1787013	1636025	150988
2002	22608	560	359097	355641	1704697	1594186	110511
2003	12753	478	164999	161824	1860506	1659458	201048
2004	5678	229	142950	139864	1897173	1683111	214062
2005	5796	4	257797	257259	1816787	1546258	270529
2006			447002	447002	1525152	1300800	224352
2007	1841	988	171306	171000	1288669	1099642	189027
2008	6128	1072	358037	358037	1628727	1401814	226913
2009	4276	148	21684	21684	1798430	1718641	79789
2010	3656	726	250		1710548	1622101	88447
2011	1618	600			1346499	1239764	106735
2012	879	996			1136796	1070000	66796
2013	7677	771			674278	620924	53354
宝泉岭局					15521	15372	149
红兴隆局					114144	112849	1295
建三江局					3470	3470	
牡丹江局					103649	74144	29505
北安局					193874	185498	8376
九三局	2255	173			124510	122034	2476
齐齐哈尔局					7762	1636	6126
绥化局	3343				52876	47824	5052
哈尔滨局	1951	598			1808	1433	375
总局直属	128				386	386	
自 1949 年起累计	324856	612693	4048108	3372528	51026776	48753969	2272807

注:杂豆产量 1991 年以前含在其他谷物里,本表杂豆累计数是从 1992 年起累计,大麦累计数是从 1978 年起累计。

7-17 续表 2

单位:吨

年份 单位	薯类	油料	# 油菜籽	# 向日葵	甜菜	麻类	烟叶	蔬菜	瓜类
1978		8534	7401		59310	298	54	513907	10340
1979		1164	535		67731	312	20	530157	20769
1980		3317	962		194884	220	2	469098	13966
1981		1890	141		147096	98	12	314145	4617
1982		2111	164		231193	46	34	606060	22960
1983		3512	738		443406	67	6	652593	13640
1984		2738	207	2090	416433	834	13	453591	34227
1985		8513	4184	4035	405133	847	50	327236	44328
1986		12844	10191	2626	379570	838	84	333750	65370
1987		35348	33992	1356	455427	1907	48	300719	56068
1988		31115	29888	1195	729370	3043	13	286882	72248
1989	67505	48357	44940	2467	592554	1751	350	253503	99933
1990	66919	63607	61804	1707	988590	1043	635	322784	61476
1991	63801	61213	59753	1423	728592	712	528	179160	39123
1992	57173	85658	83899	1711	866393	61	317	232268	36496
1993	43233	39300	36292	1567	524383	140	119	180879	64447
1994	38151	38654	33589	1305	645152	80	2	202785	75561
1995	42174	55554	49522	2896	1036056	2031		194770	86225
1996	42906	31810	26295	1663	1047763	293	8	168107	63039
1997	39093	29415	25847	1365	1115768	258	181	197064	70110
1998	39969	34608	25961	2251	759729	75	20	232690	89574
1999	38222	78974	58421	6091	382447	1788	75	114744	95741
2000	50731	76698	37831	20670	307432	20237	405	175048	188553
2001	107111	69131	2351	27305	612372	108789	902	282490	193803
2002	147050	76175	1053	36185	973844	165110	87	330153	233107
2003	196172	102957	2238	26579	268794	168293	139	502168	294507
2004	246028	95081	3246	12819	357607	237066	293	369724	267068
2005	450810	113547	2290	21400	516002	214731	86	432312	367972
2006	501402	119821		25320	758524	188043	81	355916	480376
2007	669698	90274		19555	850796	99028	89	452823	475203
2008	238669	103807		21346	790566	86174	496	492484	392681
2009	101445	32851		11351	461963	18266	809	301799	293320
2010	139006	22313		2428	533580	5258	817	312886	322631
2011	119310	28960		2044	834173	4385	1525	318380	292134
2012	131812	17202		1894	759113	2840	2085	204204	222457
2013	50948	10497	233	1710	435866	772	1701	247939	272534
宝泉岭局							59		900
红兴隆局	72	1296			330429			24611	56578
建三江局								1862	630
牡丹江局	5444	2506			2256		141	64057	25278
北安局	16212							9873	14357
九三局	9686	234	233		74675			5172	1602
齐齐哈尔局	14217	1932						49395	104953
绥化局	3421	2402				772	1501	50790	54537
哈尔滨局	1876	2127		1710	28506			41512	13242
总局直属	20							667	472

注:薯类按 5:1 折粮计算。

7–18 各管理局主要农作物单位面积产量

单位:公斤/公顷

年份 单位	粮食	谷物	水稻	小麦	玉米	高粱	谷子	其他	#大麦
1978	1533	1640	2479	1433	2578	1498	574	1011	1215
1979	1584	1945	2425	1931	2279	1263	520	1348	
1980	1813	2105	2836	2064	2608	1492	328	1473	
1981	968	1177	2470	1202	1032	747	182	762	
1982	1378	1498	2476	1503	1555	1136	367	1081	1230
1983	1882	2200	2185	2236	2113	1156	327	1820	1905
1984	1622	1915	2396	1923	1871	1342	271	1643	2175
1985	1530	1903	2773	1866	2111	1237	537	1774	2115
1986	1849	2054	2888	1968	2689	1319	700	1976	2070
1987	1876	2197	2816	2103	2865	1338	1006	2077	2160
1988	1799	2211	3504	2121	2298	2321	571	2164	2265
1989	2220	2651	3765	2580	3000	1410	600	1950	2010
1990	2820	3458	4290	3405	3645	3810	795	2730	2834
1991	2226	2731	4012	2618	2831	1480		2376	2456
1992	2562	3379	4628	3290	3212	2565	667	1816	1975
1993	2459	2974	4820	2607	3740	3972	1333	2222	2272
1994	2556	2971	5646	2204	4523	3805	2600	2022	2052
1995	3197	4314	6943	2946	5418	3805	650	2182	2138
1996	4131	5088	7145	3388	5923	4751		3187	3187
1997	4703	5858	7629	3676	5922	2145		3421	3418
1998	4666	5824	7229	3542	6023	6437		3298	3298
1999	4904	5878	7541	3373	6433	4451	3510	3682	3748
2000	4477	6027	7813	2154	6428	3069	2044	2264	2243
2001	4699	6527	7782	2986	6821	4643	2000	3064	3273
2002	4522	5957	6478	3774	6722	5712	4553	3847	3859
2003	4459	6253	7663	2153	6516	5815	5311	2179	2159
2004	4998	6767	7704	3657	6585	6145	3418	3590	3586
2005	5398	7052	7776	4358	7294	6925	2000	3830	3827
2006	5434	6945	7820	4379	6424			4367	4367
2007	5793	7177	7978	4612	6241	2747	2250	3977	3980
2008	6186	7600	8176	4917	7446	6596	2889	4686	4686
2009	6496	7991	8491	5373	7737	7449	4485	4450	4450
2010	6726	8094	8534	5010	7748	6529	5672	5556	
2011	7423	8480	8790	5718	8198	8255	6000		
2012	7524	8114	8850	6080	6864	6370	6000		
2013	7566	8295	8842	5598	7367	5649	4260		
宝泉岭局	7650	7773	8167		6748				
红兴隆局	8205	8692	8863	3500	8498				
建三江局	8411	8422	8433		8295				
牡丹江局	7895	8448	8942		7164				
北安局	7133	9327	10181	5880	9373				
九三局	6019	9309	9481	5103	9436	3697	3604		
齐齐哈尔局	6599	7136	7749		6233				
绥化局	6082	8047	7482		8457	9134			
哈尔滨局	6686	6860	7069		6732	5316	4496		
总局直属	8246	8558	8433		8713	8000			

7-18 续表

单位:公斤/公顷

年份 单位	豆类	大豆	杂豆	薯类	油料	#油菜籽	甜菜	麻类	烟叶	蔬菜	瓜类
1978	1347	1347			229	215	5631	140	406	9134	3878
1979	969	969			257	229	6555	167	741	10118	6773
1980	1256	1256			559	425	8480	167	400	8430	3953
1981	596	596			333	111	6583	103	522	6015	1215
1982	1244	1244			272	45	9505	71	654	12317	7328
1983	1299	1299			532	332	13870	134	857	14212	3248
1984	1262	1262			451	91	12302	1786	394	13331	10478
1985	1082	1082			583	504	10936	1217	1111	12065	13853
1986	1526	1526			454	394	12361	1358	1105	13331	17631
1987	1467	1467			756	757	13211	1837	1714	13333	9330
1988	1436	1436			461	452	14288	2621	1300	13016	18961
1989	1635	1635		14354	942	913	14265	2665	1549	13557	15402
1990	1785	1785		17341	1072	1100	19401	1622	1576	15321	20811
1991	1449	1449		10568	1066	1071	14016	2198	967	10594	13102
1992	1370	1370	1240	10110	1005	1004	17635	3389	1201	14967	13695
1993	1947	1955	1165	8429	649	639	11096	2800	1123	10952	18445
1994	2115	2149	1287	10330	603	695	12075	1481	1000	12347	14478
1995	1958	1960	1873	12541	1161	1202	20046	5345		16493	21637
1996	2210	2217	1794	18013	993	1003	21789	3805	1600	16905	20846
1997	2454	2458	2144	18475	1353	1376	24577	3851	2057	21753	17745
1998	2096	2097	1960	14798	1008	952	16277	466	3333	15141	24150
1999	2077	2097	1615	17477	1030	1032	20189	1364	2027	20939	32587
2000	2202	2236	1873	17409	951	754	24924	2812	1929	21228	29138
2001	2271	2305	1964	20221	1451	1132	23920	3164	2957	26029	30066
2002	2374	2399	2062	22216	1180	1315	29516	4236	1851	28206	29616
2003	2375	2508	1651	19588	1134	1518	17959	2781	2439	31344	31925
2004	2461	2535	2003	27462	1174	1479	29377	3855	2123	34618	36208
2005	2570	2596	2432	27490	1433	1807	35097	4655	2150	32461	41192
2006	2266	2409	1687	28126	1353		40429	5842	1841	29339	38369
2007	2168	2324	1560	28042	1290		37723	3302	1648	37607	40371
2008	2590	2603	2515	5401	1536		36340	3796	3159	35115	39951
2009	2581	2588	2436	5967	1550		36267	4715	3985	42376	44342
2010	2596	2599	2541	5279	1534		43118	4206	3418	45959	45718
2011	2708	2717	2612	6732	1393		46586	5135	3266	49369	46869
2012	3340	3380	2799	6867	1618		49505	5154	2957	51128	51175
2013	2166	2179	2023	2261	1886	3066	26092	3860	2286	54468	40043
宝泉岭局	2132	2131	2224						1967		30000
红兴隆局	2921	2923	2773	5538	2700		35745			41927	29560
建三江局	2627	2627								74480	45000
牡丹江局	2484	2550	2334	6131	1067		43385		3000	54937	40903
北安局	2099	2081	2618	3001						68562	65259
九三局	1291	1312	718	1453	2889	3066	11197			37752	36409
齐齐哈尔局	1651	2453	1519	1647	2901					46643	42838
绥化局	1928	1907	2149	5129	2251			3860	2250	68635	42574
哈尔滨局	2271	2278	2246	7079	2302		38522			62237	58335
总局直属	2428	2428		10000						24704	59000

注:薯类自 2008 年起按 5:1 折粮计算。

7-19 各管理局无公害农产品种植面积

单位:公顷

年 份 单 位	认证个数(个)	面积合计	水稻	小麦	玉米	谷子	大豆	绿豆	马铃薯	甜菜	其他
2009	426	2214622	936158	138740	345035		549046	267	20040	9863	215472
2010	463	2283777	1050635	129696	289506	666	556028	2263	24125	6437	224422
2011	469	2370675	1139701	121030	277612	666	579587	2330	17520	6937	225291
2012	477	2567094	1322441	88697	582229	667	423886	734	22912	11270	114256
2013	348	2427310	1464455	35309	536234	666	270547	733	10815	10004	98548
宝泉岭局	73	318687	168988	1502	86941		43062		267		17926
红兴隆局	96	632048	303075	1426	239340		42067			6134	40006
建三江局	25	717169	656542		26840		33787				
牡丹江局	56	416992	278451		75461		46896	67	200	500	15418
北安局	2	9333		3333			6000				
九三局	52	224123	8000	26698	88639		72437		6918	3370	18062
齐齐哈尔局	1	36000	36000								
绥化局	43	72958	13399	2350	19013	666	26298	666	3430		7136
哈尔滨局											
总局直属											

7-20 各管理局绿色食品原料标准化生产基地面积

单位:公顷

年 份 单 位	认证个数(个)	面积合计	水稻	小麦	玉米	谷子	大豆	绿豆	马铃薯	甜菜	其他
2009	56	550934	247800	20000	40933		158867		10000		73334
2010	59	570935	254467	20000	47600		165534		10000		73334
2011	63	597601	267800	20000	47600		178867		10000		73334
2012	63	597601	267800	20000	47600		178867		10000		73334
2013	63	597601	267800	20000	47600		178867		10000		73334
宝泉岭局	15	126934	43800	6667	47600		28867				
红兴隆局	5	93333	13333				13333				66667
建三江局	21	194000	144000				50000				
牡丹江局	7	66667	66667								
北安局	14	106667		13333			86667				6667
九三局											
齐齐哈尔局	1	10000							10000		
绥化局											
哈尔滨局											
总局直属											

注:7-19至7-20表资料由总局绿办提供。

7-21 各管理局农作物受灾情况

单位:公顷

年 份 单 位	全部作物 受灾面积	#粮食作物	占粮食播种面积比重(%)	全部作物 成灾面积	占全部作物播种面积比重(%)	粮食作物 成灾面积	占粮食播种面积比重(%)
2000	1494194	1363675	75.0	1221167	61.7	1110866	61.1
2005	890774	825782	43.4	479536	22.2	452645	23.8
2009	1245779	1210876	47.6	742761	28.1	719029	28.3
2010	791434	780744	28.9	432205	15.4	426601	15.8
2011	720568	705994	25.7	386873	13.6	376135	13.7
2012	888330	875123	31.3	435106	15.2	427662	15.3
2013	1088531	1067655	38.1	748623	26.0	735067	26.2
宝泉岭局	96840	96840	29.1	51026	15.3	50826	15.3
红兴隆局	207224	199857	43.1	150437	31.5	144454	31.2
建三江局	225147	225147	30.6	136741	18.6	136741	18.6
牡丹江局	83701	83677	18.4	47903	10.2	47886	10.6
北安局	207335	205142	64.1	172350	53.4	170888	53.4
九三局	175651	167440	66.7	125040	46.2	120522	48.0
齐齐哈尔局	43231	41084	30.2	30661	20.4	29285	21.5
绥化局	39136	38202	44.2	26767	28.9	26767	31.0
哈尔滨局	10266	10266	49.7	7698	31.5	7698	37.2
总局直属							

7-21 续表

单位:公顷

年 份 单 位	在全部作物成灾面积中:						
	旱 灾	水 灾	涝 灾	风 灾	雹 灾	霜冻灾	病虫灾
2000	1091248	4661	13571	21239	57042	1104	30116
2005	69806	12324	174239	25904	57451	5611	123388
2009	217905	14846	322810	58297	5394	24157	77841
2010	88396	11253	123531	33025	19799	1800	152904
2011	161059	5885	44816	108054	31344	673	21123
2012	161693	11182	45057	180655	29859	1745	4315
2013	147	54879	609224	45292	21471		17591
宝泉岭局		18167	30580	223	1897		144
红兴隆局	37	4281	119967	14531	1000		10621
建三江局		6684	102921	22544	3649		939
牡丹江局		1999	36349	4184	428		4943
北安局		3068	165163	3166	162		791
九三局	110		110442		14335		153
齐齐哈尔局		10691	19785	185			
绥化局		6709	20058				
哈尔滨局		3280	3959	459			
总局直属							

7-22 各管理局粮食销售留用情况

单位:吨

年份 单位 作物	垦区留粮	场内消费					管局口粮
			种子	口粮	饲料	工业用粮	
2000	1202342	1201617	315558	330035	345152	210872	725
2005	1441410	1441410	280460	279230	858480	23240	
2009	1814636	1814636	241004	253439	1317773	2420	
2010	1976701	1976701	280475	333039	1357687	5500	
2011	1903803	1903803	245788	310858	1341657	5500	
2012	1875474	1875474	203720	326562	1339192	6000	
2013	1759810	1759810	200270	298097	1253443	8000	
宝泉岭局	250454	250454	18934	31960	191560	8000	
红兴隆局	321076	321076	39175	58489	223412		
建三江局	220597	220597	53779	53976	112842		
牡丹江局	323747	323747	25420	67148	231179		
北安局	196847	196847	19908	9384	167555		
九三局	185959	185959	24512	11718	149729		
齐齐哈尔局	186548	186548	10404	37770	138374		
绥化局	62745	62745	7468	23851	31426		
哈尔滨局	11837	11837	670	3801	7366		
按作物分							
一、谷物小计	1586837	1586837	150242	293956	1134639	8000	
小麦	24735	24735	8427	16308			
水稻	394484	394484	124302	270182			
玉米	1167188	1167188	17393	7256	1134539	8000	
杂粮	430	430	120	210	100		
二、豆类小计	167788	167788	44855	4129	118804		
大豆	165689	165689	42763	4122	118804		
杂豆	2099	2099	2092	7			
三、薯类	5185	5185	5173	12			
马铃薯	5185	5185	5173	12			

注:7-22 表资料由总局粮食局提供,按粮食年度统计。

续表 7–22 单位:吨

年份 单位 作物	商品粮	国家政策收购	国家临时储备	国家最低收购价粮收购	商品粮销售	加工销售	自营出口或出口供货
2000	6872403	2403691	182164	2221527	3429444	1014264	
2005	9361704				6849707	2462582	28150
2009	15760598				12083727	3631871	45000
2010	17810835	26500	26500		15078662	2699673	6000
2011	20384597	2175460	2175460		15521827	2687310	
2012	22744792	1371092	1371092		17756611	3617089	
2013	22171990	1342019	1342019		17582701	3247270	
宝泉岭局	2623409				2313409	310000	
红兴隆局	3863810				3863810		
建三江局	6778663	1342019	1342019		3453157	1983487	
牡丹江局	3720889				2797689	923200	
北安局	2379630				2366794	12836	
九三局	1324463				1314777	9686	
齐齐哈尔局	828071				828071		
绥化局	526683				518622	8061	
哈尔滨局	126372				126372		
按作物分							
一、谷物小计	21620143	1342019	1342019		17071364	3206760	
小麦	31325				31325		
水稻	14359641	1222476	1222476		10007678	3129487	
玉米	7221287	119543	119543		7027744	74000	
杂粮	7890				4617	3273	
二、豆类小计	506104				488116	17988	
大豆	454849				441649	13200	
杂豆	51255				46467	4788	
三、薯类	45743				23221	22522	
马铃薯	45743				23221	22522	

7-23 林业生产情况

指 标	单 位	2000	2005	2009	2010	2011	2012	2013
一、年末实有造林面积	公顷	456999	572419	586786	596591	596829	598386	600999
按用途分：								
1. 用材林	公顷	245314	302474	306514	308586	305536	305744	306708
2. 经济林	公顷							
3. 防护林	公顷	202751	254688	264845	272001	275050	276049	278736
#农田防护林	公顷	175776	223999	231488	229275	231900	232540	232482
4. 薪炭林	公顷	6299	10245	8465	8523	8523	8487	8487
5. 其他林	公顷	2635	5012	6962	7481	7720	8106	7068
二、当年造林面积	公顷	27573	7616	16264	11445	8294	5959	4128
按用途分：								
1. 用材林	公顷	13922	3351	4674	3956	2874	1830	840
2. 经济林	公顷							
3. 防护林	公顷	13474	4263	10779	6814	5176	3603	3202
#农田防护林	公顷	11070						
4. 薪炭林	公顷	109		60				
5. 其他林	公顷	68	2	751	675	244	526	86
三、当年迹地更新面积	公顷	2775	4007	1581	6192	5429	7046	2944
四、年末封山育林面积	公顷	17114	32516	32712	32134	31829	21421	40622
五、当年零星植树	百株	14703	31378	24870	30952	44598	64478	78917
六、年末实有育苗面积	公顷	982	1395	1652	1833	2362	2756	3045
#当年新育面积	公顷	419	647	1010	1149	1656	1657	1752
七、当年幼林抚育作业面积	公顷次	26891	40892	24898	22963	31517	26245	22907
八、当年成林抚育面积	公顷	9526	18675	27990	26007	31801	34663	38400
九、当年低产林改造面积	公顷	617	1133	2095	1434	1449	32	515
十、林木出材量	立方米	60259	39207	73945	81033	150103	146501	108312
#抚育改造出材量	立方米	22831	19340	25450	25218	62707	46285	28201

7-24 各管理局林业生产情况

单位:公顷

年份 单位	当年造林 面积	用材林	薪炭林	防护林	当年迹地 更新面积	年末封山 育林面积	当年零星 植树 (百株)
2000	27573	13922	109	13474	2775	17114	14703
2005	7616	3351		4263	4007	32516	31378
2009	16264	4674	60	10779	1581	32712	24870
2010	11445	3956		6814	6192	32134	30952
2011	8294	2874		5176	5429	31829	44598
2012	5959	1830		3603	7046	21421	64478
2013	4128	840		3202	2944	40622	78917
宝泉岭局	226			180	13	560	
红兴隆局	522			522	133	333	19839
建三江局	1225	266		919	14		9720
牡丹江局	259	146		113	281	8144	6642
北安局	330	223		107	790	20579	32333
九三局	91			91	443	10279	9435
齐齐哈尔局	1259	99		1160	444		365
绥化局	202	106		96	814	727	491
哈尔滨局	14			14	11		92
总局直属					1		

7-24续表

单位:公顷

年份 单位	年末实有 育苗面积	#当年新育 面积	幼林抚育 作业面积 (公顷次)	成林抚育 面积	低产林 改造面积	林木 出材量 (立方米)	#抚育改造 出材量
2000	982	419	26891	9526	617	60259	2831
2005	1395	647	40892	18675	1133	39207	19340
2009	1652	1010	24898	27990	2095	73945	25450
2010	1833	1149	22963	26007	1434	81033	25218
2011	2362	1656	31517	31801	1449	150103	62707
2012	2756	1657	26245	34663	32	146501	46285
2013	3045	1752	22907	38400	515	108312	28201
宝泉岭局	426	211	561	15154	500	467	
红兴隆局	537	156	2404	2359		12819	7676
建三江局	273	88	2123	2884		1837	1269
牡丹江局	286	243	216	435		12613	5235
北安局	562	437	4949	7789		58976	1010
九三局	492	398	4045	5002			
齐齐哈尔局	303	162	2356	1600	15	18573	11498
绥化局	126	17	751	575		2126	1513
哈尔滨局	40	40	5502	2602		646	
总局直属						255	

7-25 各管理局水果、食用菌生产情况

面积:公顷,产量:吨

年 份 单 位	年末果园 面 积	#小苹果园	#梨园	#葡萄园	#李子园	水果产量(不含果用瓜)	#小苹果	#梨
2000	2453	1952	54	16		3953	3505	59
2005	2012	1546	172	12	9	6252	5892	237
2009	2525	2102	55	59	287	24858	18194	612
2010	2529	2099	43	84	287	26267	16643	548
2011	2199	1801	44	82	272	23780	14585	627
2012	2540	2087	47	60	29	16970	14834	672
2013	2707	2049	27	48	266	23053	15352	293
宝泉岭局								
红兴隆局	2362	1981	22	21	21	15618	14937	273
建三江局								
牡丹江局	75	68	5	2		505	415	20
北安局								
九三局								
齐齐哈尔局	260			15	245	6884		
绥化局	9			9		43		
哈尔滨局								
总局直属	1			1		3		

7-25 续表

单位:吨

年 份 单 位	#葡 萄	#李 子	食用菌产量(干鲜混合)	黑木耳(干品)	香 菇(干品)	蘑菇类(鲜品)	猴 头	其 它
2000	69							
2005	64	51	5286	1051	114	4121	13	4108
2009	529	5345	9369	2132	202	7035	187	6848
2010	775	8300	13688	2188	298	11201	239	10962
2011	585	7983	14169	2680	314	11175	364	10811
2012	584	700	30189	2838	341	27010	408	26602
2013	754	6474	14697	2867	361	11469	409	11060
宝泉岭局			52	3	32	17		17
红兴隆局	98	130	1598	968	121	509	190	319
建三江局								
牡丹江局	70		1189	157	203	829	219	610
北安局								
九三局			651	646	5			
齐齐哈尔局	540	6344	56			56		56
绥化局	43		2060	1084		976		976
哈尔滨局			9047	9		9038		9038
总局直属	3		45			45		45

7-26 各管理局畜牧业生产情况

单位:头

年 份 单 位	大牲畜年末存栏	#从事农事劳役的	黄 牛	#能繁母牛	#当年生仔牛	奶 牛	#能繁母牛	#当年生仔牛
2000	268593	9725	146388	53080	31622	114723	68165	21490
2005	804800	2523	496866	237575	109994	303551	168195	63017
2009	763294	687	441305	197784	93472	319742	182884	56588
2010	677527	392	376030	172228	78271	299381	171285	55893
2011	581570	255	319148	150574	69546	259428	159639	47567
2012	491793	235	246886	125248	56266	242410	144077	41119
2013	306911	155	139485	57516	27286	165679	91537	32192
宝泉岭局	21326		11053	4902	2014	10273	6429	1540
红兴隆局	22773		20116	10100	3928	2657	1518	303
建三江局	4472		3206	1425	696	1266	773	241
牡丹江局	56186		14782	4799	5162	41404	28565	9326
北 安 局	92610		60851	22476	8694	31097	8407	6596
九 三 局	49481	20	10971	5565	2351	37910	24459	6619
齐齐哈尔局	35474	135	16191	7309	3646	18823	10488	4142
绥 化 局	14598		1923	714	754	12650	5425	1783
哈尔滨局	4558		324	190	26	4234	3179	534
总局直属	5433		68	36	15	5365	2294	1108

7-26 续表 1

单位:头

年 份 单 位	马(匹)	#能繁母马	#当年生仔马	驴	骡	鹿年末存栏	#能繁母鹿	#梅花鹿
2000	5122	2165	851	2296	64	6593	2320	
2005	2735	1244	442	1482	166	17262	5120	13933
2009	1280	620	219	922	45	27483	6431	20830
2010	1444	587	186	659	13	25631	6184	18967
2011	1700	742	258	1279	15	24173	4737	17535
2012	1725	911	337	755	17	22514	5142	15952
2013	1290	599	158	449	8	15449	2560	11337
宝泉岭局						1787	407	1492
红兴隆局						3103	992	1330
建三江局						79	48	72
牡丹江局						7289	921	5795
北 安 局	658	361	94	4		36	3	
九 三 局	375	115	21	225		835	189	328
齐齐哈尔局	232	101	41	220	8	2200		2200
绥 化 局	25	22	2					
哈尔滨局						120		120
总局直属								

7-26 续表 2

单位:头

年份 单位	猪年末 存栏	能繁 母猪	种公猪	仔猪	65公斤以 上肥猪及 架子猪	家禽年末 存栏 (百只)	#鹅 (百只)	#肉鸡 (百只)
2000	610831	36863	4799	198055	371114	73929		
2005	1741395	176084	13671	735297	816343	110326	13085	36995
2009	2175589	271306	13418	714632	1176233	139157	13480	47195
2010	2121345	259967	15197	627484	1218697	129054	11835	44092
2011	2026403	250921	11765	605977	1157740	125926	11561	43367
2012	1816246	216353	13512	585383	1000998	129091	11355	52177
2013	1484886	162342	8234	378808	935502	87555	7879	32700
宝泉岭局	528651	58665	1168	124642	344176	13520	579	7305
红兴隆局	337026	33185	1317	83474	219050	12379	820	5633
建三江局	86409	11489	680	30898	43342	6013	475	1550
牡丹江局	199060	21482	2018	48238	127322	19802	1832	3960
北安局	87698	5078	467	15460	66693	4398	454	1332
九三局	37063	4893	826	5409	25935	3023	230	776
齐齐哈尔局	149257	16401	853	48796	83207	21666	3333	10486
绥化局	30133	6174	561	10927	12471	1867	151	994
哈尔滨局	22814	3787	295	8672	10060	4710	5	614
总局直属	6775	1188	49	2292	3246	177		49

7-26 续表 3

单位:只

年份 单位	羊年末 存栏	山羊	#绒山羊	#能繁 母羊	#当年生 仔山羊	绵羊	#能繁 母羊	#当年生 仔绵羊
2000	299003	99024		38060	33126	199979	93436	55183
2005	1686972	1075887	923690	537710	271954	611085	306878	154745
2009	1542448	914159	777789	431676	255312	628289	296943	165236
2010	1416476	805902	689711	428144	239641	610574	283689	157082
2011	1389877	789790	662653	404968	234625	600087	289404	149505
2012	1347026	720412	603772	355684	206968	626614	296959	173497
2013	573594	168712	84558	78249	31560	404882	188396	85937
宝泉岭局	22253	8248	6767	3269	2204	14005	6223	3434
红兴隆局	62702	18806	7224	9943	4258	43896	21839	8021
建三江局	31254	24604	23741	13266	5324	6650	2996	1499
牡丹江局	43602	30556	4433	13175	7438	13046	5210	2892
北安局	210511	48174	37193	17281	7490	162337	68155	34174
九三局	110790	26250	2822	15981	898	84540	40997	14861
齐齐哈尔局	69807	8797		4140	2552	61010	34175	17375
绥化局	17346	1675	869	832	456	15671	5575	3230
哈尔滨局	5139	1509	1509	282	927	3630	3140	440
总局直属	190	93		80	13	97	86	11

7-26 续表 4　　　　　　　　　　　　　　　　　　　　　　　　　　单位：只

年　份 单　位	兔年末 存　栏	貂年末 存　栏	貉年末 存　栏	狐年末 存　栏	熊年末 存　栏	鸵鸟年 末存栏	山鸡年 末存栏	养蜂箱数 （箱）
2000	72680	20	5513					8528
2005	337341	42	39482	101742	451	3	1010	29492
2009	199204	7722	68018	85217	634	43		29654
2010	155240	9149	66963	65116	645	23		33078
2011	90432	13525	67506	63258	716	1712	350	28805
2012	95099	39629	60664	73815	800	60	201	29725
2013	37084	51419	51666	67024	882	70	1860	30522
宝泉岭局	5116	50323	1180	1880	80		1860	140
红兴隆局	5446	1026	21944	38704	46			24577
建三江局								
牡丹江局	17620		4358	805	756	70		2585
北安局	3608		750	1140				75
九三局	1882		371	782				1035
齐齐哈尔局	2877	70	320	2631				
绥化局			21591	21082				1660
哈尔滨局	535		1152					450
总局直属								

7-26 续表 5

年　份 单　位	肉类 总产量 （吨）	出栏肥猪 （头）	猪肉产量 （吨）	出栏肉牛 （头）	牛肉产量 （吨）	出栏肉羊 （只）	羊肉产量 （吨）	出栏家禽 （百只）
2000	99947	738178	61381	100633	16772	198060	3560	108063
2005	323945	2685558	198105	343833	55272	1357078	20265	232304
2009	519589	4377565	332203	525035	88812	1681096	26931	348668
2010	528133	4619856	346497	509866	87060	1649010	27186	329628
2011	548746	4742545	357254	547836	92076	1576278	24937	356475
2012	535982	4399029	337378	534231	93702	1541661	25441	378413
2013	544060	4331685	328483	658852	111688	1656685	28161	352693
宝泉岭局	126025	1407485	104710	40126	7647	35448	691	57771
红兴隆局	122305	1161796	90468	74802	14418	205267	3498	68625
建三江局	48306	299342	22775	65796	11655	342267	6563	40880
牡丹江局	71197	546366	40889	113091	18069	113959	1988	52143
北安局	40723	191032	13873	109516	16756	333516	5159	18900
九三局	31881	141444	10843	108676	15192	200049	3279	10246
齐齐哈尔局	54939	291597	22725	72256	13517	261243	4555	66893
绥化局	42299	242055	18387	72215	14052	160098	2351	27754
哈尔滨局	5225	34769	2807	1930	302	4415	70	8981
总局直属	1162	15799	1008	444	80	423	7	500

7-26 续表 6

单位:吨

年份 单位	肉禽 产量	其他肉 产量	牛奶 产量	羊奶 产量	羊毛产量 （公斤）	#绵羊毛	禽蛋 产量
2000	17947	287	280414	211	581664	575667	28200
2005	48975	1328	825290	229	1452419	1393714	46702
2009	68954	2689	950135	55	2241976	2124848	65455
2010	64533	2857	893375	60	2176351	2148835	66499
2011	72287	2192	884049	70	2186458	2114393	74460
2012	76462	2999	876408	85	2376774	2300654	79763
2013	72655	3073	851226	91	2142446	2088422	67188
宝泉岭局	12839	138	68765		86758	86758	8412
红兴隆局	13565	356	14392		160282	156322	7717
建三江局	7314		7658		13453	13453	9683
牡丹江局	10028	223	296095		33720	30656	13690
北安局	4682	253	166367		551613	551613	4991
九三局	2148	419	123258		810910	810910	3293
齐齐哈尔局	13957	185	72466		250073	203073	8923
绥化局	6013	1496	69763	85	219437	219437	5157
哈尔滨局	2045	1	12667		16200	16200	5183
总局直属	66		19795	6			140

7-26 续表 7

单位:公斤

年份 单位	鹿茸 产量	羊绒 产量	蜂蜜 产量	产奶牛年 平均头数 （头）	产奶牛年 平均产奶	成母奶牛年 平均头数 （头）	成母奶牛 平均产奶
2000	3189	901	337708	60632	4625	67351	4163
2005	9323	338327	1045387	144859	5697	156113	5286
2009	20301	322788	1061803	165692	5734	187378	5071
2010	20881	314374	1430810	160799	5556	177215	5041
2011	22840	313459	1181471	162272	5448	173368	5099
2012	22900	329840	1317698	164114	5340	185817	4717
2013	20335	186690	1059813	142035	5993	154844	5497
宝泉岭局	1289	4120	5900	12539	5484	14440	4762
红兴隆局	10430	10563	762510	2910	4946	3326	4327
建三江局		86117		1415	5412	1402	5462
牡丹江局	4047	3357	184529	39436	7508	43558	6798
北安局	72	43050	270	24709	6733	27344	6084
九三局	1219	12259	34000	29253	4214	30755	4008
齐齐哈尔局	2560			11670	6210	13008	5571
绥化局	638	26412	56854	14999	4651	15665	4453
哈尔滨局	80	812	15750	2867	4418	3125	4053
总局直属				2237	8849	2221	8913

7-27 各管理局水产品产量

单位:吨

年份/单位	水产品产量	虾蟹类	鱼类	产量 天然生产	产量 人工养殖	比重%(以鱼类为100) 天然生产	比重%(以鱼类为100) 人工养殖
2000	12079	14	12065	2765	9300	22.9	77.1
2005	18984	461	18523	4630	13893	25.0	75.0
2009	23555	763	22792	4306	18486	18.9	81.1
2010	25805	737	25068	4960	20108	19.8	80.2
2011	28535	710	27770	6079	21691	21.9	78.1
2012	34500	800	33700	8143	25557	24.2	75.8
2013	36633	615	36018	10016	26002	27.8	72.2
宝泉岭局	2344	50	2294	1553	741	67.7	32.3
红兴隆局	8371	85	8286	1801	6485	21.7	78.3
建三江局	4001		4001	1770	2231	44.2	55.8
牡丹江局	6946	413	6533	1660	4873	25.4	74.6
北安局	4703		4703	694	4009	14.8	85.2
九三局	1472	15	1457	34	1423	2.3	97.7
齐齐哈尔局	1420	52	1368	368	1000	26.9	73.1
绥化局	5940		5940	1366	4574	23.0	77.0
哈尔滨局	1310		1310	770	540	58.8	41.2
总局直属	126		126		126		100.0

7-28 各管理局淡水养鱼生产情况

面积:公顷,产量:吨

年份/单位	淡水养鱼面积	池塘面积	水库面积	其他面积	池塘养鱼产量	水库养鱼产量	其他养鱼产量
2000	19032	3311	15382	339	5086	3939	275
2005	17810	3755	13833	222	7650	5728	515
2009	23222	4934	17986	302	9535	8771	181
2010	23363	4853	18158	352	10038	9800	270
2011	23951	4690	18968	293	10884	10581	226
2012	22907	5852	16777	278	13071	12239	247
2013	22889	5285	17260	344	12546	13193	263
宝泉岭局	920	398	438	84	315	390	36
红兴隆局	5570	1215	4289	67	3087	3377	21
建三江局	1460	310	1100	50	1526	700	5
牡丹江局	4937	1039	3898		2619	2254	
北安局	3630	693	2887	50	796	3179	34
九三局	2708	145	2549	13	269	1143	12
齐齐哈尔局	1577	477	1020	80	285	560	155
绥化局	1680	745	936		3184	1390	
哈尔滨局	374	235	139		360	180	
总局直属	33	29	4		105	21	

7-29 家庭农(林牧渔)场基本情况

年份 单位	一、经营组织数量(个)									
	合计	家庭农场	独户	# 有机独户	联户	开发性	家庭林场	家庭牧场	家庭渔场	外引户家庭农林牧渔场
2004	219019	162804	159470	63149	2650	684	3513	22412	627	29663
2005	209060	171850	166685	53755	4073	1092	2569	13727	255	20659
2009	298045	268562	251297	105411	11556	5710	4884	8823	214	15561
2010	323443	296750	280515	131010	9670	7231	3679	8453	199	14362
2011	333374	306460	289265	152452	6977	10405	3768	9024	204	13918
2012	329139	305077	285183	155900	9433	10336	3183	8894	190	11795
2013	316452	293623	271434	155178	12047	10139	2937	8800	159	10834
宝泉岭局	33996	32835	32835	27621			424	693	20	24
红兴隆局	67508	60450	55556	32416	3782	1109	1691	3962	19	1386
建三江局	51817	47139	39848	33119	351	6940	10	374	5	4289
牡丹江局	49513	44280	37784	30528	5356	1140		677	2	4554
北安局	36062	35202	33486	6748	1153	563	66	743	32	4
九三局	31221	29930	28809	4093	893	228	408	878	5	
齐齐哈尔局	22591	21475	20817	12320	499	159	58	599	22	437
绥化局	17630	16523	16523	4562			265	692	54	12
哈尔滨局	5288	4999	4986	3521	13		15	182		92
总局直属	826	790	790	250						36

7-29 续表 1

年份 单位	二、承租耕地面积(公顷)									
	合计	家庭农场	独户	# 有机独户	联户	开发性	家庭林场	家庭牧场	家庭渔场	外引户家庭农林牧渔场
2004	1980729	1609824	1477722	802286	116802	15300	16273	21530	1735	331367
2005	2152059	1860848	1697654	761974	136932	26262	22061	10788	125	258237
2009	2620832	2392536	2027486	1184815	233124	145304	2644	9525	72	216012
2010	2779703	2573580	2258791	1450553	161904	161159	4207	13440	817	187614
2011	2809335	2607490	2277638	1545430	150026	183529	2666	9155	844	189179
2012	2838923	2664101	2301073	1586909	189114	176899	1789	7954	44	165035
2013	2840021	2659932	2305436	1615491	179048	175448	1361	7697	56	160663
宝泉岭局	332238	331348	331348	305783			86	374	27	403
红兴隆局	477257	461259	394360	286819	63512	3387	356	458	11	15173
建三江局	736624	663872	517586	461793	11437	134849				72752
牡丹江局	440724	375527	324562	289103	23955	27011		1289		63908
北安局	322893	312692	248436	88133	58206	6051	87			500
九三局	266572	262390	249871	50035	11256	1263	385	3779	17	
齐齐哈尔局	145558	139269	126834	75420	9549	2887	447	999		4842
绥化局	92474	90895	90895	42457				798		81
哈尔滨局	22870	19950	18817	14609	1133					2919
总局直属	2811	2728	2728	1339						84

7–29 续表 2

年份 单位	三、劳动力情况（人）									
	合计	家庭农场					家庭林场	家庭牧场	家庭渔场	外引户家庭农林牧渔场
			独户	# 有机独户	联户	开发性				
2004	481502	370473	348557	136451	18304	3612	6683	42306	1935	60105
2005	430413	352421	337054	112399	12767	2600	4540	29797	602	43053
2009	625798	566386	503363	234701	50596	12355	6043	17229	706	35424
2010	645043	594280	530340	271989	45079	17095	5627	16780	567	27779
2011	653497	595245	530536	300741	44155	18745	5364	21690	536	30662
2012	659055	605957	529496	303053	55685	18388	4559	21389	506	26644
2013	636957	586078	512088	296452	53044	18738	3503	18736	556	25089
宝泉岭局	79737	77429	77429	64114			408	1771	64	65
红兴隆局	157363	144560	109567	62925	32960	2379	2092	6928	47	3736
建三江局	106557	94206	80703	69894	1179	11814		1760	36	10555
牡丹江局	70312	59324	54629	42861	2168	2527		1297	3	9688
北安局	81952	77115	65037	15127	10699	1379	49	1883	239	36
九三局	60494	58341	55638	8051	2395	308	436	1708	9	
齐齐哈尔局	46141	44147	39034	20628	2763	331	127	1081	45	741
绥化局	24101	21588	21588	7072			361	1652	113	22
哈尔滨局	9474	8578	7673	5530	880		30	656		210
总局直属	826	790	790	250						36

7–29 续表 3

年份 单位	四、应交利费（万元）									
	合计	家庭农场					家庭林场	家庭牧场	家庭渔场	外引户家庭农林牧渔场
			独户	# 有机独户	联户	开发性				
2004	286725	235947	219253	119789	14982	1712	1222	2769	246	46541
2005	373185	322537	296917	135168	23307	2313	905	2727	133	46883
2009	506827	446953	396847	241642	39732	8483	509	2616	266	56471
2010	608479	551542	508072	344199	31785	8921	741	3654	111	52419
2011	757210	689288	638839	460226	37028	10112	1124	3413	117	63268
2012	852666	788088	715786	524202	51840	15530	774	3149	127	60528
2013	943964	872529	788886	561475	71935	9483	328	4493	162	62285
宝泉岭局	129916	129475	129475	120596			38	181	12	210
红兴隆局	157191	152138	130194	94324	21219	711	133	231	10	4679
建三江局	245882	218975	209740	188456	1900	7271				26907
牡丹江局	139328	110697	87315	77596	22522	859		376		28255
北安局	112814	108262	91091	32585	19475		29	376	73	54
九三局	87041	85129	81766	16215	2920	443	89	1818	5	
齐齐哈尔局	39781	38065	29907	15737	3509	199	19	322	7	1368
绥化局	23763	22931	22931	11310				610	55	20
哈尔滨局	7148	5790	5400	4111	390		20	579		759
总局直属	1100	1067	1067	545						33

7-30 家庭农场土地规模经营情况

单位:户,公顷

年份 单位	总计		一、水田									
	户数	耕地面积	户数	面积	5公顷以下		5-10公顷		10-20公顷		20公顷以上	
					户数	面积	户数	面积	户数	面积	户数	面积
2011	315836	2796616	128712	1431501	32840	97752	45131	373611	38128	559048	12613	401089
2012	312305	2828953	136584	1519623	35108	119446	49600	384072	37596	553709	14280	462396
2013	304423	2827386	138180	1540631	34536	114840	49111	370174	39540	580169	14993	475448
宝泉岭局	32859	331751	21308	235047	2006	6949	9908	81730	7799	108695	1595	37673
红兴隆局	61833	476432	27939	226272	9786	39648	11440	72828	5096	70129	1617	43667
建三江局	51428	736624	44628	674190	5859	21056	11707	80269	17684	268276	9378	304589
牡丹江局	48789	445527	24205	277953	3529	7853	11533	104104	7431	108737	1712	57260
北安局	35206	313192	785	10465	348	1591	153	1546	164	2771	120	4557
九三局	29930	262390	906	10263	101	192	131	673	424	4311	250	5087
齐齐哈尔局	21912	144112	11525	72432	8181	26772	2556	16714	540	9879	248	19068
绥化局	16549	91676	3785	23774	1984	4713	1434	10485	325	6256	42	2321
哈尔滨局	5091	22870	2775	8800	2545	5831	146	995	57	877	27	1098
总局直属	826	2811	324	1434	197	237	103	832	20	239	4	127

7-30 续表

单位:户,公顷

年份 单位	二、旱田													
	户数	面积	5公顷以下		5-10公顷		10-30公顷		30-60公顷		60-100公顷		100公顷以上	
			户数	面积	户数	面积	户数	面积	户数	面积	户数	面积	户数	面积
2011	187635	1365115	97524	246990	68611	434878	21823	349946	4129	159813	1122	84957	671	88531
2012	176153	1309330	100829	287916	49328	351939	20052	338453	4243	163979	1087	80784	614	86258
2013	167064	1286755	93584	274720	47098	335136	21039	324518	3653	140002	967	71840	723	140540
宝泉岭局	11993	96704	4592	14366	5013	36215	2093	29986	198	6777	32	2195	65	7165
红兴隆局	34120	250160	17591	43577	8810	61861	6362	76672	993	36441	228	14284	136	17325
建三江局	6800	62435	3101	8832	2515	17958	903	17549	165	6853	64	4836	52	6407
牡丹江局	24737	167573	11927	29541	9446	67104	2950	48540	305	12018	91	7074	18	3296
北安局	34421	302728	20268	71059	9684	66000	3304	50196	761	27195	159	13437	245	74841
九三局	29024	252127	16855	59241	7236	56494	3779	68091	810	33724	236	18938	108	15639
齐齐哈尔局	10387	71679	6730	17084	2401	15118	843	16483	298	12099	87	6456	28	4439
绥化局	12764	67902	10283	24695	1641	12113	609	13390	111	4433	58	3792	62	9480
哈尔滨局	2316	14069	1847	5646	253	1739	183	3447	12	461	12	828	9	1948
总局直属	502	1377	390	679	99	535	13	163						

7-31 家庭农场土地承包经营情况

单位:户,公顷

年份 单位	固定在1年以内											
	总计		一、水田									
	户数	耕地面积	户数	面积	5公顷以下		5-10公顷		10-20公顷		20公顷以上	
					户数	面积	户数	面积	户数	面积	户数	面积
2011	259521	2185326	106796	1151341	29016	89213	34034	277262	33821	490333	9925	294533
2012	261765	2288316	114999	1237604	30398	104929	39401	298268	33844	492454	11356	341952
2013	253391	2318294	115093	1248521	29457	100779	38308	280574	35331	515784	11997	351384
宝泉岭局	29605	300284	18054	203580	2006	6949	7663	64793	6820	94953	1565	36885
红兴隆局	59045	445132	26431	217775	8671	36498	11314	71876	4890	67217	1556	42184
建三江局	43646	585996	38231	542622	4692	16173	10332	69576	15925	239756	7282	217117
牡丹江局	39884	344197	19001	211400	3439	7440	7099	58900	7140	103819	1323	41241
北安局	29234	253749	753	10331	316	1458	153	1546	164	2771	120	4557
九三局	23888	225758	21	263			1	6	19	207	1	50
齐齐哈尔局	17685	106955	9492	48856	7817	26388	1295	10029	264	5328	116	7111
绥化局	6013	39267	400	5155	23	109	308	2870	62	1035	7	1141
哈尔滨局	4391	16957	2710	8539	2493	5764	143	979	47	698	27	1098
总局直属												

7-31 续表1

单位:户,公顷

年份 单位	固定在1年以内													
	二、旱田													
	户数	面积	5公顷以下		5-10公顷		10-30公顷		30-60公顷		60-100公顷		100公顷以上	
			户数	面积	户数	面积	户数	面积	户数	面积	户数	面积	户数	面积
2011	153236	1033985	82425	205261	53225	320487	17558	282667	3024	114502	817	61437	391	49630
2012	147198	1050712	85690	245977	39540	272802	17586	293435	3189	125248	818	60104	375	53147
2013	139119	1069773	77052	222524	38152	263271	19372	294514	3210	122654	810	59888	523	106922
宝泉岭局	11993	96704	4592	14366	5013	36215	2093	29986	198	6777	32	2195	65	7165
红兴隆局	32840	227357	17233	42174	8103	54927	6295	75596	955	35284	219	13549	35	5826
建三江局	5415	43374	2387	6811	2246	15115	638	12614	91	3969	36	2652	17	2213
牡丹江局	21036	132796	11005	26154	6904	41197	2718	43543	304	11985	88	6824	17	3094
北安局	28481	243418	17545	63881	7456	50422	2607	39885	563	19103	104	8799	206	61329
九三局	23867	225495	12980	43926	6104	48490	3667	66513	778	32459	230	18468	108	15639
齐齐哈尔局	8193	58099	5858	13729	1195	8778	743	14568	292	11817	80	5948	25	3260
绥化局	5613	34113	4208	8725	890	6472	428	8361	18	853	19	1307	50	8395
哈尔滨局	1681	8418	1244	2759	241	1656	183	3447	11	408	2	147		
总局直属														

7-31 续表 2

单位:户,公顷

年份 单位	固定在2-5年											
	总计		一、水田									
	户数	耕地面积	户数	面积	5公顷以下		5-10公顷		10-20公顷		20公顷以上	
					户数	面积	户数	面积	户数	面积	户数	面积
2011	24437	225336	14723	134230	3204	6484	8719	76319	2352	38238	448	13188
2012	28245	233565	13400	126279	3238	8607	8280	72212	1631	26576	251	18884
2013	36377	293649	14481	141791	2829	6075	8931	76190	2208	31557	513	27969
宝泉岭局	3254	31467	3254	31467			2245	16937	979	13742	30	788
红兴隆局	1060	10659	346	3929	38	132	115	865	179	2537	14	395
建三江局	1043	29891	600	24253	106	309	116	1059	206	3302	172	19583
牡丹江局	8049	79510	4348	44734	31	189	4298	44065	18	413	1	67
北安局	3638	37166										
九三局	6042	36632	885	10000	101	192	130	667	405	4104	249	5037
齐齐哈尔局	1281	7391	1274	7093	343	346	795	4135	128	1820	8	792
绥化局	10484	52208	3385	18619	1961	4604	1126	7615	263	5221	35	1180
哈尔滨局	700	5913	65	261	52	67	3	16	10	179		
总局直属	826	2811	324	1434	197	237	103	832	20	239	4	127

7-31 续表 3

单位:户,公顷

年份 单位	固定在2-5年													
	二、旱田													
	户数	面积	5公顷以下		5-10公顷		10-30公顷		30-60公顷		60-100公顷		100公顷以上	
			户数	面积	户数	面积	户数	面积	户数	面积	户数	面积	户数	面积
2011	9714	91106	4527	11228	4352	49381	545	8679	183	9426	59	4294	48	8099
2012	14845	107287	9186	24794	4545	43953	738	14947	233	9399	100	7533	43	6661
2013	21896	151858	14375	45897	6230	53900	901	17963	229	10163	98	6832	63	17102
宝泉岭局														
红兴隆局	714	6730	111	598	601	6006	1	10					1	115
建三江局	443	5638	221	332	50	488	128	2276	34	1317	6	433	4	791
牡丹江局	3701	34777	922	3387	2542	25907	232	4997	1	33	3	250	1	203
北安局	3638	37166	2216	6825	1054	7280	236	3961	66	3852	30	2288	36	12960
九三局	5157	26632	3875	15315	1132	8004	112	1578	32	1265	6	470		
齐齐哈尔局	7	298			1	10			2	62	4	226		
绥化局	7099	33588	6037	15875	739	5587	179	4977	93	3581	39	2485	12	1085
哈尔滨局	635	5652	603	2887	12	83			1	53	10	681	9	1948
总局直属	502	1377	390	679	99	535	13	163						

7-31 续表 4

单位:户,公顷

年份 单位	固定在 6-10 年												
	总计		一、水田										
	户数	耕地面积	户数	面积	5 公顷以下		5-10 公顷		10-20 公顷		20 公顷以上		
					户数	面积	户数	面积	户数	面积	户数	面积	
2011	21137	214066	1725	24813	311	717	433	3896	454	5662	527	14538	
2012	11383	137929	709	14243	82	304	112	1156	242	3561	273	9222	
2013	4026	48859	412	6495	105	379	86	870	132	1717	89	3530	
宝泉岭局													
红兴隆局	722	17864	156	1791	71	240	11	87	27	375	47	1089	
建三江局	159	2694	129	2027	2	6	63	503	52	622	12	896	
牡丹江局													
北安局	1931	18082	32	133	32	133							
九三局													
齐齐哈尔局	1162	10018	95	2544			12	280	53	720	30	1545	
绥化局	52	201											
哈尔滨局													
总局直属													

7-31 续表 5

单位:户,公顷

年份 单位	固定在 6-10 年													
	二、旱田													
	户数	面积	5 公顷以下		5-10 公顷		10-30 公顷		30-60 公顷		60-100 公顷		100 公顷以上	
			户数	面积	户数	面积	户数	面积	户数	面积	户数	面积	户数	面积
2011	19412	189253	8903	23614	8510	50753	2896	45946	772	29572	187	14601	185	24767
2012	10674	123686	4220	10211	3858	27528	1537	26787	753	26602	144	11115	162	21442
2013	3614	42364	1421	4095	1446	11133	460	7344	150	4794	35	3179	102	11819
宝泉岭局														
红兴隆局	566	16074	247	804	106	928	66	1066	38	1157	9	735	100	11384
建三江局	30	667					30	667						
牡丹江局														
北安局	1899	17948	486	342	979	7089	296	4183	111	3549	25	2351	2	435
九三局														
齐齐哈尔局	1067	7474	650	2853	349	3062	66	1377	1	88	1	93		
绥化局	52	201	38	96	12	54	2	51						
哈尔滨局														
总局直属														

7-31 续表 6

单位:户,公顷

年份 单位	固定在11-15年											
	总计		一、水田									
	户数	耕地面积	户数	面积	5公顷以下		5-10公顷		10-20公顷		20公顷以上	
					户数	面积	户数	面积	户数	面积	户数	面积
2011	2308	21679	1008	14150	11	14	410	2117	457	5513	130	6506
2012	2311	26704	1105	19675	12	17	583	3201	344	5449	166	11008
2013	2362	27408	1093	19769	16	16	596	3465	333	5515	148	10772
宝泉岭局												
红兴隆局												
建三江局	632	11488	579	10653			190	1567	299	4673	90	4413
牡丹江局												
北安局	320	2856										
九三局												
齐齐哈尔局	1410	13064	514	9115	16	16	406	1899	34	842	58	6359
绥化局												
哈尔滨局												
总局直属												

7-31 续表 7

单位:户,公顷

年份 单位	固定在11-15年													
	二、旱田													
	户数	面积	5公顷以下		5-10公顷		10-30公顷		30-60公顷		60-100公顷		100公顷以上	
			户数	面积	户数	面积	户数	面积	户数	面积	户数	面积	户数	面积
2011	1300	7530	96	123	1098	4730	82	1253	21	872	1	99	2	452
2012	1206	7029	99	154	1007	4491	74	1062	24	872	1	99	1	352
2013	1269	7640	104	173	1004	4344	134	1684	24	872	1	99	2	468
宝泉岭局														
红兴隆局														
建三江局	53	835			40	347			13	488				
牡丹江局														
北安局	320	2856	20	11	186	1151	102	1193	11	384			1	116
九三局														
齐齐哈尔局	896	3949	84	162	778	2846	32	490			1	99	1	352
绥化局														
哈尔滨局														
总局直属														

7-31 续表 8　　　　单位:户,公顷

年份 单位	固定在16年以上											
	总计		一、水田									
	户数	耕地面积	户数	面积	5公顷以下		5-10公顷		10-20公顷		20公顷以上	
					户数	面积	户数	面积	户数	面积	户数	面积
2011	2308	21679	1008	14150	11	14	410	2117	457	5513	130	6506
2012	8601	142439	6371	121823	1378	5588	1224	9236	1535	25669	2234	81330
2013	8267	139176	7101	124054	2129	7591	1190	9074	1536	25596	2246	81793
宝泉岭局												
红兴隆局	1006	2777	1006	2777	1006	2777						
建三江局	5948	106556	5089	94634	1059	4568	1006	7564	1202	19922	1822	62580
牡丹江局	856	21819	856	21819	59	224	136	1138	273	4504	388	15952
北安局	83	1340										
九三局												
齐齐哈尔局	374	6684	150	4824	5	22	48	371	61	1169	36	3261
绥化局												
哈尔滨局												
总局直属												

7-31 续表 9　　　　单位:户,公顷

年份 单位	固定在16年以上													
	二、旱田													
	户数	面积	5公顷以下		5-10公顷		10-30公顷		30-60公顷		60-100公顷		100公顷以上	
			户数	面积	户数	面积	户数	面积	户数	面积	户数	面积	户数	面积
2011	1300	7530	96	123	1098	4730	82	1253	21	872	1	99	2	452
2012	2230	20616	1634	6780	378	3166	117	2223	44	1859	24	1934	33	4656
2013	1166	15121	632	2030	266	2488	172	3014	40	1519	23	1841	33	4229
宝泉岭局														
红兴隆局														
建三江局	859	11922	493	1690	179	2007	107	1993	27	1079	22	1750	31	3402
牡丹江局														
北安局	83	1340	1		9	58	63	974	10	307				
九三局														
齐齐哈尔局	224	1860	138	340	78	423	2	47	3	132	1	91	2	827
绥化局														
哈尔滨局														
总局直属														

7-32 垦区基本田种植情况

单位:户、公顷

年份 单位	基本田		水田		旱田	
	户数	面积	户数	面积	户数	面积
2011	270084	397596	98676	112159	171912	285437
2012	297859	437496	106139	152614	191927	284882
2013	263755	433555	105351	154252	158837	279304
宝泉岭局	27525	45517	17185	24611	10366	20906
红兴隆局	49820	101333	18254	34071	31566	67261
建三江局	51969	49157	46834	42619	5135	6537
牡丹江局	35309	60632	14241	12147	21412	48485
北安局	44636	45723	493	718	44143	45005
九三局	24786	52769	101	192	24685	52577
齐齐哈尔局	11209	59103	6960	38522	4249	20582
绥化局	16170	15672	996	1181	15174	14491
哈尔滨局	1802	3315	60	99	1742	3216
总局直属	529	336	227	92	365	243

7-33 垦区农工(民)专业合作社基本情况

(2013年)

指标名称	计量单位	农工(民)专业合作社总计	1.种植业合作社	2.养殖业合作社	3.农机合作社	4.农业技术信息服务合作社	5、农产品销售合作社	6、其他
一、基本情况								
1.专业合作社总计	个	1650	1277	170	162	3	19	22
2.成员数	户	55756	50484	2073	2640	209	265	60
3.从业人员	人	87301	78877	3331	3975	339	616	266
4.发起人	人	5329	3825	1099	354	3	24	25
5.出资额	万元	482270	342259	38615	89638	340	8239	3989
6.固定资产总额	万元	401082	184827	46264	154015	525	10690	6141
二、生产经营情况								
1.经营土地面积	公顷	1118100	826473	22237	263125	5135	1430	200
其中:境外	公顷	38567	1000		37567			
其中:周边农村	公顷	169313	4410	3533	161370			
2.养殖奶牛	头	24954	385	24569				
3.肉牛	头	4994		4994				
4.生猪	头	149959		149959				
5.农业机械设备	台/套	14236	7919	194	5631	150	30	11
其中:100马力以上	台	3723	1450	49	2296			
6.农业产值	万元	190759	176108	13483	26267	3500	7791	660
7.经营收入	万元	178828	94738	29456	44715	4880	13281	660
8.利润总额	万元	66915	42482	6423	15820	1255	2193	199
9.税金	万元	668	208	1	16	10	355	88
10.自主品牌	万元	1660	1560	13			100	

7–33 续表 1–1

年份 单位	农工(民)专业合作社总计								
	一、基本情况						二、生产经营情况		
	1.专业合作社总计（个）	2.成员数（户）	3.从业人员（人）	4.发起人（人）	5.出资额（万元）	6.固定资产总额（万元）	1.经营土地面积（公顷）	其中：境外（公顷）	其中：周边农村（公顷）
2013	1650	55756	87301	5329	482270	401082	1118100	38567	169313
宝泉岭局	75	1491	3008	66	29784	11985	44047		
红兴隆局	217	2140	2811	516	80890	130083	13506		
建三江局	150	11012	20242	361	90532	102138	272110		2606
牡丹江局	58	710	1007	95	14778	11040	24524	1000	7573
北安局	248	5513	9655	332	131661	59007	71452	900	8533
九三局	196	26790	33866	2081	75244	37271	208686		200
齐齐哈尔局	256	2580	4513	1116	40267	22747	87093		430
绥化局	430	5403	11983	734	16252	23541	395376	36667	149971
哈尔滨局	14	103	190	22	2829	2696	1260		
总局直属	6	14	26	6	33	574	46		

7–33 续表 1–2

年份 单位	农工(民)专业合作社总计									
	2.养殖奶牛（头）	3.肉牛（头）	4.生猪（头）	5.农业机械设备（台/套）	其中：100马力以上（台）	6.农业产值（万元）	7.经营收入（万元）	8.利润总额（万元）	9.税金（万元）	10.自主品牌（万元）
2013	24954	4994	149959	14236	3723	190759	178828	66915	668	1660
宝泉岭局			43262	197	77	3248	14993	2095	108	
红兴隆局		2149	55871	774	582	41419	13417	4721	443	1560
建三江局	824			7310	1361	4956	25789	8350	112	
牡丹江局	1430		15000	382	103	7394	6123	1759		
北安局	2106	300	500	618	375	86787	58461	32839	5	
九三局	11840	60		2956	503		4657	2098		
齐齐哈尔局	5348		5152	878	174	16546	30357	8697		
绥化局	3406	2485	27787	991	529	29769	24191	5896		
哈尔滨局				95	19		350	200		
总局直属			2387	35		640	490	260		100

7-33 续表 2-1

年份 单位	种植业合作社								
	一、基本情况						二、生产经营情况		
	1.专业合作社总计（个）	2.成员数（户）	3.从业人员（人）	4.发起人（人）	5.出资额（万元）	6.固定资产总额（万元）	1.经营土地面积（公顷）	其中：境外（公顷）	其中：周边农村（公顷）
2013	1277	50484	78877	3825	342259	184827	826473	1000	4410
宝泉岭局	67	1325	2762	58	28302	7820	42047		
红兴隆局	116	1333	1737	237	45403	46250	12720		
建三江局	119	10098	17500	295	70681	72735	203867		106
牡丹江局	49	574	795	79	8345	5830	20991	1000	4040
北安局	204	4874	8645	202	97660	18570	46019		
九三局	159	25407	32774	1907	64837	21048	204171		200
齐齐哈尔局	160	1446	3072	339	20303	9651	71810		
绥化局	393	5373	11471	698	5345	2223	223688		64
哈尔滨局	10	54	121	10	1383	700	1160		
总局直属									

7-33 续表 2-2

年份 单位	种植业合作社									
	二、生产经营情况									
	2.养殖奶牛（头）	3.肉牛（头）	4.生猪（头）	5.农业机械设备（台/套）	其中：100马力以上（台）	6.农业产值（万元）	7.经营收入（万元）	8.利润总额（万元）	9.税金（万元）	10.自主品牌（万元）
2013	385			7919	1450	176108	94738	42482	208	1560
宝泉岭局				128	43	3248	8077	1133	108	
红兴隆局				85	11	30967	3069	1847		1560
建三江局				3902	714			400	100	
牡丹江局	385			311	48	4514	3168	909		
北安局				134	82	105212	50364	29119		
九三局				2867	473		4000	1600		
齐齐哈尔局				154	17	10581	10677	3971		
绥化局				338	62	21586	15383	3503		
哈尔滨局										
总局直属										

7–33 续表 3–1

年份 单位	养殖业合作社								
	一、基本情况						二、生产经营情况		
	1.专业合作社总计（个）	2.成员数（户）	3.从业人员（人）	4.发起人（人）	5.出资额（万元）	6.固定资产总额（万元）	1.经营土地面积（公顷）	其中：境外（公顷）	其中：周边农村（公顷）
2013	170	2073	3331	1099	38615	46264	22237		3533
宝泉岭局	4	143	208	4	852	2145			
红兴隆局	32	254	373	108	10494	16665			
建三江局	2	16	16	2	72	72			
牡丹江局	6	115	176	5	3033	3210	3533		3533
北安局	8	125	211	81	2333	740			
九三局	31	510	986	142	8570	15873	4515		
齐齐哈尔局	63	800	1041	733	10899	6666	14120		
绥化局	18	94	295	18	2232	349	53		
哈尔滨局	1	5	5	1	100	50			
总局直属	5	11	20	5	30	494	16		

7–33 续表 3–2

年份 单位	养殖业合作社									
	二、生产经营情况									
	2.养殖奶牛（头）	3.肉牛（头）	4.生猪（头）	5.农业机械设备（台/套）	其中：100马力以上（台）	6.农业产值（万元）	7.经营收入（万元）	8.利润总额（万元）	9.税金（万元）	10.自主品牌（万元）
2013	24569	4994	149959	194	49	13483	29456	6423	1	13
宝泉岭局			43262				6416	772		
红兴隆局		2149	55871	128	40	1032	2425	574		
建三江局	824					1236	1236	412		
牡丹江局	1045		15000	25	9	2150	2225	631		
北安局	2106	300	500			2700	3250	635	1	
九三局	11840	60		11			657	498		
齐齐哈尔局	5348		5152			5845	12857	2706		
绥化局	3406	2485	27787							13
哈尔滨局										
总局直属			2387	30		520	390	195		

7–33 续表 4–1

年份 单位	农机合作社								
	一、基本情况						二、生产经营情况		
	1.专业合作社总计（个）	2.成员数（户）	3.从业人员（人）	4.发起人（人）	5.出资额（万元）	6.固定资产总额（万元）	1.经营土地面积（公顷）	其中：境外（公顷）	其中：周边农村（公顷）
2013	162	2640	3975	354	89638	154015	263125	37567	161370
宝泉岭局	4	23	38	4	630	2020	2000		
红兴隆局	43	295	401	139	19809	57272	786		
建三江局	23	536	1886	58	14090	22701	61508		2500
牡丹江局	3	21	36	11	3400	2000			
北安局	31	469	754	44	30168	39027	25433	900	8533
九三局	4	862	83	26	1755	350			
齐齐哈尔局	33	334	400	44	9365	6730	1163		430
绥化局	18	56	313	17	9075	21969	172135	36667	149907
哈尔滨局	3	44	64	11	1346	1946	100		
总局直属									

7–33 续表 4–2

年份 单位	农机合作社									
	二、生产经营情况									
	2.养殖奶牛（头）	3.肉牛（头）	4.生猪（头）	5.农业机械设备（台/套）	其中：100马力以上（台）	6.农业产值（万元）	7.经营收入（万元）	8.利润总额（万元）	9.税金（万元）	10.自主品牌（万元）
2013				5631	2296	26267	44715	15820	16	
宝泉岭局				69	34		500	190		
红兴隆局				561	531	1850	323	399		
建三江局				2695	625	199	19652	6298	12	
牡丹江局				46	46	730	730	219		
北安局				690	377	12385	4607	3013	4	
九三局				78	30					
齐齐哈尔局				724	157	120	6945	2058		
绥化局				673	477	10983	11608	3443		
哈尔滨局				95	19		350	200		
总局直属										

7–33 续表 5–1

年份 单位	农业技术信息服务合作社								
	一、基本情况						二、生产经营情况		
	1.专业合作社总计（个）	2.成员数（户）	3.从业人员（人）	4.发起人（人）	5.出资额（万元）	6.固定资产总额（万元）	1.经营土地面积（公顷）	其中：境外（公顷）	其中：周边农村（公顷）
2013	3	209	339	3	340	525	5135		
宝泉岭局									
红兴隆局									
建三江局	2	159	334	2	330	515	5135		
牡丹江局									
北安局									
九三局									
齐齐哈尔局									
绥化局	1	50	5	1	10	10			
哈尔滨局									
总局直属									

7–33 续表 5–2

年份 单位	农业技术信息服务合作社									
	二、生产经营情况									
	2.养殖奶牛（头）	3.肉牛（头）	4.生猪（头）	5.农业机械设备（台/套）	其中：100马力以上（台）	6.农业产值（万元）	7.经营收入（万元）	8.利润总额（万元）	9.税金（万元）	10.自主品牌（万元）
2013				150		3500	4880	1255	10	
宝泉岭局										
红兴隆局										
建三江局				150		3200	4580	1155		
牡丹江局										
北安局										
九三局										
齐齐哈尔局										
绥化局						300	300	100	10	
哈尔滨局										
总局直属										

7–33 续表 6–1

年份 单位	农产品销售合作社								
	一、基本情况						二、生产经营情况		
	1.专业合作社总计（个）	2.成员数（户）	3.从业人员（人）	4.发起人（人）	5.出资额（万元）	6.固定资产总额（万元）	1.经营土地面积（公顷）	其中：境外（公顷）	其中：周边农村（公顷）
2013	19	265	616	24	8239	10690	1430		
宝泉岭局									
红兴隆局	12	118	140	17	2267	4896			
建三江局	3	111	437	3	5329	5714	1400		
牡丹江局									
北安局	2	30	30	2	600				
九三局	1	3	3	1	40				
齐齐哈尔局									
绥化局									
哈尔滨局									
总局直属	1	3	6	1	3	80	30		

7–33 续表 6–2

年份 单位	农产品销售合作社									
	二、生产经营情况									
	2.养殖奶牛（头）	3.肉牛（头）	4.生猪（头）	5.农业机械设备（台 / 套）	其中：100 马力以上（台）	6.农业产值（万元）	7.经营收入（万元）	8.利润总额（万元）	9.税金（万元）	10.自主品牌（万元）
2013				30		7791	13281	2193	355	100
宝泉岭局										
红兴隆局						7350	7380	1824		
建三江局				25		321	5801	304	355	
牡丹江局										
北安局										
九三局										
齐齐哈尔局										
绥化局										
哈尔滨局										
总局直属				5		120	100	65		100

7–33 续表 7–1

年 份 单 位	其他合作社								
	一、基本情况						二、生产经营情况		
	1.专业合作社总计（个）	2.成员数（户）	3.从业人员（人）	4.发起人（人）	5.出资额（万元）	6.固定资产总额（万元）	1.经营土地面积（公顷）	其中：境外（公顷）	其中：周边农村（公顷）
2013	22	60	266	25	3989	6141	200		
宝泉岭局	1	2	2	1	30	50			
红兴隆局	15	14	160	15	2917	5000			
建三江局	1	21	69	1	100	421	200		
牡丹江局	1								
北 安 局	3	15	15	3	900	670			
九 三 局	1	8	20	5	42				
齐齐哈尔局									
绥 化 局									
哈尔滨局									
总局直属									

7–33 续表 7–2

年 份 单 位	其他合作社									
	二、生产经营情况									
	2.养殖奶牛（头）	3.肉牛（头）	4.生猪（头）	5.农业机械设备（台/套）	其中：100马力以上（台）	6.农业产值（万元）	7.经营收入（万元）	8.利润总额（万元）	9.税金（万元）	10.自主品牌（万元）
2013				11		660	660	199	88	
宝泉岭局										
红兴隆局						220	220	77	88	
建三江局				11		200	200	50		
牡丹江局										
北 安 局						240	240	72		
九 三 局										
齐齐哈尔局										
绥 化 局										
哈尔滨局										
总局直属										

主要统计指标解释

农林牧渔业总产值　是以货币表现的农林牧渔业的全部产品产量。它用价值形态反映一定时期农林牧渔业生产的总规模和总成果。农林牧渔业总产值统计范围是辖区内各种经济类型的全部农林牧渔业生产单位和非农行业单位附属的农林牧渔业生产活动单位,但不包括农业科学实验机构进行的农业生产。核算范围是本辖区内在一定时期内生产的农业、林业、牧业、渔业产品的价值量。执行日历年度,对于收获期延长到次年年初的个别农产品(如甘蔗),依然把延期收获的部分算在本年度内。根据农业生产的特点,农林牧渔业总产值的核算采用“产品法”进行计算,即用产品产量乘以价格求出各种产品的产值,然后把他们加总求得各业的产值,最后各业相加求出农林牧渔业总产值。

农产品现行价格　指农林牧渔业产品生产地当年实际价格。采用农产品生产价格,即生产者第一手出售农产品的价格,来源于农产品生产价格调查。生产价格调查资料中没有涵盖到的少数农产品,可以用集贸市场价格资料代替;没有市场价格的农作物用生产成本代替。按现价计算的产值主要反映生产的总规模和水平。

农林牧渔业商品产值　指本生产年度内全部农业生产单位和农户生产出来的农产品总产量中可供社会需要的商品产值,即农产品商品量作价计算的货币总额。包括出售给国家、城镇居民的或职工之间相互交换的商品产值,自产自用农产品价值不包括在内。

耕地　指专门用于种植农作物,并经常耕锄的田地。包括熟地、当年新开荒地、连续撂荒未满三年的耕地和当年的休闲地(轮歇地)。以种植农作物为主并附带种植桑树、茶树、果树和其它林木的土地及沿海、沿湖地区已围垦利用的“海涂”、“湖田”等也包括在内。但不包括专业性的桑园、果园、茶园、果木苗圃、林地、芦苇地、天然草原以及利用枯水季节的河滩、水库空闲地种植农作物的不固定土地。南方小于一米、北方小于两米宽的渠、路、田埂包括在耕地中。

林地　指用来成片种植林木的土地面积。包括天然生长和人工植造的用材林、经济林、防护林、薪炭林和特种用途林等用地,以及未成林的造林地、疏林地、灌木林地、采伐迹地火烧迹地、苗圃地和国家规定的预备造林地。

绿色食品　指遵循可持续发展原则,按照特定生产方式生产,经专门机构认定,许可使用绿色食品标志商标的无污染的安全、优质、营养类食品。由于与环境保护有关的事物通常都冠之以“绿色”,为了更加突出这类食品出自良好的生态环境,因此定名为“绿色食品”。

绿色食品分为A级绿色食品和AA级绿色食品二种。A级绿色食品,系指在生态环境质量符合规定标准的产地,生产过程中允许限量使用限定的化学合成物质,按特定的生产操作规程生产、加工,产品质量及包装经检测、检查符合特定标准,并经专门机构认定,许可使用A级绿色食品标志的产品。AA级绿色食品,系指在生态环境质量符合规定标准的产地,生产过程中不使用任何有害化学合成物质,按特定的生产操作规程生产、加工,产品质量及包装经检测、检查符合特定标准,并经专门机构认定,许可使用AA级绿色食品标志的产品。

有机食品　是指来自于有机农业生产体系,根据国际有机农业生产要求和相应的标准生产加工的,并通过独立的有机食品认证机构认证的一切农副产品,包括粮食、蔬菜、水果、奶制品、禽畜产品、蜂蜜、水产品、调料等。

它是真正的源自自然、富营养、高品质的安全环保生态食品。

无公害农产品　指产地环境、生产过程、最终产品质量符合无公害农产品标准和规范,经中国无公害农产品管理机构审定,许可使用无公害农产品标志的安全、优质、面向大众消费的农产品及其加工产品。

本年造林面积　指调查年度内(1月1日至12月31日)在荒地、荒山、沙丘等一切可以造林的土地上,采用人工播种、植苗、飞机播种等方法新植的成片禾木林和灌木林,经验收符合“造林技术规程”要求株数,成活率达85%以上的面积。四旁植树如一侧在四行以上,连续面积0.066公顷(1亩)以上,应统计在造林面积内。不包括补植面积、治沙种草面积、经济林垦复面积、迹地更新面积和低产林改造面积。零星植树不折算造林面积。

年末实有造林面积 指在调查年度年末时实际存活的人工造林面积,不包括天然林面积。它等于年初造林实有面积加上本年内增加的面积(当年新植面积或划入面积等)减去本年内减少面积(当年采伐面积或划出面积)。

畜禽存栏数 指报告期初、期末各种经济类型生产单位和住户饲养的全部禽畜存栏数量。除科学研究单位专门用于试验研究的牲畜和但不包括茶园、果园、桑园面积。

播种面积和产量的统计年度 凡是在本日历年度内(自1月1日至12月31日)收获的农作物(包括上年秋冬播和本年春播、夏播以及南方地区的晚秋播而在本年收获的全部作物),都要统计。有些收割期较长的作物,虽在当年冬季就开始收割,但需"跨年"延至来年春季才能收割完(如甘蔗),仍应计算为本年的农作物播种面积和产量。本年内不能收获的多年生作物,以本年新植和过去存留的面积计算为本年的播种面积。

播种面积 指播种季节结束时实际播种或移植有农作物的面积。凡是实际种植有农作物的面积,不论种植在耕地上还是非耕地上,也不论面积大小,均应如实统计播种面积。科研单位除在小块地上(一般不超过一亩)所进行的专门用于小样试验研究部分外,其所进行的大田试验部分(包括制种田)以及农业大专院校附属教学实习农场中作为教学实习用的大田生产部分,也要统计在内。

农作物总产量 指调查年度内全社会生产的各种农产品的数量,不论是耕地上与非耕地上的农作物产量都应统计在内。不仅要把国有农场、机关、学校、科研单位附属的国有经济和集体经济的农作物产量统计在内,还要把职工自留地、园田地、饲料地以及其他经营生产的农作物产量统计在内。各种主要农作物产量按国家统一规定计算:①谷物一律按脱粒后的原料计算(玉米按脱粒后的粒子计算)。②豆类按去豆荚后的干豆计算。③棉花按去籽后的皮棉计算。④花生按带壳的干花生计算。⑤麻类除亚麻以麻杆计算,苎麻以刮皮后的干麻计算,苘麻和线麻以熟麻皮计算外,其余一律以生麻皮计算。如果原来就习惯按熟麻皮计算的,亦要按比例折成生麻皮上报,一般情况是1斤熟麻皮可折成2斤生麻皮。⑥甜菜以根块计算。⑦甘蔗以蔗杆计算,包括糖蔗和果蔗。⑧烤烟与晒烟均以干烟叶计算。⑨薯类,实际统计工作中有两种方式,一种是作蔬菜类按鲜品计算,另一种是作折粮薯类按5公斤鲜薯折1公斤粮食计算,黑龙江垦区1985年以前和2008年以后薯类按后一种即折粮进行统计计算。

农产品交售量 指一定时期内(一年)农业生产单位和农户生产的农产品总量中扣除作种籽、饲料、生活用粮和储备以后,作为商品可向全社会出售的农产品数量。包括本年生产本年内已销售商品量和本年生产本年待售(要结转下年销售)部分。军马外,不分大小、公母、品种、用途一律包括在内。专业运输组织的运输用牲畜也应包括在内,但批发零售贸易部门库存的和运输途中的活牲畜不进行统计。

禽畜出栏数 指报告期内各种经济类型的生产单位和住户饲养的可供食用并已屠宰或出售的全部畜禽数量。包括交售给国家、集市上出售以及农牧民自食的部分。但不包括出售的仔畜和幼畜,也不包括个别地区习惯吃的"烤小猪"或"乳猪"。出栏肉牛中也包括淘汰的低产老化奶牛和耕牛的出栏数。

牛奶产量 指报告期内各种经济类型生产单位和住户饲养的奶牛所生产的全部奶产量。包括出售给国家和乳制品加工企业、农贸市场交易及农牧民自食部分。不论是纯种牛、杂种牛、黄牛和兼用牛所产的奶均要计算为产量。牛犊直接吮食部分不计入产量。

肉类总产量 指报告期内可供食用并已出售或屠宰的全部畜禽肉产量,即屠宰后除去头蹄下水后带骨肉的重量,也叫胴体重。包括屠宰后出售的胴体肉数量和出售的活育肥畜(禽)所折合的胴体肉总数量(折合胴体肉系数为:猪0.7,牛0.5,羊0.4,禽0.5,兔0.4)。不论是农牧民自食的,还是交售给国家或加工企业,以及在农贸集市上的肉产量都应统计在内。

水产品总产量 指本年度内捕捞的水产品(包括人工养殖并捕获的水产品和捕捞天然生长的水产品)数量。可分为海水产品和淡水产品两大类。海水产品包括海水的鱼类、虾蟹类、贝类和藻类。淡水产品包括淡水的鱼类、虾蟹类和贝类,不包括淡水水生植物。

淡水养殖面积 指已放养鱼苗、鱼种等水产品苗种并进行人工饲养和管理的池塘、湖泊、水库、河沟及其他淡水水域的养殖面积。不包括稻田养殖面积。有些池塘、湖泊、水库、河沟,虽然指定专人管理,也放养了一些鱼苗,但起捕的鱼类中,人工养殖的淡水鱼不足30%的不计为养殖面积。对一些大江、大河、大湖投放鱼种或灌江纳苗,只进行一般的繁殖保护,增殖水产资源的,不计为淡水养殖面积。

淡水养殖产量 指在淡水湖泊、水库、河沟、池塘及其他淡水养殖水域中捕获的人工养殖的水产品数量,包括稻田养殖产量。养殖与捕捞的划分原则是:人工投放鱼、虾、蟹、贝、藻等苗种并经常饲养管理的水产品生产划为养殖(养殖产量一律以捕获的产量计算,虽养成而未捕获仍继续放养的不应包括在内);捕捞天然生长的水产品生产划为捕捞。

08 工业

工业经济类型结构

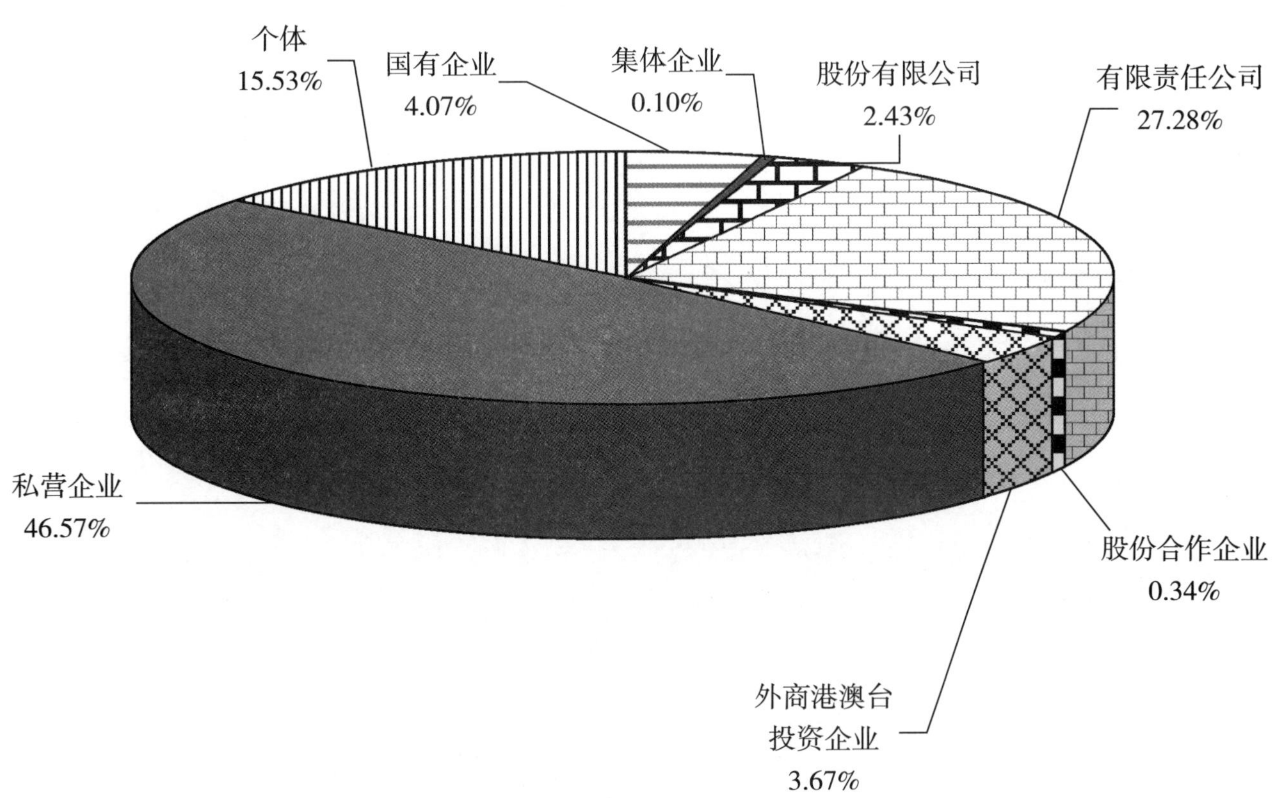

工业增加值(亿元)

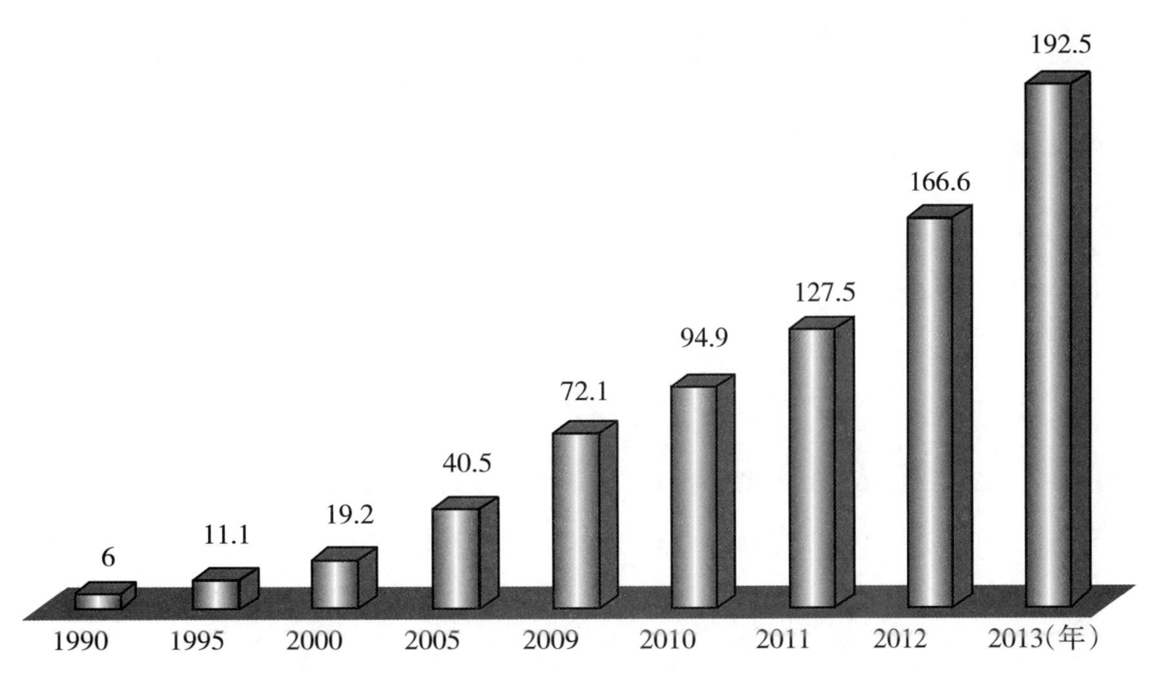

轻重工业比重(%)

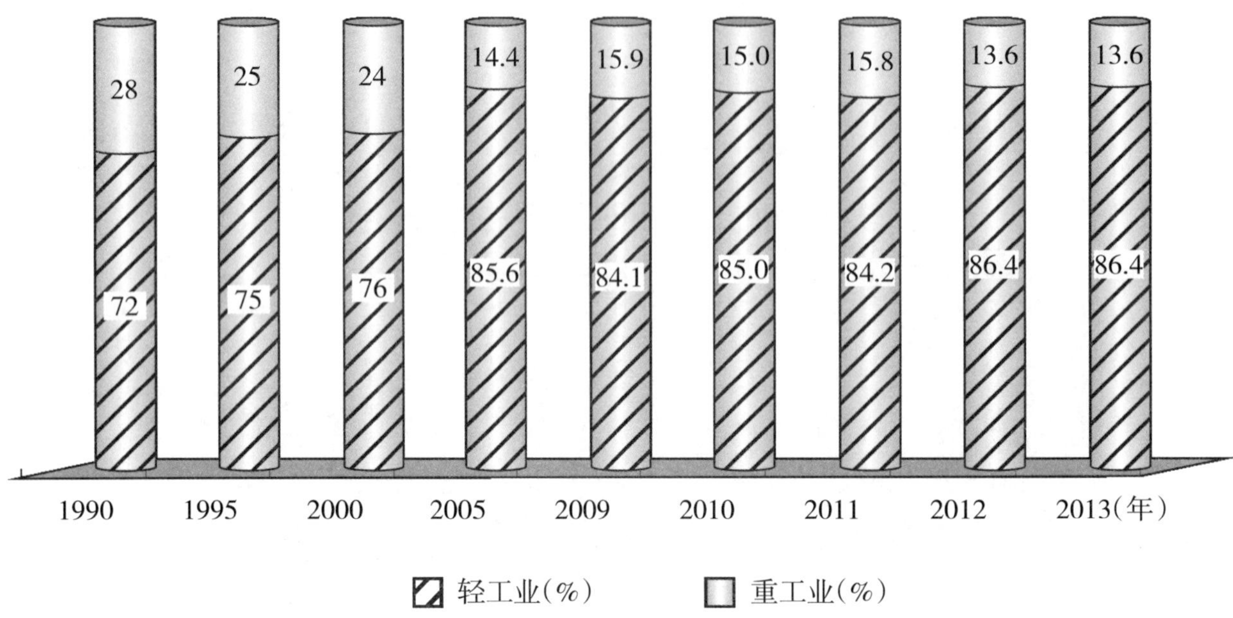

工业行业构成(%)

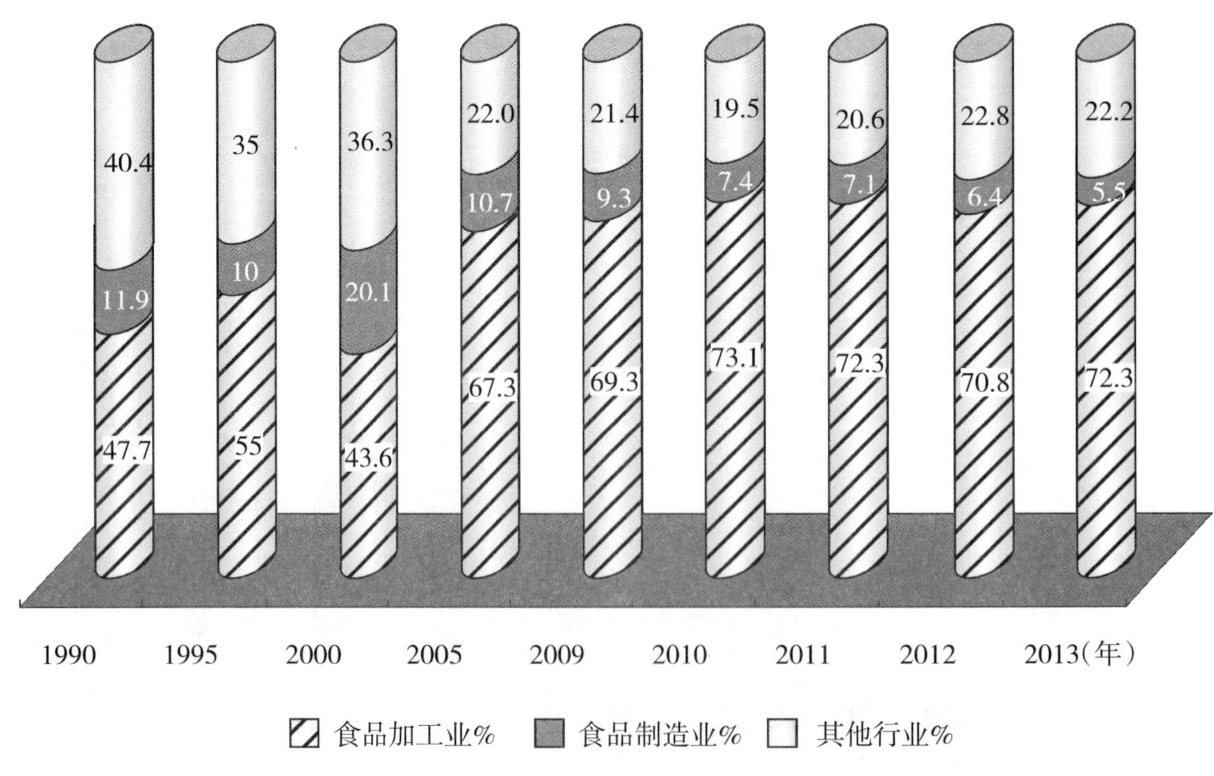

8-1　工业总产值和指数

年份	绝对数(万元)				指数(%)(以上年为100)			
	工业总产值	国有经济	集体经济	其他经济	工业总产值	国有经济	集体经济	其他经济
1985	86192	84153	1861	178	112.1	110.6	164.6	
1990	266873	261825	3202	1846	104.6	104.8	83.5	85.9
1993	317740	314994	546	2200	93.6	93.8	25.6	179.6
1994	388706	374741	752	13213	100.1	95.8	148.2	15.6
1995	529307	490357	500	38450	125.6	119.5	56.4	219.0
1996	580877	522274	432	58171	110.2	106.7	93.8	146.1
1997	652668	539411	326	112931	113.5	106.2	73.8	169.1
1998	671547	413144	25563	232840	107.3	79.0	5801.5	217.6
1999	679918	379162	24476	276280	103.6	91.1	100.2	125.1
2000	674349	362556	10088	301705	101.0	94.9	45.7	113.3
2001	740401	291434	8093	440874	110.5	82.1	76.4	141.4
2002	940686	266764	8270	665652	129.5	88.7	91.7	154.8
2003	1230311	515353	8384	706574	123.6	182.7	95.9	100.4
2004	1574572	91414	669	1482489	121.9	16.9	7.6	199.8
2005	2159869	75550	635	2083684	133.9	80.7	92.7	137.2
2006	2470653	138111	1132	2331410	112.3	179.4	174.9	109.8
2007	2743733	151802	821	2591110	108.9	107.8	71.1	109.0
2008	3240989	128981	930	3111078	109.6	78.8	105.1	111.4
2009	4009994	150035	1049	3858910	133.6	127.5	117.2	134.7
2010	5314829	218030	1114	5095685	120.3	131.9	97.9	119.9
2011	6624570	484565	7041	6132964	118.3	210.9	580.0	114.2
2012	8497040	339950	8860	8148230	119.9	71.6	124.2	123.3
2013	9388886	277486	9004	9102396	109.6	80.9	102.7	111.9

注:工业总产值绝对数按当年现行价格计算,指数按可比价格计算。

8-2　工业企业单位数和从业人数

年份	工业企业及生产单位数(个)	国有经济	集体经济	其他经济	从业人数(人)	国有经济	集体经济	其他经济
1985	901	770	115	16	132341	127130	4869	342
1990	1189	957	61	171	156115	149175	4811	2129
1993	1025	998	24	3	150038	146447	2449	1142
1994	922	907	13	2	149178	142670	1542	4966
1995	941	908	15	18	133092	126683	1203	5206
1996	829	802	10	17	131731	121652	651	9428
1997	757	734	7	16	131516	115531	292	15693
1998	651	480	56	115	111667	76837	7667	27163
1999	581	401	55	125	83953	43519	6839	33595
2000	477	314	17	146	54693	42802	2659	9232
2001	448	273	22	153	51009	37213	3121	10675
2002	448	191	16	241	48092	20728	1883	25481
2003	415	146	16	253	47644	20021	801	26822
2004	391	92	4	295	49366	7474	224	41668
2005	401	81	1	319	52621	6815	150	45656
2006	416	66	2	348	57794	6940	176	50678
2007	427	82	1	344	57051	6301	150	50600
2008	482	96	1	385	58481	5696	143	52642
2009	532	113	1	418	67413	7148	134	60131
2010	678	128	1	549	73782	8432	120	65230
2011	946	142	4	800	80883	9974	272	70637
2012	1232	169	11	1052	85401	8117	543	76741
2013	1282	177	2	1103	86095	7203	145	78747

8-3 各管理局工业企业单位情况

单位:个

年份 单位	工业企业及生产单位数	按经济类型分				按轻重工业分	
		国有经济	集体经济	外商及港澳台投资经济	其他经济	轻工业	重工业
2000	477	314	17	5	141	225	252
2004	391	92	4	3	292	202	189
2005	401	81	1	3	316	222	179
2006	416	66	2	6	342	228	188
2007	427	82	1	8	336	232	195
2008	482	96	1	8	377	274	206
2009	532	113	1	9	409	302	230
2010	678	128	1	10	539	396	282
2011	946	142	4	11	789	554	392
2012	1232	169	11	11	1041	848	384
2013	1282	177	2	13	1090	899	383
宝泉岭局	156	10		2	144	99	57
红兴隆局	284	19		1	264	160	124
建三江局	190	33	1	1	155	167	23
牡丹江局	182	16		3	163	130	52
北安局	116	38		1	77	90	26
九三局	92	17			75	57	35
齐齐哈尔局	85	9		1	75	73	12
绥化局	71	21			50	57	14
哈尔滨局	91	13		1	77	55	36
总局直属	15	1	1	3	10	11	4

8-4 各管理局工业企业总产值

单位:万元

年份 单位	工业总产值	按经济类型分				按轻重工业分	
		国有经济	集体经济	外商及港澳台投资经济	其他经济	轻工业	重工业
2000	481110	362556	10088	41017	67449	374360	106750
2004	1232230	91414	669	21957	1118190	1069215	163015
2005	1711067	75550	635	29557	1605326	1501742	209325
2006	1864398	138111	1132	144511	1580644	1611638	252760
2007	2049698	151802	821	164822	1732253	1765303	284396
2008	2486478	128981	930	281683	2074884	2143750	342728
2009	3451084	164772	1049	305856	2979408	3037455	413629
2010	4785632	235831	1114	320396	4228291	4180681	604951
2011	6028359	541952	7041	351057	5128309	5199464	828895
2012	7900521	393189	30399	374804	7102129	6957960	942561
2013	8729733	277486	9004	412949	8030294	7718263	1011470
宝泉岭局	898079	30862		4141	863076	692041	206038
红兴隆局	828721	32333		1724	794665	558763	269958
建三江局	805108	42376	8900	23419	730412	765733	39375
牡丹江局	938227	29608		13080	895539	748453	189774
北安局	205384	57977		580	146827	158503	46881
九三局	121275	22946			98329	68987	52288
齐齐哈尔局	223906	7191		9834	206880	195615	28291
绥化局	174151	25255			148896	146172	27979
哈尔滨局	182587	13482		10110	158995	85693	96894
总局直属	4352296	15456	104	350062	3986674	4298303	53993

注:本表按当年价格计算。

8-5 各管理局工业企业增加值

单位:万元

年份 单位	工业企业增加值	按经济类型分				按轻重工业分	
		国有经济	集体经济	外商及港澳台投资经济	其他经济	轻工业	重工业
2000	125285	80164	3233	8455	33433	91469	33816
2004	223947	25418	244	7772	190513	169787	54160
2005	272997	22281	149	8848	241719	198806	74192
2006	319306	33167	323	40598	245218	234651	84655
2007	366765	32258	126	45065	289316	269293	97472
2008	455520	26850	166	70108	358396	341740	113780
2009	578369	40564	264	77929	459612	453752	124616
2010	825299	69330	251	65419	690300	631846	193453
2011	1235813	97152	1829	77993	1058839	1000204	235609
2012	1546015	99041	8860	85857	1352257	1279184	266831
2013	1746262	85685	2077	86187	1572313	1443728	302534
宝泉岭局	259305	10202		980	248123	193706	65599
红兴隆局	267779	8242		655	258883	171083	96697
建三江局	166998	12090	1845	2491	150572	163936	3062
牡丹江局	288129	9598		3692	274839	229550	58579
北安局	67100	18496		208	48396	53644	13457
九三局	39039	7399			31640	25004	14035
齐齐哈尔局	53844	2313		2386	49145	49029	4815
绥化局	60640	10847			49793	50035	10605
哈尔滨局	58023	4930		2370	50723	27717	30306
总局直属	485405	1569	232	73405	410199	480024	5381

8-6 各管理局个体工业总产值及增加值

(2013年)

单位:万元

单位	工业总产值	轻工业	重工业	工业增加值	轻工业	重工业
总计	659153	486190	172963	178651	107881	70770
宝泉岭局	139122	112417	26705	26036	10436	15600
红兴隆局	113902	55840	58062	40029	21652	18377
建三江局	34462	24797	9665	3711	401	3310
牡丹江局	176393	107193	69200	49329	27213	22116
北安局	24686	20184	4502	7174	4399	2775
九三局	66530	64455	2075	18541	15510	3031
齐齐哈尔局	19324	24522	-5198	6010	4180	1830
绥化局	27791	23325	4466	10736	8494	2242
哈尔滨局	56942	53457	3485	17085	15597	1488
总局直属						

8-7　工业企业主要经济指标

（2013 年）　　单位：个、万元

类　　别	工业企业单位数	#亏损企业	工业增加值	工业总产值	工业销售产值	资产总计	流动资产年平均余额
总　计	1282	36	1746262	8729733	8683965	7772763	4737181
#公有控股经济	226	20	650560	5062591	5123374	5866621	4092860
#大中型工业企业	26	6	649898	5089913	5157762	5686090	4026487
#大型	6	2	489380	4526074	4596113	4924443	3815154
#产业化龙头工业企业	30	6	615768	5000663	5083516	5394280	4016403
一、按口径分							
规模以上工业	198	11	1191563	7005545	7069127	6523616	4401819
规模以下工业	1084	25	554699	1724188	1614838	1249147	335362
二、按轻重工业分							
轻工业	899	29	1443728	7718263	7799739	7181322	4533182
重工业	383	7	302534	1011470	884226	591441	204000
三、按企业登记注册类型分							
国有	177	9	85685	277486	279959	418211	107037
集体	2	1	2077	9004	8900	2813	1717
股份合作	9		6905	24274	24274	10539	1380
有限责任公司	136	11	616194	4857951	4886145	5144937	3895813
股份制	29	2	42270	160135	157216	256564	64218
私营	863	9	906944	2987934	2802414	1481947	470427
港澳台投资	4	1	3138	13072	13058	9378	2834
外商投资	9	3	83049	399877	416634	400586	187460
四、按工业行业分							
采矿业	59	1	84042	249860	251451	141002	29382
煤炭采选业	10		27310	83699	86118	71107	17944
有色金属矿采选业	2	1	17800	36913	37155	5259	1797
非金属矿采选业	46		38335	127919	126952	60650	9641
制造业	1009	25	1539408	8112334	8077000	7110490	4606983
食品加工业	511	12	1102517	6624917	6606158	5722604	4076149
谷物磨制	373	5	606598	2340205	2286294	1573755	878098
饲料加工	35		24141	76933	74023	42993	9459
植物油加工	30		366717	3653240	3694250	3612543	2994051
制糖	3	1	6733	40976	41758	44176	19588
屠宰及肉类加工	18		55414	363231	361422	188976	87112
其他农副食品加工	52	6	42915	150332	148411	260161	87841
食品制造业	44		117024	502819	519125	493912	197146
方便食品制造业	11		6299	17210	16671	8804	3025
液体乳及乳制品制造业	15		91452	423406	442543	437797	176546

8-7 续表 1

单位:个、万元

类别	工业企业单位数	#亏损企业	工业增加值	工业总产值	工业销售产值	资产总计	流动资产年平均余额
其他食品制造	18		19273	62202	59911	47311	17575
饮料制造业	48	3	46512	147645	149910	225993	87674
酒精及酒的制造业	48	3	46211	146762	149027	225993	87674
软饮料制造							
纺织业	19	2	11632	38410	38611	23998	7324
服装鞋帽制造业	1		83	493	493	300	125
皮革毛皮羽绒制品业	2		732	3374	3038	2196	940
木材加工及制品业	48		34136	103532	99522	38213	17426
家具制造业	9	1	2646	8157	8169	2890	1503
造纸及纸制品业	7	1	1548	5526	5271	3859	466
造　纸	7	1	1548	5526	5271	3859	466
印刷和记录媒介复制	6		1568	4769	4693	1157	794
文教体育用品制造	2		2145	3130	3130	1272	227
炼焦业	1						
化学原料及化学制品	45	3	33510	140849	140458	144502	37042
肥料制造	32	2	24519	113244	114184	126522	32376
农药制造	7	1	5061	16855	15525	14321	3230
医药制造业	10		24634	62831	62645	154567	58705
中药饮品加工	3		2909	10637	9437	24858	5707
中成药制造业	5		20279	47815	48656	122819	52791
橡胶制造业	1		413	1179	1167	908	420
塑料制品业	16		6426	21150	20896	11222	4964
非金属矿物制品业	131		90665	255930	240676	149154	55939
水泥制造业	12		20145	65353	65374	53746	34578
砖瓦石材等建材业	84		39593	114007	110523	47978	11260
有色金属冶炼及加工	5		3184	8798	8798	2390	895
金属制品业	28		14571	43414	42485	12911	5800
通用机械制造业	13		5558	20877	15800	14262	1373
专用设备制造业	45	2	31582	91917	83677	83842	49429
农林牧渔机械制造	44	2	31002	90353	82177	83602	49069
交通运输设备制造业	6		3674	11230	11744	12047	3378
其他制造业	10		4649	11386	10534	8290	625
电力燃气水生产供应业	214	10	122812	367539	355513	521271	100816
电力热力生产与供应	170	8	112056	339140	327620	497947	99211
电力生产	9	1	26371	78092	71248	141143	43157
水的生产和供应业	44	2	10756	28399	27893	23324	1605

8-7 续表 2　　　　单位:万元

类　别	流动资产合　计	#存货	#产成品	固定资产合　计	固定资产原　价	累计折旧
总　计	**5088619**	**1703569**	**756201**	**2277357**	**2880533**	**873204**
#公有控股经济	4166030	1385187	670615	1464605	1929124	578534
#大中型工业企业	4102285	1378692	660638	1305737	1746946	535444
#大型	3848520	1289798	615605	888940	1221050	379737
#产业化龙头工业企业	4082001	1404835	671706	1062732	1337210	349682
一、按口径分						
规模以上工业	4600296	1593008	717488	1596182	2134668	679611
规模以下工业	488324	110561	38713	681176	745865	193593
二、按轻重工业分						
轻工业	4836660	1633957	736805	1959157	2457950	700628
重工业	251959	69612	19396	318200	422584	172576
三、按企业登记注册类型分						
国有	106697	28095	18021	291189	369154	106250
集体	1788	57		1025	1467	442
股份合作	6500	3791	1102	3128	3306	1308
有限责任公司	4009443	1341795	630532	923289	1183723	314339
股份制	67126	32620	4587	166423	280038	119055
私营	702741	216529	60404	653660	755157	238266
港澳台投资	2865	1733	519	3363	8681	2168
外商投资	180982	77320	40671	218513	258905	88792
四、按工业行业分						
采矿业	54356	9305	4225	84359	75278	20164
煤炭采选业	36976	6900	2669	33831	33732	11375
有色金属矿采选业	1617			2355	3812	2169
非金属矿采选业	14359	2405	1556	45590	37734	6621
制造业	4902127	1678776	751365	1821142	2357346	731327
食品加工业	4297247	1465299	659295	1128870	1443832	405213
谷物磨制	926380	486344	169780	551176	682045	197062
饲料加工	15232	4058	1692	10731	14033	3444
植物油加工	3134948	894049	433587	342715	484538	144714
制糖	21177	15882	13611	9623	36590	10789
屠宰及肉类加工	101404	18056	8036	57355	63371	11574
其他农副食品加工	98107	46910	32588	157270	163255	37629
食品制造业	222672	86264	44744	246960	305942	106470
方便食品制造业	3110	636	479	5326	7964	2237
液体乳及乳制品制造业	199686	76847	40863	219476	265159	92446

8-7 续表 3　　单位:万元

类　别	流动资产合　计	#存货	#产成品	固定资产合　计	固定资产原　价	累计折旧
其他食品制造	19876	8781	3403	22158	32820	11787
饮料制造业	87701	33471	26316	126513	153096	33798
酒精及酒的制造业	87701	33471	26316	126513	153096	33798
软饮料制造						
纺织业	11846	4380	2016	5933	16979	8144
服装鞋帽制造业	150	50	20	150	150	20
皮革毛皮羽绒制品业	841	19	19	1355	287	29
木材加工及制品业	21426	3436	2280	15374	22161	9453
家具制造业	1533	250	70	1231	1413	450
造纸及纸制品业	1138	415	100	4300	4524	1848
造　纸	1138	415	100	4300	4524	1848
印刷和记录媒介复制	809	42	7	348	498	221
文教体育用品制造	278			560	930	470
炼焦业						
化学原料及化学制品	33987	12568	4310	108402	204769	104945
肥料制造	28146	10745	3292	96908	201369	103638
农药制造	3773	1812	1018	9902	2298	1061
医药制造业	70574	26846	2818	54022	66411	20785
中药饮品加工	15211	1943	267	7410	3720	1439
中成药制造业	52724	23917	2368	42894	62171	19336
橡胶制造业	398	141	121	452	617	148
塑料制品业	6454	1479	560	4768	5618	1392
非金属矿物制品业	67399	7922	3349	73479	83124	23766
水泥制造业	36969	3783	525	9810	23816	13487
砖瓦石材等建材业	17014	3582	2593	30459	25504	6936
有色金属冶炼及加工	772	246	145	1122	1418	404
金属制品业	6474	640	370	6237	8085	2460
通用机械制造业	6717	2891	473	5497	7992	3394
专用设备制造业	56802	30569	3543	23469	21426	4947
农林牧渔机械制造	56622	30569	3543	23409	21346	4927
交通运输设备制造业	4142	1632	633	6677	4211	2495
其他制造业	2767	217	177	5423	3862	479
电力燃气水生产供应业	132136	15488	611	371856	447909	121713
电力热力生产与供应	127876	15301	524	353576	431381	116796
电力生产	58535	5135		82374	95273	18253
水的生产和供应业	4261	187	87	18280	16528	4917

8-7 续表 4　　　　单位:万元

类　别	固定资产净值	固定资产净值年平均余额	负债总计	#流动负债	#长期负债	所有者权益总计
总　计	**2007329**	**1728264**	**6161692**	**5712256**	**331448**	**1613552**
#公有控股经济	1350589	1219134	5152184	4857717	277573	716918
#大中型工业企业	1211503	1098366	4992157	4675739	292743	693933
#大型	841314	800719	4494848	4335320	159528	429596
#产业化龙头工业企业	987528	924217	4740357	4554952	161933	653923
一、按口径分						
规模以上工业	1455057	1303818	5560087	5215154	315022	961894
规模以下工业	552272	424446	601604	497101	16426	651658
二、按轻重工业分						
轻工业	1757321	1497940	5791288	5366516	316744	1392515
重工业	250008	230324	370404	345740	14704	221037
三、按企业登记注册类型分						
国有	262904	220313	329395	233172	85575	88816
集体	1025	740	1776	1776		1037
股份合作	1999	1548	2901	2573	40	7638
有限责任公司	869384	763205	4483972	4286048	190136	660965
股份制	160983	119709	221689	197138	22710	37356
私营	516891	426544	747931	632348	28058	734016
港澳台投资	6513	6366	5673	5673		3705
外商投资	170113	179202	345631	340701	4930	64944
四、按工业行业分						
采矿业	55114	45159	74829	60875	13101	66174
煤炭采选业	22357	12032	28079	27946		43028
贵金属矿采选业	1643	1643	3381	3381		1877
非金属矿采选业	31114	31484	43368	29547	13101	17282
制造业	1626019	1427341	5743067	5439269	201441	1369904
食品加工业	1038619	900754	4745940	4519860	166640	976665
谷物磨制	484983	416824	1161677	1054633	62863	412078
饲料加工	10589	8064	15959	5884		27034
植物油加工	339824	300123	3330592	3232601	97275	281951
制糖	25800	19804	73729	68504	5225	-29553
屠宰及肉类加工	51797	42682	44470	40872	783	144505
其他农副食品加工	125627	113256	119512	117366	493	140649
食品制造业	199473	191565	378745	344812	8988	115166
方便食品制造业	5727	4440	4245	4095	150	4559
液体乳及乳制品制造业	172713	177804	355354	328699	5350	82442

8–7 续表 5　　　　单位:万元

类　　别	固定资产净　　值	固定资产净值年平均余额	负债总计	#流动负债	#长期负债	所有者权益总　　计
其他食品制造	21033	9322	19146	12018	3488	28165
饮料制造业	119298	105473	202823	198492	1024	23169
酒精及酒的制造业	119298	105473	202823	198492	1024	23169
软饮料制造						
纺织业	8835	7103	18899	18319	580	5100
服装鞋帽制造业	130	135				300
皮革毛皮羽绒制品业	258	259				2196
木材加工及制品业	12708	12233	15013	14125	888	23200
家具制造业	963	953	539	539		2351
造纸及纸制品业	2677	1229	2815	974	1841	3525
造　纸	2677	1229	2815	974	1841	3525
印刷和记录媒介复制	277	288	163	163		994
文教体育用品制造	460	860	182	182		1090
炼焦业						
化学原料及化学制品	99825	105609	135131	131868	160	9372
肥料制造	97731	98862	128043	125559	160	–1521
农药制造	1237	6354	5437	5418		8884
医药制造业	45626	19506	91771	65871	22607	62796
中药饮品加工	2281	2403	15602	13545	2057	9257
中成药制造业	42835	16593	70607	49302	20550	52212
橡胶制造业	469		492	492		416
塑料制品业	4226	2528	5882	2831		5340
非金属矿物制品业	59358	47827	60585	59655	15	88569
水泥制造业	10329	11579	24706	24502	15	29040
砖瓦石材等建材业	18567	14192	15650	15425		32328
有色金属冶炼及加工	1015	781	1187	889		1203
金属制品业	5625	5101	6464	5994		6447
通用机械制造业	4599	3841	9689	9432		4573
专用设备制造业	16479	17283	57379	55603	1428	26463
农林牧渔机械制造	16419	17223	57279	55503	1428	26323
交通运输设备制造业	1717	689	8145	7945		3902
其他制造业	3384	3323	1223	1223		7067
电力燃气水生产供应业	326196	255765	343797	212112	116906	177475
电力热力生产与供应	314585	247083	333449	203338	116789	164498
电力生产	77021	77514	80585	73161	4500	60558
水的生产和供应业	11611	8682	10348	8774	117	12977

8-7 续表 6

单位:万元

类　别	# 实收资本	国家资本	集体资本	法人资本	个人资本	港澳台资本	外商资本
总　计	**1156049**	**310543**	**6466**	**477074**	**334676**	**529**	**24842**
#公有控股经济	602837	292197	2297	267242	26052		13128
#大中型工业企业	547598	248840		261709	22001		15048
#大型	373530	123367		232459	4576		13128
#产业化龙头工业企业	537024	224773		246457	52666		13128
一、按口径分							
规模以上工业	730548	252609	1935	324093	127069		24842
规模以下工业	425501	57933	4531	152980	207607	529	
二、按轻重工业分							
轻工业	1017466	300323	4744	431302	257090	529	21558
重工业	138583	10220	1722	45771	77586		3284
三、按企业登记注册类型分							
国有	64579	44172	835	10709	8862		
集体	1004		154		850		
股份合作	4198	849	1100	370	1880		
有限责任公司	531328	236260	148	243670	51251		
股份制	48643	17250	1405	8107	18041		1920
私营	444630	11743	2764	179307	244306		6510
港澳台投资	5434			1538	3367	529	
外商投资	47368	269		30687			16412
四、按工业行业分							
采矿业	22008	247		3523	18239		
煤炭采选业	5430				5430		
有色金属矿采选业	1112	165			947		
非金属矿采选业	11697	82		3523	8092		
制造业	1014222	269807	5294	416650	295181	529	24842
食品加工业	744902	239710	2339	306771	189043	529	6510
谷物磨制	341575	1167	1994	203026	135387		
饲料加工	23042	7814	125	1432	7161		6510
植物油加工	139174	123367	220	993	14594		
制糖	1350			230	1120		
屠宰及肉类加工	107522			97815	9707		
其他农副食品加工	132239	107362		3275	21074	529	
食品制造业	66151	243	868	34518	17393		13128
方便食品制造业	1910	123		186	1601		
液体乳及乳制品制造业	49081		868	28298	6787		13128

8-7 续表 7

单位:万元

类　别	#实收资本	国家资本	集体资本	法人资本	个人资本	港澳台资本	外商资本
其他食品制造	15160	120		6035	9005		
饮料制造业	30630	13750	500	6216	10164		
酒精及酒的制造业	30630	13750	500	6216	10164		
软饮料制造							
纺织业	9085	6558	12	180	2336		
服装鞋帽制造业	100				100		
皮革毛皮羽绒制品业	1890			50	1840		
木材加工及制品业	16289			6191	10098		
家具制造业	1350			640	710		
造纸及纸制品业	3315				1395		
造　纸	3315				1395		
印刷和记录媒介复制	241			101	140		
文教体育用品制造	430				430		
炼焦业							
化学原料及化学制品	21270	2213		7684	8493		2880
肥料制造	10913	2172		2544	6197		
农药制造	10276			5140	2256		2880
医药制造业	31001	283		22530	6268		1920
中药饮品加工	9535	283		8948	305		
中成药制造业	20855			12972	5963		1920
橡胶制造业	221				221		
塑料制品业	4669		154	2307	2207		
非金属矿物制品业	50333	6000	1280	17213	25841		
水泥制造业	14826			11038	3788		
砖瓦石材等建材业	23752			2830	20922		
有色金属冶炼及加工	499				499		
金属制品业	5466			2120	3346		
通用机械制造业	3068	213		2093	762		
专用设备制造业	14432	837		4621	8569		404
农林牧渔机械制造	14432	837		4621	8569		404
交通运输设备制造业	2993		140	1680	1173		
其他制造业	5887			1735	4152		
电力燃气水生产供应业	119819	40489	1172	56901	21257		
电力热力生产与供应	110085	33262	1024	56027	19772		
电力生产	53491	2083		45650	5758		
水的生产和供应业	9734	7227	148	875	1484		

8-7 续表 8　　　　单位:万元

类　　别	主营业务收入	#主营业务成本	#主营业务税金及附加	营业费用	管理费用	#税　金
总　计	9444135	8730087	61117	236087	210223	12251
#公有控股经济	6115519	5890137	8590	142045	107656	8062
#大中型工业企业	6237622	5995042	12872	139145	98437	7337
#大型	5559583	5400585	3195	116513	77654	6654
#产业化龙头工业企业	6166621	5941245	11581	130466	85145	6782
一、按口径分						
规模以上工业	8615222	8049130	23790	180367	140098	8771
规模以下工业	828914	680958	37327	55720	70125	3479
二、按轻重工业分						
轻工业	9171612	8496856	43984	199139	158706	10409
重工业	1002650	787718	17133	36948	51518	1842
三、按企业登记注册类型分						
国有	259699	223358	3867	7409	12910	701
集体	8900	7120	4	745	1040	1
股份合作	23925	20430	370	669	351	75
有限责任公司	5692977	5525912	6341	78649	77675	5708
股份制	160282	142179	2777	9925	17819	431
私营	2587198	2194445	43868	77845	86000	3879
港澳台投资	13058	10172	23	358	467	
外商投资	587644	509800	1837	59621	12757	1312
四、按工业行业分						
采矿业	216509	175794	5672	16102	11319	
煤炭采选业	85123	70819	2341	4946	1667	
有色金属矿采选业	5078	4863	22	2	1081	
非金属矿采选业	125082	99022	3084	11154	8571	
制造业	8896856	8271507	51416	214658	190957	11759
食品加工业	7310133	6946003	25146	105022	108771	6583
谷物磨制	2565567	2308979	18770	56429	55671	1467
饲料加工	83473	60311	1682	950	3089	
植物油加工	4116477	4093213	1056	29920	28714	4203
制糖	20822	29619		239	2973	279
屠宰及肉类加工	324761	281804	1135	7659	8443	547
其他农副食品加工	199033	172077	2504	9825	9880	86
食品制造业	682917	585347	3979	67276	15323	1761
方便食品制造业	15062	12556	402	511	324	74
液体乳及乳制品制造业	614540	527557	2907	64999	13614	1678

8-7 续表 9　　　　单位:万元

类　　别	主营业务收　　入	#主营业务成　　本	#主营业务税金及附加	营业费用	管理费用	#税　金
其他食品制造	53315	45233	671	1766	1386	9
饮料制造业	136700	113352	4921	10429	12373	540
酒精及酒的制造业	135817	112638	4921	10429	12373	540
软饮料制造	883	714				
纺织业	31602	29565	243	325	640	7
服装鞋帽制造业	493	498	23	30	100	
皮革毛皮羽绒制品业	3038	2378	179		12	
木材加工及制品业	79448	69565	3657	1960	3917	32
家具制造业	8169	6273	283	161	241	
造纸及纸制品业	5257	5534	90	415	1136	7
造　纸	5257	5534	90	415	1136	7
印刷和记录媒介复制	4690	3799	20	41	110	1
文教体育用品制造	3130	2270	163	94	77	11
炼焦业						
化学原料及化学制品	142537	131649	776	4657	12685	509
肥料制造	120940	113189	527	3062	12278	496
农药制造	15025	13582	121	720	322	13
医药制造业	64933	43875	2474	9420	9519	339
中药饮品加工	11335	8845	1981	974	1988	
中成药制造业	51277	33060	365	8385	7299	339
橡胶制造业	1179	766	73		79	73
塑料制品业	19132	14078	705	186	1990	207
非金属矿物制品业	229704	176960	5026	7939	12481	1285
水泥制造业	56530	44894	829	2543	3476	190
砖瓦石材等建材业	104314	79892	1772	3714	2940	519
有色金属冶炼及加工	8798	6304		47	139	
金属制品业	45124	34063	1125	778	4963	30
通用机械制造业	15828	12743	628	357	739	77
专用设备制造业	82330	68328	1435	5372	4520	294
农林牧渔机械制造	81880	67958	1425	5352	4490	294
交通运输设备制造业	10694	9202	21	139	487	
其他制造业	11021	8956	451	12	655	3
电力燃气水生产供应业	330770	282786	4028	5327	7948	492
电力热力生产与供应	306562	263745	3794	4593	7267	411
电力生产	58253	45497	328	1016	2457	37
水的生产和供应业	24208	19042	234	734	681	80

8-7 续表 10　　　　单位:万元

类　　别	财务费用	#利息支出	本年应交增值税	利润总额	亏损企业亏损总额	利税总额	从业人员平均人数(人)
总　计	89205	105173	121846	222963	100023	405926	79184
#公有控股经济	60493	89880	38899	-15667	91922	31823	31576
#大中型工业企业	59402	88912	33904	37902	69722	84677	29260
#大型	46960	78803	16177	-6943	58656	12429	17358
#产业化龙头工业企业	54773	85398	27773	15780	70798	55134	21516
一、按口径分							
规模以上工业	74973	98819	84199	92731	93323	200719	43683
规模以下工业	14232	6354	37647	130232	6700	205207	35501
二、按轻重工业分							
轻工业	85391	102658	107989	167211	82243	319184	61004
重工业	3814	2515	13857	55752	17780	86742	18180
三、按企业登记注册类型分							
国有	5879	4935	4331	-5856	20510	2343	7384
集体	370	370	70	418	27	492	141
股份合作	100	68	77	2390		2837	424
有限责任公司	51337	80102	27269	21236	54946	54847	20414
股份制	2207	520	3590	-8661	17185	-2294	5574
私营	23891	13873	70929	198642	6002	313439	38038
港澳台投资	25	21	10	1731	742	1764	351
外商投资	5117	5249	15548	6044	612	23430	5762
四、按工业行业分							
采矿业	769	454	7177	22710	888	35559	4087
煤炭采选业	298	276	4029	8328		14698	1508
有色金属矿采选业	-1			-888	888	-866	934
非金属矿采选业	472	178	3148	15053		21284	1565
制造业	79554	98022	103511	184915	96894	339842	66064
食品加工业	62682	87010	69287	130996	60526	225429	35142
谷物磨制	51099	44096	53713	70202	43046	142685	20691
饲料加工	99	68	61	10790		12532	1126
植物油加工	6094	38603	915	22222		24192	4658
制糖	2063	2063		5160	5240	5160	1859
屠宰及肉类加工	-271	-1444	11548	29125		41808	3825
其他农副食品加工	3598	3625	3051	-6502	12240	-948	2983
食品制造业	6038	6120	18228	13989		36196	7874
方便食品制造业	39	39	71	1577		2050	310
液体乳及乳制品制造业	5430	5569	15946	8357		27210	6764

8-7 续表 11

单位:万元

类　　别	财务费用	#利息支出	本年应交增值税	利润总额	亏损企业亏损总额	利税总额	从业人员平均人数（人）
其他食品制造	569	512	2212	4054		6936	800
饮料制造业	4953	1765	5447	-8350	18018	2018	2586
酒精及酒的制造业	4953	1765	5447	-8350	18018	2018	2586
软饮料制造							
纺织业	45	14	150	1908	371	2301	1374
服装鞋帽制造业				150		173	55
皮革毛皮羽绒制品业				80		259	60
木材加工及制品业	375	284	129	7538		11324	2256
家具制造业	26	2	25	1073	1	1380	206
造纸及纸制品业	15	11	12	-730	1086	-628	938
造　纸	15	11	12	-730	1086	-628	938
印刷和记录媒介复制	7	7	66	761		847	84
文教体育用品制造	33	33		539		702	35
炼焦业							
化学原料及化学制品	413	115	461	-9198	16401	-7962	2963
肥料制造	365	115	181	-11517	16110	-10809	2666
农药制造	46		81	811	291	1013	168
医药制造业	2586	924	3482	6877		12832	2925
中药饮品加工	1842	382	310	2841		5132	251
中成药制造业	744	542	3172	3835		7371	2558
橡胶制造业				230		303	32
塑料制品业	58	43	70	2378	27	3153	468
非金属矿物制品业	1069	759	4794	22784		32604	5078
水泥制造业	480	385	3425	7105		11358	1648
砖瓦石材等建材业	452	331	570	8578		10921	2656
有色金属冶炼及加工	31	300	210	556		766	255
金属制品业	56	46	229	3401		4754	804
通用机械制造业	77	65	85	1014		1727	434
专用设备制造业	962	503	657	6856	464	8947	1924
农林牧渔机械制造	962	503	571	6836	464	8831	1866
交通运输设备制造业	129	21	92	769		881	329
其他制造业			89	1296		1836	242
电力燃气水生产供应业	8882	6697	11158	15339	2240	30525	9033
电力热力生产与供应	8835	6674	10923	13647	2083	28364	8065
电力生产	2328	1262	5786	4961	124	11075	1013
水的生产和供应业	46	23	235	1692	157	2161	968

8-8 主要工业产品产量

年　份 单　位	原　煤 （万吨）	黄　金 （千克）	大　米 （万吨）	小麦粉 （万吨）	食用植物油 （万吨）	豆　粕 （万吨）	机制糖 （吨）	淀　粉 （吨）
1985	157.2	88.4	1.2	25.5	1.9		53242	
1990	178.5	139.0	3.0	29.5	5.4		87674	
1993	125.7	389.0	2.1	22.9	4.2		109133	
1994	119.9	428.0	4.9	32.1	6.1		58158	
1995	136.3	751.0	9.0	27.2	7.3		95325	
1996	142.3	944.0	21.1	25.4	4.6		122438	
1997	188.0	891.0	33.9	21.7	5.1		102364	
1998	195.4	745.0	28.1	24.0	5.5		94231	
1999	103.6	877.0	39.3	23.6	7.7		83533	
2000	82.7	570.1	58.1	22.4	9.2	39.7	15091	
2001	31.7	507.7	65.7	31.9	8.5	34.1	38768	
2002	3.2	478.0	123.6	32.9	10.6	43.4	48841	
2003	7.3	470.0	126.8	32.5	16.9	103.0	10047	
2004	10.6	250.4	146.2	29.8	21.7	121.9	20389	
2005	33.0	173.3	160.2	31.0	49.3	240.5	16915	
2006	49.5	248.0	195.7	25.7	54.9	269.7	32438	
2007	36.8	234.0	230.9	22.1	43.6	203.7	41145	26086
2008	31.4	193.0	238.7	17.7	42.1	179.6	31011	65243
2009	46.5	207.0	289.6	20.2	79.5	354.3	32127	48350
2010	53.5	166.0	359.5	23.5	104.3	474.2	33172	44564
2011	66.8	150.0	466.5	28.1	112.6	489.0	37699	65287
2012	51.6	195.0	618.9	32.7	123.7	533.6	31144	56076
2013	56.0	186.0	615.4	22.4	172.1	681.3	18728	14996
宝泉岭局			83.1	0.2	0.4	0.3		
红兴隆局		186.0	98.0	1.2	3.2	13.3	15330	
建三江局			151.6	0.6	2.2	8.4		
牡丹江局	56.0		179.8	2.2	1.5			
北安局			0.7	4.7	0.3	…		
九三局			0.4	2.4	1.1	0.4	3398	
齐齐哈尔局			49.6	1.0	0.4	0.6		
绥化局			9.9	0.3	0.1			
哈尔滨局			15.7					
总局直属			26.7	9.7	163.0	658.2		14996

8-8 续表 1

年　份 单　位	乳制品 （吨）	#液体乳 （吨）	白　酒 （吨）	啤　酒 （吨）	大麦芽 （吨）	饲　料 （万吨）	豆制品 （吨）	锯　材 （万立方米）	机制纸及纸板 （吨）
1985	5262		9540	11900		1.3		12.1	25347
1990	28321		13893	39740		8.7		7.7	35104
1993	33982		6697	29563		9.8		2.8	25983
1994	29282		4211	25987		10.6		2.9	17480
1995	27662		9785	27573		12.5	4534	2.2	23268
1996	28828		14336	37690		11.6	2673	2.1	33180
1997	32359		11739	43504		13.1	16243	3.5	25512
1998	30203		13101	40252		13.3	14965	3.7	18854
1999	27914		15384	24488		10.5	5820	3.7	16872
2000	44045	7152	15882	20281	23059	7.2	4313	0.8	14658
2001	65618	19293	17723	11531	38824	12.4	8543	4.6	20887
2002	128877	76790	16100	7610	54037	10.4	10206	4.1	21627
2003	225129	179438	24826	15823	108403	12.0	17301	5.6	20389
2004	170623	122801	20539	11000	113571	13.4	18043	7.3	23213
2005	177921	123791	29143	7250	159031	17.4	29714	11.7	25612
2006	162549	110992	30087	9880	161175	18.5	21921	14.5	29855
2007	193179	124380	29852	1850	261280	18.4	24345	17.8	43981
2008	261092	179850	33986	18	200595	24.2	28753	20.1	52575
2009	357241	276266	38844		251132	30.5	40622	29.1	47924
2010	304581	231959	44306		218722	34.3	52071	25.7	37197
2011	282439	206795	54465		221336	42.0	66287	28.0	36144
2012	300380	229715	71545		186991	60.3	92040	45.2	28651
2013	304941	258619	95145		55765	56.2	73786	37.5	5595
宝泉岭局	2435		9418			9.2	40480	4.2	2940
红兴隆局	125		24176			2.6	2033	20.0	1990
建三江局			2277			0.4		0.1	
牡丹江局	53		2164		10710	10.2	1045		
北安局	2497	117	4453			4.5	1248	10.2	
九三局	1381		4969			9.7	6596	2.2	
齐齐哈尔局	2410		5407			7.8	3861		
绥化局	11035		33396			1.3	12794	0.3	
哈尔滨局			8882			10.7		0.5	
总局直属	285005	258502			45055		5729		665

8-8 续表 2

年份 单位	发电量（万千瓦小时）	焦炭（万吨）	尿素实物量（万吨）	复合肥料实物量（吨）	酒精（吨）	化学原料药（吨）	中成药（吨）
1985	26136	4.3	8.8		3938		87
1990	47219	14.2	10.9		6791	111	384
1993	60884	14.4	17.4		9923	126	170
1994	57130	14.6	19.6		6479	386	5
1995	59192	14.8	20.9	230.	8548	82	193
1996	58132	18.6	19.8	4381	11289	166	211
1997	56020	18.4	19.8	1381	6754	175	1103
1998	58395	14.3	20.3	4653	8701	192	750
1999	53258	4.0	21.4	4542	7744	318	976
2000	43971	3.3	9.9	4784	1294	2391	2046
2001	48575	3.8	8.7	5168	2637	513	3235
2002	48775	2.8	16.1	7413	1238	2765	6756
2003	53439	12.5	11.3	4515	506	3530	8587
2004	57341	20.8	11.8	4877	948	3584	7376
2005	51646	21.4	19.8	4630	122	3268	11706
2006	61674	19.7	17.3	3950	4569	1587	12275
2007	58034	20.6	18.5	7134	15485	2055	13622
2008	54018	18.7	20.5	7660	16616	2536	11914
2009	47622	17.2	23.4	13637	9584.8	537	3567
2010	46779	19.8	28.2	15166	16096	759	2498
2011	57665	12.8	31.0	31140	16148	408	2708
2012	77153		32.1	59064	37141	920	4206
2013	98259		26.4	68899	45368	1288	4949
宝泉岭局				19929			
红兴隆局	3980			3728	45368		
建三江局	23525			16900			
牡丹江局	26902			6230		37	738
北安局							
九三局				117			
齐齐哈尔局				16310			
绥化局	37479			4585		216	
哈尔滨局				1100		391	3902
总局直属	6373		26.4			644	309

8-8 续表 3

年份 单位	水泥 （万吨）	砖 （万块）	瓦 （万片）	小型 拖拉机 （台）	机引耕 作机械 （台）	种植 机械 （台）	联合 收获机 （台）	场上作 业机械 （台）
1985	24.4	81909	1911	5879	231		900	
1990	38.8	83135	1525	356	461		220	
1993	59.6	85644	1892	33	190	2		
1994	55.7	43749	1375	126	569	1230	2	
1995	45.6	51254	337	56	2192	1681		1222
1996	47.2	51452	1542	1568	2173	2688	718	435
1997	51.2	50966	154	673	2955	1988	615	657
1998	56.9	60692	220	505	2470	4302	718	1376
1999	63.2	56622	95	1233	1669	266	567	1962
2000	77.0	23876	87	294	1585	1026	1163	1951
2001	76.0	51691	173	120	893	1876	65	1801
2002	79.0	49929	934	452	689	414	31	2394
2003	108.1	54538	319		1745	2138	39	1332
2004	139.3	53202	1614		857	1623		330
2005	134.8	59314	348	15	13269	1334	69	307
2006	149.9	63768	878	53	12815	31059		9386
2007	112.1	79518	46		13980	21251		9540
2008	128.3	89984	46		10300	33850		9863
2009	163.8	105133	646		11654	20763		10253
2010	189.6	138615	53		4597	38222		1061
2011	220.8	163989	79		17963	64378		1962
2012	199.7	209212	39		25307	52620		6064
2013	158.4	181842	62		29620	55269		16520
宝泉岭局	12.7	23183						
红兴隆局	82.1	44893	42		300	95		
建三江局		8052				1572		
牡丹江局	63.6	25268			3633			2365
北安局		23640	20		185	220		211
九三局		34960			145	12		125
齐齐哈尔局		7170						
绥化局		13176						
哈尔滨局		1500			25320	53370		13819
总局直属					37			

8-9　主要工业产品生产、销售与库存

（2013年）

产品名称	计量单位	年初库库存量	本年累计生产量	本年累计销售量	累计自用及其他	盘盈(+)盘盈(-)	年末库存量
原煤	吨	54273	560466	596065			18674
发电量	万千瓦时		98259	86365	11894		
#火电	万千瓦时		60780	48886	11894		
自来水产量	万吨		7445	7390	28	-27	
大米	吨	96499	6153909	6147203	21607		81598
小麦粉	吨	9334	224248	223607			9975
小麦粉制品	吨	55	9179	8886			348
食用植物油	吨	118427	1721200	1676526	196		162905
豆粕	吨	231955	6812843	6813884	100		230814
鲜冷藏冻肉	吨	5607	139355	139319	17		5626
机制糖	吨	32860	18728	36299			15289
配混合饲料	吨	11589	562482	558591			15480
糕点	吨	6	9167	9171			2
饼干	吨	1	400	400			1
方便主食品	吨	174	602	592			184
乳制品	吨	24781	304941	315010	71		14641
#液体乳	吨	2824	258619	258714			2729
大麦芽	吨	102707	55765	86189		-64	72219
酱油	吨	170	9343	9294			219
豆制品	吨	5685	73786	74514			4957
淀粉	吨	57845	14996	44899	26	-161	27755
发酵酒精	千升		46000	46000			
精甲醇	吨	11997		10302	1141	206	760

8-9 续表　　(2013 年)

产品名称	计量单位	年初库库存量	本年累计生产量	本年累计销售量	累计自用及其他	盘盈(+)盘盈(-)	年末库存量
饮料酒	千升	3555	105993	106040	30		3478
白酒	千升	3555	105993	106040	30		3478
服装	万件		22.3	22.3			
锯材	立方米	583	375119	373832			1870
家具	件	460	56759	58783		1800	236
纸浆	吨		440		440		
机制纸及纸板	吨	8836	5595	9897			4534
焦炭	吨	12775		12775			
合成氨	吨	102	153567		153513		156
化肥(折纯量)	吨	3047	137484	139308	3		1220
#尿素	吨	3003	124073	125853	3		1220
化肥(实物量)	吨	6723	356831	360590	7		2957
#尿素	吨	6442	263932	267767	7		2600
化学原料药	吨	1415	1288	1385	10		1308
中成药	吨	1544	4949	4991			1502
水泥	吨	12694	1583691	1590106			6279
水泥熟料	吨	71346	398508	144009	312392		13453
砖	万块	2762	181842	181548			3056
建筑用石灰	吨		311733	311733			
黄金	千克		186	186			
拖拉机附件	千元		69316	69316			
中小农具	台	10916	26585	29581			7920
机引耕作机械	台	13345	29620	32432			10533
种植机械	台	29095	55269	59807			24557
收获机械	台	7	855	853			9
场上作业机械	台	1279	16520	15814			1985

8-10　主要工业产品生产能力利用率(全口径)

(2013年)

产品名称	生产能力			年产量			生产能力利用率(%)		
	计量单位	2013年	2012年	计量单位	2013年	2012年	2013年	2012年	增减点
小麦粉(处理小麦)	吨/年	606445	613320	吨	199740	321401	43.9	69.9	-26.0
挂　面	吨/年	46115	56115	吨	6192	13793	13.4	24.6	-11.2
大　米(处理水稻)	吨/年	16369379	15524392	吨	5620644	5803310	50.9	56.3	-5.4
大豆食用油(处理大豆)	吨/日	49715	30278	吨	1718796	1347972	63.6	85.7	-22.1
大豆酱(处理大豆)	吨/年	23410	17046	吨	41723	43443	58.8	72.9	-14.1
机制糖(处理甜菜)	吨/日	3500	3500	吨	21683	30646	16.4	23.2	-6.8
屠宰禽量	万只/年	1210	1910	吨	19308	20699	91.2	61.9	29.3
乳制品	吨/年	117365	87324	吨	32763	61635	27.9	70.6	-42.7
其中:奶粉(处理鲜奶)	吨/日	1535	1400	吨	43929	64224	33.4	56.6	-23.2
液态奶	吨/日	1839	2024	吨	259335	231705	42.7	34.7	8.0
淀　粉	吨/年	105030	105030	吨	15916	57845	15.2	55.1	-39.9
大麦芽	吨/年	320000	324000	吨	55765	190591	17.4	58.8	-41.4
白　酒	吨/年	90393	64043	吨	48361	46369	53.5	72.4	-18.9
酒　精	吨/年	51040	51040	吨		38000		74.5	-74.5
配混合饲料	吨/年	710800	657300	吨	465856	572119	65.5	87.0	-21.5
甜菜干粕	吨/年	22080	22080	吨		12680		57.4	-57.4
豆　粕	吨/年	8244450	7044450	吨	6680423	5244866	81.0	74.5	6.6
黄　金	千克/年	528	528	千克	186	195	35.2	36.9	-1.7
锯　材	立方米/年	492826	474166	立方米	475277	456742	96.4	96.3	0.1
机制纸	吨/年	76225	78980	吨	7179	32142	9.4	40.7	-31.3
发电量(装机容量)	千瓦	148000	5168500	万千瓦时	72895	59837	49.3	1.2	48.1
尿　素	吨/年	300000	300000	吨	263932	320705	88.0	106.9	-18.9
复合肥	吨/年	226500	186720	吨	84827	45589	37.5	24.4	13.0
种衣剂	吨/年	2500	2000	吨	399	532	16.0	26.6	-10.6
水　泥	吨/年	3422000	3187495	吨	1895913	2048976	55.4	64.3	-8.9
红　砖	万块/年	124062	125992	万块	131486	153511	106.0	121.8	-15.9
亚　麻	吨/年	180400	179400	吨	16553	20185	9.2	11.3	-2.1
甲　醇	吨/年	100000	100000	吨		10751		10.8	-10.8

注:8-10资料由总局工信委提供。

主要统计指标解释

工业　指从事自然资源的开采，对采掘品和农产品进行加工和再加工的物质生产部门。具体包括：(1)对自然资源的开采，如采矿、晒盐、森林采伐等(但不包括禽兽捕猎和水产捕捞)；(2)对农副产品的加工、再加工，如粮油加工、食品加工、轧花、缫丝、纺织、制革等；(3)对采掘品的加工、再加工，如炼铁、轧钢、化工生产、石油加工、机器制造、木材加工等，以及电力、自来水、煤气的生产和供应等；(4)对工业品的修理、翻新，如机器设备的修理、交通运输工具(包括小卧车)的修理等。

轻工业　指主要提供生活消费品和制作手工工具的工业。按其所使用的原料不同，可分为两大类：(1)以农产品为原料轻工业，是指直接或间接以农产品为基本原料的轻工业。主要包括食品制造、饮料制造、烟草加工、纺织、缝纫、皮革和毛皮制作、造纸以及印刷等工业；(2) 以非农产品为原料的轻工业，是指以工业品为原料的轻工业。主要包括体育用品、化学药品制造、合成纤维制造、日用化学制品、日用玻璃制品、日用金属制品、手工工具制造、医疗器械制造、文化和办公用机械制造等工业。

重工业　是指为国民经济各部门提供物质技术基础的主要生产资料工业。按其生产性质和产品用途，可以分为下列三类：(1)采掘(伐)工业，是指对自然资源的开采，包括石油开采、煤炭开采、金属矿开采、非金属矿开采和木材采伐等工业；(2)原材料工业，指向国民经济各部门提供基本材料、动力和燃料的工业。包括金属冶炼及加工、炼焦及焦炭化学、化工原料、水泥、人造板以及电力、石油和煤炭加工等工业；(3)加工工业，是指对工业原材料进行再加工制造的工业。包括装备国民经济各部门的机械制造工业、金属结构、水泥制品等工业，以及为农业提供的生产资料如化肥、农药等工业。

根据上述划分原则，修理业中以重工业产品为修理作业对象的划为重工业，反这划为轻工业。

工业总产值　是以货币表现的工业企业在一定时期内生产的已出售或可供出售工业产品的总量，它反映一定时间内工业生产的总规模和总水平。它包括：在本企业内不再进行加工，经检验、包装入库(规定不需包装的产品除外)的成品价值，工业性作业价值，自制半成品、在产品期末期初差额价值。工业总产值采用“工厂法”计算，即以工业企业作为一个整体，按企业工业生产活动的最终成果来计算，企业内部不允许重复，不能把企业内部各个车间（分厂)生产的成果相加。但在企业之间、行业之间、地区之间存在着重复计算。

轻重工业总产值的划分也是按“工厂法”计算的，即一个工业企业在正常情况下生产的主要产品的性质属于轻工业，则该企业的全部总产值作为轻工业总产值；一个工业企业生产的主要产品的性质属于重工业，则该企业的全部总产值作为重工业总产值。

工业增加值　是指工业行业在报告期内以货币表现的工业生产活动的最终成果。

固定资产原价　指企业在建造、购置、安装、改建、扩建、技术改造某项固定资产时所支出的全部货币总额。它一般包括买价、包装费、运杂费和安装费等。

固定资产净值　是指固定资产原价减去历年已提折旧后的净额。

资产　指由过去的交易、事项形成并由企业拥有或控制的资源，该资源预期会给企业带来经济利益。按资产的流动性分为流动资产、长期投资、固定资产、无形资产和其他资产。

负债　指过去的交易、事项形成的现时义务，履行该义务预期会导致经济利益出企业。包括流动负债、长期负债、递延税项等。

产品销售收入　指企业在报告期内销售产品、提供劳务及让渡资产使用权等日常活动取得的业务收入总额。

按规定产品销售收入应扣除销售退货，销售折扣和销售折让。

销售成本　指企业报告期内销售产品、提供劳务或让渡资产使用权等日常活动而发生的实际成本。

营业费用　指企业在报告期内，销售产品和提供工业性劳务等过程中发生的各项费用，包括运输费、装卸费、包装费、保险费、展览费和广告费，以及为销售本企业商品而专设的销售机构(含销售网点、售后服务网点等)的职工工资及福利费、类似工资性质的费用、业务费等经营费用。

产品销售税金及附加　指企业销售产品和提供工业性劳务等主要经营业务应负担的城市维护建设

税、消费税、资源税和教育费附加。

营业利润　指企业销售产品和提供工业性劳务等主要经营业务收入扣除其成本、费用、税金后的利润。

利润总额　指企业在一定时期的经营成果，它是企业在一定会计期间内实现的收入减去费用后的净额。亏损用"–"表示。

应交增值税　指企业在报告期内因发生产品销售或提供劳务而应缴纳的增值税额。

所有者权益（或股东权益）　指企业所有者对企业净资产的所有权。企业净资产等于企业全部资产减去全部负债后的余额，其中包括投资者对企业的最初投入（实收资本），以及资本公积金、盈余公积金和未分配利润，对股份制企业讲即为股东权益。

总资产贡献率　该指标反映企业全部资产的获利能力，是企业经营业绩和管理水平的集中体现，是评价和考核企业盈利能力的核心指标。计算公式为：

$$\text{总资产贡献率}=\frac{(\text{利润总额}+\text{税金总额})+\text{利息支出})}{\text{平均资产总额}}\times 100\%$$

资本保值增值率　该指标反映企业净资产的变动状况，是企业发展能力的集中体现。计算公式为：

$$\text{资本保值增值率}=\frac{\text{报告期期末所有者权益}}{\text{上年同期期末所有者权益}}\times 100\%$$

资产负债率　该指标既反映企业经营风险的大小，也反映企业利用债权人提供的资金从事经营活动的能力。计算公式为：

$$\text{资产负债率}=\frac{\text{负债总额}}{\text{资产总额}}\times 100\%$$

流动资产周转率　指一定时期内流动资产完成的周转次数，反映投入工业企业流动资金的周转速度。计算公式为：

$$\text{流动资产周转率}=\frac{\text{产品销售收入}}{\text{流动资产平均余额}}\times\frac{12}{\text{累计月份}}$$

成本费用利润率　反映工业投入的生产成本及费用的经济效益，同时也反映企业降低成本所取得的经济效益。计算公式为：

$$\text{成本费用利润率}=\frac{\text{利润总额}}{\text{成本费用总额}}\times 100\%$$

其中：成本费用总额为产品销售成本、销售费用、管理费用、财务费用之和。

全员劳动生产率　该指标反映企业的生产效率和劳动投入的经济效益。计算公式为：

$$\text{全员劳动生产率}=\frac{\text{工业增加值}}{\text{全部职工平均人数}}$$

产品销售率　反映工业产品已实现销售的程度，是分析工业产销衔接情况、研究工业产品满足社会需求的指标计算公式为：

$$\text{产品销售率}=\frac{\text{工业销售产值}}{\text{工业总产值}}\times 100\%$$

09 建筑业

建筑业总产值(万元)

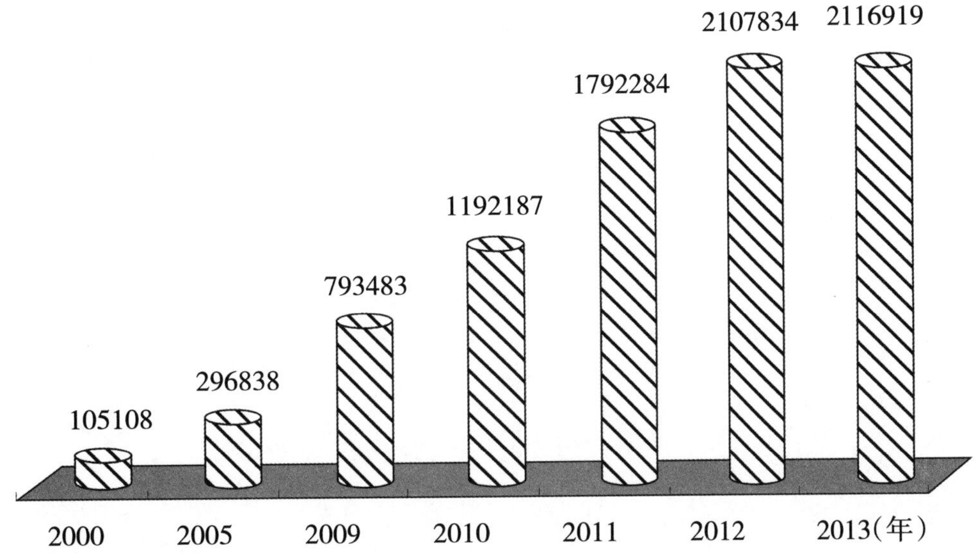

劳动生产率(元/人)

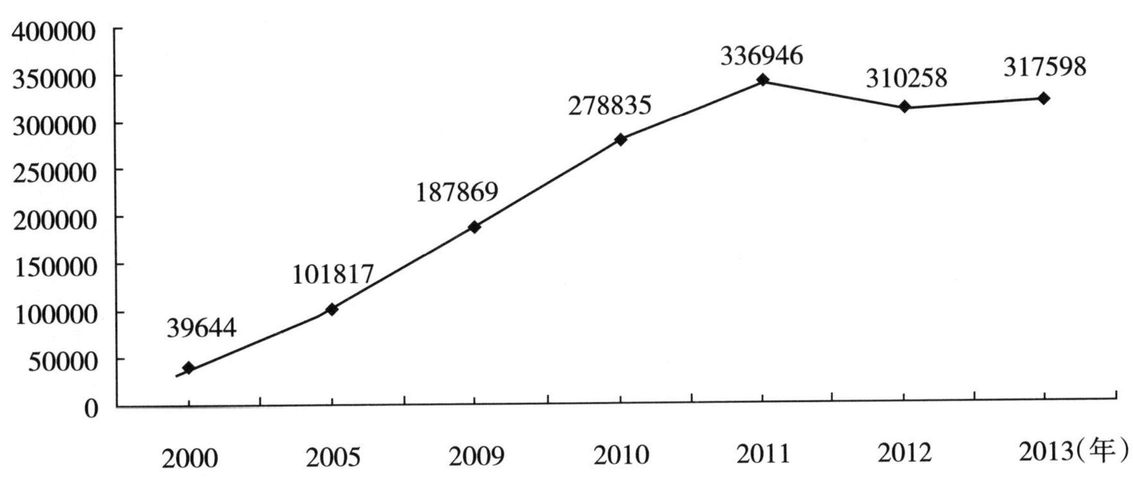

9-1 建筑企业基本情况

指　　标	单　位	2000	2005	2009	2010	2011	2012	2013
施工企业单位数	个	152	226	210	232	273	300	305
年末从业人数	个	23477	27728	37556	50121	57116	57919	68721
年平均人数	个	26513	29154	42236	42756	53192	67938	66654
固定资产原值	万元	30548	71656	139654	170768	188109	227701	224804
建筑业总产值	万元	105108	296838	793483	1192187	1792284	2107834	2116916
年内施工的单位工程数	个	902	2882	3021	3317	4329	4901	5464
验收交工的单位工程数	个	790	2753	2712	2833	3435	4258	4619
# 优良工程个数	个	301	395	600	911	1422	1678	1883
验收鉴定的单位工程优良品率	%	38.1	14.3	22.1	32.2	41.4	39.4	40.8
房屋建筑施工面积	万平方米	123.0	200.5	416.3	645.6	746.0	868.7	535.8
房屋建筑竣工面积	万平方米	78.5	149.7	353.0	524.6	660.0	653.1	500.9
房屋面积竣工率	%	63.8	74.7	84.8	81.3	88.5	75.2	93.5
利润总额	万元	2675	20518	75738	98229	162998	179662	165549
全员劳动生产率								
按总产值计算	元 / 人	39644	101817	187869	278835	336946	310258	317598
按增加值计算	元 / 人	18556	34158	63941	95445	115431	118473	125346
产值利润率	%	2.5	6.7	9.5	8.2	9.1	8.5	7.8

9-2 各管理局建筑业总产值

(2013 年)

单位:万元

单位名称	建筑业总产值	公有控股经济	非公有控股经济	#个体	#在系统外完成产值	公有控股经济	非公有控股经济	#个体
总计	**2116916**	**734613**	**1382303**	**636133**	**375663**	**310055**	**65608**	**11077**
宝泉岭局	235231	40962	194269	102971				
红兴隆局	486070	55514	430556	181562	42644	564	42080	10712
建三江局	277511	85618	191893	81448	5016		5016	
牡丹江局	182241	4467	177774	95652				
北安局	87679	32546	55133	24846	3225		3225	
九三局	136303		136303	96304	8001		8001	
齐齐哈尔局	68017	2153	65864	29877	365		365	365
绥化局	62495		62495	21559	2		2	
哈尔滨局	17883		17883	1916				
总局直属	563487	513353	50134		316410	309491	6919	

9-3 各管理局工程施工及竣工个数

(2013 年)

单位:个

单位名称	单位工程施工个数	#公有控股经济	#新开工	#公有控股经济	单位工程竣工个数	#公有控股经济	#优良单位工程	#公有控股经济
总计	**5464**	**1398**	**4066**	**3094**	**4619**	**660**	**3959**	**3071**
宝泉岭局	1396	151	1245	1094	1362	140	1222	1094
红兴隆局	874	205	669	401	771	104	667	401
建三江局	1023	276	747	615	980	242	738	615
牡丹江局	275	18	257	200	259	18	241	191
北安局	208	21	187	90	171	21	150	82
九三局	424		424	401	421		421	399
齐齐哈尔局	190	1	189	151	183	1	182	147
绥化局	235		235	136	235		235	136
哈尔滨局	11		11	6	10		10	6
总局直属	828	726	102		227	134	93	

9-4　各管理局房屋施工及竣工面积

(2013年)　　单位:平方米

单位名称	本年房屋建筑施工面积	公有控股经济	非公有控股经济	#个体	本年房屋建筑竣工面积	公有控股经济	非公有控股经济	#个体
总计	5357973	707999	4649974	1950971	5008561	706954	4301607	1820760
宝泉岭局	693976	213307	480669	215136	463421	47752	415669	215136
红兴隆局	1365817	37039	1328778	553071	1299856	37039	1262817	553071
建三江局	462091		462091	159248	433415		433415	159248
牡丹江局	650082		650082	426781	504882		504882	296581
北安局	349519	262552	86967	33764	331216	262552	68664	33764
九三局	306905		306905	187403	306894		306894	187392
齐齐哈尔局	784139		784139	315948	784139		784139	315948
绥化局	183570		183570	52620	183570		183570	52620
哈尔滨局	111974		111974	7000	97528		97528	7000
总局直属	449900	195101	254799		603640	359611	244029	

9-5　各管理局建筑业从业人员数

(2013年)　　单位:人

单位名称	期末从业人员	公有控股经济	非公有控股经济	#个体	#工程技术人员	公有控股经济	非公有控股经济	#个体
总计	68721	37910	30811	19000	6158	1845	4313	1718
宝泉岭局	2641	695	1946	1146	498	124	374	82
红兴隆局	8387	1029	7358	5313	1253	372	881	396
建三江局	3925	899	3026	2067	903	240	663	412
牡丹江局	4109	166	3943	3337	457	38	419	195
北安局	3912	1900	2012	1155	288		288	148
九三局	2633		2633	2332	236		236	192
齐齐哈尔局	5570	179	5391	2869	505	10	495	241
绥化局	1644		1644	616	195		195	29
哈尔滨局	401		401	165	109		109	23
总局直属	35499	33042	2457		1714	1061	653	

9-6 建筑企业主要机械设备年末拥有量

指　　标	单　位	2000	2005	2007	2009	2010	2011	2012	2013
年末自有机械设备原值	万元	32094	61656	88425	138565	169436	186227	190558	207231
年末自有机械设备总台数	台	2941	2751	3067	4042	4518	4585	4667	5068
#起重机	台	156	252	230	383	570	784	642	673
载重汽车	辆	166	253	329	431	548	628	617	838
推土机	台	345	296	335	444	470	517	731	616
挖掘机	台	264	253	382	557	571	614	823	842
铲运机	台	40	39	40	47	51	54	55	58
自有机械设备总功率	万千瓦	9.9	14	15	16.8	21.7	22.9	23.2	23.7
技术装备率	元/人	8526\	22236	28071	36151	39629	35010	32901	30154

9-7 各管理局固定资产原值及机械情况

（2013年）　　单位:台

单位名称	固定资产原值（万元）	#公有控股经济	自有机械设备总台数	#公有控股经济	#起重机	#公有控股经济
总　　计	**224804**	**45107**	**5068**	**820**	**673**	**57**
宝泉岭局	21314	3725	515	89	77	6
红兴隆局	38402	8415	1047	348	172	38
建三江局	44743	11038	1105	244	89	5
牡丹江局	16853	251	813	19	97	
北　安　局	16857		291		26	
九　三　局	18695		201		25	
齐齐哈尔局	6739	476	336	14	71	
绥　化　局	10115		150		43	
哈尔滨局	3782		58		16	
总局直属	47305	21202	552	106	57	8

9-7 续表

单位:台

单位名称	#推土机	#公有控股经济	#挖掘机	#公有控股经济	#载重汽车	#公有控股经济
总　　计	**616**	**145**	**842**	**204**	**838**	**156**
宝泉岭局	62	6	86	9	73	15
红兴隆局	130	47	133	42	148	46
建三江局	113	59	291	111	147	58
牡丹江局	55	3	85	4	129	12
北 安 局	59		68		105	
九 三 局	15		13		20	
齐齐哈尔局	61	5	47	3	114	3
绥 化 局	43		25		31	
哈尔滨局	4		5		10	
总局直属	74	25	89	35	61	22

9-8　各管理局资产、利润及拖欠工程款情况

（2013年）

单位:万元

单位名称	资产总额	#公有控股经济	利润总额	#公有控股经济	期末拖欠工程款	#公有控股经济
总　　计	**853630**	**498147**	**165549**	**30352**	**200961**	**188517**
宝泉岭局	60281	26314	29377	5589	22362	21380
红兴隆局	95797	37474	56257	12949	16372	14700
建三江局	93780	33911	27906	6195	6451	4451
牡丹江局	35269	2049	16957	78		
北 安 局	39193	20574	4748	129	12958	12958
九 三 局	29261		6859			
齐齐哈尔局	26422	995	5389	100		
绥 化 局	19801		10693			
哈尔滨局	8323		833			
总局直属	445503	376830	6530	5312	142818	135028

主要统计指标解释

建筑业总产值 （自行完成施工产值）：指以货币表现的建筑安装企业和附营施工单位在一定时期内生产的建筑业产品的总和。它包括建筑工程产值、设备安装工程产值、房屋、构筑物修理产值、非标准设备制造产值。

竣工产值 指在报告期内，按照设计所规定的工程内容全部完成，达到了设计规定的交工条件，经有关部门检查验收签定合格的单位工程价值之和。

单位工程施工个数 指在报告期内施过工的全部单位工程数量，包括本期新开工、上期施工跨入本期继续施工、上期停工缓建本期复工、本期开工又停缓建和本期竣工的单位工程数量。

新开工单位工程个数 指报告期内新开工的单位工程个数。它不包括在上期施工跨入报告期继续施工的单位工程，也不包括上期停缓建报告期复工的单位工程个数。

单位工程竣工个数 是指报告期内按设计所规定的工程内容全部完成，达到了使用条件，经有关部门检查验收鉴定合格的全部单位工程个数。

优良工程个数 指按现行国家质量等级标准，经政府质量监督部门验收鉴定，评为优良工程的单位工程个数。

房屋建筑施工面积 指在报告期内施工的全部房屋建筑面积；包括本期内新开工的、上期施工跨入本期继续施工、上期停建奉期复工的房屋建筑面积；不包括上期开工后又停工，本期未施工的房屋建筑面积。

房屋建筑竣工面积 指在报告期内，按照设计所规定的面积内容全部完成，达到了设计规定的交工条件，经有关部门检查验收签定合格的房屋建筑面积。

房屋建筑优良工程面积 指按现行国家质量等级标准，经政府质量监督部门验收鉴定，评为优良工程的房屋建筑面积。

自有机械设备年末总台数 指归本企业（或单位）所有，属于本企业（或单位）固定资产的牛产性机械设备年末总台数。包括施工机械、生产设备、运输设备以及其他设备。

期末拖欠工程款 是指建筑企业是在报告期末应向发包单位收取的工程款，取自会计科目“应收账款”中的明细科目“应收工程款”。

$$\text{技术装备率} = \frac{\text{自有机械设备净值}}{\text{年末从业人数}} \times 100\%$$

$$\text{动力装备率} = \frac{\text{自有机械设备净值}}{\text{年末从业人数}} \times 100\%$$

$$\text{劳动生产率} = \frac{\text{自有机械设备净值}}{\text{年末从业人数}} \times 100\%$$

10 交通运输和通讯业

客运量(千人)

7190
6430
6325
8820
9700
9540
10230
10400
10600
1990
1995
2000
2005
2009
2010
2011
2012
2013(年)

货运量(千吨)

7680
8960
11179
18770
18980
19470
20060
20550
21100
1990
1995
2000
2005
2009
2010
2011
2012
2013(年)

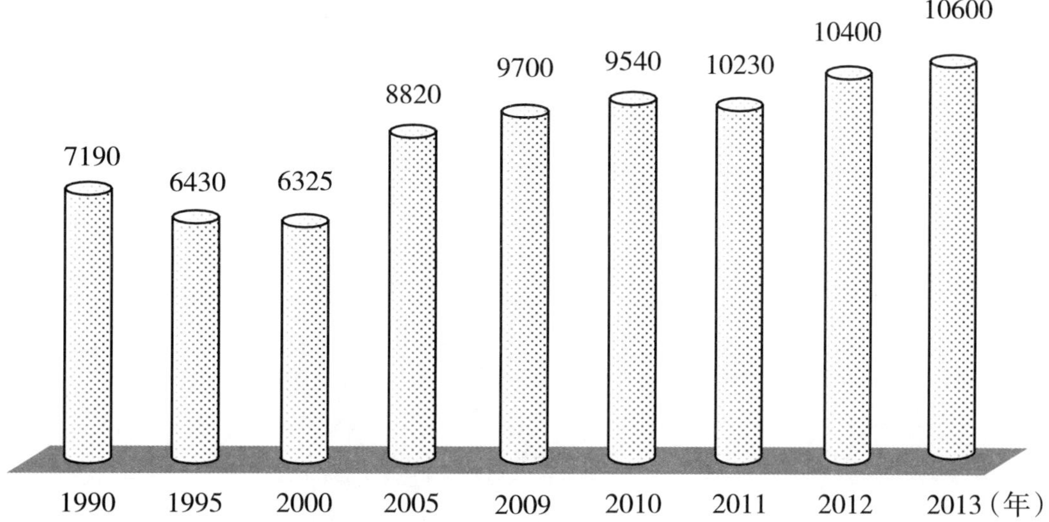

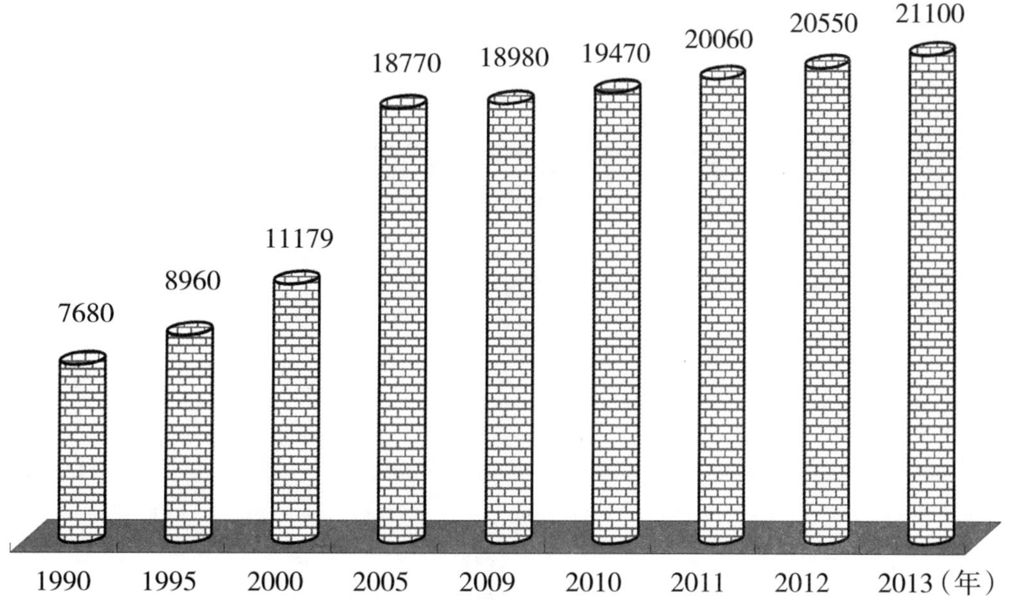

10-1　运输企业客(货)运量和旅客(货物)周转量

年　份	客运量（万人）	旅客周转量（万人公里）	货运量（万吨）	货运周转量（万吨公里）
1985			998	43685
1990	719	29178	768	30933
1995	643	29220	896	58242
1998	636	28706	1318	64742
1999	642	30178	1103	63690
2000	633	29378	1118	50882
2001	671	30918	1025	59625
2002	781	36429	1161	64781
2003	679	30650	1294	67067
2004	864	59474	1803	147844
2005	882	52308	1877	126138
2006	925	57146	1838	97250
2007	948	58157	1855	111809
2008	942	57536	1808	111016
2009	970	59261	1898	116819
2010	954	54476	1947	127250
2011	1023	65329	2006	130142
2012	1040	66645	2055	133691
2013	1060	67781	2110	136155

注:10-1 至 10-17 资料由总局交通局提供。

10-2　各管理局客运市场基本情况

单位:条

年　份 单　位	营运线路 合　计	跨地(市)	地(市)内	#县　内
2000	454			
2004	519	72	382	218
2005	510	76	443	255
2006	581	74	436	244
2007	570	101	480	243
2008	567	133	437	299
2009	596	113	453	294
2010	583	120	476	285
2011	578	88	281	214
2012	548	93	245	240
2013		92	238	218
宝泉岭局	86	4	43	39
红兴隆局	103	14	53	36
建三江局	85	8	19	58
牡丹江局	79	1	21	57
北安局	51	3	32	16
九三局	26	3	19	4
齐齐哈尔局	26	4	15	7
绥化局	18	2	16	
哈尔滨局	5		4	1
总局直属	69	53	16	

10-3 各管理局运输企业客(货)运量和旅客(货物)周转量

年份 单位	客运量 (千人)	旅客周转量 (千人公里)	货运量 (千吨)	#汽车 货运量	货物周转量 (千吨公里)	#汽车 货物周转量
2000	6325	293780	11179	11179	508820	508820
2004	8640	594740	18030	18030	1478440	1478440
2005	8820	523080	18770	18770	1261380	1261380
2006	9250	571460	18380	18380	972500	972500
2007	9480	581571	18548	18548	1118093	1118093
2008	9418	575357	18078	18078	1110156	1110156
2009	9700	592610	18980	18980	1168190	1168190
2010	9540	544758	19470	19470	1272500	1272500
2011	10230	653290	20060	20060	1301420	1301420
2012	10400	666450	20550	20550	1336910	1336910
2013	10600	677810	21100	21100	1361550	1361550
宝泉岭局	1340	79260	1290	1290	113730	113730
红兴隆局	1840	104820	2370	2370	173550	173550
建三江局	1790	97840	2020	2020	147110	147110
牡丹江局	1770	76830	2990	2990	118010	118010
北安局	990	58890	1080	1080	63280	63280
九三局	840	65110	700	700	45650	45650
齐齐哈尔局	310	23450	3570	3570	230620	230620
绥化局	400	7800	1970	1970	127750	127750
哈尔滨局	70	7810	4090	4090	269040	269040
总局直属	1250	156000	1020	1020	72810	72810

10-4 各管理局公路里程及公路硬化情况

(2013年) 单位:公里

单位	合计	硬化路面里程	水泥	沥青	渣油	硬化率(%)
合计	**25190.24**	**10167.18**	**461.19**	**9705.99**		**40.4%**
宝泉岭局	3454.22	1400.74	2.24	1398.50		40.6%
红兴隆局	4468.56	1641.96	27.18	1614.78		36.7%
建三江局	5499.62	1964.55		1964.55		35.7%
牡丹江局	3499.34	1814.34	1.21	1813.13		51.8%
北安局	2703.39	1081.62	33.93	1047.70		40.0%
九三局	1762.99	721.44		721.44		40.9%
齐齐哈尔局	1887.40	669.84	137.71	532.14		35.5%
绥化局	1418.71	497.42	23.57	473.85		35.1%
哈尔滨局	274.18	158.99	30.85	128.14		58.0%
总局直属	221.83	216.28	204.51	11.76		97.5%

10–5 各管理局营运载客汽车

（2013 年）

单位	客运车辆总计		客运班车合计		出租客车	
	（辆）	（客位）	（辆）	（客位）	（辆）	（客位）
合计	**6061**	**43912**	**691**	**22432**	**5370**	**21480**
宝泉岭局	656	4767	94	2519	562	2248
红兴隆局	854	6580	122	3652	732	2928
建三江局	1241	8370	103	3818	1138	4552
牡丹江局	867	5855	115	2847	752	3008
北安局	567	3903	58	1867	509	2036
九三局	1018	5094	28	1134	990	3960
齐齐哈尔局	448	3228	51	1640	397	1588
绥化局	210	1481	22	729	188	752
哈尔滨局	107	576	5	168	102	408
总局直属	93	4058	93	4058		

10–6 各管理局营运载货汽车

（2013 年）

单位	货运车辆总计		普通载货汽车		专用载货汽车	
	（辆）	（吨位）	（辆）	（吨位）	（辆）	（吨位）
合计	**10977**	**111993**	**9873**	**108862**	**184**	**3131**
宝泉岭局	725	6900	676	6843	2	57
红兴隆局	1440	14056	1252	13673	17	383
建三江局	1013	10839	976	10839		
牡丹江局	777	5481	745	5481		
北安局	907	4040	901	4040		
九三局	355	2133	337	2133		
齐齐哈尔局	1526	19177	1183	18959	8	218
绥化局	1094	11366	855	11366		
哈尔滨局	2948	35528	2948	35528		
总局直属	192	2473			157	2473

10-7 营运载客汽车按标记客位分组

(2013年)

单　位	客运班车合计		大　型		中　型		小　型	
	(辆)	(客位)	(辆)	(客位)	(辆)	(客位)	(辆)	(客位)
合　计	**691**	**22432**	**382**	**15447**	**263**	**6537**	**46**	**448**
宝泉岭局	94	2519	37	1301	45	1085	12	133
红兴隆局	122	3652	46	1733	69	1861	7	58
建三江局	103	3818	82	3304	21	514		
牡丹江局	115	2847	35	1298	63	1385	17	164
北安局	58	1867	31	1326	17	448	10	93
九三局	28	1134	23	1010	5	124		
齐齐哈尔局	51	1640	19	813	32	827		
绥化局	22	729	16	576	6	153		
哈尔滨局	5	168	5	168				
总局直属	93	4058	88	3918	5	140		

10-8 各管理局汽车修理业务基本情况

年　份 单　位	汽车修理业 (户)	一类	二类	三类	摩托车	从业人员 (人)	#管理人员	#技术人员
2000	380	12	36	309	23	1684	332	610
2004	441	2	32	368	39	1445	314	686
2005	389	2	24	280	83	1364	313	591
2006	387	2	35	309	41	1194	313	222
2007	373	2	32	309	30	1167	190	139
2008	386	2	29	301	54	1193	226	129
2009	433	3	24	367	38	892	228	664
2010	443	4	23	372	44	502	221	77
2011	386	2	25	332	27	1246	245	1001
2012	378	2	27	316	33	1195	260	935
2013	401	2	28	323	48	1222	231	964
宝泉岭局	26	1	6	19		162	28	107
红兴隆局	90		8	70	12	276	18	258
建三江局	140		4	136		470	126	344
牡丹江局	32		6	17	9	117	6	111
北安局	43		1	17	25	56	4	52
九三局	24	1	1	22		38	2	36
齐齐哈尔局	41		1	38	2	87	41	46
绥化局								
哈尔滨局	5		1	4		16	6	10

10-9 垦区按技术等级分的公路里程到达情况

(2013 年) 单位:公里

单　位	总　计	等级公路	高速公路	一级	二级	三级	四级	等外公路
上年年底到达数	24587.75	10878.13		1.5	524.00	7654.83	2697.80	13709.62
本年年底到达数	25190.24	12315.84	204.51	11.11	553.07	8658.09	2889.06	12874.40
1、国道	55.64	55.64				34.43	21.20	
2、省道	655.78	655.78	204.51	1.51	425.02	24.74		
3、县道	407.14	407.14			27.67	351.03	28.44	
4、乡道	7337.76	7029.18		9.60	57.81	5394.00	1567.77	308.58
5、专用公路	9396.76	253.89			19.70	197.92	36.27	9142.88
6、村道	7337.16	3914.21			22.87	2655.97	1235.37	3422.94

10-10 各管理局按技术等级分的公路里程到达情况

(2013 年) 单位:公里

单　位	总　计	等级公路	高速公路	一级	二级	三级	四级	等外公路
合　计	25190.24	12315.84	204.51	11.11	553.07	8658.09	2889.06	12874.40
宝泉岭局	3454.22	1688.97			21.32	1502.85	164.80	1765.26
红兴隆局	4468.56	1880.94		1.51	191.77	1318.82	368.83	2587.62
建三江局	5499.62	2280.07		9.60	293.53	1859.57	117.37	3219.55
牡丹江局	3499.34	2034.87			5.65	1562.86	466.36	1464.47
北 安 局	2703.39	1652.67			13.36	1172.95	466.36	1050.73
九 三 局	1762.99	953.95			3.92	435.12	514.91	809.04
齐齐哈尔局	1887.40	850.38			19.31	409.46	421.62	1037.02
绥 化 局	1418.71	589.55			4.21	268.27	317.07	829.15
哈尔滨局	274.18	168.17				121.34	46.83	106.00
总局直属	221.83	216.28	204.51			6.84	4.93	5.56

10-11 垦区按路面类型分的公路里程到达情况

（2013 年） 单位：公里

单位	公路里程	有铺装路面（高级）			未铺装路面（中级、低级、无路面）				
		合计	沥青混凝土	水泥混凝土	合计	渣油	砂石	砖铺	无路面
上年年底到达数	24587.75	8372.47	337.58	8034.89	16215.28	5.13	2496.56	3.98	13709.62
本年年底到达数	25190.24	10167.18	461.19	9705.99	15023.06	23.39	2123.78	1.50	12874.40
1、国道	55.64	37.37		37.37	18.26	18.26			
2、省道	655.78	654.64	204.51	450.13	1.14		1.14		
3、县道	407.14	307.18	32.26	274.93	99.96		99.96		
4、乡道	7337.76	5846.36	179.54	5666.82	1491.40		1181.33	1.50	308.58
5、专用公路	9396.76	203.55		203.55	9193.22		50.34		9142.87
6、村道	7337.16	3118.08	44.88	3073.20	4219.08	5.13	791.01		3422.94

10-12 各管理局按路面类型分的公路里程到达情况

（2013 年） 单位：公里

单位	公路里程	有铺装路面（高级）			未铺装路面（中级、低级、无路面）				
		硬化小计	沥青混凝土	水泥混凝土	渣油	石质	砂石	砖铺	无路面
合计	25190.24	10167.18	461.19	9705.99	23.39		2123.78	1.50	12874.40
宝泉岭局	3454.22	1400.74	2.24	1398.50			288.23		1765.26
红兴隆局	4468.56	1641.96	27.18	1614.78			238.98		2587.62
建三江局	5499.62	1964.55		1964.55			315.52		3219.55
牡丹江局	3499.34	1814.34	1.21	1813.13			220.53		1464.47
北安局	2703.39	1081.62	33.93	1047.70			571.05		1050.73
九三局	1762.99	721.44		721.44			232.50		809.04
齐齐哈尔局	1887.40	669.84	137.71	532.14	23.39		157.15		1037.02
绥化局	1418.71	497.42	23.57	473.85			90.64	1.50	829.15
哈尔滨局	274.18	158.99	30.85	128.14			9.18		106.00
总局直属	221.83	216.28	204.51	11.76					5.56

10-13 各管理局道路客货运站及客运班车通达情况

（2013 年）

单位	客运站							站务情况		
	客运站数量（个）	一级站	二级站	三级站	四级站	五级站	简易站及招呼站	站务人员（人）	平均日发班次（班次）	平均日旅客发送量（人次）
合计	739	5	5	55		19	655	532	1039	29512
宝泉岭局	112	1		11		2	98	67	150	3340
红兴隆局	144	3	2	9			130	124	162	6000
建三江局	107	1	1	14			91	175	117	6500
牡丹江局	99			12		2	85	71	254	5726
北安局	94			4		4	86	27	148	1682
九三局	103		1			7	95	26	48	1000
齐齐哈尔局	34		1	1			32	24	67	1586
绥化局	33			1		3	29	10	18	415
哈尔滨局	13			3		1	9	8	8	136
总局直属									70	3127

10-14 垦区分路线公路桥梁到达情况

（2013 年）

路线名称	桥梁合计		临时性		半永久性		永久性	
	（米）	（座）	（米）	（座）	（米）	（座）	（米）	（座）
合计	37343	1435	70	6			37273	1429
干线	13536	215					13450	214
国道	42	1					42	1
省道	13494	214					13494	214
县道	1614	60					1614	60
乡道	15405	747	22	2			15383	745
专用公路	253	5					253	5
村道	6535	408	48	4			6487	404

路线名称	桥梁中：危险桥梁		桥梁按跨径分					
			大桥		中桥		小桥	
	（米）	（座）	（米）	（座）	（米）	（座）	（米）	（座）
合计	2563	136	6822	45	12747	218	17712	1172
干线	85	2	4357	29	7550	110	1588	75
国道								
省道	85	2	4357	29	7550	110	1588	75
县道	187	11	388	2	448	8	779	50
乡道	1375	59	1859	12	3684	75	9874	661
专用公路	16	1	175	1			78	4
村道	900	63	43	1	1066	25	5394	382

10-15 垦区公路通达情况

（2013 年） 单位：个

单位	乡（镇）通达情况					
	乡镇总数	通公路数	通有铺装路面数	通简易路面数	通未铺装路面数	无路面数
总计	**113**	**113**	**113**			
宝泉岭局	13	13	13			
红兴隆局	12	12	12			
建三江局	15	15	15			
牡丹江局	14	14	14			
北安局	15	15	15			
九三局	11	11	11			
齐齐哈尔局	11	11	11			
绥化局	10	10	10			
哈尔滨局	11	11	11			
总局直属	1	1	1			

10-15 续表 （2013 年） 单位：个

单位	行政村通达情况					
	行政村总数	通公路数	通有铺装路面数	通简易路面数	通未铺装路面数	无路面数
总计	**2313**	**2245**	**2179**		**66**	**68**
宝泉岭局	366	351	346		5	15
红兴隆局	432	419	413		6	13
建三江局	329	327	325		2	2
牡丹江局	337	328	323		5	9
北安局	308	292	270		22	16
九三局	201	190	165		25	11
齐齐哈尔局	179	179	179			
绥化局	114	112	111		1	2
哈尔滨局	42	42	42			
总局直属	5	5	5			

10-16 垦区公路桥梁到达情况(省道)

(2013年)

路线编号	路线名称起讫地点	桥梁合计		其中				桥梁按跨径分					
				永久性		危险桥梁		大桥		中桥		小桥	
		(米)	(座)	(米)	(座)	(米)	(座)	(米)	(座)	(米)	(座)	(米)	(座)
	省道合计	13493.65	214	13493.65	214	85.00	2	4356.61	29	7512.34	110	1587.46	75
S202	绥化—北安	52.00	1	52.00	1					52.00	1		
	北农界—农北界	52.00	1	52.00	1					52.00	1		
S210	饶河—抚远	425.80	12	425.80	12			124.00	1	111.60	2	190.20	9
	饶农界—农饶界												
	饶农界—胜锋界	168.50	3	168.50	3			124.00	1			44.50	2
	胜锋界—锋哨界	88.00	2	88.00	2					56.00	1	32.00	1
	锋哨界—农抚界	169.30	7	169.30	7					55.60	1	113.70	6
S306	佳木斯—抚远	403.22	17	403.22	17					42.72	1	360.50	16
	富农界—直锋界	356.22	15	356.22	15					42.72	1	313.50	14
	直锋界—锋哨界	47.00	2	47.00	2							47.00	2
	锋哨界—农抚界												
S307	依兰—饶河	1243.21	41	1243.21	41			290.21	2	193.00	4	760.00	35
	宝农界—二三界	491.00	15	491.00	15			126.00	1	102.00	2	263.00	12
	二三界—三红界	472.00	20	472.00	20					91.00	2	381.00	18
	三红界—农饶界	280.21	6	280.21	6			164.21	1			116.00	5
S308	依兰—宝清	300.72	7	300.72	7	85.00	2			237.00	4	63.72	3
	七农界—农七界	300.72	7	300.72	7	85.00	2			237.00	4	63.72	3
S313	同江—抚远	280.80	13	280.80	13					102.00	2	178.80	11
	同农界—农同界	280.80	13	280.80	13					102.00	2	178.80	11
S402	建三江—虎林	10787.9	123	10787.9	123			3942.4	26	6774.02	96	34.24	1
	建三江—富宝界	3440.96	42	3440.96	42			1189.6	9	2251.36	33		
	富宝界—宝虎界	5221.56	53	5221.56	53			2308.24	13	2876.08	40		
	宝虎界—虎林	2125.38	28	2125.38	28			444.56	4	1646.58	23	34.24	1

10-17 垦区公路桥梁到达情况(县道)

(2012年)

路线编号	路线名称起讫地点	桥梁合计		其中				桥梁按跨径分					
				永久性		危险桥梁		大桥		中桥		小桥	
		(米)	(座)	(米)	(座)	(米)	(座)	(米)	(座)	(米)	(座)	(米)	(座)
	县道合计	**1614.20**	**60**	**1614.20**	**60**	**186.80**	**11**	**388.00**	**2**	**447.60**	**8**	**778.60**	**50**
X025	拉哈—甘南	656.00	13	656.00	13	34.00	1	388.00	2	88.00	2	180.00	9
X116	向阳—前卫	23.50	2	23.50	2							23.50	2
X122	虎林—八五二	156.20	5	156.20	5					84.00	1	72.20	4
X126	庆丰—同化	154.40	5	154.40	5					136.40	2	18.00	3
X136	友谊—宝清	77.40	5	77.40	5							77.40	5
X190	沾河—81125部队												
X205	勤得利支线	12.50	1	12.50	1							12.50	1
X206	饶河农场—西通	29.90	2	29.90	2							29.90	2
X207	前进—寒葱沟	260.90	14	260.90	14	132.80	9			42.70	1	218.20	13
X208	前锋农场—瓦其卡	40.00	3	40.00	3	20.00	1					40.00	3
X242	佳抚公路建三江支线	53.30	5	53.30	5							53.30	5
X243	佳抚公路创业农场支线												
X244	依饶公路五九七支线	33.00	2	33.00	2					26.00	1	7.00	1
X247	绥北公路赵光农场支线												
X248	依饶公路朝阳支线	23.40	1	23.40	1							23.40	1
X249	依饶公路八五二支线	93.70	2	93.70	2					70.50	1	23.20	1

10–18 垦区通信人员数量及电话装机量

（2013 年）

单位	通信分公司（个）	通信中心（个）	通信人员数量（个）	电话装机总数（部）	年电话装机量（部）	电话装机比率户均（%）
总计	10	107	1512	267173	23774	54.2
农垦通信有限公司			38			
宝泉岭通信分公司	1	13	254	38092	3348	48.6
红兴隆通信分公司	1	13	277	49913	5418	51.9
建三江通信有限责任公司	1	16		35966	3459	45.6
牡丹江通信分公司	1	13	212	45835	1968	73.1
北安通信分公司	1	16	194	31157	2865	50.6
九三通信分公司	1	12	160	28328	2933	69.5
齐齐哈尔通信分公司	1	8	123	17558	1717	52.5
绥化通信分公司	1	9	84	10069	1067	52.1
佳木斯通信分公司	1	4	73	5249	476	75.3
哈尔滨通信分公司	1	3	97	5006	523	23.2

注:10–18 至 10–19 资料由总局通信公司提供。

10–19 垦区通信设备拥有量

（2013 年）

单位	光缆线路（皮长公里）	微波线路（波道公里）	电缆线路（皮长公里）	程控交换机实占容线（线）	会议电视系统（套）	宽带用户（户）
总计	17965.326	353	9054.047	460660	126	179696
农垦通信有限公司	3156.978				13	
宝泉岭通信分公司	2473.777		1557.496	70761	14	28662
红兴隆通信分公司	3156.554		1803.127	60315	13	33868
建三江通信有限责任公司	2166.010		538.2	51784	16	24695
牡丹江通信分公司	2830.010		1451.88	95571	11	30604
北安通信分公司	1795.503		1160.38	49354	15	19608
九三通信分公司	1187.804		671.674	48686	13	20206
齐齐哈尔通信分公司	510.581	233	1478.25	39747	11	10790
绥化通信分公司	434.610	120	243.7	20758	9	7502
佳木斯通信分公司	54.889		111.56	13356		3076
哈尔滨通信分公司	198.610		37.78	10328	11	685

主要统计指标解释

客运线路 指持有道路运政管理机构核发的有效道路客运线路证件，已开通班车、旅游客运线路的条数、班次数。道路客运线路班次的统计范围是经各级道路运政管理机构批准的客运线路，不包括通过本辖区的过境线路。

营运载客汽车 指持有道路运政管理机构核发的道路运输证的客运汽车。计算单位：辆、客位。客位以道路运政管理机构核发的道路运输证中的核定数为准。大型客车：车身长度 >9m；中型客车：6m< 车身长度≤9m；小型客车：车身长度≤6m。

营运载货汽车 指持有道路运政管理机构核发的道路运输证的载货汽车，包括普通载货汽车和专用载货汽车，不包括牵引车和挂车。计算单位：辆、吨位。大型货车：是指标记吨位 4 吨以上的货车；重型货车：是指标记吨位 8 吨及以上的货车；中型货车：是指标记吨位 2 吨以上，4 吨及以下的货车；小型货车：是指标记吨位 2 吨及以下的货车。

普通载货汽车 指具有一般构造栏板式、平板式及厢式货运汽车，包括自卸车、半挂车、厢式车等。

专用载货汽车 指具有特殊构造及附属设备从事专门用途的货运汽车，如罐车、集装箱车、大型物件运输车、冷藏车等。

运输管理机构个数 机构个数的统计以组织人事管理关系为依据。在同级机构中运输管理与维修管理机构分设的，应按实际个数分别统计。对于组织人事关系同一管理，而多名称的，即“一套人马，多块牌子”应统计为一个机构。地(市)级：指地、市、州、盟的道路运政管理机构。县(区)级：指县、县级市、县级区、旗的道路运政管理机构。派驻机构或分站：指各级交通主管部门或道路运政管理机构派驻在乡(镇)、口岸、车站等地，从事道路运政管理工作的分支机构。

运政部门人员 指各级道路运政管理机构实际在册人员数，包括运政管理人员和生活后勤服务人员，不包括离退休人员。

管理人员 指从事道路运政管理工作的人员，包括各类运政业务管理、计统、财务以及政治工作人员等。管理人员按其所在机构分，应与机构设置相一致。道路运政管理与其他管理(如水运管理、养路费征收管理)合署设置的机构，其“运政部门人员”和“管理人员”只统计实际从事道路运政管理工作的有关人员。

养护里程 是指用汽车养路费及部分通行费(非经营性收费公路的通行费)养护的公路里程。

宽带 IP 业务 是为用户提供的一种高速、稳定接入因特网及企业局域网间高速互联的新业务。用户可通过宽带网络享受到高速上网浏览、高速软件下载、播放视频点播节目、远程教育、视频会议、多媒体信息通信等时尚信息服务。

会议电视系统 是一种以传送视频图象信息为主的通信业务。其基本特征是：可以在两个或两个以上地点实时传递点对点的活动图像和声音；还可以传递文件、图表、照片和实物的固定图象。它能将彼此相隔很远的多个会议室连接起来，使各方与会人员不仅可以听到声音，还可以看到图像，可以“面对面”交谈，适合于召开各种会议和现场交流。

程控交换机 是利用电子计算机控制的交换机，它以预先编好的程序控制交换机的接续动作。

11 批发零售业和餐饮业

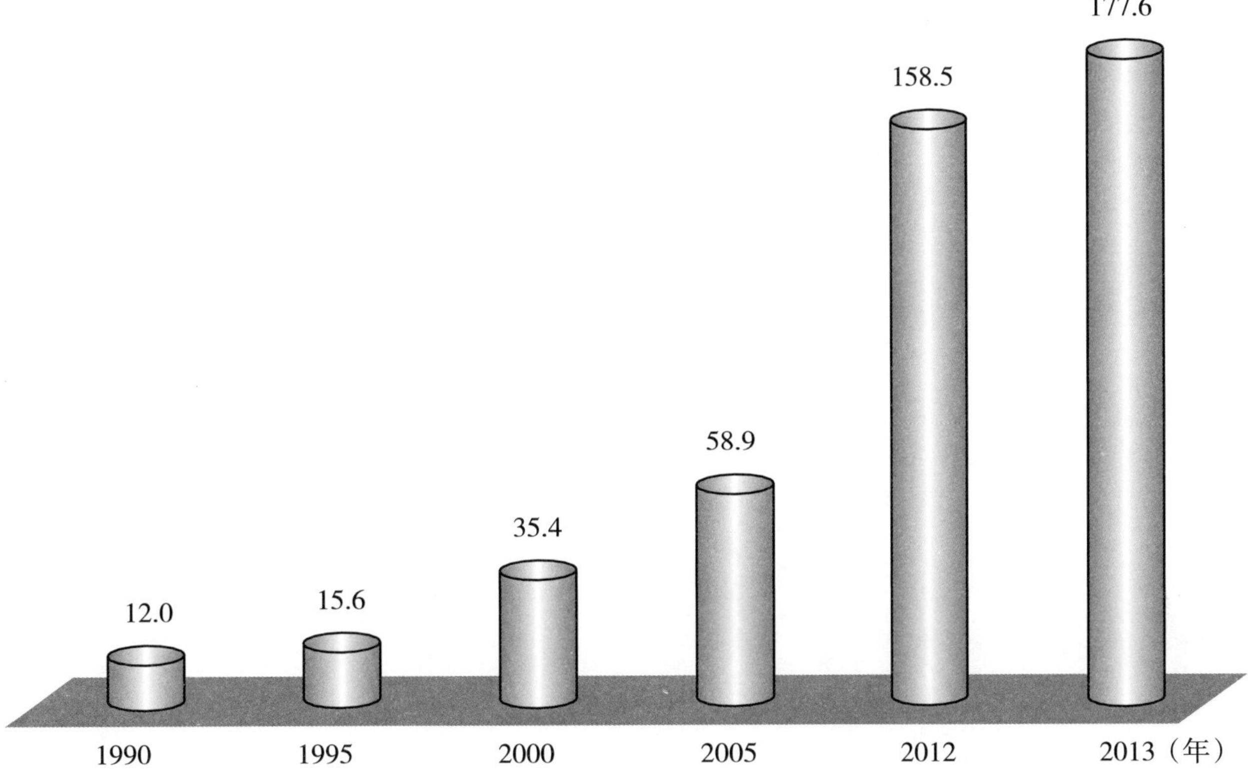
社会消费品零售总额(亿元)
12.0
15.6
35.4
58.9
158.5
177.6
1990
1995
2000
2005
2012
2013（年）

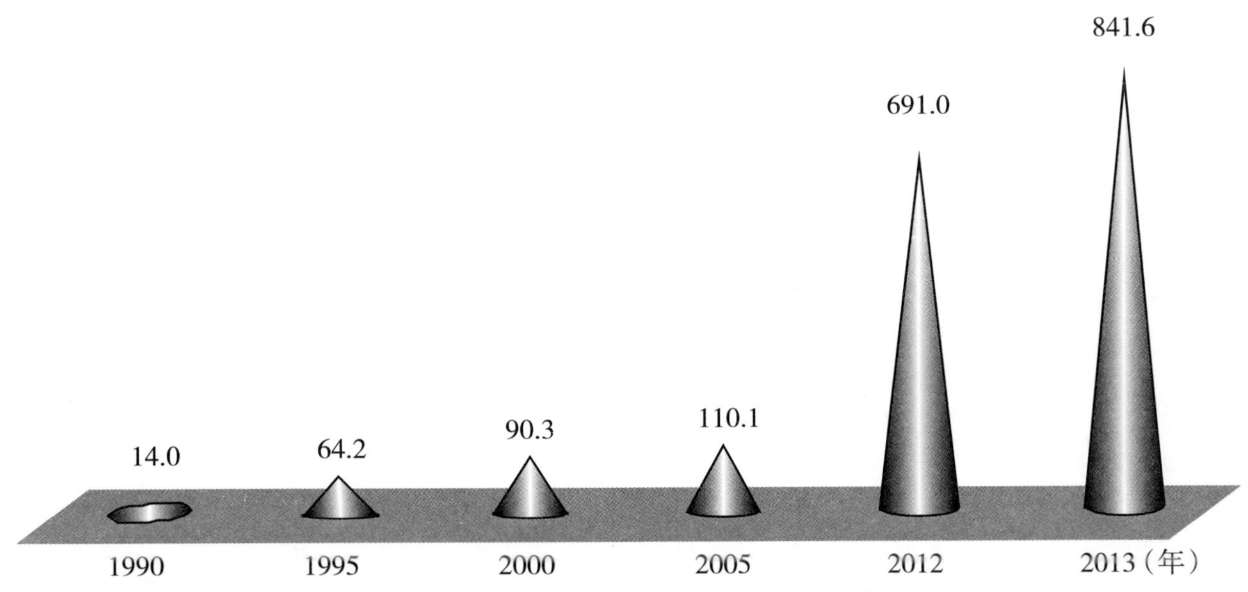
批发和零售业商品销售总额(亿元)
14.0
64.2
90.3
110.1
691.0
841.6
1990
1995
2000
2005
2012
2013（年）

11-1 批发和零售业商品购进、销售、库存情况

（2013 年） 单位:万元

项目	商品购进总额	商品销售总额	批发销售额	零售销售额	年末库存额
总额	5996753	8415733	6666618	1749115	1204800
一、按国民经济行业分组					
农畜产品批发	2357468	3066785	3037901	28884	765025
其中:谷物、豆及薯类批发	2197625	2571453	2549052	22401	664705
种子、饲料批发	153869	379241	372764	6477	71980
食品、饮料及烟草制品批发	1148789	1238875	1236829	2046	138191
其中:米、面制品食用油批发	1130634	1208831	1208831		135370
纺织、服装及日用品批发	8620	12531	12531		2054
文化、体育用品及器材批发	931	16128	16128		14879
医药及医疗器械批发	7323	9745	9745		637
矿产品、建材及化工产品批发	1352576	2183301	1973312	209989	101839
石油及制品批发	612384	855762	658017	197745	20566
化肥批发	442057	986405	980449	5956	60619
农药批发	21525	51084	46915	4169	2443
机械设备、五金交电电子产品批发	90268	124902	122103	2799	18368
农业机械批发	59524	82305	80275	2030	16602
汽车、摩托车及零配件批发	16868	20583	20583		1182
其他批发	3412	10184	7831	2353	368
再生物资回收与批发	1180	2402	1910	492	348
综合零售	915229	1487089	164816	1322273	119009
百货零售	593231	972771	146193	826578	71559
食品、饮料及烟草制品专门零售	30990	37786	744	37042	1686
粮油零售	15935	16066	11	16055	571
纺织、服装及日用品专业零售	23255	100820	50990	49830	8773
服装零售	4419	4839		4839	3090
文化、体育用品及器材专门零售	1940	3021	685	2336	40
医药及医疗器械专门零售	2130	3428	488	2940	303
汽车摩托车燃料及零配件专门零售	7507	19523	11490	8033	16663
家用电器及电子产品专门零售	43917	69640		69640	15171
五金、家具及装修材料零售	510	26101	16351	9750	1584
其他零售	1888	5874	4674	1200	210
二、按企业规模分					
限额以上企业	3161176	4380099	4162567	217532	835593
限额以下企业	2835577	4035634	2504051	1531583	369207

11-2 各管理局批发和零售业商品购进、销售、库存情况

单位:万元

年份 单位	商品购进 总额	商品销售 总额	批发	零售	年末 库存额
2000	868760	903114	602545	300569	159734
2005	687933	1101469	427904	673565	199696
2008	1217276	1599757	634458	965299	282618
2009	1797352	2254551	1051031	1203520	419922
2010	3615414	4003617	2517486	1486131	784838
2011	4582906	5698643	4324783	1373860	9556515
2012	5591228	6910091	4920081	1990010	1502089
2013	5996753	8415733	6666618	1749115	1204800
宝泉岭局	394449	557429	240584	316845	69494
红兴隆局	173026	383170	161587	221583	35007
建三江局	292959	434264	234176	200088	31487
牡丹江局	299000	440499	182681	257818	17018
北安局	137462	327485	168741	158744	22160
九三局	166863	236223	103587	132636	40919
齐齐哈尔局	84982	163704	64037	99667	4456
绥化局	98311	218951	104635	114316	4998
哈尔滨局	33289	65708	32083	33625	1728
总局直属	4316412	5588300	5374507	213793	977533

11-3 各管理局批发和零售业商品购进、销售、库存情况

(国有经济)

单位:万元

年份 单位	商品购进 总额	商品销售 总额	批发	零售	年末 库存额
2000	541216	580982	514167	66815	81736
2005	202019	444464	276757	167707	130650
2008	121921	160276	149936	10339	50292
2009	326575	307351	294039	13312	134132
2010	323854	415620	398792	16828	89754
2011	1256873	1428351	1421176	7175	487153
2012	892817	1108620	1100387	8233	193487
2013	639160	1046440	1028285	18155	112822
宝泉岭局	78853	101870	101860	10	20748
红兴隆局	14145	19262	17074	2188	1672
建三江局	39564	55104	55104		500
牡丹江局	53703	83808	83316	492	4803
北安局	32584	60860	57470	3390	1356
九三局	51593	63788	63043	745	2124
齐齐哈尔局	2113	12447	10902	1545	
绥化局	14345	26758	17504	9254	249
哈尔滨局	121	469	469		4
总局直属	352139	622074	621543	531	81366

11-4 各管理局批发和零售业商品购进、销售、库存情况

（私营经济）　　单位：万元

年份 单位	商品购进总额	商品销售总额	批发	零售	年末库存额
2000	60060	56670	36317	20353	13445
2005	35836	45731	37563	8168	7124
2008	55055	70301	66362	3939	8241
2009	72635	117036	113726	3310	12209
2010	126844	202277	184756	17520	14184
2011	169756	257484	235243	22241	26738
2012	235562	415050	371621	43429	16121
2013	250002	488173	441398	46775	31345
宝泉岭局	41555	66695	61888	4807	3911
红兴隆局	37404	83079	61296	21783	1672
建三江局	39533	52192	50864	1328	1247
牡丹江局	23387	37366	37315	51	2249
北安局	27276	90824	86945	3879	2639
九三局	840	800	800		40
齐齐哈尔局	4224	8118	6331	1787	254
绥化局	19052	74543	64037	10506	4081
哈尔滨局	18665	33102	30468	2634	616
总局直属	38066	41454	41454		14636

11-5 各管理局批发和零售业商品购进、销售、库存情况

（个体经济）　　单位：万元

年份 单位	商品购进总额	商品销售总额	批发	零售	年末库存额
2000	267484	265462	52061	213401	64554
2005	440129	598125	100621	497504	60880
2008	725426	981249	264751	716498	136525
2009	759118	1136748	320516	816233	130913
2010	911343	1290956	338516	952439	174598
2011	862437	1458908	342749	1116159	137320
2012	1021581	1701802	370387	1331415	139741
2013	1147957	1888655	430048	1458607	170651
宝泉岭局	270920	383441	74911	308530	44835
红兴隆局	119402	272831	81826	191005	31486
建三江局	205874	318664	121482	197182	27282
牡丹江局	205356	291277	34494	256783	7326
北安局	71415	159920	10697	149223	15085
九三局	112890	169645	37754	131891	38705
齐齐哈尔局	77363	139044	44896	94148	4163
绥化局	63419	113976	19602	94374	661
哈尔滨局	13923	31337	346	30991	1108
总局直属	7395	8520	4040	4480	

11-6 各管理局社会消费品零售总额

单位:万元

年份 单位	社会消费品零售总额	按销售地区分		
		市(管理局)	县(农场)	县(农场)以下
2000	354250	54007	194136	106107
2005	588552	93476	370140	124936
2008	887776	118118	587122	182536
2009	1033350	139654	696225	197471
2010	1165385	175948	771957	217481
2011	1376660	206177	901592	268891
2012	1584715	236621	1069250	278844
2013	1776466	268850	1198284	309333
宝泉岭局	396123	123920	233229	38975
红兴隆局	259544	4877	165291	89377
建三江局	189251	41196	129891	18164
牡丹江局	219854	5564	152092	62198
北安局	190659	2920	148000	39739
九三局	185114	82703	81543	20868
齐齐哈尔局	147803	734	119533	27536
绥化局	129694		124672	5021
哈尔滨局	47875		44033	3842
总局直属	10549	6937		3612

11-6 续表

单位:万元

年份 单位	按行业分			
	批发业	零售业	住宿业	餐饮业
2000	280071		30737	
2005	517062		62467	
2008	66240	691255	116903	
2009	92991	784594	140286	
2010	51190	948505	165690	
2011	66801	1114717	195142	
2012	51581	1293730	239404	
2013	58520	1444805	31259	241882
宝泉岭局		302643	438	93042
红兴隆局		221037	5501	33007
建三江局		181994	3629	3629
牡丹江局	7581	190038	908	21327
北安局	2143	154352	7609	26555
九三局	11709	146139	8050	19216
齐齐哈尔局	30038	101082	1822	14861
绥化局		114316	3148	12229
哈尔滨局		33204	156	14516
总局直属	7049			3501

注:2006 年以前零售业的零售额含在批发业中;2013 年以前餐饮业含在住宿业中。

11-7 各管理局批发和零售业基本情况

单位:人、平方米、万元

年　份 单　位	经营单位 个　数	年末固定 资产原值	营业用房 面　积	年末从业 人员人数	全年劳动 报　酬	销售总额
2000	446	118947	399255	40703	44811	903114
2005	254	202317	1394706	40342	41563	1101469
2008	270	306949	1713857	44046	58374	1599782
2009	288	413072	1947533	45586	558148	2243045
2010	357	212003	1030102	11107	23279	2164874
2011	443	505748	2348685	50910	90951	5695435
2012	491	530426	2901560	52292	101811	6789488
2013	648	625789	2873663	50194	128369	8415733
宝泉岭局	56	64198	259221	4882	9981	557429
红兴隆局	62	64781	382845	8147	13167	383170
建三江局	71	107458	407358	11655	30479	434264
牡丹江局	70	50727	205717	5005	9662	440499
北安局	69	37690	155807	3289	3776	327485
九三局	22	41009	653664	3090	9983	236223
齐齐哈尔局	43	25215	167743	3038	7066	163704
绥化局	90	29957	75381	2646	4320	218951
哈尔滨局	23	9950	46003	1338	4088	65708
总局直属	142	194804	519924	7104	35848	5588300

11-8 各管理局住宿和餐饮业基本情况

单位:人、平方米、万元

年　份 单　位	经营单位 个　数	年末固定 资产原值	营业用房 面　积	年末从业 人员人数	全年劳动 报　酬	营业收入
2000	108	1399	168720	8182	7892	33870
2005	51	61680	691769	18717	16817	102748
2008	48	111807	720987	18323	25915	186880
2009	46	112986	765109	19173	30993	230848
2010	62	148606	846156	20449	30488	249503
2011	72	185178	997071	22613	38406	312140
2012	85	243077	1096242	24977	46016	393887
2013	84	266767	1140848	23766	49569	457360
宝泉岭局	10	26936	120064	2597	5354	97341
红兴隆局	26	29370	217249	4056	6008	47990
建三江局	13	65255	276511	5606	13784	78965
牡丹江局	6	40186	110088	3179	6226	76364
北安局	14	19229	102197	2278	2962	40682
九三局	4	17235	74538	2240	5841	48870
齐齐哈尔局	4	13051	80429	1519	3326	25996
绥化局	3	14042	66756	860	1687	19210
哈尔滨局	3	8487	49716	687	2129	13352
总局直属	1	32976	43300	744	2253	8590

11-9 各管理局居民和其他服务业基本情况

单位:人、平方米、万元

年　份 单　位	经营单位 个　数	年末固定 资产原值	营业用房 面　积	年末从业 人员人数	全年劳动 报　酬	销售总额 营业收入
2000	615	17380	2562441	37256	58285	77242
2005	61	452145	402249	17047	19610	117421
2008	49	223899	474971	16247	24799	184025
2009	43	67165	469312	16775	23898	253380
2010	45	12205	71723	5389	4772	14302
2011	46	89002	502959	22782	36691	216408
2012	40	142859	528684	22664	37463	278125
2013	39	172154	668684	19278	34960	347753
宝泉岭局	8	18358	85636	1535	3573	45323
红兴隆局	19	25838	147844	6355	8074	84432
建三江局		70550	125701	3414	9160	48857
牡丹江局	4	7614	45723	1977	3659	24718
北安局		8432	39616	2774	3020	16382
九三局	1	8685	46234	1495	3821	56961
齐齐哈尔局	2	25403	146718	862	1788	51348
绥化局	1	5662	17240	450	818	13966
哈尔滨局	2	1601	13960	355	834	5634
总局直属	2	13	12	61	213	132

11-10 各管理局个体工商业基本情况

年　份 单　位	户　数 (户)	从业人员 (人)	注册资金 (万元)	总产值 (万元)	销售总额 营业收入 (万元)	消费品 零售额 (万元)
2000	40343	69912	74948	77376	160561	103857
2005	34018	63702	105483	76931	200667	161001
2008	29046	54703	139780	105416	324466	187693
2009	32463	53373	190316	130497	396958	255067
2010	35458	59343	228078	138321	415946	272092
2011	36769	58925	262799	153293	457618	260815
2012	42890	75262	344105	166781	476491	338760
2013	45717	79730	259127	157599	195861	154513
宝泉岭局	6162	10178	44573	47912	12554	46044
红兴隆局	6863	11299	58496	37732	31122	28670
建三江局	11220	21567				
牡丹江局	5467	7830	36802			
北安局	4026	5698	38961	17564	46172	12453
九三局	3985	5467	32069	7337	20217	19288
齐齐哈尔局	4070	10435	15215	15902	21493	1065
绥化局	1624	2275	16056	9112	55434	37693
哈尔滨局	1559	3217	11313			
总局直属	741	1764	5643	22040	8869	9300

注:12-10 至 12-12 表资料由工商局提供。

11-11 个体工商业基本情况

年 份 行业分类	户 数 （户）	#城镇	从业人员 （人）	#城镇	注册资金 （万元）	#城镇
2000	40343	12652	69912	23852	74948	29176
2005	34018	15356	63702	31908	105483	52139
2008	29049	10752	54703	22510	142483	46444
2009	28920	19846	48889	36802	167191	123065
2010	35458	21388	59343	40051	220878	145076
2011	36769	16328	58925	26724	262799	108680
2012	42890	21117	75262	40533	344105	181075
2013	46610	26791	77589	41223	302336	141515
一、农林牧渔业	1040	578	2466	1178	34794	13891
二、工业	2143	1008	5557	2720	24606	12701
其中：采矿业	30	29	129	125	1340	1300
制造业	1793	979	4535	2595	19182	11402
三、建筑业	107	66	380	170	1526	911
四、交通运输业	919	201	1482	419	8180	1643
五、批发零售业	25811	15700	40171	24097	165554	94091
六、居民服务与其他服务业	5473	2915	9121	4332	32420	15806
其中：理发及美容保健服务	747	626	1465	1344	3197	2360
洗浴服务	228	221	459	440	1388	1299
七、电力、燃气及水的生产和供应业	34	15	119	62	1339	724
八、信息传输、计算机服务和软件业	435	102	676	162	2286	587
九、住宿和餐饮业	8035	4233	16982	9002	67987	42136
十、租赁和商务服务业	253	163	468	242	3330	2969
十一、卫生、社会保障和其他服务业	20	20	38	38	237	237
十二、文化、体育和娱乐业	264	180	524	332	2899	2426
十三、其它行业	284	27	511	52	2326	167

续表 11-11

年　　份 行业分类	总产值（万元）	#城镇	销售总额营业收入（万元）	#城镇	消费品零售总额（万元）	#城镇
2000	77376	58212	160561	101700	103857	72192
2005	76931	48157	200667	140964	161001	133924
2008	42391	15844	307696	189527	176274	125786
2009	108649	79039	332919	224497	219159	147935
2010	128321	98795	351151	217347	224638	164148
2011	152421	75833	483515	250886	298381	176366
2012	166781	100069	476491	285895	338760	204884
2013	164900	85836	203577	127986	149735	57584
一、农林牧渔业	75610	3	19483	12883	3113	48
二、工业	41002	32536	19644	11500	2878	289
其中：采矿业	5350	25019	6478	2204	2589	
制造业	36347	2965	9296	9296	289	289
三、建筑业	2740	26505	3133	1603	560	
四、交通运输业	2193	2603	26057	8444	6682	
五、批发零售业	2480		49312	36752	94924	42071
六、居民服务与其他服务业	835		14806	7290	4028	69
其中：理发及美容保健服务	567		4970	1005	2999	54
洗浴服务	268		1805	148	1215	15
七、电力、燃气及水的生产和供应业	7216		11308	7222	1682	
八、信息传输、计算机服务和软件业	429	6588	12296	4616	2079	
九、住宿和餐饮业	937		27508	21358	17980	14469
十、房地产业			25	25		
十一、租赁和商务服务业	237		3204	1692	965	
十二、卫生、社会保障和其他服务业			4431	4431		
十三、文化、体育和娱乐业			2442	2442		
十四、其它行业	407		3211	11	14300	280

11-12 私营企业基本情况

单位:户、人、万元

年份 单位	合计				城镇			
	户数	雇工人数	投资人数	注册资本金	户数	雇工人数	投资人数	注册资本金
2000	501	11787	1668	26373	264	5399	1085	15595
2005	1248	10172	35262	148474	540	2132	18457	77612
2008	2182	47738	5410	245541	402	6418	1391	70509
2009	2827	30630	8319	397657	2509	26539	6800	358415
2010	3259	27035	8021	590238	3059	22367	7820	561454
2011	3418	22642	8824	761202	3079	19987	7633	711797
2012	4274	25663	10325	1041729	4241	25390	10270	1005082
2013	4609	28568	9819	1002483	4159	25748	8126	899794
宝泉岭局	526	3591	749	102962	496	3475	714	100735
红兴隆局	813	4767	1466	170274	813	4767	1466	170274
建三江局	1387	2415	2410	271804	1387	2415	2410	271804
牡丹江局	496	3767	1708	140945	496	3767	1708	140945
北安局	344	526	732	43562	344	526	732	43562
九三局	160	4646	271	43427	150	4528	257	41646
齐齐哈尔局	280	6135	592	49862	280	6135	592	49862
绥化局	185	687	640	43071				
哈尔滨局	418	2034	1251	136577	193	135	247	80967
总局局直								

11-12 续表　　(2013年)　　单位:户、人、万元

行业分类	合计				城镇			
	户数	雇工人数	投资人数	注册资本金	户数	雇工人数	投资人数	注册资本金
总计	**4544**	**28420**	**9571**	**984947**	**4111**	**25680**	**8014**	**885692**
农林牧渔业	208	955	536	53620	190	898	486	50350
采矿业	79	480	85	13356	78	469	68	9542
制造业	814	7171	2598	319982	701	6954	1985	304364
建筑业	293	6955	854	131228	225	5614	677	96599
交通运输业	234	784	565	24695	146	738	317	12599
批发零售业	1898	5908	2937	194370	1822	5103	2699	190159
居民服务和其他服务业	27	108	34	1918	19	91	25	1167
电力、燃气及水的生产和供应业	156	982	336	73615	140	950	288	70855
信息传输、计算机服务和软件业	88	178	113	4429	74	167	85	1672
住宿和餐饮业	60	244	98	31545	57	242	50	29295
房地产业	230	2390	491	89493	226	2302	487	81973
租赁和商务服务业	189	518	435	23455	167	411	364	13917
卫生、社会保障和其他服务业	2	9	3	158	2	9	3	158
文化、体育和娱乐业	171	804	181	3388	170	801	180	3378
其它行业	75	760	210	15506	73	757	205	15474

主要统计指标解释

批发业 指从工农业生产者或商品流通企业购进商品,转卖给工业、农业、建筑业、运输邮电业、餐饮业、服务业等生产经营单位作为生产经营用,以及将商品转卖给其他批发贸易企业或零售企业的商品流通企业(单位)。农副产品采购、供应企业、进口、出口国(境)外商品的对外贸易企业、物资供销企业等,一般都属于批发贸易业。

零售业 指从工农业生产者、批发贸易业或居民购进商品,转卖给城乡居民作为生活消费和售给社会集团作为公共消费的商品流通企业(单位)。

有些商品流通企业兼营批发零售业务,应以其主营业务划分批发业或零售业,即以批发业务为主的作为批发贸易业,以零售业务为主的作为零售贸易业。

餐饮业 指从事食品的烹饪、调制并直接售给居民和社会集团的机构。包括中西餐馆、饭馆、各种小吃店、冷饮店、酒店、茶馆等。

商品购进 指从本企业以外的单位和个人购进作为转卖或加工后转卖的商品,包括从生产者购进、从批发零售贸易业购进、进口等,反映批发零售贸易业从国内、国外市场上购进商品的总量。

商品购进包括:

(1)从工农业生产者购进的商品;

(2)从出版社、报社的出版发行部门购进的图书、杂志和报纸;

(3)从批发零售贸易业购进的商品;

(4)从其他单位购进的商品,如从机关、团体、企业单位购进的剩余物资,从餐饮业、服务业购进的商品,从海关、市场管理部门购进的缉私和没收的商品,从居民收购的废旧商品等。

(5)从国(境)外直接进口的商品。

商品购进不包括:

(1)企业为了本单位自身经营用,不是作为转卖而购进的商品,如材料物资、包装物、低值易耗品,办公用品等。

(2)未通过买卖行为而收入的商品,如接收其他部门移交的商品、借入的商品、代其他单位保管的商品、其他单位赠送的样品、加工收回的成品等;

(3)销货退回的买方拒付货款的商品;

(4)商品溢余。

商品销售 指对本企业以外的单位和个人出售的商品,包括对生产经营单位批发、对批发和零售贸易业批发、出口及对居民和社会集团商品零售额,反映批发零售贸易业在国内市场上销售商品以及出口商品的总量。

商品销售包括:

(1)售给城乡居民和社会集团消费的商品;

(2)售给工业、农业、建筑业、运输邮电业、批发零售贸易业、餐饮业、服务业、公用事业等作为生产、经营使用的商品;

(3)售给批发零售贸易业作为转卖或加工后转卖的商品;

(4)对国(境)外直接出口的商品。

商品销售不包括:

(1)出售本单位自用废旧包装用品和其他废旧物资;

(2)未通过买卖行为付出的商品,如随机构移交而交给其他单位的商品、借出的商品、交付代其他单位保管的商品、加工原料付出和赠送给其他单位的样本等;

(3)经本单位介绍,由买卖双方直接结算,本单位只收取手续费的业务;

(4)购货退出的商品;

(5)商品损耗和损失;

零售额 指国民经济各行各业售给城乡居民直接用于生活消费的商品和社会集团直接用于公共消的商品的总量。

零售额包括;

(1)售给城乡居民生活用的消费品;

(2)售给机关、团体、学校、企业、事业单位附设的专供本单位人员食用,不对外营业的食堂的各种食品、燃料;

(3)售给部队干部、战士生活用的粮食、副食品、衣着品、日用品、燃料;

(4)售给来华外国人、华侨、港澳台同胞的消费品;

(5)售给行政事业单位、社会团体的办公纸张、帐册、文印用品、计算工具、书报杂志奖品;公共用品的针、纺织品,学校用的教学用品,文体用品,工作服、套袖、围裙、手套、毛巾、肥皂等非专用的劳动保护用品,职工食堂用的餐具、饮具、设备和清洁卫生工具等日用百货和杂品,家具、设备、日用电器、电讯设备、电影器材和照相器材，取暖用的设备和燃料，防暑降温饮料，供职工乘用的交通工具和油料，零星修理各种公用消费品、生活用房屋和各种零配件、材料、工具、建筑材料等，中西药品、中药材和医疗器材等。

零售额不包括：

(1)售给工业、农业、建筑业、运输邮电业、地质勘察、水利业、批发零售贸易业、餐饮业、社会服务业、公用事业等单位用于生产和业务经营使用的商品；

(2)售给批发零售贸易业、餐饮业等单位用于转卖的商品；

(3)售给对外营业影剧院的设备和器材；

(4)售给自然科学研究单位直接用于科学研究的各种仪器仪表、化学试剂、元器件、工具等；

(5)售给消防队、清洁队、出租汽车公司等单位用于业务活动的设备、车辆和燃料；

(6)售给企业单位生产上专用的劳动保护用品；

(7)售给民政部门救灾用的商品；

(8)售给国营农场、国营拖拉机站、排灌站的各种农业生产资料和燃料。

商品库存 指批发零售贸易业已取得所有权的全部商品，反映批发零售贸易业的商品库存对市场商品供应的保证程度。

商品库存包括：

(1)存放在本单位(如门市部、批发站、采购站、经营处)的仓库、货物、货柜和货架中的商品；

(2)挑选、整理、包装中的商品；

(3)已记入购进而尚未运到本单位的商品，即发货单或银行承兑凭证已到而货未到的商品；

(4)寄放他处的商品，如因购货方拒绝付款而暂时存放在购货方的商品；

(5)委托其他单位代销(未作销售或调出)尚未售出的商品；

(6)代其他单位购进尚未交付的商品。

12 对外经济贸易

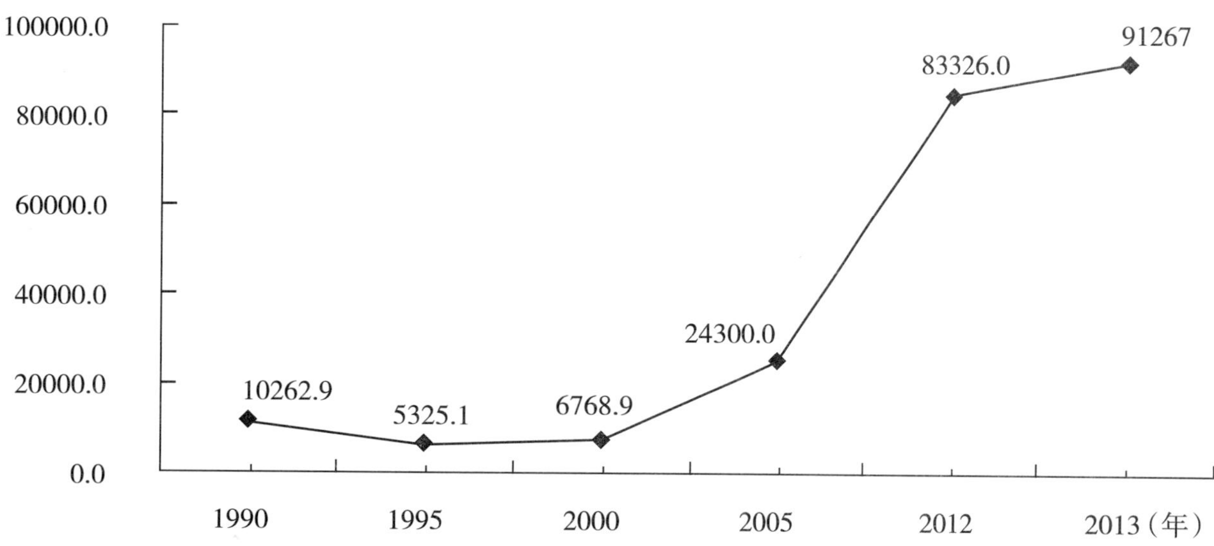
出口商品总值(万美元)
100000.0
80000.0
60000.0
40000.0
20000.0
0.0
10262.9
5325.1
6768.9
24300.0
83326.0
91267
1990
1995
2000
2005
2012
2013（年）

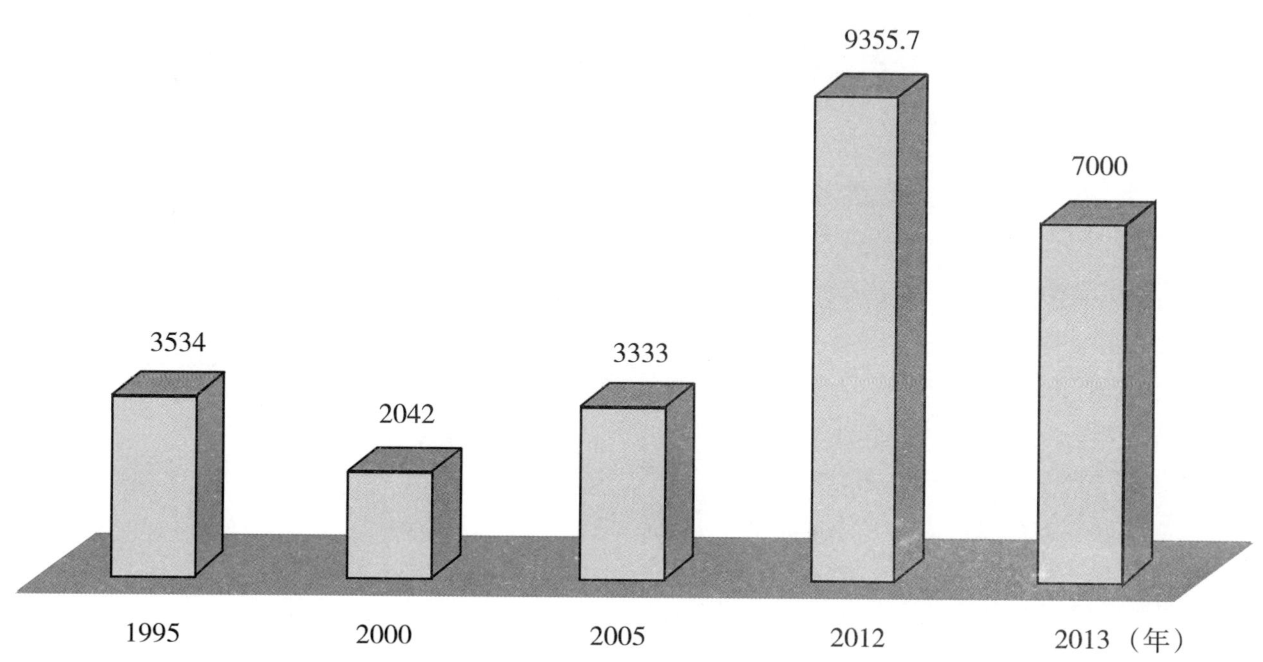
利用外资情况(万美元)
3534
2042
3333
9355.7
7000
1995
2000
2005
2012
2013（年）

12-1 进出口贸易总额

年份 单位	按人民币计算(万元)			按美元计算(万美元)		
	进出口总额	出口总额	进口总额	进出口总额	出口总额	进口总额
1990	48379.1	44073.2	4305.9	11174.9	10262.9	912.0
1995	93877.5	44301.8	49575.7	11284.1	5325.1	5959.0
2000	57874.3	55978.8	1895.5	6998.1	6768.9	229.2
2005	369722.0	194886.1	174835.9	46100.0	24300.0	21800.0
2006	429000.0	226200.0	202800.0	55000.0	29000.0	26000.0
2007	491371.1	258647.7	232723.4	66401.5	34952.4	31449.1
2008	503200.0	285600.0	217600.0	74394.0	42120.0	32274.0
2009	1335840.2	314381.5	1021458.6	196447.1	46232.6	150214.5
2010	1389951.2	415334.1	974617.1	205358.9	61363.7	143995.2
2011	1387977.3	447478.9	940498.4	221015.5	71254.6	149760.9
2012	1496872.2	518287.7	978584.5	240654.7	83326	157328.7
2013	1533928.5	556728.7	977199.8	251463.7	91267.0	160196.7
宝泉岭局	86397.4	85299.4	1098.0		13983.5	180.0
红兴隆局	79417.7	79417.7			13019.3	
建三江局	88795.3	88795.3			14556.6	
牡丹江局	95280.2	95280.2			15619.7	
北安局	31953.6	31953.6			5238.3	
九三局	45352.3	45352.3			7434.8	
齐齐哈尔局	16988.5	16988.5			2785.0	
绥化局	34657.7	34657.7			5681.6	
哈尔滨局	25736.5	25736.5			4219.1	
总局直属	1029349.3	53247.5	976101.8		8729.1	160016.7

12-2 主要年份按贸易方式分的进出口贸易总额

项目	1990	1995	2000	2009	2010	2011	2012	2013
按人民币计算(万元)								
进出口总额	48379.1	93877.5	57874.3	1335840.2	1389951.2	1387977.3	1496872.2	1533928.5
出口总额	44073.2	44301.8	55978.8	314381.7	415334.1	447478.8	518287.7	556728.7
出口供货	35693.7	35392.3	37419.2	193859.8	271715.4	320310.7	369041.6	401139.1
自营出口	1623.1	8625.6	5746.0	55439.1	60732.2	50262.6	55246	56141.9
边贸易货	1090.7	277.9	9433.6	65082.8	82886.5	76905.5	93164.2	99447.7
补偿贸易	5665.7		3380.0					
进口总额	4305.9	49575.7	1895.5	1021458.6	974617.1	940498.4	978584.5	977199.8
自营进口	2474.0	49405.2	1357.9	1021458.6	974617.1	940498.4		977199.8
边贸易货	1831.9	170.5	537.6					
按美元计算(万美元)								
进出口总额	11174.9	11284.1	6998.1	196447.1	205358.9	221015.5	240654.7	251463.7
出口总额	10262.9	5325.1	6768.9	46232.6	61363.7	71254.6	83326	91267
出口供货	8526.1	4254.9	4524.7	28508.8	40144.7	51004.9	59427	65760.5
自营出口	305.8	1036.8	694.8	8152.8	8972.9	8003.6	8896.3	9203.6
边贸易货	231.0	33.4	1140.7	9571	12246.1	12246.1	15002.7	16302.9
补偿贸易	1200.0		408.7					
进口总额	912.0	5959.0	229.2	150214.5	143995.2	149760.9	157328.7	160196.7
自营进口	524.0	5938.5	164.2	150214.5	143995.2	149760.9	157328.7	160196.7
边贸易货	388.0	20.5	65.0					

12-3 主要年份按类别分的出口商品总额

单位:万美元

年份 单位	1990	1995	2000	2009	2010	2011	2012	2013
出口金额	10262.9	5325.1	6768.9	46232.6	61363.7	71254.6	83326.0	91267.0
粮油食品类	9567.7	5000.5	6148.0	28864.7	29645.9	31912.7	35913.2	39863.1
土畜产品类	400.1		323.7	11268.3	22308	26852.6	33934.4	34806.1
轻工产品类	121.2	293.0	139.8	3362.5	4691.3	6938.7	5711.4	6980.1
工艺品类	35.9		40.0	673.0	650.0	1407.0	1987.0	2080.0
医药保健类	50.0		7.0	1377.1	3150.5	2392.6	2400.0	2480.1
化工产品类	37.4		35.4					445.0
非金属矿产品类	17.1				781.4	1363.0	2900.0	3755.0
机械设备类	0.2			687.0	136.6	388.0	480.0	857.6
其　　它	33.3		75.0					

12-4 主要年份按类别分的进口商品总额

单位:万美元

类别	201			2012			2013		
	合计	自营	易货	合计	自营	易货	合计	自营	易货
进口总额	149760.9	149760.9		157328.7	157328.7		160196.7	160196.7	
成套设备及技术引进									
航空设备									
汽车及摩托车									
农、林、牧业机械	2681.7	2681.7		3937	3937		3972.5	3972.5	
起重挖掘机械									
轻　　工									
钢　　材									
石油及产品									
化工原料									
其　　它	147079.2	147079.2		153391.7	153391.7		156224.2	156224.2	

12-5 主要年份商品出口数量和金额

单位:吨、人民币万元

品名	1995		2000		2012		2013	
	数量	金额	数量	金额	数量	金额	数量	金额
黄大豆	188977.0	35634.0	122793.0	27318.3	140117.0	57590.9	149267.0	62799.5
其他杂豆	4421.0	1457.1	41533.0	10367.3	136265.1	87344.8	138886.0	88846.5
豆粉				389.5	4000.0	2434.3	6400.0	5200.3
大米			57135.0	10473.0	56621.8	22598.8	34115.0	17624.7
面粉	60.0	13.4	4160.0	631.0				
奶粉	390.0	619.4			1000.0	2173.5	2624.0	5490.0
蕃茄酱			1750.0	880.8				
白瓜籽	648.0	730.8			8237.5	11258.7	9482.5	14378.9
蔬菜	2061.0	1207.6	2000.0	62.9	55498.0	25501.6	58443.2	25370.5
大麻籽	20.0	3.4						
黑木耳				79.4				
猪肉罐头			200.0	280.4				
水果	64.0	12.7						
饼干	23.0	52.1						
精盐	50.0	6.9						
快餐面	7.0	22.3						
甜菜粕	11138.0	1160.4	16000.0	1284.3	8800.0	11277.4	6800.0	8558.3
山野菜			45.0	14.1	200.0	1968.6	428.0	5667.5
玉米胚芽饼	1316.0	94.3						
羊草	684.0	75.3			12300.0	1316.5	9000.0	1293.2
其他合成香料		113.9						
糖甙			120.0	206.8	325.0	6357.7	299.0	5895.7
糠醛			200.0	87.7	2500.0	2763.5	2500.0	2714.5
卫生筷子		2072.4		806.3				
纸制品		47.6						

12-6 主要商品出口数量和金额

（2013 年）

品 名	单 位	数 量	金额(万元)	品 名	单 位	数 量	金额(万元)
黄豆	吨	149267.0	62799.5	糖甙	吨	299.0	5895.6
大米	吨	34115.0	17624.7	园葱	吨	21900.0	3894.2
小粒豆	吨	29800.0	21778.2	中草药	吨	586.0	3245.2
芸豆	吨	89521.0	52902.9	肠衣	吨	1942.4	12663.6
红小豆	吨	39594.0	26091.5	绿豆	吨	9771.0	9852.1
有机大豆	吨	8865.0	27320.7	糙米	吨	89993.0	35872.9
小叶菜	吨	6750.0	2013.0	铅笔板	万打	500.0	1525.0
大豆粉	吨	6400.0	5200.3	石墨	吨	8300.0	22905.5
马铃薯淀粉	吨	9945.0	1157.5	角瓜子	吨	600.0	783.2
白瓜子	吨	9482.5	14378.9	豆奶粉	吨	2292.2	6246.4
山野菜	吨	428.0	5667.5	甜菜粕	吨	6800.0	8558.3
芽豆	吨	8780.0	6167.1	豆饼粉	吨	9031.0	4682.9
冻干三莓	吨	175.0	5856.0	火柴梗	吨	453.6	336.1
豆粕	吨	24952.0	8039.8	水泥	吨	149800.0	7911.7
糯玉米	吨	6900.0	3228.1	羊绒	吨	15.0	1323.7
亚麻布	万米	41.0	1464.0	服装鞋帽	万件	148247.0	13633.5
柳编	万套	21.1	12688.0	有机酸菜	吨	215.2	187.3
鹿茸	公斤	300.0	38.4	甜菜粕	吨	8800.0	11077.6
彩椒	吨	950.0	934.5	聚苯板	立方米	125046.0	5758.4
速冻蔬菜	吨	5588.2	3530.7	农机具	台	48.0	5231.4
毛葱	吨	9770.0	3329.9	分割肉	吨	3000.0	9345.2
狐狸皮	万张	38750.0	3782.0	甜葫芦条	吨	960.0	3760.0
玉米	吨	125153.0	25064.9	南瓜	吨	1910.0	1378.6
水稻	吨	16348.0	4926.4	奶粉	吨	2624.0	5490.0
叶黄素	吨	3127.0	11848.6	酶转移制品	吨	190.0	3279.9
羊草	吨	9000.0	1293.2	饲料	吨	4000.0	1185.2

12-7 主要年份按国别和地区分的出口商品总额

（自营出口部分）　　　　单位：万美元

国别（地区）	1990	1995	2000	2009	2010	2011	2012	2013
总　计	257.2	1070.2	694.8	8152.8	8972.9	8003.6	8896.3	9203.6
亚洲国家和地区	257.2	757.9	527.9	4786.5	5715.5	5181.3	6188.3	5281.6
香　港	163.7	39.0		1029.4		46.0	120.0	
韩　国	3.7	39.9	31.6	1717.5	2151.3	2626.8	2273.3	2753.2
日　本	69.4	456.7	429.7	1571.0	1710.4	1706.9	1338.2	1560.9
泰　国		1.9						
新加坡	24.1		6.6			84.2	12.4	57.9
阿联酋		50.2						
欧洲国家		235.5	53.0	1833.3	2368.6	1652.3	1953.2	2506.8
意大利								
瑞　士		75.6		31.0				

12-8 利用外资情况

单位：万美元

年　份	签订合同数（个）	实际利用外资额	对外借款	政府贷款	外商直接投资	合资经营	外商其他投资	补偿贸易
1978-2013	518	94104.2	23168	11949	60667.2	48814.1	9936	6788
1980	1	1350					1350	1350
1985	4	3631	3519		112	112		
1990								
1993	32	1399			1399	1399		
1994	6	3900	500	500	400	400	2700	2700
1995	6	3239			1489	1489	2045	2045
1996	9	708			708	708		
1997	4	37			37	37		
1998	5	594			594	594		
1999	4	7597	7040	7040	557	557		
2000	10	2042	1259	1259	291	291	492	492
2001	25	3166	1456	1456	1377	1377		
2002	9	1211			130	130	1081	
2003	12	3411			1344	1344	2067	
2004	30	1389			1389	1389		
2005	36	3333	494	494	2839	2839		
2006	33	3267			3267	3267		
2007	39	4292.7			4292.7	4292.7		
2008	37	4604			4604	1935		
2009	36	4967			4967	4967		
2010	12	5194.7			5194.7	4249		
2011	53	8441.1			8441.1	8441.1		
2012	53	9355.7			9355.7	3417.3		
2013	50	7000			7000	4700		

主要统计指标解释

出口总值 指各进出口贸易公司和赋有经营进出口权的企业的出口(包括代理出口)、补偿贸易出口、来料加工产品的出口总额(实际统计按工缴费的收入统计)。

进口总值 指各进出口贸易公司及有经营进出口权的企业进口总额(其中包括代理进口)。

海关进出口总额 海关进出口总额指实际进出我国国境的货物总金额。包括对外贸易实际进出口货物,来料加工装配进出口货物,国家间、联合国及国际组织无偿援助物资和赠送品,华侨、港澳台同胞和外籍华人捐赠品,租赁期满归承租人所有的租赁货物,进料加工进出口货物,边境地方贸易及边境地区小额贸易进出口货物(边民互市贸易除外),中外合资经营企业、中外合作经营企业、外商独资经营企业进出口货物和公用物品,到、离岸价格在规定限额以上的进出口货样和广告品(无商业价值、无使用价值和免费提供出口的除外),从保税仓库提取在中国境内销售的进出口货物,以及其他进出口货物。进出口总额用以观察一个国家在对外贸易方面的总规模。我国规定出口货物按离岸价格统计,进口货物按到岸价格统计。

利用外资 指我国各级政府、部门、企业、中国银行和其他单位通过对外借款、吸收客商直接投资和商品信贷及其他方式,从国外和港澳地区筹措的资金。

对外借款 是我国利用外资的主要部分,包括我国通过外国政府贷款、国际金融组织贷款,外国银行的买方信贷和现汇货款以及对外发行债券和股票等方式,从国外和港澳地区借用的资金。

外商直接投资 是指外国企业和经济组织或个人(包括华侨、港澳同胞以及我国在境外注册的企业)按我国有关政策、法规、在我国境内开办独资企业、与我国境内的企业或经济组织共同举办合资企业、合作经营企业或合作开发资源的投资以及客商从企业得到收益的再投资。

现汇贸易 又称自由外汇贸易。是指两个国家或地区间在贸易结算时,使用可以自由兑换货币的现汇国家所进行的或是采用记帐贸易现汇结算的对外贸易,都属于现汇贸易。

易货贸易 亦称换货贸易。是指不以货币直接结算的贸易。它是在双方等值的基础上,把出口货物和进出口货物直接结合起来,以不使用货币直接结算的贸易方式。它分狭义和广义的易货贸易两种。

代理 是许多国家商人在从事进出口业务中习惯采用的一种贸易做法。是指代理人按照本人的授权,代表本人与第三人订立合同或作其他法律行为,而由本人直接享有由此而产生的权利与承担相应的义务。

补偿贸易 是指在信贷基础上进行的、进口与出口相结合的贸易方式,即进口设备,然后以回销产品和劳务所得价款,分期偿还进口设备的价款及利息。

13 教育科技和文化事业

初中和小学升学率(%)

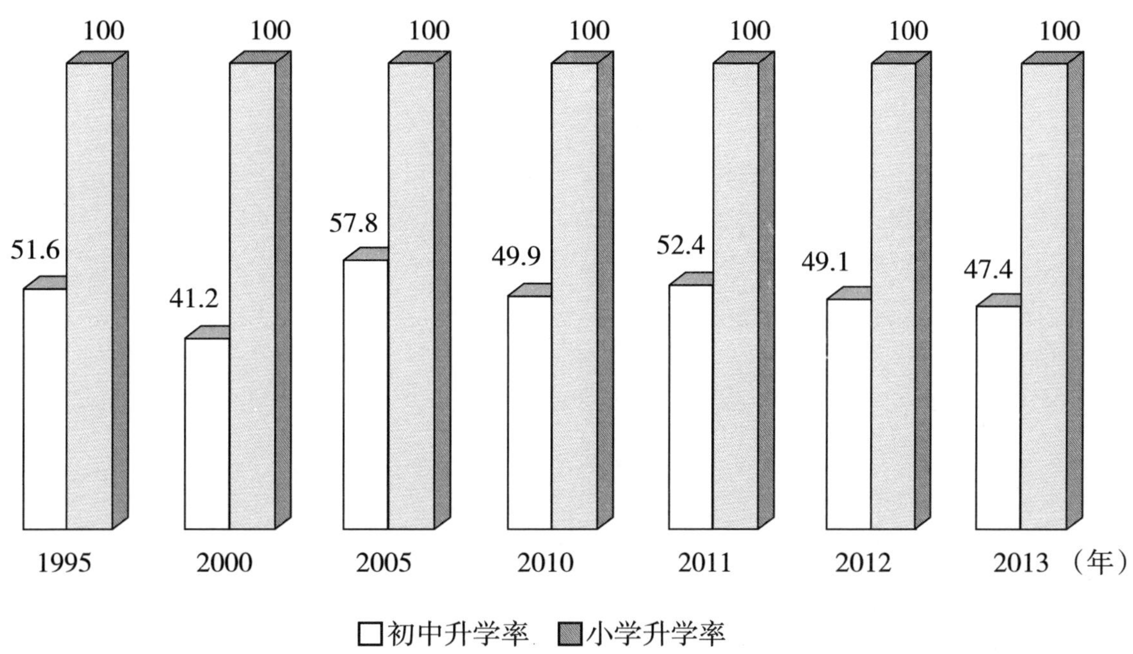

在校学生数(万人)

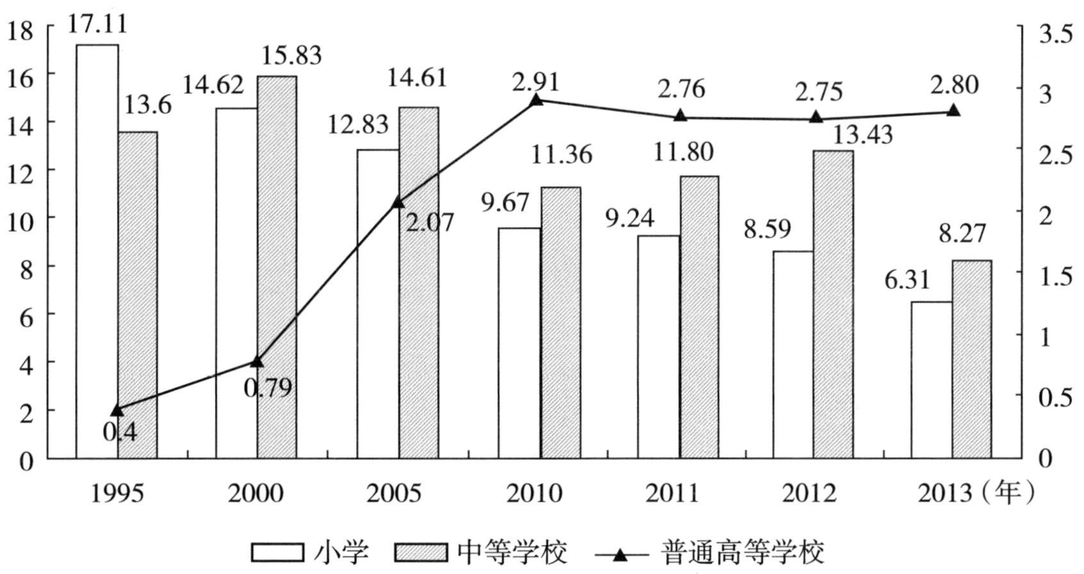

13-1 各级各类学校数

单位:所

年份	普通高等学校	中等学校	中等专业学校	中等技术学校	中等师范学校	普通中学
1992	2	249	7	6	1	186
1993	2	245	6	5	1	183
1994	2	227	6	5	1	170
1995	2	215	6	5	1	164
1996	2	208	7	6	1	163
1997	2	197	7	6	1	158
1998	2	195	7	6	1	159
2000	2	169	7	6	1	145
2001	2	153	5	5		145
2002	2	152	5	5		144
2003	4	148	2	2		142
2004	4	144	2	2		138
2005	4	140	2	2		134
2006	4	135	2	2		131
2007	4	135	2	2		131
2008	4	130	2	2		126
2009	4	130	2	2		126
2010	4	131	2	2		124
2011	3	132	2	2		125
2012	3	134	2	2		126
2013	3	132	2	2		124

13-1 续表

单位:所

年份	完全中学	高中	初中	九年一贯制学校	职业中学	小学	幼儿园
1992		51	135		56	348	200
1993		52	131		56	320	193
1994		50	120		51	299	199
1995		49	115		45	291	198
1996		45	118		38	243	215
1997		44	114		32	236	208
1998		42	117		29	230	212
2000		38	107		17	187	217
2001		31	114		3	159	85
2002	11	22	83	28	3	156	87
2003	8	22	82	30	4	146	86
2004	6	20	88	24	4	140	85
2005	3	20	84	27	4	134	88
2006	5	20	57	49	2	101	78
2007	4	20	47	60	2	69	109
2008	2	17	57	50	2	78	117
2009	2	17	40	67	2	59	116
2010	2	17	34	71	5	47	116
2011	2	17	38	68	5	49	109
2012	2	17	19	88	6	28	116
2013	2	17	18	87	6	126	119

13-2 各级各类学校教职工数

单位:人

年份	普通高等学校	中等学校	中等专业学校	中等技术学校	中等师范学校	普通中学
1992	2998	17722	1136	972	164	13039
1993	2524	17182	1323	1171	152	12482
1994	2626	15773	1304	1202	102	11782
1995	2516	16369	1318	1182	136	12416
1996	2513	17233	1532	1398	134	13448
1997	2501	16934	1504	1362	142	13308
1998	2497	18287	1550	1408	142	14817
2000	2341	17320	1531	1399	132	14499
2001	2174	15107	1215	1215		13548
2002	1960	15344	1211	1211		13795
2003	2705	14829	895	895		13632
2004	2969	14402	390	390		13710
2005	3129	14067	398	398		13366
2006	2389	13194	351	351		12776
2007	2441	13072	370	370		12635
2008	2202	13190	370	370		12665
2009	2603	12987	384	384		12495
2010	2558	12948	291	291		12570
2011	2362	13135	388	388		12676
2012	2489	12539	399	399		12044
2013	2507	10605	400	400		10047

13-2 续表

单位:人

年份	高中	初中	职业中学	小学	幼儿园
1992	3972	9067	3547	13143	3204
1993	3780	8702	3377	12890	2723
1994	3574	8208	2687	12727	2571
1995	3948	8468	2635	13397	2934
1996	4276	9172	2253	14844	3044
1997	4231	9077	2122	14514	2891
1998	4129	10688	1920	14491	2685
2000	3968	10531	1290	13488	2905
2001	3706	9842	344	11770	1469
2002	3774	10021	338	11541	1451
2003	3729	9903	302	11251	1470
2004	3706	10004	302	11286	1430
2005	3613	9753	303	10821	1385
2006	3453	9323	67	10014	1195
2007	3415	9220	67	9855	1513
2008	3343	9322	155	10112	1485
2009	3298	9197	108	10051	1571
2010	3318	9252	87	9894	1834
2011	3346	9330	71	9819	2011
2012	3231	8813	96	9500	2646
2013	3040	7007	158	6971	2738

13-3 各级各类学校教师数

单位：人

年份	普通高等学校	中等学校	中等专业学校	中等技术学校	中等师范学校	普通中学
1992	531	9285	416	359	57	7149
1993	554	8863	389	343	46	6868
1994	613	8390	424	376	48	6680
1995	603	9159	436	384	52	7421
1996	639	10111	566	498	68	8330
1997	633	10136	557	498	59	8468
1998	619	11113	577	518	59	9502
2000	627	10862	540	478	62	9654
2001	586	9551	415	415		8901
2002	567	9875	416	416		9227
2003	1593	9748	297	297		9253
2004	1084	9639	157	157		9284
2005	1264	9471	175	175		9098
2006	1331	9179	179	179		8966
2007	1444	9100	198	198		8868
2008	1482	9169	198	198		8864
2009	1546	9075	214	214		8765
2010	1502	9057	147	147		8853
2011	1465	9274	220	220		8956
2012	1565	9381	233	233		9072
2013	1591	8539	234	234		8190

13-3 续表

单位：人

年份	高中	初中	职业中学	小学	幼儿园
1992	1827	5322	1720	7489	2075
1993	1719	5149	1606	9283	1953
1994	1650	5030	1286	8953	1863
1995	1897	5524	1302	9321	2035
1996	2110	6220	1215	10123	2253
1997	2093	6375	1111	10004	2142
1998	2199	7303	1034	9680	2064
2000	2128	7526	668	9220	2138
2001	2105	6796	235	8100	920
2002	2202	7025	232	7900	921
2003	2306	6947	198	7815	953
2004	2394	6890	198	7824	952
2005	2278	6820	198	7609	899
2006	2347	6619	34	7321	741
2007	2287	6581	34	7219	973
2008	2347	6517	107	7415	952
2009	2308	6457	96	7381	980
2010	2393	6460	57	7316	1130
2011	2431	6525	71	7335	1209
2012	2433	6639	76	6963	1394
2013	2352	5838	115	6115	1366

13-4 各级各类学校在校学生数

单位:人

年份	普通高等学校	中等学校	中等专业学校	中等技术学校	中等师范学校	普通中学
1992	3331	137115	4251	3639	612	106019
1993	3839	136984	4553	3912	641	106222
1994	4209	132572	5595	4778	817	104013
1995	3998	136035	5707	4990	717	108803
1996	3924	140798	7066	6010	1056	113849
1997	4122	140703	8407	7641	766	114037
1998	4666	153981	9251	8459	792	128853
2000	7933	158302	8080	7196	884	137667
2001	6505	146009	9088	9088		134413
2002	8895	150469	10311	10311		138028
2003	12121	152010	10196	10196		139907
2004	17090	152903	9302	9302		141506
2005	20659	148277	7221	7221		138911
2006	21432	136818	4935	4935		131625
2007	24115	130259	4108	4108		125834
2008	27032	125510	3353	3353		120903
2009	28174	117563	2680	2680		114119
2010	29054	113587	3189	3189		109696
2011	27588	118042	3752	3752		105357
2012	27466	134294	8175	8175		125231
2013	28029	82685	8380	8380		73494

13-4 续表

单位:人

年份	高中	初中	职业中学	小学	幼儿园
1992	22407	83612	26845	170664	39780
1993	21178	85044	26209	174313	39087
1994	20636	83377	22964	170991	33250
1995	21354	87449	21525	171081	32350
1996	21686	92163	19883	170435	34411
1997	22793	91244	18259	170850	36996
1998	23331	105522	15877	153174	35351
2000	25473	112194	12555	146177	33413
2001	26695	107718	2508	135853	22894
2002	29302	108726	2130	131388	22999
2003	36157	103750	1907	134198	24265
2004	36693	104813	2095	131703	26806
2005	36640	102271	2145	128320	24803
2006	36120	95505	258	119267	21554
2007	35619	90215	317	108471	30405
2008	34991	85912	1254	106808	27920
2009	34515	79604	764	102484	27180
2010	34227	75469	702	96746	28346
2011	33947	71410	8973	92402	26348
2012	31633	87598	888	85925	25274
2013	60547	42947	811	63066	19123

13-5 各级各类学校招生数

单位:人

年份	普通高等学校	中等学校	中等专业学校	中等技术学校	中等师范学校	普通中学
1992	1168	47852	1749	1529	220	34558
1993	1427	49051	1906	1630	276	35753
1994	1263	49564	2005	1727	278	36824
1995	1301	52331	2144	1898	246	39848
1996	1323	48446	2680	2410	270	36062
1997	1464	46169	3095	2825	270	34585
1998	1615	62953	3234	2962	272	55336
2000	3400	46516	2131	1843	288	37812
2001	2218	44467	2864	2864		40931
2002	3149	46527	3425	3425		42464
2003	3315	40833	2904	2904		37571
2004	6542	42554	2791	2791		39245
2005	5903	39268	1706	1706		37024
2006	7280	39180	1121	1121		37979
2007	8370	37280	1466	1466		35661
2008	9571	32444	948	948		31121
2009	8688	32619	894	894		31047
2010	7881	33498	1383	1383		31870
2011	8330	32997	1244	1244		31046
2012	8603	39780	4322	4322		35261
2013	8758	25672	2519	2519		22827

13-5 续表

单位:人

年份	高中	初中	职业中学	小学	幼儿园
1992	6799	27759	11545	28656	16637
1993	7130	28623	11392	29055	18033
1994	7599	29225	10735	27338	
1995	7196	32652	10339	29255	21228
1996	7976	28086	9704	27439	24116
1997	7503	27082	8489	27138	23459
1998	8262	47074	4383	28918	20969
2000	7872	29940	6573	27075	20266
2001	10117	30814	672	24722	16870
2002	11983	30481	638	23735	16434
2003	13628	23943	358	26800	17648
2004	12943	26302	518	24153	18518
2005	12326	24698	538	21900	16688
2006	12554	25425	80	18114	13716
2007	11331	24330	153	16669	20831
2008	11403	19718	375	16243	19167
2009	11764	19283	678	15345	17993
2010	11079	20791	245	15535	18061
2011	11378	19670	707	15147	16452
2012	10621	24640	197	15776	14326
2013	10330	12497	326	11014	11898

13-6 各级各类学校毕业生数

单位:人

年份	普通高等学校	中等学校	中等专业学校	中等技术学校	中等师范学校	普通中学
1992	895	45315	1476	1198	278	36597
1993	881	44718	1223	1047	176	35244
1994	927	46653	1243	1198	45	37693
1995	1482	43211	1612	1297	315	35230
1996	1376	46253	1773	1487	286	37659
1997	1188	43376	1768	1520	248	35746
1998	1021	49335	1976	1730	246	40938
2000	1204	43818	2934	2664	270	36856
2001	912	43348	1894	1894		34872
2002	859	35203	2664	2664		31505
2003	3438	35785	3690	3690		31239
2004	2364	42977	3010	3010		39001
2005	2814	40915	3708	3708		36211
2006	5974	43212	2631	2631		40433
2007	6144	38322	1434	1434		36803
2008	7386	37354	1157	1157		35871
2009	7931	37041	1066	1066		35822
2010	8301	35436	1037	1037		34317
2011	8044	36001	858	858		33564
2012	8624	35529	2167	2167		32804
2013	7339	34806	1296	1296		33111

13-6 续表

单位:人

年份	高中	初中	职业中学	小学
1992	8872	27725	7242	27812
1993	8351	26893	8251	28626
1994	7449	30244	7717	29225
1995	6402	28828	6369	32652
1996	7348	30311	6821	28086
1997	6530	29216	5862	27082
1998	7339	33599	6421	47074
2000	7091	29765	4028	29940
2001	7572	27300	6582	11065
2002	7959	23546	1034	30481
2003	6877	24362	856	23983
2004	10565	28436	966	26439
2005	11176	25035	996	25128
2006	11867	28566	148	12239
2007	11526	25277	85	24375
2008	12018	23853	326	19734
2009	11914	23908	153	19314
2010	11215	23102	82	20836
2011	11322	22242	1579	20081
2012	10761	22043	558	24470
2013	10446	22665	399	12594

13-7 各级各类成人学校基本情况

（2013年）

各类学校	学校数（所）	毕业生数（人）	招生数（人）	在校学生数（人）	教职工数（人）	#专任教师	兼任教师（人）
总计	64	118184	3949	118552	1135	503	855
一、成人高等学校	3	1311	1515	5513	177	100	
广播电视大学	1	76	112	2212			
职工高等学院							
管理干部学院	1	456	311	832	177	100	
教师进修学院	1						
普通高校办函授部		779	1092	2469			
二、成人中等学校	61	116873	2434	113039	958	403	855
中等专业学校	11		2434	18867	148	92	137
教师进修学校							
职业技术培训学校	50	116873		94172	810	311	718

13-8 各级各类成人学校在校学生数

单位：人

各类学校	1995	2000	2003	2005	2006	2007	2008	2009	2010	2011	2012
成人高等学校	5633	4020	1508	1822	2323	3445	3153	3700	3975	125903	5513
广播电视大学	2184	1071	643	528		263	80	682	1122	3600	2212
职工高等学院	400										
管理干部学院	374	613	655	1000	1667	1798	1298	1013	1202	991	832
教师进修学院	2199	2108									
普通高校办函授部	476	228	210	294	656	1384	1775	2005	1651	2185	2469
成人中等专业学校	10286	2251	1071	912	13636	15334	178779	153410	122387	119127	113039

13–9 中等专业学校分科在校生人数

单位：人

年份	合计	中等技术学校						中等师范学校
			农科	林科	医药	财经	其他	
1992	4251	3639	1784	612	540	640	63	612
1993	4553	3912	1759	666	767	720		641
1994	5595	4778	1897	1085	1008	788		817
1995	5707	4990	1255	812	756	706	1461	717
1996	7066	6010	2721	1531	844	914		1056
1997	8407	7641	3083	1908	1036	1100	514	766
1998	9251	8459	3602	1691	1296	1090	780	792
2000	8080	7196	2455	1330	1281	1350	780	884
2001	9088	9088	3816	1800	1064	1245	1163	
2002	10311	10311	3956	2507	900	1145	1803	
2003	10196	10196	3599	2513	934	1045	2105	
2004	9302	9302	3340	2438	1034	1170	1320	
2005	7221	7221	3920	665	1172	310	1154	
2006	4935	4935	2679	352	670	211	1023	
2007	4108	4108	1877	215	534	245	1237	
2008	3353	3353	1530	175	435	200	1013	
2009	2680	2680	1222	140	348	159	811	
2010	3189	3189	1454	166	414	189	966	
2011	3752	3752	1710	195	487	222	1138	
2012	8175	8175	3726	425	1061	483	2480	
2013	8380	8380	3891	435	1086	495	2473	

13–10 中等专业学校分科招生数

单位：人

年份	合计	中等技术学校						中等师范学校
			农科	林科	医药	财经	其他	
1992	1749	1529	911	160	138	308	12	220
1993	1906	1630	600	150	480	400		276
1994	2005	1727	458	520	330	419		278
1995	2144	1898	248	267	238	706	439	246
1996	2680	2410	1170	520	320	400		270
1997	3095	2825	891	520	400	500	514	270
1998	3234	2962	1354	380	460	502	266	272
2000	2131	1843	593	230	172	650	198	288
2001	2864	2864	1081	948	213	421	201	
2002	3425	3425	1980	700	155	410	180	
2003	2904	2904	1551	145	434	405	369	
2004	2791	2791	1142	712	268	295	374	
2005	1706	1706	855	104	228	101	418	
2006	1121	1121	491	107		101	422	
2007	1466	1466	763	47	128	98	430	
2008	948	948	516	30	83	63	256	
2009	894	894	486	28	78	60	242	
2010	1383	1383	751	43	120	92	377	
2011	1244	1244	675	38	108	82	341	
2012	4322	4322	2345	132	375	285	1185	
2013	2519	2519	1366	77	218	166	692	

13-11　中等专业学校分科毕业生数

单位:人

年　份	合　计	中等技术学校						中等师范学校
			农　科	林　科	医　药	财　经	其　他	
1992	1476	1198	581	168	118	320	11	278
1993	1223	1047	392	83	252	320		176
1994	1243	1198	381	88	417	312		45
1995	1612	1297	640	189	68	400		315
1996	1773	1487	473	360	234	420		286
1997	1768	1520	435	568	203	314		248
1998	1976	1730	522	568	200	440		246
2000	2934	2664	1535	470	333	210	116	270
2001	1894	1894	753	450	430	160	101	
2002	2664	2664	1480	455	319	260	150	
2003	3669	3669	2049	710	400	261	249	
2004	3010	3010	1175	1062	198	170	405	
2005	3708	3708	1578	1306	202	50	572	
2006	2631	2631	1119	420	434	30	628	
2007	1434	1434	748	133	108	81	364	
2008	1157	1157	603	107	87	65	295	
2009	1066	1066	555	98	80	60	273	
2010	1037	1037	539	95	77	58	268	
2011	858	858	446	78	63	46	225	
2012	2167	2167	1126	197	159	116	569	
2013	1296	1296	673	118	95	69	341	

13-12　中等专业学校分类别专任教师数

单位:人

年　份	合　计	中等技术学校						中等师范学校
			农　科	林　科	医　药	财　经	其　他	
1992	416	359	190	63	33	65	8	57
1993	399	353	175	61	40	77		46
1994	424	376	182	67	50	77		48
1995	436	384	109	47	41	77	110	52
1996	566	498	273	112	41	72		68
1997	557	498	248	95	42	71	42	59
1998	577	518	233	102	50	72	61	59
2000	540	478	203	102	47	67	59	62
2001	415	415	170	105	46	45	49	
2002	416	416	168	96	42	50	60	
2003	297	297	69	96	43	30	59	
2004	157	157	40	20	24	10	63	
2005	175	175	46	20	24	10	75	
2006	179	179	42	20	25	5	87	
2007	198	198	64	20	24	8	82	
2008	198	198	64	20	24	8	82	
2009	214	214	69	22	27	8	88	
2010	147	147	47	15	18	8	59	
2011	220	220	70	22	26	12	90	
2012	233	233	74	23	27	13	96	
2013	234	234	74	23	27	13	97	

13-13　普通高等学校教职工数

单位:人

年　份	教职工总　数	校本部教职工	专任教师	教辅人员	行政人员	工勤人员
1992	2998	1572	416	222	411	523
1993	2524	1605	554	154	392	505
1994	2626	1778	613	275	386	504
1995	2516	1594	603	214	327	450
1996	2513	1557	639	202	313	403
1997	2501	1543	633	199	314	397
1998	2497	1515	619	202	312	382
2000	2341	1391	627	88	257	419
2001	2174	1274	586	74	249	365
2002	1960	1042	567	209	134	132
2003	2705	1593	880	197	199	317
2004	2969	1882	1084	251	279	268
2005	3129	2154	1264	294	334	262
2006	2389	2034	1331	240	251	212
2007	2441	2116	1444	213	249	210
2008	2512	2202	1482	237	290	193
2009	2603	2300	1546	275	297	182
2010	2558	2260	1502	257	300	201
2011	2628	2362	1465	226	279	392
2012	2489	2185	1565	218	296	106
2013	2507	2217	1591	238	299	89

13-14　普通中等专业学校教职工数

单位:人

年　份	教职工总　数	校本部教职工	专任教师	教辅人员	行政人员	工勤人员
1992	1136	1125	416	85	195	429
1993	1323	1199	399	103	194	503
1994	1304	1304	424	138	203	539
1995	1318	1221	436	119	231	435
1996	1532	1451	566	129	223	533
1997	1504	1457	557	147	257	496
1998	1550	1511	577	139	271	524
2000	1531	1418	540	133	259	486
2001	1215	1103	415	106	153	429
2002	1211	1102	416	109	152	425
2003	895	856	297	114	115	330
2004	390	386	157	53	66	110
2005	398	394	175	53	60	106
2006	351	347	179	50	69	49
2007	370	370	198	52	67	53
2008	367	367	198	50	67	52
2009	384	384	214	57	67	46
2010	389	389	220	50	73	46
2011	388	388	220	50	82	36
2012	399	399	233	46	82	36
2013	400	400	234	46	82	38

13-15　各级学校教师负担学生数

单位：人

年份	高等学校		中等学校		小学	
	教师数	平均每个教师负担学生数	教师数	平均每个教师负担学生数	教师数	平均每个教师负担学生数
1992	531	6.3	7565	14.6	9489	18.0
1993	554	6.9	8863	15.5	9283	18.8
1994	613	6.9	8390	15.8	8953	19.1
1995	603	6.6	9159	14.9	9321	18.4
1996	639	6.1	10111	13.9	10123	16.8
1997	633	6.5	10136	13.9	10004	17.1
1998	619	7.5	11620	13.7	9680	15.8
2000	627	12.7	10862	14.6	9220	15.9
2001	586	11.1	9551	15.3	8100	16.8
2002	567	15.7	9875	15.2	7900	16.6
2003	880	13.8	9748	15.6	7815	17.1
2004	1084	15.8	9639	15.9	7824	16.8
2005	1264	16.3	9521	15.6	7609	16.9
2006	1331	16.1	9179	14.9	7321	16.3
2007	1444	16.7	9100	14.3	7219	15.0
2008	1482	18.2	9169	13.7	7415	14.4
2009	1546	18.2	9075	13.0	7381	13.9
2010	1502	19.4	9057	12.5	7316	13.2
2011	1465	18.8	9247	12.8	7335	12.6
2012	1565	17.6	9381	14.3	6963	12.3
2013	1591	17.6	8539	9.6	6048	10.4

13-16　平均每万人口在校学生数和大中小学学生构成

年份	各级学校在校学生数占垦区人口%	平均每万人口中			大中小学学生占学生总数%		
		大学生（人）	中学生（人）	小学生（人）	大学生（人）	中学生（人）	小学生（人）
1992	18.2	21	706	1095	1.1	38.8	60.0
1993	20.2	24	699	1147	1.2	42.0	55.3
1994	19.7	27	705	1160	1.4	33.8	55.6
1995	19.9	26	872	1145	1.3	41.9	55.0
1996	20.1	26	876	956	1.4	40.1	56.0
1997	26.4	26	731	1095	1.3	36.1	54.1
1998	20.6	30	826	982	1.6	44.9	53.5
2000	20.0	51	882	937	2.5	48.1	49.4
2001	18.5	42	936	871	2.3	50.6	47.1
2002	18.6	57	965	842	3.1	51.8	45.1
2003	19.8	81	933	894	4.1	51.0	44.9
2004	19.2	109	901	839	5.7	46.9	47.9
2005	19.8	138	989	855	6.9	49.9	43.2
2006	17.8	137	844	765	7.8	48.3	43.9
2007	16.4	151	786	677	9.2	48.5	41.3
2008	16.2	168	733	647	10.4	48.4	41.2
2009	14.8	170	691	621	11.5	46.6	41.9
2010	14.5	176	665	586	12.1	47.5	40.4
2011	14.4	167	638	560	11.6	49.6	38.8
2012	15.1	166	758	521	11.5	52.5	36.0
2013	10.0	170	445	382	17.0	44.7	38.3

13-17 各管理局各类学校数

单位:所

年份 单位	普通 高等学校	中等专业 学校	中等 技术学校	中等 师范学校	普通 中学	完全 中学
2005	4	2	2		132	3
2006	4	2	2		131	5
2007	4	2	2		131	2
2008	4	2	2		126	
2009	4	2	2		126	2
2010	4	2	2		124	2
2011	3	2	2		125	
2012	3	2	2		127	2
2013	3	2	2		124	2
宝泉岭局		1	1		16	
红兴隆局					15	
建三江局					17	
牡丹江局					16	
北安局		1	1		18	
九三局					13	
齐齐哈尔局					9	
绥化局					9	
哈尔滨局					9	
总局直属	3				2	2

13-17 续表

单位:所

年份 单位	高中	初中	九年一贯 制学校	职业 中学	小学	幼儿园
2005	18	84	26	4	134	88
2006	20	57	49	2	101	78
2007	20	47	60	2	69	109
2008	17	57	50	2	78	117
2009	17	40	67	2	59	116
2010	17	34	71	5	47	116
2011	17	38	68	5	49	109
2012	17	19	88	6	28	116
2013	17	18	87	6	26	119
宝泉岭局	3	1	12		2	14
红兴隆局	2	9	4	2	10	17
建三江局	2		15	1	2	19
牡丹江局	1		15			15
北安局	3		15			15
九三局	2	5	6	2	7	13
齐齐哈尔局	2	2	5		3	7
绥化局	1		8			9
哈尔滨局	1	1	7	1	2	9
总局直属						1

13-18 各管理局各类学校教职工数

单位:人

年份 单位	普通 高等学校	中等学校	中等专业 学校			普通 中学
				中等 技术学校	中等 师范学校	
2005	3129	14066	398	398		13366
2006	2389	13204	351	351		12776
2007	2441	13072	370	370		12635
2008	2202	13083	367	367		12665
2009	2603	12926	384	384		12495
2010	2558	13040	389	389		12564
2011	2362	13159	388	388		12676
2012	2489	12539	399	399		12044
2013	2507	10605	400	400		10047
宝泉岭局		1739	202	202		1537
红兴隆局		1663				1607
建三江局		1466				1437
牡丹江局		1222				1222
北安局		1636	198	198		1438
九三局		1152				1110
齐齐哈尔局		659				659
绥化局		410				410
哈尔滨局		382				351
总局直属	2507	276				276

13-18 续表

单位:人

年份 单位	高中	初中	职业 中学	小学	幼儿园
2005	3613	9753	302	10821	1385
2006	3453	9323	77	10014	1195
2007	3410	9225	67	9855	1513
2008	3343	9322	51	10112	1485
2009	3310	9185	47	10051	1571
2010	3311	9259	87	9894	1834
2011	3340	9336	95	9819	2010
2012	3231	8813	96	9500	2646
2013	3040	7007	158	6971	2738
宝泉岭局	525	1012		921	354
红兴隆局	444	1163	56	1020	431
建三江局	437	1000	29	1224	728
牡丹江局	403	819		796	478
北安局	410	1028		1020	205
九三局	335	775	42	713	250
齐齐哈尔局	199	460		619	76
绥化局	70	340		335	101
哈尔滨局	64	287	31	211	105
总局直属	153	123		112	10

13–19 各管理局各类学校教师数

单位:人

年份 单位	普通 高等学校	中等学校	中等专业 学校	中等 技术学校	中等 师范学校	普通 中学
2005	1264	9521	175	175		9148
2006	1331	9179	179	179		8966
2007	1444	9100	198	198		8868
2008	1482	9098	198	198		8864
2009	1546	9018	214	214		8765
2010	1502	9130	220	220		8853
2011	1465	9247	220	220		8956
2012	1565	9381	233	233		9072
2013	1591	8539	234	234		8190
宝泉岭局		1305	106	106		1199
红兴隆局		1421				1380
建三江局		1189				1170
牡丹江局		1009				1009
北安局		1135	128	128		1007
九三局		1002				964
齐齐哈尔局		575				575
绥化局		347				347
哈尔滨局		329				312
总局直属	1591	227				227

13–19 续表

单位:人

年份 单位	高中	初中	职业 中学	小学	幼儿园
2005	2278	6870	198	7609	899
2006	2347	6619	34	7321	741
2007	2287	6581	34	7219	973
2008	2347	6517	36	7415	952
2009	2308	6457	39	7381	980
2010	2393	6460	57	7316	1130
2011	2431	6525	71	7335	1209
2012	2433	6639	76	6963	1394
2013	2352	5838	115	6115	1366
宝泉岭局	368	831		844	145
红兴隆局	381	999	41	919	195
建三江局	338	832	19	1102	368
牡丹江局	306	703		721	251
北安局	286	721		746	129
九三局	272	692	38	619	106
齐齐哈尔局	174	401		557	45
绥化局	56	291		299	70
哈尔滨局	53	259	17	197	51
总局直属	118	109		111	6

13-20 各管理局各类学校在校学生数

单位:人

年份 单位	普通 高等学校	中等学校	中等专业 学校	中等 技术学校	中等 师范学校	普通 中学
2005	20659	148277	7221	7221		138911
2006	21432	136818	4935	4935		131625
2007	24115	130259	4108	4108		125834
2008	27032	124607	3353	3353		120903
2009	28174	117274	2680	2680		114119
2010	29054	113587	3189	3189		109696
2011	27588	110330	3752	3752		105357
2012	27466	128294	8175	8175		119231
2013	28029	82685	8380	8380		73494
宝泉岭局		15135	3097	3097		12038
红兴隆局		12485				12033
建三江局		12642				12642
牡丹江局		9261				9261
北安局		13663	5283	5283		8380
九三局		8131				7802
齐齐哈尔局		3400				3400
绥化局		2610				2610
哈尔滨局		2680				2650
总局直属	28029	2678				2678

13-20 续表

单位:人

年份 单位	高中	初中	职业 中学	小学	幼儿园
2005	36640	102271	2145	128320	21555
2006	36120	95505	258	119267	21554
2007	35619	90215	317	108471	30405
2008	34991	85912	351	106808	27920
2009	34515	79604	475	102484	27180
2010	34227	75469	702	96746	28346
2011	33947	71410	1221	92402	26348
2012	31633	87598	888	85925	25274
2013	30547	42947	811	63066	19123
宝泉岭局	5271	6767		6925	2659
红兴隆局	4880	7153	452	7558	2792
建三江局	5427	7215		16061	5066
牡丹江局	3836	5425		9376	3204
北安局	4063	4317		7478	1772
九三局	2564	5238	329	5491	1273
齐齐哈尔局	1357	2043		4204	796
绥化局	878	1732		2021	920
哈尔滨局	600	2050	30	2777	572
总局直属	1671	1007		1175	69

13-21 各管理局各类学校招生数

单位:人

年份 单位	普通高等学校	中等学校	中等专业学校			普通中学
				中等技术学校	中等师范学校	
2005	5903	39268	1706	1706		37024
2006	7280	39180	1121	1121		37979
2007	8370	37280	1466	1466		35661
2008	9571	32164	948	948		31121
2009	8688	32174	894	894		31047
2010	7881	33498	1383	1383		31870
2011	8330	32574	1244	1244		31048
2012	8603	39780	4322	4322		35261
2013	8758	25672	2519	2519		22827
宝泉岭局		4527	1121	1121		3406
红兴隆局		3647				3517
建三江局		4203				4203
牡丹江局		3119				3119
北安局		4158	1398	1398		2760
九三局		2423				2236
齐齐哈尔局		1148				1148
绥化局		843				843
哈尔滨局		798				789
总局直属	8758	806				806

13-21 续表

单位:人

年份 单位	高中	初中	职业中学	小学	幼儿园
2005	12326	24698	538	21900	13742
2006	12554	25425	80	18114	13716
2007	11331	24330	153	16669	20831
2008	11403	19718	95	16243	19167
2009	11764	19283	233	15345	17993
2010	11079	20791	245	15535	18061
2011	11378	19670	282	15147	16452
2012	10621	24640	197	15776	14326
2013	10330	12497	326	11014	11898
宝泉岭局	1774	1632		1354	1855
红兴隆局	1697	1820	130	1515	1583
建三江局	1689	2514		2882	3127
牡丹江局	1338	1781		1564	1337
北安局	1321	1439		1006	1391
九三局	910	1326	187	926	1147
齐齐哈尔局	449	699		656	653
绥化局	414	429		380	300
哈尔滨局	229	560	9	522	499
总局直属	509	297		209	6

13-22 各管理局各类学校毕业生数

单位：人

年份 单位	普通 高等学校	中等学校	中等专业 学校	中等 技术学校	中等 师范学校
2005	2814	40915	3708	3708	
2006	5974	43212	2631	2631	
2007	6144	38322	1157	1157	
2008	7386	37112	1157	1157	
2009	7931	36997	1066	1066	
2010	8301	36461	1037	1037	
2011	8044	34517	858	858	
2012	8624	35529	2167	2167	
2013	7339	34806	1296	1296	
宝泉岭局		5210	496	496	
红兴隆局		4417			
建三江局		4971			
牡丹江局		4639			
北安局		4939	800	800	
九三局		4089			
齐齐哈尔局		1642			
绥化局		2828			
哈尔滨局		1172			
总局直属	7339	899			

13-22 续表

单位：人

年份 单位	普通 中学	高中	初中	职业 中学	小学
2005	36211	11176	25035	996	25128
2006	40433	11867	28566	148	25431
2007	36803	11526	25277	84	24375
2008	35871	12018	23853		19734
2009	35822	11914	23908	109	19314
2010	34317	11215	23102	82	20836
2011	33564	11322	22242	95	20081
2012	32804	10761	22043	558	24470
2013	33111	10446	22665	399	12594
宝泉岭局	4714	1947	2767		1632
红兴隆局	4273	1564	2709	144	1820
建三江局	4971	1729	3242		2514
牡丹江局	4639	1441	3198		1781
北安局	4139	1457	2682		1536
九三局	3852	862	2990	237	1326
齐齐哈尔局	1642	444	1198		699
绥化局	2828	215	2613		429
哈尔滨局	1154	227	927	18	560
总局直属	899	560	339		297

13-23 各管理局中学毕业生和小学毕业生升学率

年份 单位	高中毕业生升学率			初中毕业生升学率			小学毕业生升学率		
	毕业生人数（人）	升入高等学校（人）	升学率（%）	毕业生人数（人）	升入高级中学人数（人）	升学率（%）	毕业生人数（人）	升入初级中等学校（人）	升学率（%）
2001	7572	5471	72.3	27300	11229	41.1	30601	30601	100.0
2002	7959	6225	78.2	23546	13324	56.6	30481	30481	100.0
2003	6877	6566	95.5	24362	14992	61.5	23983	23983	100.0
2004	10565	7813	74.0	28436	14427	50.7	26439	26439	100.0
2005	11176	8944	80.0	25035	14490	57.8	25128	25128	100.0
2006	11867	8911	75.1	28566	13576	47.5	25431	25431	100.0
2007	11526	9249	80.2	25277	11799	46.7	24375	24375	100.0
2008	12018	9854	82.0	23853	11863	49.7	19734	19734	100.0
2009	11914	9336	78.3	23908	12190	51.0	19314	19314	100.0
2010	11215	9344	83.3	23102	11536	49.9	20836	20836	100.0
2011	11322	8641	76.3	22242	11645	52.4	19670	19670	100.0
2012	10761	9456	87.8	22043	10823	49.1	24470	24470	100.0
2013	10446	9246	88.5	22665	10545	47.4	12594	12594	100.0
宝泉岭局	1947	1783	91.6	2767	1774	64.1	1632	1632	100.0
红兴隆局	1564	1577	100.0	2709	1849	68.3	1820	1820	100.0
建三江局	1729	1631	94.3	3242	1689	52.1	2514	2514	100.0
牡丹江局	1441	1364	94.7	3198	1338	41.8	1781	1781	100.0
北安局	1457	1182	81.1	2682	1324	49.4	1536	1536	100.0
九三局	862	715	82.9	2990	1126	37.7	1326	1326	100.0
齐齐哈尔局	444	335	75.5	1198	454	37.9	699	699	100.0
绥化局	215	77	35.8	2613	414	15.8	429	429	100.0
哈尔滨局	227	133	58.6	927	238	25.7	560	560	100.0
总局直属	560	449	80.2	339	339	100.0	297	297	100.0

注:升入高等学校人数中含部分往届毕业生。

13-24 各管理局小学学龄儿童入学率

年份 单位	学龄儿童数（人）	已入学学龄儿童数（人）	入学率（%）
2003	130075	130075	100.0
2004	124850	124850	100.0
2005	122107	122107	100.0
2006	113397	113397	100.0
2007	101882	101882	100.0
2008	101342	101342	100.0
2009	97426	97426	100.0
2010	92451	92451	100.0
2011	89064	89064	100.0
2012	82676	82676	100.0
2013	58177	58177	100.0
宝泉岭局	6479	6479	100.0
红兴隆局	6892	6892	100.0
建三江局	14526	14526	100.0
牡丹江局	8329	8329	100.0
北安局	7075	7075	100.0
九三局	5385	5385	100.0
齐齐哈尔局	3785	3785	100.0
绥化局	1820	1820	100.0
哈尔滨局	2769	2769	100.0
总局直属	1117	1117	100.0

注:14-1 至 14-24 表资料由总局教育局提供。

13-25　广播、电视自办节目播出情况

（2013 年）

单　位	有　线广播站（个）	广播人口覆盖率（100）	有　线电视站（个）	自办电视节目平均每周播放时间(小时)		电视人口覆盖率（%）	有线电视总用户数（万户）	转播电视节目套数（套）
				小　计	新　闻			
总　　计	**106**	**94.3**	**115**	**60:25**	**24:35**	**94.9**	**46.74**	**88**
宝泉岭局	13	94.6	14	6:30	2:10	98.0	6.70	88
红兴隆局	12	96.0	13	7:10	2:24	98.0	8.75	88
建三江局	16	95.0	16	4:40	3:30	94.0	8.30	88
牡丹江局	13	95.0	13	6:30	2:10	95.0	7.70	88
北　安　局	15	92.0	15	7:00	2:10	92.0	4.60	88
九　三　局	12	99.7	12	6:30	2:10	99.7	5.07	88
齐齐哈尔局	7	91.0	11	6:30	2:10	90.0	1.50	88
绥　化　局	9	91.8	9	6:30	2:10	94.0	1.52	88
哈尔滨局	8	96.1	11	2:05	2:05	96.1	2.20	88
总局直属	1	92.0	1	7:00	3:36	92.0	0.40	88

注：13-25 表资料由总局文化委员会提供

13-25 续表

年　份 单　位	电视转播　台（座）	电视发射　机（部）	千　瓦发射机（部）	广播电视事业机构（个）	职　工人　数（人）	卫　星地面站（座）	开通光纤网长度（公里）			开通光纤的农牧场及管理区（个）
							一级	二级	三级	
总　　计	**38**	**67**	**40**	**10**	**1366**	**125**	**3080**	**4418**	**9800**	**1066**
宝泉岭局	9	15	12	1	164	14		485	910	94
红兴隆局	7	12	5	1	247	12		664	2590	290
建三江局	7	12	9	1	235	8		620	461	32
牡丹江局	6	10	4	1	145	26		470	1500	180
北　安　局	2	4	2	1	160	16		645	1567	170
九　三　局	3	6	4	1	114	5		704	1455	78
齐齐哈尔局	2	4	4	1	65	8		230	550	90
绥　化　局	1	2		1	40	8		300	294	26
哈尔滨局	1	2		1	40	20		300	326	106
总局直属				1	156	8	3080		147	

13-26 专业艺术表演团体单位、人员数及演出、收支情况

指　　标	单位	1995	2000	2005	2010	2011	2012	2013
单位数	个	1	1	1	1	1	1	1
人员数	人	73	54	27	24	20	20	20
演出场数	场	68	164	150	51	70	110	102
#到基层演出	场	11	140	106	30	30	80	93
观众人数	人次	60000	195000	150000	102000	140000	170000	100000
#基层观众	人次	20000	160000	100000	60000	60000	150000	90000
本年新创作并演出剧目	个	30	36	16	14	28	50	5
#获奖总数	个	3	17		3		3	1
国家经费补贴	万元	80	170	239	422	408	545	484
演出收入	万元	3	5	11	4.8	23	87	

注:14-26表资料由总局文工团提供。

13-27 杂志和报纸出版情况

年　　份	杂　志				报　纸			
	种　数（种）	每期平均印　数（册）	总印数（万册）	总印张数（万印张）	种　数（种）	每期平均印　数（份）	总印数（万份）	总印张数（万印张）
1992	6	50600	55.0	192.2	5	65800	1345.8	1332.3
1993	6	56100	58.0	199.7	5	67900	1497.1	1417.4
1994	7	24517	24.6	74.3	4	60000	1081.3	277.5
1995	7	16000	13.4	41.9	4	68836	1347.0	671.7
1996	4	23000	17.0	68.8	2	47136	1547.0	612.0
1997	6	22750	19.7	82.6	2	51000	1653.1	720.0
1998	6	21200	29.1	85.7	2	67400	2046.1	2046.0
1999	5	18559	14.6	68.3	2	72500	2023.6	2024.0
2000	5	15560	11.0	58.4	1	55000	1650.0	1650.0
2001	4	12580	7.6	38.9	1	40050	1335.1	1335.0
2002	4	15416	9.3	48.1	1	48000	1598.4	1598.4
2003	4	12486	7.5	38.2	1	49000	1631.7	1631.7
2004	4	8325	5.0	26.1	1	36500	1216.3	1216.3
2005	4	13000	7.8	40.7	1	38100	1269.0	1269.0
2006	4	12600	7.8	38.6	1	42300	1387.8	1387.8
2007	4	11400	7.6	35.7	1	44450	1541.8	1541.8
2008	4	12100	7.8	36.5	1	46485	1612.7	1612.7
2009	4	17900	11.5	53.8	1	48800	1756.0	1756.0
2010	4	19733	22.0	88.1	1	50807	1829.1	1829.1
2011	4	23052	25.7	102.9	1	58348	2100.6	2100.6
2012	4	30945	34.5	138.1	1	61151	2201.4	2201.4
2013	4	33277	37.1	148.5	1	64148	2309.3	2309.3

13-28 科学研究与技术开发机构、人员、经费及资产情况

项目	单位	2012				2013			
		合计	自然科学技术领域	社会人文科学领域	科学技术情报	合计	自然科学技术领域	社会人文科学领域	科学技术情报
独立研究与开发机构									
(一)总局直属									
机构数	个	19	17	1	1	19	17	1	1
职工人数	人	740	692	16	32	750	702	16	32
#科技人员	人	517	481	5	31	528	492	5	31
管理人员	人	178	178			167	167		
工人	人	45	33	11	1	55	43	11	1
经费收入额	万元	9460.4	8609.5	246	604.9	10227.4	8929.8	180	1117.6
#国拨	万元	4831.3	4279.6	60	491.7	6354.5	5818.1	60	476.4
基本建设投资额	万元	185.5	107.8	15	62.7	635	635		
#设备及工器具购置	万元	124.8	107.8	15	2	33	33		
年末固定资产原值	万元	17508.7	16921.3	50.4	537	18792.8	18206.3	50.4	536.1

注:13-28 至 13-30 表资料由总局科技局提供。

13-29 科学研究与技术开发项目科技奖励情况

单位:个

项目	2005	2006	2007	2008	2009	2010	2011	2012	2013
本年开展的研究与开发项目	187	121		29	29	165	187	181	163
本年完成并通过鉴定的研究与开发项目	50	38	23	21	34	61	41	35	32
获奖的研究、开发项目	34	7	33	29	7	40	35	46	67
获国家星火奖									
获科技进步奖	34	7	6	29	7	28	35	46	59
#国家级科技进步奖									
省、部级科技进步奖	5	7	6	5	7	6	8	5	12
总局级科技进步奖	29		27	24		22	27	41	47
获农业部丰收奖						12			8

13-30 黑龙江省科技进步奖获奖名单

序号	获奖等级	项目名称	奖励名称	主要完成单位	主要完成人
1	二等奖	水稻轴流脱粒与分离装置机理研究	自然科学奖	黑龙江八一农垦大学	衣淑娟、陶桂香、毛　欣、汪　春、姜　楠
2	二等奖	寒地水稻智能化育秧技术研究及推广应用	进步奖	黑龙江省农垦总局	徐学阳、陶喜军、马德全、于金友、滕建峰、樊庆东、霍立君、尹　刚、西　亮、姜孝义、迟立军
3	二等奖	现代奶业关键技术研究与产业化示范	进步奖	黑龙江省完达山乳业股份有限公司	包　军、苗树君、付尚杰、王君伟、王　利、冯丽荣、许　丽、张永根、张兰威
4	二等奖	第三代高纯果糖高效生产关键技术	进步奖	黑龙江八一农垦大学	曹龙奎、周　睿、潘旭琳、包鸿慧、张丽萍、刁静静、张学娟、王　颖、杨　健
5	二等奖	高效降胆固醇植物乳杆菌系列功能产品开发及关键技术研究	进步奖	黑龙江八一农垦大学	于长青、王长远、姚　笛、沈冰蕾、王　颖、钱丽丽、杨　健、陈洪生、李志江
6	二等奖	小麦优质高效栽培技术模式	进步奖	黑龙江八一农垦大学	于立河、薛盈文、郭　伟、吴金花、宋　伟、陆　旺、刘梦红、焦　峰、王艳超
7	三等奖	寒区肉猪规模化健康养殖技术集成与示范	进步奖	黑龙江八一农垦大学	耿忠诚、黄大鹏、李馨、倪宏波、刘胜军、杨隽、张爱忠
8	三等奖	垦区优质白鹅良种群选育及主要疫病防治技术	进步奖	黑龙江八一农垦大学	杨焕民、周瑞进、朱战波、计　红、王秋菊、郭景茹、甄莉
9	三等奖	数字农业关键技术研究与应用	进步奖	黑龙江八一农垦大学	王　熙、汪　春、庄卫东、赵　军、王新忠、梁春英、史国滨
10	三等奖	高产抗病耐密大豆新品种垦丰16选育与推广	进步奖	黑龙江省农垦科学院	王德亮、杨丹霞、姜玉久、王　平、蒋红鑫、王继亮、姜翠兰
11	三等奖	动物源内脏多肽及多糖高效提取纯化应用技术	进步奖	黑龙江八一农垦大学	张丽萍、刘妍妍、曹荣安、李良玉、张建强、宋大巍、侯福仁
12	三等奖	寒地水稻病害生物防治技术体系创建及应用	进步奖	黑龙江省农垦科学院	穆娟微、张力军、李　鹏、伦志安、关成宏、李德萍、王振东

主要统计指标解释

科技活动 指在所有科学技术领域内，即自然科学、农业科学、医药科学、工程与技术科学、人文与社会科学中，与科技知识的产生、发展、传播和应用密切相关的全部的、有组织的、系统的科技活动。所谓有组织的、系统的科技活动，指在一个机构的范围之内，并列入这一机构的工作计划，由这一机构的人员有计划地进行的科技活动。目前科技活动统计包括研究与发展活动、研究与发展成果应用活动和科技服务活动。

研究与发展(R&D) 指为了增进知识，以及利用这些知识去开创新的用途而进行的系统的创造性的工作。它具备四种基本条件：创造性、新颖性或创新、科学方法的运用和新知识的产生。它包括三种类型：基础研究、应用研究和实验发展。

①基础研究 指不直接考虑用途，以揭示客观事物的本质、运动规律，获得新发现、新学说为目的或对已有的规律、发现、学说作系统的补充而进行的理论研究或实验。其成果以科学论文、科学著作为主要形式。

②应用研究 指利用基础研究所发现的知识，确定特定的目标，为了明确基础研究成果的实用化的可能性，探索新方法(原理性)而进行的独创性研究，及时对已经实用化的技术探索新的应用方法(原理性)而进行的研究。应用研究实际上并不直接产生新的(或改进)产品或工艺，其成果为科学论文、科学著作、原理性模型和专利等。

③实验发展 指利用基础研究、应用研究及实际经验所获得的知识，为生产新的材料、产品和装置、建立新的工艺、系统和服务，对已生产和建立的上述各项进行实质性的改进而从事的系统性工作。其成果为一种具有新产品或新技术基本特点的原型，可达到设计定型的新产品或新工艺、实验报告等。垦区的科研项目与课题大多属试验发展类。

科技活动机构 指调查范围内有建制的从事科技活动的科研机构。包括国有科学研究与技术开发机构、科技情报与文献机构，全日制普通高等学校附属科技活动机构、大中型工业企业附属的技术开发机构。全日制普通高等学校附属的科技活动机构指学校上级主管部门正式批准的以科技活动为主，相对稳定的开展科技活动的机构。大中型工业企业附属的技术开发机构(也称企业办科技机构)指企业自办或与外单位合办，管理上同生产系统相对独立的，或单独核算的专门技术开发机构，如企业办研究所或开发中心、开发部等。垦区科研机构主要包括总局、分局属科研部门，农场附属的研究与开发机构、工业企业附属的技术开发机构等。

科研单位个数 指专门进行工、农业生产科学研究、科学试验的专门科研单位。

从业人员 指由本机构年末直接组织安排工作并支付工资的各类人员总数，包括固定职工、国家有编制的合同制职工、招聘人员和返聘的离退休人员。不包括离退休人员，停薪留职人员。

科技人员 是指在垦区科研机构工作并已取得科学技术职称，或大学、大专、中专的理、工、农、经等科学毕业生。

科研成果 凡是经过科学鉴定或同行评议，或得到其它方式的社会公认，认为符合科研成果条件，并附有评价，鉴定材料或实际试用的报告资料的科学工作成果，均作为科研成果予以统计。

普通高等、中等专业学校 指垦区按照国家规定的审批程序批准举办，通过全国统一招生考试招收高中毕业生和具有同等学历者初中毕业生和具有同等学历者，实施高等或中等教育，培养高等或中等专门人才的学校。包括大学(本科)、专科学校、大专(专科)和中等专业学校。

成人高等、中等学校 指垦区按照国家规定的审批程序批准举办，通过统一考试，招收高中毕业生和具有同等学历者、在职职工，利用多种形式对成人实施高等和中等教育，培养相当普通高等学校、专科学校、中等学校或本科、专科水平的专门人才的学校。包括电视大学、职工高等学校、干部管理学院、教育学院、独立函授学院以及普通高等学校举的函授夜大学等和职工中等专业学校等。

普通中学 指垦区内高、初中合一或高中、初中分设的中学，也包括中小学合一，以中学为主的学校，但这类学校的学生要分开统计，即小学校的学生数要统计到小学学生中去。

一贯制学校 指在一所学校连续实施中小学教育的机构。其中包括实施九年义务教育的九年一贯制学校和实施高中教育的十二年一贯制学校。

教职工总数 指垦区在各类学校中工作的在册全部职工人数。包括校本部、科研机构、校办工厂农

(林)场和附属机构的人员。但不包括离休人员,学校办集体所有制单位人员等。

专任教师 指垦区各类学校中，专职从事教学工作的人员。高等学校函授部夜大学的专任教师也包括在内。但不包括调离教学岗位,担任行政领导的原教学人员。

教辅人员 指从事教学辅助工作，为教学服务的人员。如图书管理员、资料室的资料员、电化教育馆人员等。

在校学生数 指学年初开学以后，具有学籍的在校学生人数，但普通中学不包括毕业生在校补飞复读的学生数。农垦学校个数和在校学生数的规定：在农垦系统办的学校中,高中、职高、初中、小学多制合一的,其学校个数为1,并填在普通中学栏内,但在校学生数应分别统计。

升学率 被升入高一级学校的人数与应届毕业学生总人数之比。计算公式为：

$$\text{升学率} = \frac{\text{被录取升入高一级学校的人数}}{\text{应届毕业学生总数}} \times 100\%$$

这一指标反映某一级教育的学生继续接受高一级教育的比例。

14 卫生和其他

卫生机构人员数(人)

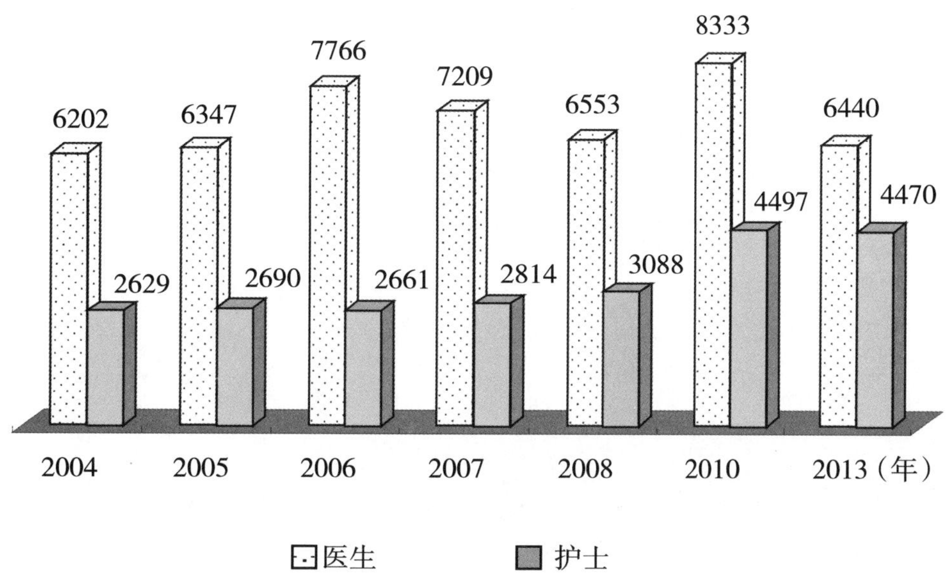

交通事故发生情况

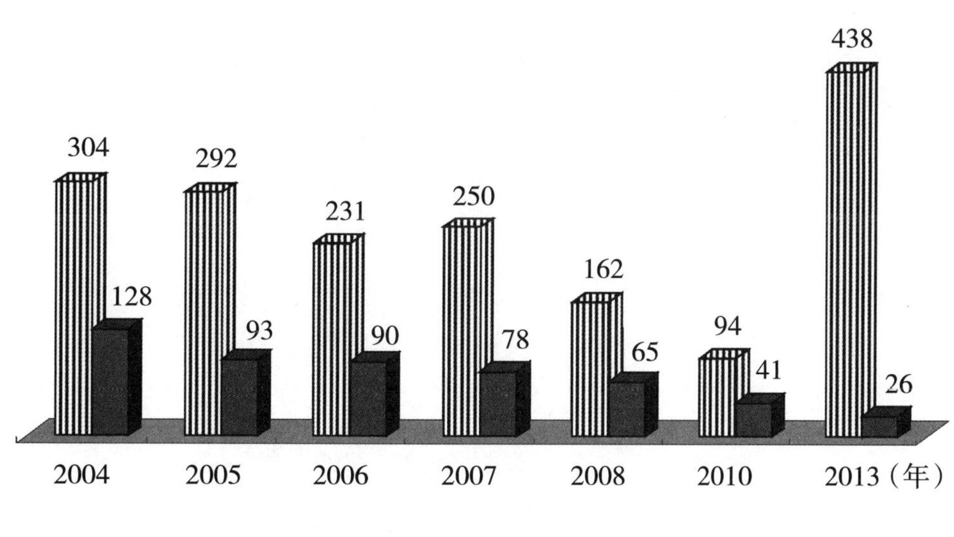

14-1 卫生机构数

单位:个

年份	总计	医院	疗养院、所	门诊部、所	卫生所	卫生监督所	妇幼保健所、站	个体开业诊所	其它卫生机构
1990	3265	147	1	2916	2755	98	78	18	7
1991	3248	150	1	2891	2711	100	85	14	7
1992	3271	158	1	2866	2721	101	94	44	7
1993	3261	123	1	2800	2644	100	99	131	7
1994	3250	127	1	2784	2739	105	102	124	7
1995	3185	136	1	2736	2698	104	100	101	7
1996	3042	126	1	2709	2651	103	97		6
1997	3053	116	1	2726	2674	110	97		3
1998	2978	116	1	2662	2607	102	96		1
2000	2829	116	1	2511	2460	105	95		1
2001	2666	116	1	2349	2146	105	95		
2002	2524	122	1	2241	1937	90	70		
2003	2587	123	1	2286	2141	95	82		
2004	2577	122	1	2260	2105	101	93		
2005	2313	115	1	1870	1806	115	99		
2006	2397	116	1	1947	1854	116	111		
2007	2601	116	1	2179	2144	112	89		
2008	2564	116	1	2132	2090	114	92		
2009	2581	116	1	2166	1994	101	97	10	
2010	2285	116	1	1839	1686	116	97		
2011	2336	123	1	1762	1574	118	97		
2012	1870	123	1	1412	1376	118	97		
2013	1689	123		1327	1127	118	97	24	

14-2 卫生机构人员数

年份	总计	卫生技术人员	#医生	#中医	#西医师	#西医士	#护师、护士	每千人口医生数
1990	19185	14903	7628	252	4024	3350	3748	4.8
1991	20082	15306	7340	236	3795	3307	3656	4.7
1992	20508	15994	7007	231	4096	2676	3562	4.5
1993	19458	15441	6795	222	4384	2189	3399	4.3
1994	18409	14498	6553	210	4241	2097	3233	4.2
1995	18436	14426	6758	164	4520	2074	3456	4.4
1996	17638	14052	6832	151	4578	2101	3506	4.4
1997	17290	13889	7145	136	5080	1928	3729	4.6
1998	16464	13251	6933	108	5144	1679	3617	4.4
2000	14079	11487	6392	88	5174	1130	3289	4.1
2001	13472	11022	6237	192	5002	507	2939	4.1
2002	12735	10535	6161	69	5066	986	2880	3.9
2003	12052	10053	6621	85	4862	874	2715	4.2
2004	11704	9836	6202	80	4806	821	2629	3.3
2005	12096	10103	6347	76	4918	840	2690	4.0
2006	12322	10427	7766	46	5134	786	2661	4.9
2007	12498	10767	7209	40	5321	690	2814	4.4
2008	13228	11482	6553	139	5374	1040	3088	4.1
2009	13173	11290	6278	127	5044	1107	3104	4.0
2010	14202	12143	8333	150	5079	978	4497	5.0
2011	14397	13617	7351	143	5116	1024	5276	5.1
2012	14889	12709	8427	164	5082	1484	4685	5.0
2013	13783	12514	6440	155	5106	994	4470	4.9

注:14-1 至 14-9 表资料由总局卫生局提供

14-3 卫生机构床位数

单位:张

年 份	总 计	医 院	#综合医院	疗养院、所	每千人口医院床位数
1990	9324	9004	8278	320	5.6
1995	9301	8981	8661	320	6.0
1996	9133	8813	8563	320	5.6
1997	8891	8571	8321	320	5.7
1998	8558	8238	7988	320	5.4
2000	7838	7518	7268	320	5.1
2001	7334	7014	6680	320	4.7
2002	7217	6897	6647	320	4.3
2003	7194	6874	6624	320	4.1
2004	6970	6650	6400	320	5.6
2005	7352	7032	6677	320	4.5
2006	7483	7163	6798	320	4.7
2007	7724	7404	6959	320	4.7
2008	8274	7974	7374	300	4.8
2009	8959	8659	7151	300	5.4
2010	11416	9590	8849	300	6.4
2011	10207	9258	8431	300	6.1
2012	11604	10487	8407	300	5.5
2013	12370	12070	11710	300	7.2

14-4 各管理局卫生机构、床位、人员数

年 份 单 位	机 构 数 (个)	医院床位数 (张)	人 员 合 计 (个)	卫生技术 人 员	其他技术 人 员	管理及工 勤 人 员
2000	2829	7518	14079	11487	194	2398
2001	2666	7014	13472	11022	171	2279
2002	2524	6897	12735	10535	162	2038
2003	2587	6874	12052	10053	207	1792
2004	2577	6650	11704	9836	207	1661
2005	2313	7032	12096	10103	437	1556
2006	2397	7163	12322	10427	359	1536
2007	2601	7404	12498	10767	389	1342
2008	2564	7974	13228	11482	?407?	?1339?
2009	2581	8659	13173	11290	350	1533
2010	2285	9590	14202	12143	626	1562
2011	2336	9258	14397	13617	?662?	?1576?
2012	1870	10487	14889	12709	481	1499
2013	1596	12070	13783	12514	528	1931
宝泉岭局	310	2572	2856	2249	172	566
红兴隆局	379	1887	2356	2025	35	296
建三江局	108	1355	1589	1371	25	193
牡丹江局	244	1416	1394	1204	90	100
北 安 局	186	889	1204	1017	25	162
九 三 局	134	941	1142	1011	33	98
齐齐哈尔局	150	697	951	836	28	87
绥 化 局	53	243	345	272	47	26
哈尔滨局	26	216	188	126	38	24
总局直属	6	2154	1758	1345	35	379

14-5 卫生机构、床位、人员数

（2012 年）

机构类别	机构数（个）	床位数（张）	人员合计（人）	卫生技术人员	其他技术人员	管理及工勤人员
总计	1689	12370	13783	12514	528	1931
一、医疗卫生机构	1250	12070	13378	11122	353	1644
1、医院	123	10005	11223	9377	347	1572
（1）总局总医院	3	1008	1112	837	28	247
（2）管局中心医院	8	3844	4234	3497	94	643
（3）农（厂）场职工医院	114	5153	5877	5043	225	682
（4）专科医院						
2、卫生院、门诊部（所）	1127	49	2155	1745	6	72
（1）卫生院、门诊部						
（2）卫生所	1127	49	2155	1745	6	72
二、疗养院						
三、卫生监督及防保机构	315		627	711	1	43
1、卫生监督所	114		310	375	1	31
2、疾病预防控制中心	114		176	197		10
3、妇幼保健站	87		141	139		2

14-6　医院病床使用情况

年　份	病床周转次　数（次）	病床工作日（日）	病床使用率（%）	出院者平均住　院　日（日）
1990	18.19	274.51	75.21	13.69
1993	13.78	189.40	51.89	12.74
1994	10.82	151.17	41.42	12.32
1995	10.31	150.06	40.56	12.56
1996	11.80	154.00	42.19	11.50
1997	11.70	154.10	42.22	11.70
1998	12.20	154.74	42.38	11.20
1999	12.15	154.83	42.51	11.50
2000	11.02	124.50	34.12	9.80
2001	13.00	160.60	44.00	11.00
2002	15.10	167.10	45.78	10.00
2003	14.87	178.40	48.87	10.80
2004	14.47	154.16	45.67	9.13
2005	18.89	259.47	58.14	11.50
2006	17.53	219.48	56.00	12.50
2007	18.08	247.77	63.26	11.98
2008	15.69	217.87	62.00	12.09
2009	16.29	227.24	62.68	11.90
2010	17.83	225.48	64.19	12.37
2011	15.50	216.76	73.64	12.35
2012	17.58	234.51	66.55	13.21
2013	16.90	218.76	76.93	12.73

14-7　医院诊疗人次和入院人数

年　份 医院类别	诊疗人次（人次）	#门、急诊	入院人数（人）	每百诊次的入院数（人）	每百门、急诊次的入院人数（人）
1995	1760466	1756621	106947	6.1	6.1
2000	2033217	1648100	95428	4.7	5.8
2001	1121671	890500	57503	5.1	6.5
2002	1734296	1581446	89881	5.1	5.6
2003	2340238	1627949	89760	3.8	1.2
2004	1035274	337205	83387	3.5	9.4
2005	1564276	31410	100309	6.4	8.5
2006	1659555	67003	104409	6.3	9.0
2007	2051904	62299	114909	5.6	6.4
2008	2065895	88926	120935	5.9	13.8
2009	2207402	116628	124061	5.9	12.5
2010	2514211	280153	148523	6.1	13.6
2011	2500588	1971064	156388	6.2	7.9
2012	2874370	1983678	199304	6.9	10.1
2013	2856912	2557168	253389	9.0	11.5
1. 总局总医院	220086	220086	24128	11.0	11.0
2. 管理局中心医院	1131821	897175	112431	10.5	14.7
3. 农场职工医院	1505005	1439907	116830	5.9	7.3

注：本表不包含门诊部、所、基层卫生所、室和个体开业诊所的诊疗人次数。

14-8　住院病人疾病前十位顺位

（2013 年）

顺　位　号	疾　病　名　称	百分比(%)
1	循环系统疾病	35.20
2	肿瘤	31.40
3	呼吸系统疾病	13.57
4	消化系统疾病	8.31
5	损伤、中毒和外因的某些其他后果	4.23
6	泌尿生殖系统疾病	1.98
7	症状、体征和临床与实验异常所见,不可规类于他处者	1.87
8	神经系统疾病	1.22
9	内分泌、营养和代谢疾病	0.78
10	血液及造血器官疾病和某些涉及免疫机制的疾患	0.65

14-9　住院病人疾病死因前十位顺位

（2013 年）

顺　位　号	疾　病　名　称	百分比(%)
1	循环系统疾病	32.22
2	呼吸系统疾病	18.45
3	消化系统疾病	12.34
4	损伤、中毒和外因的某些其他后果	11.78
5	影响健康状态和与保健机构接触的因素	9.50
6	肿瘤	6.43
7	泌尿生殖系统疾病	5.10
8	某些传染病和寄生虫病	4.71
9	内分泌、营养和代谢疾病	3.22
10	妊娠、分娩和产褥期	2.90

14-10 离休、退休及退职职工人数

单位:人

年份	离退休、退职职工人数	#国有经济单位	在职职工与离退休职工之比	#国有经济单位
1996	157160	157160	4.0	4.0
1997	158523	158523	3.9	3.8
1998	168974	168596	3.4	3.2
1999	175036	174472	2.7	2.6
2000	176445	175850	2.5	2.4
2001	197714	196708	2.1	2.0
2002	203575	203459	2.0	1.9
2003	209503	209059	1.9	1.8
2004	209645	208631	1.8	1.7
2005	222677	221663	1.6	1.4
2006	229558	228544	1.5	1.3
2007	230577	229563	1.6	1.4
2008	245583	244569		
2009	263703	262689	1.4	1.3
2010	341186	340177	1.1	1.1
2011	356967	355958	1.1	0.9
2012	390134	389120	0.9	0.8
2013	410121	409107	0.9	0.8

14-11 主要年份离休、退休及退职人员福利费用总额

单位:万元

项目	2011	2012	2013
总计	573842	688311	844452
1. 离休金	18032	17442	22311
2. 退休金	505631	616572	777650
3. 退职生活费	12382	10568	
4. 医疗费	14694	18849	16612
5.生活补助费	5750	2844	5639
6. 丧葬抚恤救济费	4018	6271	6964
7. 冬季取暖补贴	3086	4659	4381
8.离退休人员统筹外费	10249	11106	10895

注:15-10 至 15-14 表资料由总局人力资源和社会保障局提供。

14-12 按经济类型和企业、事业机关分的离休、退休及退职职工福利费用

单位:人

年 份	费用总额	国有单位	企业单位	事业单位	机关单位	集体单位
2000	105800	105698	102013	2485	1200	97
2001	138153	127962	120474	5727	1761	1151
2002	160990	152183	150671	6059	2747	62
2003	162462	153575	151850	7541	3072	199
2004	155810	155810	143677	11034	1099	
2005	158898	158836	150588	7609	639	63
2006	235433	235370	223193	8038	4139	63
2007	247288	244784	229951	13786	984	63
2008	290076	290014	272561	12345	5108	62
2009	381452	381390	352022	20682	8686	62
2010	491546	383406	364235	13393	5778	61
2011	573842	573779	503920	66614	3245	63
2012	688311	688311	606424	70081	11806	
2013	844452	844452	744877	82638	16937	

14-13 职工福利费用构成

(2013年) 单位:万元

项 目	费用总额	国有单位	集体单位	其它单位
总 计	47699	46745		954
1. 丧葬抚恤金	3513	3443		70
2.生活困难补助费	6268	6143		125
3.集体福利设施补贴	3294	3228		66
4.独生子女费	5218	5114		104
5.职工住房取暖补贴	17862	17505		357
6.其 他	11544	11313		231

14-14 职工福利费用总额

单位:万元

年 份	合 计	国有单位	#单位支付	#集体经济单 位	职工福利费用总额相当于工资总额(%)
1986	7570.5	7515.6	7244.5	54.9	10.8
1987	8743.1	8679.2	8370.7	63.9	11.8
1988	7590.2	7529.9	7231.5	60.3	9.2
1989	10631.2	10577.5	10203.6	53.7	11.0
1990	18853.1	18841.4	18401.6	11.7	20.2
1991	14741.2	14730.7	14221.8	10.5	16.5
1992	26911.4	26901.9	26351.6	9.5	21.1
1993	28751.0	28751.0	28751.0		21.5
1994	31428.4	31428.4	30548.2		
1995	30011.6	30011.6	30011.6		14.7
1996	27882.3	27882.3	27882.3		12.4
1997	25367.4	25367.4	25367.4		11.1
1998	32161.5	31930.5	31930.5	231.0	11.4
2000	31246.4	30956.9	30956.9	70.9	12.4
2001	27880.1	27600.4	27600.4	82.5	12.4
2002	26979.4	22609.8	16686.7	19.1	10.0
2003	26199.2	23378.9	16714.9	171.5	9.8
2004	32505.0	28950.0	24119.0		12.0
2005	29857.0	24138.0	16516.0		11.0
2006	38913.0	32151.0	24589.0		13.6
2007	44615.0	44108.0	28482.0		
2008	52319.0	45899.0	34308.0		
2009	68530.0	54824.0	47920.0		15.5
2010	55131.0	43002.0	23413.0		8.3
2011	50716.0	45644.0	38797.0		8.0
2012	49725.0	47812.0	47812.0		6.5
2013	47699.0	46745.0	46745.0		4.1

14-15 非煤工矿商贸与农机事故发生情况

（2013 年）

项 目	单 位	非煤工矿商贸事故按发生程度分					农机事故按发生程度分				
		合计	特大	重大	较大	一般	合计	特大	重大	较大	一般
发 生	起	3				3					
死 亡	人	3				3					
受 伤	人										
损失折款	万元	180.8				180.8					
平均每起事故损失	万元	60.3				60.3					

14-16 火灾与交通事故发生情况

（2013 年）

项 目	单 位	火灾事故按发生程度分					交通事故按发生程度分				
		合计	特大	重大	较大	一般	合计	特大	重大	较大	一般
发 生	起	42				42	438				438
死 亡	人	2				2	26				26
受 伤	人						545				545
损失折款	万元	432.7				432.7	327.37				327.37
平均每起事故损失	万元	10.3				10.3	0.75				0.75

注:15-15 至 15-16 表资料由总局安全办提供,损失折款为直接损失。

14-17　垦区残疾人状况

（2013 年）

指标名称	单位	数量	指标名称	单位	数量
一、基本情况			低视力者配用助视器	人	140
残疾人总数	人	97000	4. 精神康复		
其中:听力残疾	人	15859	覆盖总人口	万人	163
言语残疾	人	1328	监护病人数	人	6516
肢体残疾	人	40643	开展精神康复工作县	个	82
视力残疾	人	12718	接受治疗的精神病人数	人	2556
精神残疾	人	7091	其中:中国残联彩票公益金资助	人	1901
智力残疾	人	6072	5. 聋儿康复		
多重残疾	人	13289	新收训聋儿	人	16
二、组织建设			培训聋儿家长	人	32
1. 组织机构数	个	123	6. 儿童康复预防	人	
2. 专兼残联干部数	人	210	开展残疾儿童筛查工作县	个	103
3. 残联编制总数	人	109	开展残疾儿童筛查工作服务机构	个	8
4. 已建残疾人协会	个	540	四、教育		
三、康复			1. 彩票公益金学龄残疾儿童少年合计	人	20
1. 康复训练			2. 未入学适龄残疾儿童	人	166
肢体残疾康复训练	人	607	五、扶贫		
智力残疾康复训练	人	170	1. 贫困残疾人口状况		
2. 康复服务			特困残疾人口		11427
残疾人用品用具供应件数	件	2352	2. 扶贫效果		
其中:免费发放用品用具件数	件	2073	本年度扶持贫困残疾人	人	5343
用品用具供应品种	件	11	本年度脱贫残疾人	人	1502
3. 视力康复			本年返贫	人	14
其中:白内障复明手术	例	444	本年实用技术培训	人	2141

注:14-17 表资料由总局残联提供。

14-17 续表

指标名称	单位	数量	指标名称	单位	数量
3. 扶贫贷款			其中:精神残疾	人	276
小额扶贫贷款金额	万元	120	智力	人	41
4. 残疾人危房改造			其他	人	1606
残疾人危草房改造总户数	户	600	**八、阳光家园计划**		
中国残联彩票公益金资助	户	600	1. 机构康复训练人数	人	150
其中:中国残联彩票公益金资助	万元	360	2. 居家护理重度残疾人数	人	1450
5. 社会帮扶			3. 累计投入资金	万元	80
结对帮扶的单位	个	108	其中:中国残联支持	万元	80
结对帮扶的个人	人	695	**九、残疾人综合服务设施**		
六、就业			1. 机构个数	个	9
1. 累计残疾人就业人数	人	15801	2. 投入使用	个	6
2. 集中就业残疾人数	人	52	3. 在建及筹建	个	3
3. 本年度安排集中就业	人		**十、社会保障**		
4. 按比例安排就业累计	人	5460	1. 参加社会保险	人	69702
5. 本年度按比例安排就业	人	42	2. 纳入最低生活保障	人	30568
6. 个体就业累计	人	9949	**十、维权**		
7. 本年度开发公益岗位	人	295	1. 家庭无障碍改造	户	150
8. 企业安置就业	人	96	2. 总投入资金	万元	90
9. 盲人按摩机构数	人	16	其中:中国残联支持	万元	52.5
10. 从业人员数	人	234	3. 机动车燃油补贴	人	1618
七、托养服务	个		4. 总投入资金	万元	42.06
1. 托养服务机构	个	7	**十一、信息化建设**		
2. 托养残疾人数	人	1923	现有专兼职统计人员	人	113

主要统计指标解释

卫生机构 经卫生及有关行政部门批准，有固定的专业卫生人员和卫生经费，为社会提供医疗、预防保健服务或从事医学教育、科研等工作的单位。它包括医院，疗养院、所，门诊部、所，专科防治所、站，疾病预防控制中心、妇幼保健所、站，药品检验所、室，医学科学研究机构以及其他卫生机构。

医院 指经上级主管部门批准，没有固定床位能收留病人住院并能为病人提供医疗、护理服务的医疗机构。包括农场及农场以上医院、农场卫生院、其它医院三部分。按所述性质分为卫生部门、工业及其他部门、集体所有制、私人开业四类，其中农场及农场以上医院按业务性质分为综合医院和专业医院。

妇幼保健所、站 我国妇幼保健事业的主干机构，也是与医疗、防疫机构并列的卫生事业的重要组成部分。它是根据妇女与儿童的生理特点、针对危害妇女儿童健康的主要疾病和影响因素，采取防治及保健措施，以保障妇女儿童的身心健康，提高他们的健康水平为主要目标的卫生事业单位。省、地级妇幼保健机构一般设妇幼保健院，县级妇幼保健机构一般设妇幼保健所、站。各级妇幼保健机构是本地区妇幼保健、计划生育技术的业务指导中心，以预防保健为中心、指导基层为重点，保健与临床相结合。

床位数 指医疗机构能够接待病人住院治疗的固定实有床位。包括正规床、简易床、监护床和正在消毒、修理的床位以及因扩建或大修理而停用的床位（按扩建或大修前的床位数计算）。

病床不包括：门诊诊断室的检查床、观察室的观察床、抢救室的抢救床，产科的特产床、接产床、新生儿床，库存床，为急用临时增设的加床，病人在家治疗的家庭病床，病人家属的陪待床。

卫生机构年末从业人员 在卫生机构工作的全部工作人员。按其现任职务，可划分为卫生技术人员、其它技术人员、管理人员、工勤人员。

医务人员又称卫生技术人员：指由卫生事业机构支付工资的全部固定职工和合同制职工中现任职务为卫生技术工作的人员。包括中医师、西医师、中西医结合高级医师、护师、中药师、西药师、检验技师、其他技师、中医士、西医士、护士、助产士、中药剂士、西药剂士、检验士、其他技士、其他中医、护理员、中药剂员、西药剂员、检验员、其他初儿卫生技术人员。

医生：经卫生部门审查合格，从事医疗工作能独立处置一般病号疾病和应急救护，有处方权的人员。包括卫生技术人员中的中医师、西医师、中西医结合高级医师，中医士、西医士和其他中医。

职工福利费用总额 指垦区各单位实际支付给职工和离休、退休、退职人员的各项现金补贴和非货币性集体福利。

（1）职工福利费用具体包括：①医疗卫生费：指职工的医疗费住院费、职工供养直系亲属的医疗补助费，职工因工伤就医路费，住院伙食补助费，包括各企业、事业、机关单位的医疗机构医务经费。②丧葬抚恤救济费；③生活困难补助；④文体宣传费；⑤集体福利事业补贴费；⑥集体福利设施费；⑦计划生育补贴；⑧上下班交通费补贴；⑨洗理卫生费；⑩其他。

（2）离休、退休、退职人员福利费用具体包括：①离休费；②退休费；③退职生活费；④医疗卫生费：指按国发（1978）104 号文件规定发给退职人员的退职生活费。⑤护理费：指因工致残，饮食起居需人扶助的离休、退休人员的护理费，以及因病生活不能自理的离休干部护理费。⑥生活补贴：指按1985 年国务院《关于发给离休、退休人员的生活补贴费的通知》规定，发给离休、退休人员的生活补贴费。⑦交通费补贴：指按月发给离休人员的交通费补贴。⑧丧葬抚恤救济费。⑨其他：包括易地安置的离休、退休、退职人员安家补贴费，生活困难补助以及书报费、洗理费、副食品价格补贴、房贴、水电贴、少数民族补贴以及由于肉、蛋、糖、蔬菜等调价发给的价格补贴等。

附录 各农牧场和总局直属单位基本情况

附录 1-1　第二、三产业单位数

（2013 年）　　单位:个

农　　场	管理区个　数	工业企业　数	建筑企业　数	运输仓储业数	批发和零售企业业数	住宿和餐饮企业业数	居民服务及其它服务业单　位　数	学校数	医疗卫生机　　构
二九〇	13	9	2	1	2			1	41
绥　滨	12	9	7	1	6	1		1	17
江　滨	4	15	1	1	3	1	1	1	28
军　川	12	8	3		2	1		1	11
名　山	6	13		1	3	1	2	1	23
延　军	5	8	1	1	2			1	7
共　青	10	19		2	5		1	1	16
宝泉岭	10	10	2		5		1	1	39
新　华	8	28	3	2	4	1		1	14
普　阳	8	5	1	1	7	1	1	1	8
汤　原	4	7	2	1	3	1		1	14
依　兰	3	6	1		3	1	1	1	4
梧桐河	7	5		1	5	1		1	12
友　谊	11	28	4	7	4	6	13		56
五九七	6	22	1	5	10	1	2	2	53
八五二	9	73	3	3	9		2	2	85
八五三	7	53	7	4	5	2	1	2	62
饶　河	9	15	4	4	10	3		2	37
二九一	4	22	4	4	13	1		2	45
双鸭山	5	17	2	5	2	1		2	20
江　川	5	16	2	2	1	1		1	11
曙　光	5	2	2	1				2	8
北　兴	8	13	2	4	3	8	1	2	37
红旗岭	3	6	2	3	1	1		1	23
宝　山	2	5	2	1		1		1	3
八五九	9	17	3	3	2	1		1	14
胜　利	7	13	2	3	3	2		1	4
七　星	6	7	4	2	4	1		2	14
勤得利	7	7	3	3	2	1		1	14
大　兴	6	2	1	2				1	3
青龙山	10	6	1	3	2	1		1	3
前　进	12	13	3	2	1	1		1	14
创　业	5	12	3	4	2	1		1	12
红　卫	8	5	2	2	1	1		1	2
前　哨	9	4	2	3	1			1	16
前　锋	8	14	1	4	2	1		1	3
洪　河	8	6		2	8	1		1	1
鸭绿河	5	3	2	1				1	2
二道河	7	3	1	3	14	1		1	2
浓　江	5	4	3	1	1			1	3
八五〇	13	17	2	3	8			1	14
八五四	12	17		1	4			1	30
八五五	6	8	1	2	7			1	10
八五六	14	28	3	4	8			1	20
八五七	10	19	1	3	7		2	1	19
八五八	9	5	4	2	2			1	9
八五一〇	4	6		3	3	1		1	10
八五一一	7	20	1	4	9			1	24
庆　丰	9	9		3	1			1	15
云　山	10	15	1	4	1	1		1	11
兴凯湖	6	8	1	4	2	1		1	15
海　林	3	5	1	2	3	1		1	15
宁　安	3	8			3	1		1	9
山市种奶牛场	4	2							1
锦　河	4	10		3	3			1	19
红色边疆	4	5	2	2	4			1	15

附录 1-1 续表　　　　（2013 年）　　　　单位：个

农　　场	管理区个数	工业企业数	建筑企业数	运输仓储业数	批发和零售企业数	住宿和餐饮企业数	居民服务及其它服务业单位数	学校数	医疗卫生机构
逊　　克	10	4	1	2	1	1		1	27
龙　　门	5	8		2	4	1		1	4
襄　　河	6	6	1	2	10			1	6
龙　　镇	6	6	2	1	7			1	9
二 龙 山	8	12	3	2	6			1	15
引 龙 河	7	8	4	2	3			1	12
尾　　山	4	6	1	1	1	1		1	5
格 球 山	5	4		1	1			1	6
长 水 河	6	9	2	3	7	1		1	10
赵　　光	9	10	1	1	2			1	20
红　　星	5	10	2	2	5			1	10
建　　设	7	12	1	2	2			1	17
五大连池	11	4	1	2	5	3			3
鹤　　山	12	16	1		1			2	22
大 西 江	4	4			3			2	10
尖　　山	6	7			2		1	1	8
荣　　军	5	5			2			1	5
红 五 月	5	8			2	1		1	10
七 星 泡	10	8	1		3			2	15
嫩　　江	9	11	1		2	1		1	10
山　　河	8	7	1	1	2			2	13
嫩　　北	8	13	1	1	2			1	13
建　　边	5							2	14
哈 拉 海	1	4	1					1	5
克　　山	4	8	2	2	5	1		3	9
依　　安	2	6	1		6			1	13
富裕牧场	4	7			5			1	5
查 哈 阳	8	30	3	2	8		1	4	12
泰　　来		5			3	1		1	62
绿色草原牧场	3	4		2	4	1		1	3
巨浪牧场		4	1					1	13
齐齐哈尔种畜场	3	9	2		5		1		1
繁荣种畜场	4	9	1	1	6				5
大山种羊场	2	2			1				6
红旗种马场									4
嘉　　荫	4	5		2	10	1		1	1
铁　　力	3	12	4	2	13			1	12
海　　伦	4	5	2	1	15			1	7
红　　光	2	9	2	1	10	1		1	2
绥　　棱	3	4	5	1	10	1		1	3
安达牧场		4		1	4			1	3
和平牧场	5	10	2	2	10			1	3
肇　　源		8	1	2	5			1	12
柳　　河		6	1	1	6			1	4
涝洲鱼种场		1							3
庆　　阳	1	7		1	1			1	1
岔 林 河	1	5		1	2			1	2
沙　　河	1	1			2			1	1
香坊实验	2	21		2	6	2		1	1
青　　年	1	12			4		1		1
闫 家 岗	1	9	1					1	1
红　　旗	1	23	3		3	1	1	2	2
四 方 山	2	1			2			1	1
松 花 江	1	7		2	2			1	1
阿城原种场		3							1
九龙山柞蚕育种场									1
佳南实验农场									1

附录 1-2　土地利用情况

（2013 年）

农场名称	土地面积（公顷）	#耕地面积	#林地面积	#园地面积	#草原面积	#水面面积	#可垦荒地面积
二九〇	80122	41111	11206		4335	12545	
绥滨	51888	35800	10413		208	3091	89
江滨	35453	23016	5556		1251	672	
军川	59974	39301	8839		1006	2503	1504
名山	29018	17672	2835			3150	3458
延军	44080	14675	4498			1642	2018
共青	57359	31467	9204		980	2354	10221
宝泉岭	67100	31640	14325	18	7996	6182	2038
新华	55873	29307	8645		787	3468	2670
普阳	42131	33800	4324	2		2408	
汤原	13276	9690	1230	15	758	136	273
依兰	5629	3632	762	5	270	253	138
梧桐河	31268	18534	2461		1614	3327	1359
友谊	188812	106676	19176	394	7806	6390	11805
五九七	96205	42800	8996	1728	6552	5278	3239
八五二	133592	79127	27653		493	10603	2395
八五三	118152	68000	24982	200		17532	3503
饶河	69642	34000	20494			3041	5144
二九一	60150	37877	4495			5476	1052
双鸭山	33565	14800	13371	30	296	705	414
江川	37167	18947	2470		1545	671	50
曙光	17215	13659	2562		171	75	
北兴	77558	33334	31937	10	581	1616	6581
红旗岭	37388	19867	8222		68	2766	3219
宝山	10940	7430	766		567	11	304
八五九	135581	87200	24325		1433	7342	4922
胜利	90500	46200	22296		4667	1315	3396
七星	120822	81360	14270			754	3110
勤得利	124673	54980	21584			16045	4499
大兴	80000	48067	6954		1369	2286	4598
青龙山	60133	36666	8771		499	2389	
前进	76584	53067	7687		5006	1225	3084
创业	52987	37333	6994		1911	588	2642
红卫	64831	38667	8589		535	5031	786
前哨	66405	38333	14627		1069	3900	1244
前锋	110350	71334	7342		701	639	10278
洪河	65680	42666	7019		4000	193	515
鸭绿河	51275	29067	9688		948	135	2576
二道河	55766	36216	5686		1054	1623	1329
浓江	54000	35533	5814		267	3575	757
八五〇	49511	33445	10022		1214	188	
八五四	123244	67927	18055	2	8152	4386	4499
八五五	54243	30014	21705		69	653	
八五六	122039	78867	14132	9	17252	7069	
八五七	50833	36063	4760		1219	569	
八五八	74248	40267	10045		5660	6507	1171
八五一〇	50958	21629	18673	16	91	388	
八五一一	52244	22993	24063		17	1598	784
庆丰	62772	44431	5751		5352	3703	68
云山	49215	31480	8980	5	2729	3207	1286
兴凯湖	113934	39090	7010		154	44540	
海林	17591	9210	3647	11	1200	151	
宁安	11703	4589	6435	75		78	
山市种奶牛场	18119	4490	10381		2624	22	
锦河	157572	10791	23359	45	134	976	3586
红色边疆	78853	16633	8005	2	4889	1894	206

附录 1-2 续表　　　　　　　　　　　　（2013 年）

农场名称	土地面积（公顷）	#耕地面积	#林地面积	#园地面积	#草原面积	#水面面积	#可垦荒地面积
逊　　克	179307	42221	24584		10000	1316	
龙　　门	35323	15765	10842		3470	242	1447
襄　　河	59740	18606	6519		12500	746	
龙　　镇	47203	23067	3699	4	6126	495	1396
二 龙 山	52722	27286	5242		7594	1380	2637
引 龙 河	42151	23532	7512		3500	768	2411
尾　　山	30073	15238	7447	14	6166	409	
格 球 山	26260	14400	7667	12	3254	273	
长 水 河	45024	24067	8681		7288	587	2999
赵　　光	45657	33721	3460		4877	721	1288
红　　星	39227	27333	2938	1	5014	572	1622
建　　设	39080	20080	7115		5110	527	1766
五大连池	18970	10352	3446	6	1661	2042	
鹤　　山	56956	35578	10692	4	6553	303	
大 西 江	37958	20030	9480	20	5490	726	57
尖　　山	40539	27130	7324		3991	133	71
荣　　军	21025	16408	3320		914	113	
红 五 月	28983	16487	6503		3308	382	1024
七 星 泡	79163	33529	14714		8513	1120	4341
嫩　　江	48941	30038	5972		9570	410	
山　　河	91992	26767	14258		17561	1387	1440
嫩　　北	42202	27012	7080	1	4920	1398	
建　　边	79853	20225	6455		18656	1173	9934
哈 拉 海	29473	13512	1430		12335	191	
克　　山	35049	29607	3495		160	120	
依　　安	9723	5744	2826	1	187	561	
富裕牧场	27637	13409	6694		5077	616	620
查 哈 阳	83877	67333	10973	6	319	1460	210
泰　　来	10213	4854	2727		1420	873	
绿色草原牧场	38137	7333	10390		14748	1543	
巨浪牧场	9667	2272	790		6175	133	
齐齐哈尔种畜场	20552	5000	1368	441	6508	160	849
繁荣种畜场	11131	9710	457		286	25	
大山种羊场	14861	3230	3356		2679	1467	
红旗种马场	4520	1620	122		2522		
嘉　　荫	50305	17790	29101		87	427	
铁　　力	23926	15872	1772	13	149	68	754
海　　伦	23878	16577	3356			980	1900
红　　光	16765	9928	3555		1769	186	601
绥　　棱	26690	15321	3335		4694	1520	
安达牧场	4895	997	775	48	2538	164	
和平牧场	32491	13342	7435	13	10745	285	
肇　　源	7811	4012	998		148	1511	
柳　　河	14552	4252	7880	22		400	109
涝洲鱼种场	536	8	5			495	
庆　　阳	7639	4223	2075		146	180	17
岔 林 河	9148	4139	1312		2223	643	
沙　　河	2543	1151	896			367	
香坊实验	1106	706	49				
青　　年	664	331	11			9	
闫 家 岗	1068	539	42		98	233	
红　　旗	1340	831	95	33			
四 方 山	17667	7934	1714		6011	648	
松 花 江	8744	4204	3661			63	
阿城原种场	2627	1810	258			11	
九龙山柞蚕育种场	843	32	807				
佳南实验	4013	2878	84	14	32	252	

附录 1-3　人口、从业人员

（2013 年）

农场名称	年末总户数（户）	年末总人数（人）	年末社会从业人员（人）	1. 按三次产业分		
				第一产业	第二产业	第三产业
二九〇	7986	21042	9402	6805	595	2002
绥滨	6950	19101	6438	2995	1229	2214
江滨	7483	16429	6876	4398	588	1890
军川	8180	18730	7825	5203	862	1760
名山	4819	10647	4122	2013	625	1484
延军	3039	9734	2429	1636	249	544
共青	8127	18042	6887	3863	1493	1531
宝泉岭	7973	20330	9158	6711	565	1882
新华	8925	22391	5275	2895	486	1894
普阳	4239	10954	4640	2842	236	1562
汤原	2522	6073	2122	1182	276	664
依兰	1440	3435	1336	794	90	452
梧桐河	3794	9353	3364	1918	435	1011
友谊	35828	102419	31796	25100	2433	4263
五九七	13192	29218	18790	14908	1372	2510
八五二	22665	47423	28884	20371	1757	6756
八五三	13693	30988	21498	13420	3162	4916
饶河	5518	12916	9383	6679	867	1837
二九一	8484	20187	11939	9241	542	2156
双鸭山	6676	15399	6986	5326	598	1062
江川	5393	12546	7837	5362	732	1743
曙光	4375	10925	5644	4056	940	648
北兴	7569	19828	9763	5364	918	3481
红旗岭	3352	9439	6320	3977	910	1433
宝山	1296	3181	1912	1351	134	427
八五九	9357	23588	14730	10666	869	3195
胜利	5616	14861	9838	6413	1260	2165
七星	11855	35268	20589	10409	2159	8021
勤得利	8845	21770	10327	6654	336	3337
大兴	5470	17987	7423	5539	300	1584
青龙山	4966	12572	7104	5407	188	1509
前进	7406	20785	12081	9139	880	2062
创业	6251	16092	8109	4789	819	2501
红卫	3972	10582	7908	6145	272	1491
前哨	4447	12112	5483	3203	376	1904
前锋	4584	15256	7214	4621	356	2237
洪河	3056	8602	4996	3968	158	870
鸭绿河	2681	6477	3784	3006	106	672
二道河	1946	4973	2620	1320	263	1037
浓江	2598	7229	3881	3183	171	527
八五〇	6609	14502	5057	2322	276	2459
八五四	8196	20883	7960	4467	1257	2236
八五五	5866	13711	4532	1818	584	2130
八五六	7629	18758	8505	4026	1000	3479
八五七	6510	17148	6127	3457	875	1795
八五八	4914	10859	5960	3736	719	1505
八五一〇	7015	13955	4878	2165	920	1793
八五一一	5916	14157	4471	2614	517	1340
庆丰	5578	13137	4643	1927	807	1909
云山	4718	11056	4425	1964	508	1953
兴凯湖	4556	9805	5221	3683	534	1004
海林	2422	7190	4048	2328	906	814
宁安	2086	6381	3121	2037	298	786
山市种奶牛场	2081	5907	3611	3378	106	127
锦河	3559	8496	3579	2422	296	861
红色边疆	3734	10496	4926	3294	267	1365

附录 1-3 续表 1　　　　　　　　　　　　（2013 年）

农场名称	年　末 总户数 （户）	年　末 总人数 （人）	年末社会 从业人员 （人）	1. 按三次产业分		
				第一产业	第二产业	第三产业
逊　克	8157	23340	8569	7176	206	1187
龙　门	2969	7381	4022	2794	316	912
襄　河	2772	8320	4213	3024	381	808
龙　镇	5396	15378	5049	3276	312	1461
二龙山	5656	17471	4010	2826	340	844
引龙河	4136	12097	6021	4378	382	1261
尾　山	3230	10312	3384	1555	550	1279
格球山	3807	8451	3799	2726	313	760
长水河	4946	13682	4789	3195	259	1335
赵　光	11875	30078	11495	5367	1118	5010
红　星	5025	13329	6567	5035	701	831
建　设	4795	14742	7162	5538	299	1325
五大连池	2908	7109	4891	4452	17	422
鹤　山	8198	21096	7563	5613	654	1296
大西江	5007	12139	6458	4664	392	1402
尖　山	5359	13548	8398	8018	30	350
荣　军	4060	9360	4929	4452	205	272
红五月	4466	9970	4554	3449	14	1091
七星泡	5969	15068	6228	4280	126	1822
嫩　江	4476	10956	7506	6793	13	700
山　河	4175	13172	7412	5830	293	1289
嫩　北	4111	11819	7038	5284	805	949
建　边	3259	9295	6285	4976	267	1042
哈拉海	1832	4277	2550	1655	425	470
克　山	9988	22301	12727	10515	555	1657
依　安	2215	4430	2842	2260	275	307
富裕牧场	4891	11324	6388	4508	734	1146
查哈阳	27389	76993	28430	20296	3159	4975
泰　来	969	3111	2040	1460	275	305
绿色草原牧场	1965	5353	3245	2551	118	576
巨浪牧场	1299	3223	1475	934	162	379
齐齐哈尔种畜场	4216	10881	2964	1833	228	903
繁荣种畜场	3666	10718	3776	3349	132	295
大山种羊场	1432	3660	2014	1579	70	365
红旗种马场	932	3146	743	458	32	253
嘉　荫	4507	10106	4775	3392	309	1074
铁　力	3893	9372	6781	4824	705	1252
海　伦	5922	12889	6341	4042	608	1691
红　光	4527	11321	6033	3851	792	1390
绥　棱	3542	7536	4248	2723	520	1005
安达牧场	826	1809	1348	813	168	367
和平牧场	4459	10821	6071	3637	1049	1385
肇　源	1824	4507	2836	1923	195	718
柳　河	1254	2950	1495	909	123	463
涝洲鱼种场	241	628	300	291	9	
庆　阳	2860	7904	3376	2736	214	426
岔林河	1731	4240	2294	1528	122	644
沙　河	953	2126	779	543	130	106
香坊实验	1735	5290	2970	717	1308	945
青　年	596	2494	1851	221	1094	536
闫家岗	2278	5751	1942	1146	422	374
红　旗	1077	3133	4601	528	2377	1696
四方山	1853	5783	2093	1682	111	300
松花江	2252	5615	2123	619	906	598
阿城原种场	1876	5484	2300	1985	182	133
九龙山柞蚕育种场	62	232	108	108		
佳南实验农场	730	2278	656	656		

附录 1-3 续表 2

（2013 年）

农场名称	2.按职工非职工分			其他从业人员（人）
	在岗职工（人）	专业技术人员（人）	国有单位（人）	
二九〇	5223	601	7167	4179
绥滨	3395	211	3932	3043
江滨	2535	702	3947	4341
军川	3024	415	5701	4801
名山	2130	115	2572	1992
延军	1389	217	1813	1040
共青	2458	270	3784	4429
宝泉岭	2460	587	7079	6698
新华	2295	435	3354	2980
普阳	3487	314	3361	1153
汤原	1602	71	1701	520
依兰	985	41	986	351
梧桐河	1863	245	2552	1501
友谊	17323	819	26601	14473
五九七	8148	526	15244	10614
八五二	11144	1961	25351	17740
八五三	7554	969	13614	13944
饶河	4094	326	7373	5289
二九一	5024	590	10632	6915
双鸭山	4143	342	5208	2843
江川	4245	192	4501	3592
曙光	3234	349	4286	2409
北兴	5199	628	6474	4564
红旗岭	3216	294	4568	3039
宝山	1084	45	1552	828
八五九	3066	806	12349	11664
胜利	4787	431	7102	5051
七星	1937	973	12386	18652
勤得利	1240	538	9241	9087
大兴	1186	352	6514	6237
青龙山	669	389	6592	6435
前进	847	416	9862	11234
创业	3745	599	6024	4364
红卫	701	116	6979	7207
前哨	1056	259	3894	4427
前锋	3224	240	5601	3990
洪河	635	242	3922	4361
鸭绿河	1127	275	3306	2657
二道河	568	189	1809	2052
浓江	1427	283	3575	2454
八五〇	3417	565	3267	1640
八五四	1905	457	5431	6055
八五五	3152	489	3244	1380
八五六	4671	409	6060	3834
八五七	4749	654	4232	1378
八五八	1173	148	4006	4787
八五一〇	2776	306	2801	2102
八五一一	1273	363	3234	3198
庆丰	3191	373	3226	1452
云山	2678	294	3256	1747
兴凯湖	2061	370	4397	3160
海林	653	145	2352	3395
宁安	1279	147	2196	1842
山市种奶牛场	1495	2	3512	2116
锦河	1995	124	2800	1584
红色边疆	2384	465	4289	2542

附录 1-3 续表 3　　（2013 年）

农场名称	2.按职工非职工分			其他从业人员（人）
	在岗职工（人）	专业技术人员（人）	国有单位（人）	
逊克	3596	559	7836	4973
龙门	1867	321	2969	2155
襄河	1970	160	2751	2243
龙镇	3425	289	3757	1624
二龙山	3370	404	3381	640
引龙河	2537	285	4817	3484
尾山	1730	25	2199	1654
格球山	1739	278	3047	2060
长水河	2835	120	4138	1954
赵光	3389	702	7471	8106
红星	2224	339	5371	4343
建设	2463	252	6219	4699
五大连池	2660	20	4881	2217
鹤山	6169	414	6652	1293
大西江	3358	309	5072	3100
尖山	4157	327	8368	4241
荣军	3088	223	4112	1841
红五月	3117	140	4204	1437
七星泡	4749	361	5468	1479
嫩江	3454	331	7455	4052
山河	3177	69	6728	4235
嫩北	3430	270	3618	3608
建边	2024	318	5601	4261
哈拉海	1265	128	1961	1285
克山	7372	633	10527	5355
依安	1044	285	2392	1798
富裕牧场	1690	76	3587	4698
查哈阳	17001	439	22038	11402
泰来	377	34	1582	1663
绿色草原牧场	786	183	2346	2459
巨浪牧场	462	8	1103	1013
齐齐哈尔种畜场	2951	59	1916	13
繁荣种畜场	1976	37	3453	1800
大山种羊场	74		1748	1940
红旗种马场	441	16	636	302
嘉荫	3301	258	3560	1474
铁力	3261	169	5390	3520
海伦	2578	35	4039	3763
红光	2002	429	3115	4031
绥棱	2239	200	2901	2009
安达牧场	153	19	937	1195
和平牧场	1253	197	3629	4818
肇源	698	45	1797	2138
柳河	614	149	1155	881
涝洲鱼种场	159	2	291	141
庆阳	1189	71	3051	2187
岔林河	744	168	1790	1550
沙河	205	4	614	574
香坊实验	635	25	1073	2335
青年	288	68	228	1563
闫家岗	424	90	745	1518
红旗	404	233	1307	4197
四方山	872	71	1761	1221
松花江	363		739	1760
阿城原种场	1062	20	2141	1238
九龙山柞蚕育种场	55	2	108	53
佳南实验农场	656	42	656	

附录 1–4　生产总值

（2013 年）　　　　单位:万元

农场名称	生产总值	#公有及公有控股	第一产业	#农业	#畜牧业	第二产业	工业	建筑业
二九〇	120257	65289	60374	54802	5297	39055	19278	19777
绥滨	157002	87952	82581	64755	14729	36031	20483	15548
江滨	85165	31657	37751	23582	13981	25936	20554	5382
军川	141537	68871	78616	58599	19701	31810	14680	17130
名山	91104	31771	46385	26135	18247	21235	17011	4224
延军	51008	18090	21912	16502	5084	21526	20737	789
共青	118794	57555	68666	48434	19730	29554	24874	4680
宝泉岭	177039	59766	74665	46224	28081	24952	9569	15383
新华	118931	56242	68821	44361	22010	30644	20729	9915
普阳	116790	61083	67678	53033	13853	23956	21126	2830
汤原	46323	24536	21138	14818	5852	10795	9208	1587
依兰	18823	8866	8685	5668	2772	5674	4086	1588
梧桐河	64089	33717	37158	29472	7518	18760	18358	402
友谊	341447	185766	201152	170740	28223	80803	64458	16345
五九七	200718	80411	108288	70961	34776	44764	33887	10877
八五二	322227	151335	146273	123724	19815	90929	51327	39602
八五三	254489	137984	131493	117834	12235	75782	46925	28857
饶河	130619	71209	76154	57857	12586	26969	11706	15263
二九一	120908	74187	70776	61910	7465	20997	7965	13032
双鸭山	71167	26184	34421	21172	11593	22755	11297	11458
江川	100360	37912	57887	35282	22178	28303	13723	14580
曙光	81788	18375	45173	16211	28839	25515	20366	5149
北兴	96878	50541	58558	43153	13360	20206	12741	7465
红旗岭	107815	39911	53127	30581	21984	38339	19989	18350
宝山	33322	17048	18776	14177	4345	9485	2097	7388
八五九	181448	143078	138516	132921	4900	18227	11527	6700
胜利	115542	76175	75929	68949	6508	22245	9614	12631
七星	224443	160404	161974	147461	13746	18682	13275	5407
勤得利	118919	91984	94389	84491	7388	9368	6420	2948
大兴	113650	85331	88152	81403	6580	11577	1764	9813
青龙山	78013	60700	60547	55923	4575	4959	2993	1966
前进	164338	109233	107007	96265	10675	33180	19070	14110
创业	124319	78616	68204	63775	4097	38259	24709	13550
红卫	111212	90475	80626	75974	4463	12389	2159	10230
前哨	81892	56473	56253	51410	4593	11887	3279	8608
前锋	139344	119829	119345	111321	7989	6207	4126	2081
洪河	90354	76139	75800	71605	4091	4727	3807	920
鸭绿河	73270	61719	54944	50885	4007	10866	1467	9399
二道河	79816	72183	63652	61909	1719	8086	2868	5218
浓江	90854	72762	72677	67516	5127	9081	2108	6973
八五〇	151256	81279	74066	61569	12408	46719	39198	7521
八五四	218113	141277	139890	124727	13648	48725	44339	4386
八五五	72604	35313	37746	25818	11639	13995	10595	3400
八五六	248674	173713	164940	151928	11460	39945	30478	9467
八五七	166204	87107	90491	70331	17976	43009	34436	8573
八五八	174382	102306	100311	79599	18470	37986	28326	9660
八五一〇	73922	36795	27145	18922	7152	18693	16648	2045
八五一一	96472	43110	48512	26886	21625	25725	21380	4345
庆丰	128210	73750	78680	71140	7156	39797	34487	5310
云山	121096	68286	79282	60639	17505	17889	10998	6891
兴凯湖	141748	49241	77087	69725	6644	27921	12535	15386
海林	74754	21549	31713	11938	19393	23022	13272	9750
宁安	48465	18574	22709	14404	8239	16925	15230	1695
山市种奶牛场	8022	4018	5532	2787	2700	981	981	
锦河	32756	15931	12076	4689	4277	4806	4204	602
红色边疆	29018	12517	13849	7601	4881	2731	2448	283

附录 1-4 续表 1　　　　(2013 年)　　　　单位:万元

农场名称	生产总值	#公有及公有控股	第一产业	#农业	#畜牧业	第二产业	工业	建筑业
逊克	56186	32228	45334	28766	13978	3404	1199	2205
龙门	32187	16520	13464	7907	4557	4064	3464	600
襄河	44919	25322	23123	16608	5132	5364	4564	800
龙镇	55437	28439	28031	21053	5746	7835	5715	2120
二龙山	83926	37680	42620	30481	9563	15937	13048	2889
引龙河	57044	30540	31766	20791	8585	9063	5933	3130
尾山	43672	23581	23532	12798	9700	6987	5137	1850
格球山	24992	14281	16907	10547	6099	2506	2250	256
长水河	52400	32763	29254	17472	6144	6189	5184	1005
赵光	83216	48968	41210	29721	10010	12749	10149	2600
红星	61648	36740	32795	24897	6599	8433	7732	701
建设	49089	33904	26307	18388	6068	3122	2621	501
五大连池	17954	10142	9429	7695	898	1850	626	1224
鹤山	79908	44757	45618	27505	17644	14401	11244	3157
大西江	57203	28662	28484	18699	9371	9685	6657	3028
尖山	48599	26153	29728	22104	7564	6301	806	5495
荣军	44956	25163	22829	14295	8067	7390	6094	1296
红五月	29152	18786	18430	14793	3407	563	417	146
七星泡	62760	39789	39423	31987	6977	6837	3206	3631
嫩江	36460	27070	22605	20071	2305	3815	2610	1205
山河	44357	29018	31832	22253	8068	2650	1280	1370
嫩北	69584	42826	36154	27688	7859	14905	8838	6067
建边	59548	25082	20248	15068	4500	8336	6276	2060
哈拉海	29742	24208	22020	20458	1544	3328	2630	698
克山	76129	32496	31802	18096	13131	9904	4894	5010
依安	31041	10272	17055	7232	9440	7617	7090	527
富裕牧场	51201	15702	36308	9343	26673	2737	2276	461
查哈阳	265050	83485	87746	60976	26352	43316	30849	12467
泰来	22967	7433	14300	5243	8629	4499	3800	699
绿色草原牧场	30189	9785	21319	6335	14914	2026	1322	704
巨浪牧场	14598	2807	8415	723	7660	1730	998	732
齐齐哈尔种畜场	32317	12911	17043	9100	7862	5655	4315	1340
繁荣种畜场	8835	862	2380		2380	2598	1870	728
大山种羊场	10767	3863	5401	3280	1623	2627	2320	308
红旗种马场	4716	1630	2620	1630	990	271	120	151
嘉荫	62256	23820	32536	19454	12547	10286	4887	5399
铁力	91288	39488	35827	26078	9454	25894	21530	4364
海伦	68879	22963	29568	18718	10361	11900	5207	6693
红光	46001	15756	18154	8485	9402	8458	3571	4887
绥棱	61901	39300	40469	34475	5086	8788	2602	6186
安达牧场	14260	1318	4226	854	3369	2976	2872	104
和平牧场	54021	13031	20206	6913	13234	19108	16095	3014
肇源	41659	13085	21487	7724	12728	9480	8253	1227
柳河	16618	7502	7460	4158	2677	3186	2846	340
涝洲鱼种场	729	573	687	3	114	15	15	
庆阳	28682	12961	12222	9243	687	11275	11275	
岔林河	14097	7205	6853	5624	467	2159	2159	
沙河	2625	1115	921	827	74	898	898	
香坊实验	36399	10351	4811	3933	878	15062	14657	405
青年	12569	2505	2120		2120	5792	5792	
闫家岗	23378	12056	6179	2772	3273	7278	4097	3181
红旗	26526	7345	6684	5876	808	13946	11549	2397
四方山	17178	11054	13109	9788	2936	1533	1533	
松花江	22015	19926	4781	4464	190	14040	14040	
阿城原种场	9242	4518	3749	2464	1285	4026	4026	
九龙山柞蚕育种场	782	769	769	9	760			
佳南实验农场	4949	3640	4697	3597	1020			

附录 1-4 续表 2　　　　（2013 年）　　　　单位:万元

农场名称	第三产业	#交通运输业	#批发零售业	#住宿餐饮业	#居民服务和其它服务业	#卫生、社会保障和社会福利业	#教育
二九〇	23623	3111	6505	1544	62	703	1064
绥滨	46945	5318	10444	2819	8320	517	903
江滨	23793	3512	9847	2515	383	319	1593
军川	35286	6885	16083	1824	2184	526	885
名山	25501	2131	11056	4011	799	425	752
延军	8586	1188	4567	685	106	139	607
共青	23336	4060	4520	2000	271	401	1321
宝泉岭	87813	19870	32081	15717	8080	686	2189
新华	22079	4316	2709	2166	3434	1036	1909
普阳	28532	6009	8415	2878	988	655	990
汤原	14620	2119	3992	298	1336	2003	706
依兰	5064	1025	997	679	186	96	183
梧桐河	9268	319	3073	1546	112	284	415
友谊	73615	11665	8953	6689	27224	685	143
五九七	58982	21481	19086	2430	2340	975	1646
八五二	105209	12586	59293	6687	6663	1858	2566
八五三	58421	13879	14681	3405	7860	1821	2253
饶河	34023	10524	10483	1158	1700	399	1062
二九一	36052	6439	12771	1389	4100	742	1222
双鸭山	17312	3773	4060	673	984	281	974
江川	17534	2025	3462	986	152	158	1145
曙光	13735	3008	1367	977	5017	342	1068
北兴	22414	2672	2591	2050	641	375	1008
红旗岭	20230	3052	4372	1404	559	506	1092
宝山	6262	2960	2338	121	11	58	171
八五九	28336	5445	8237	2464	1341	783	2081
胜利	19920	4429	4586	2084	2147	725	1608
七星	50225	9520	11216	4402	8550	1138	5193
勤得利	17391	1411	3494	1383	443	382	1430
大兴	15968	5286	3028	2191	531	352	970
青龙山	14346	2088	4832	839	2290	221	758
前进	27700	9040	5770	3544	1160	570	2100
创业	20482	3331	4009	1924	1105	497	1204
红卫	20872	3960	5590	1680	1350	420	1050
前哨	15774	2191	6217	1196	390	399	1177
前锋	15822	3997	4082	942	762	561	619
洪河	11273	1806	3213	897	648	90	630
鸭绿河	8556	1756	1875	1237	566	99	553
二道河	9267	862	1714	733	420	282	352
浓江	12727	2072	6251	899	646	206	492
八五〇	34997	10620	7331	1223	751	1881	2152
八五四	34246	8170	8308	2795	1630	576	1109
八五五	24374	3690	7464	2657	1651	933	1291
八五六	50223	13319	9390	3080	2538	1544	2129
八五七	39707	10625	11626	3609	4972	1673	1845
八五八	39592	3311	8872	2124	1132	955	1190
八五一〇	33773	2639	2619	17864	1921	1255	1608
八五一一	25574	5423	5707	1941	1630	2245	2414
庆丰	11575	4065	2720	673	646	382	585
云山	28203	8271	6388	1075	3101	2056	2331
兴凯湖	45157	9698	21485	5547	332	1521	1835
海林	23594	6234	5386	2661	1456	1209	1396
宁安	10102	593	2377	1002	1625	237	520
山市种奶牛场	1636	68	369	121		89	
锦河	19210	2225	5842	628	383	196	1613
红色边疆	15051	2655	5619	1180	485	375	425

附录 1-4 续表 3　　　　（2013 年）　　　　单位：万元

农场名称	第三产业	#交通运输业	#批发零售业	#住宿餐饮业	#居民服务和其它服务业	#卫生、社会保障和社会福利业	#教育
逊　　克	9013	358	2557	617	396	474	1004
龙　　门	17740	3265	5331	1268	452	1048	1670
襄　　河	19884	1985	8496	526	777	902	1746
龙　　镇	23683	2754	10390	1706	936	217	978
二 龙 山	30701	5149	15768	1495	230	237	984
引 龙 河	19623	5962	4735	595	350	484	1105
尾　　山	15918	2400	2854	2545	468	850	1100
格 球 山	6752	1042	1658	514	574	360	680
长 水 河	20520	3758	9527	1617	405	482	916
赵　　光	35405	5970	10264	1358	1006	1620	2890
红　　星	24710	1970	16931	788	475	252	501
建　　设	23791	1587	3550	1078	222	505	1217
五大连池	8077	279	2288	585	139	85	
鹤　　山	19889	685	2874	289	257	326	1012
大 西 江	19034	876	7072	1279	952	1277	623
尖　　山	21623	672	508	394	7175	430	681
荣　　军	14737	1090	7800	533	1302	172	544
红 五 月	16159	208	2794	416	668	490	1700
七 星 泡	22500	1027	5167	1323	1845	227	944
嫩　　江	10040	665	825	636	249	267	1008
山　　河	15111	1355	4086	833	810	351	797
嫩　　北	18525	513	1291	1233		289	1212
建　　边	48175	5000	6755	959	7900	212	910
哈 拉 海	8557	52	681	143	74	156	261
克　　山	34424	4734	15169	1132	2443	939	2427
依　　安	6368	1024	2171	176	92	354	591
富裕牧场	12157	360	3714	260	179	532	1872
查 哈 阳	133987	18425	53629	10077	16563	1048	5137
泰　　来	4168	180	818	327	388	330	428
绿色草原牧场	6844	285	2393	870	275	118	465
巨浪牧场	4453	323	415	31	976	452	722
齐齐哈尔种畜场	9619	2581	876	262	474	35	
繁荣种畜场	3857	130	738	120	298	551	
大山种羊场	2739	228	776	127	237	82	
红旗种马场	1825	81	294	88	85	17	
嘉　　荫	21069	4013	6558	1162	570	650	1675
铁　　力	31562	9005	12034	491		60	850
海　　伦	30233	3612	12655	720	510	100	1447
红　　光	20715	2976	9557	768	443	106	1621
绥　　棱	13534	1143	3530	2198		89	767
安达牧场	7501	154	6442	84			60
和平牧场	15571	1845	5119	1492	257	808	1406
肇　　源	11473	874	6289	863	240	107	469
柳　　河	6439	1385	1464	420	124	85	351
涝洲鱼种场	27						
庆　　阳	7038	1400	866	230	55	79	395
岔 林 河	6903	2010	1085	245	10	150	350
沙　　河	1095		202	11		68	211
香坊实验	22433	649	2539	2963	255		330
青　　年	6321		4326		851	55	
闫 家 岗	13467	1317	1526	1157		135	152
红　　旗	8003	826	3395	839	1140	640	648
四 方 山	3442	690	824	341		50	124
松 花 江	4334	686	803	293	139	90	814
阿城原种场	1467		209			58	
九龙山柞蚕育种场	13						
佳南实验农场	252						

附录 1-5　固定资产投资

（2013 年）　　单位：万元

农场名称	固定资产投资				按用途分投资		按投资行业分	
	合计	公有控股经济	非公有控股经济	#个体	生产性建设	非生产性建设	农林牧渔业	工业
二九〇	22727	12192	10535	4816	11722	11005	6959	1297
绥滨	26192	17866	8326	8315	14759	11433	10142	417
江滨	10729	7399	3331	3331	5861	4868	4653	1030
军川	14651	9010	5641	2650	10560	4091	6590	920
名山	11481	6405	5076	4546	8212	3268	6793	1020
延军	20166	6691	13475	3475	17251	2915	6453	10000
共青	24532	11081	13451	7740	16047	8485	7297	6901
宝泉岭	20370	11954	8416	8416	12826	7544	12726	
新华	18569	11363	7206	7206	8748	9821	7061	1687
普阳	21987	19519	2468	2468	17079	4908	12316	1986
汤原	5428	2828	2600	2560	2818	2610	318	2500
依兰	5216	2651	2565	2565	2720	2496	2285	120
梧桐河	12603	10145	2458	2458	4789	7814	4789	
友谊	44640	10394	34246	34246	44267	373	17567	23700
五九七	66871	18713	48158	13158	52242	14629	17242	35000
八五二	42997	32943	10054	10054	10699	32298	12865	3080
八五三	21963	14027	7936	7936	15100	6863	10696	3404
饶河	35762	26558	9204	9204	18852	16910	10893	7959
二九一	34661	19087	15574	15574	19596	15065	9666	8820
双鸭山	21841	17101	4740	1440	12259	9582	6942	3770
江川	32243	20853	11390	11390	20050	12193	20050	5600
曙光	19156	11177	7979	7979	9794	9362	2443	5000
北兴	16218	10535	5683	5683	10771	5447	9271	1500
红旗岭	19923	13551	6372	6372	11498	8425	13341	
宝山	8771	5697	3074	3074	652	8119	652	
八五九	31366	18545	12821	8621	23333	8033	14065	1100
胜利	38000	24580	13420	13420	24674	13326	21014	1850
七星	42181	22031	20150	9250	22943	19238	17529	5414
勤得利	27320	6467	20853	14330	22329	4991	10509	10281
大兴	10996	9021	1975	1975	9761	1235	9556	
青龙山	13995	6127	7868	7868	9543	4452	9543	
前进	33195	22695	10500	10500	11675	21520	4700	2200
创业	36521	25206	11315	11315	26563	9958	19564	3129
红卫	23117	23117			13452	9665	9514	
前哨	23977	10650	13327	13327	5159	18818	4797	
前锋	29358	20858	8500	8500	20584	8774	12084	8500
洪河	28900	13621	15279	15279	14693	14207	13625	
鸭绿河	22856	15873	6983	6983	9620	13236	7982	297
二道河	24685	22607	2078	2078	22530	2155	18690	2638
浓江	17351	8376	8975	3917	12033	5318	10576	1178
八五〇	29226	17731	11495	11495	15028	14198	6269	8759
八五四	13556	10241	3315	3315	5726	7830	5258	
八五五	22088	15313	6775	6775	16272	5816	5893	5735
八五六	37524	19649	17875	14459	14084	23440	10758	3416
八五七	34785	32427	2358	2358	11458	23327	10710	695
八五八	44104	42967	1137	1137	12709	31395	10828	
八五一〇	11145	8145	3000	3000	9747	1398	6747	3000
八五一一	12425	12245	180	180	8775	3650	7125	1650
庆丰	15743	15743			6669	9074	5552	550
云山	15184	9985	5199	1983	7194	7990	7194	
兴凯湖	23171	16851	6320	6320	9482	13689	10039	
海林	20473	20473			10576	9897	10671	185
宁安	16401	4380	12021	562	13897	2504	2438	11459
山市种奶牛场	2451	2451				2451	35	
锦河	13348	11021	2327	524	9318	4030	1585	1803
红色边疆	7055	3709	3346	3346	5368	1687	3752	1616

附录 1-5 续表 1　　（2013 年）　　单位:万元

农场名称	固定资产投资				按用途分投资		按投资行业分	
	合计	公有控股经济	非公有控股经济	#个体	生产性建设	非生产性建设	农林牧渔业	工业
逊克	12386	11782	604	604	5753	6633	5753	
龙门	8751	7463	1288	1288	743	8008	2850	93
襄河	10533	3591	6942	6942	4666	5867	5492	
龙镇	11772	10220	1552	1552	1863	9909	1863	
二龙山	12477	7507	4970	3470	8107	4370	5011	1500
引龙河	14620	4317	10303	10303	7306	7314	7367	2074
尾山	10652	3877	6775	6775	6290	4362	2290	4000
格球山	11499	7006	4493	2500	8558	2941	5182	1430
长水河	7923	6467	1456	1456	5630	2293	5630	
赵光	37541	10592	26949	26949	28241	9300	15609	3418
红星	9664	8764	900	900	6103	3561	6103	
建设	13569	10042	3527	3527	10352	3217	10252	100
五大连池	2505	2361	144	144	401	2104	401	
鹤山	24388	4210	20178	7012	18064	6324	17469	61
大西江	37328	5900	31428	31428	29478	7850	30888	
尖山	26182	22122	4061	4061	13814	12369	13814	
荣军	8558	7201	1357	1357	6950	1608	5758	
红五月	7902	3010	4892	4892	6408	1494	5588	
七星泡	25606	13766	11840	11840	19337	6269	16237	3100
嫩江	12005	5221	6784	6784	8965	3040	4095	4700
山河	26473	15015	11458	11458	20212	6261	10620	9731
嫩北	21445	8923	12522	12522	12500	8945	6503	12500
建边	15015	7515	7500	7500	8840	6175	5020	1800
哈拉海	15338	8019	7319	1319	9878	5460	1472	2000
克山	33351	24215	9136	9136	13929	19422	11711	2218
依安	19363	4171	15192	1112	17152	2211	3152	13600
富裕牧场	7983	5705	2278	2278	4029	3955	1759	1000
查哈阳	58775	37218	21557	21557	12286	46489	8144	3542
泰来	10511	9351	1160	1160	2480	8031	1720	1160
绿色草原牧场	17386	16806	580	580	4039	13347	3986	276
巨浪牧场	2419	1443	977	858	465	1954	465	
齐齐哈尔种畜场	34304	4493	29811	29811	4008	30296	3883	260
繁荣种畜场	9243	2009	7234	7234	4540	4703	2540	2000
大山种羊场	3999	437	3562	3562	2864	1135	1487	1132
红旗种马场	2641	1539	1102	452	1466	1175	459	30
嘉荫	6206	5882	324	324	3075	3131	3075	
铁力	13050	9150	3900	3900	6159	6891	2593	3100
海伦	9067	6205	2862	2862	5255	3812	3865	
红光	14530	14530			9145	5385	4402	2061
绥棱								
安达牧场	628	586	42		146	482	154	
和平牧场	4157	3857	300	300	2622	1535	1338	1250
肇源	1264		1264		632	632	632	
柳河	2129	2003	126	126	954	1175	258	
涝洲鱼种场								
庆阳	7363	7363			715	6648	715	
岔林河								
沙河								
香坊实验	228121	9957	218164	218164	9877	218244		8427
青年	15100		15100	15100	15100			11400
闫家岗	61999	5019	56980	56980	61995	4	637	4658
红旗	46408	4408	42000	42000	2219	44189	2219	
四方山	12571	5371	7200		9324	3247	2124	7200
松花江								
阿城原种场	22000	22000			22000		22000	
九龙山柞蚕育种场								
佳南实验农场	2209	2152	57	57	2209		2209	

附录 1–5 续表 2　　　　（2013 年）　　　　单位:万元

农场名称	按投资行业分							
	建筑业	交通运输仓储业	批发和零售业	房地产业	水利环境和公共设施业	居民服务和其它服务业	教育	卫生和社会工作
二九〇		3466		6342	1003	1975	305	1050
绥滨		3205	349	4525	1613	4120	584	86
江滨		173	5		3411	36	56	
军川		3050		2991				
名山		378	21		2522		374	109
延军		648			1105	1810		
共青		759	1090	3250	4888		35	30
宝泉岭		100		3923	1725		1068	378
新华				3476	3072	398		15
普阳		2577	200		3053	600		680
汤原					2337		170	
依兰		105	100	1642	463	270	7	47
梧桐河				1223		5721		
友谊		3000		373				
五九七				10114	1827		2160	528
八五二				2753	12981	9022	2036	260
八五三		874			1441		825	1674
饶河				3130	5235			2509
二九一		1110		5835	5770	700	1000	250
双鸭山		1547		5420	4162			
江川				6593				
曙光		960		3916	6717		120	
北兴				1680	2763		800	204
红旗岭				2675	1755	830	511	
宝山				3640	4479			
八五九	786	7382		5702	866	900	50	515
胜利		1200	300	4947	6332	100	447	1300
七星		1000		11755		3955	1882	40
勤得利					1539	4542		46
大兴		205			318	33	690	94
青龙山					4452			
前进	3100	1400	275		3600	4000	1100	320
创业		3870		4815	553	1529		80
红卫		1500		2438	5500	2700	950	10
前哨	350		12			1200	1980	1531
前锋					2706	1875	764	996
洪河		1068				3992		
鸭绿河		1341		5812	4659	808	1305	252
二道河		1201		1950	25	11	24	76
浓江		279		238	5080			
八五〇				5269	6292		919	203
八五四		2660		2936	492	1975	120	
八五五				4816	4644	100	150	
八五六				12560	6830	3960		
八五七			53	1863	15677	4175	140	107
八五八		1881				2341	14181	
八五一〇						1228	170	
八五一一						1319	1911	260
庆丰		567		6297		2217	560	
云山				1202		1076	50	
兴凯湖				11041			820	
海林				315	6863	340	1739	
宁安					500	639	911	
山市种奶牛场				1038	970		9	400
锦河		672		2501	3131	19	145	3492
红色边疆						1687		

附录 1-5 续表 3　　　　（2013 年）　　　　单位:万元

农场名称	按投资行业分							
	建筑业	交通运输仓储业	批发和零售业	房地产业	水利环境和公共设施业	居民服务和其它服务业	教育	卫生和社会工作
逊克		556			2973	1946	495	27
龙门	447				4437	150	137	201
襄河		1190	850		2408		193	
龙镇				8543		722	136	
二龙山		500		1170	1096	2025	480	
引龙河				2779	1300	1100		
尾山						1329	510	420
格球山	200	312		360		1786		483
长水河		388			1632		194	
赵光	640				1950	3948	3439	40
红星				706		2234		
建设					3017	100		
五大连池					995			
鹤山		393				6465		
大西江				4595	1405	400		
尖山					4	8988	54	51
荣军	245				1065			298
红五月	170	60		144		155		70
七星泡				4547	1142		580	
嫩江		170		360	2043	120	493	
山河		1007	700		306	3537	572	
嫩北					1792		650	
建边	200	300		4175	1520	500	1200	150
哈拉海	353	4330	337	1603	2668			
克山		906		12791	4705		239	702
依安			100	1685	71		13	77
富裕牧场		1269		909	516	1519	899	47
查哈阳				43643		550		2592
泰来		1717		2133	1869	1281		
绿色草原牧场				3576	8435	25	707	78
巨浪牧场		13		820	866	18	200	
齐齐哈尔种畜场		61		27529	1540			11
繁荣种畜场		69		3740		88		98
大山种羊场		85	41	236		838		
红旗种马场		819		1025	158			
嘉荫				1070	1647	414		
铁力		466		5253			18	
海伦				3812	200	490		700
红光		2682		3445	441	986	395	20
绥棱								
安达牧场						474		
和平牧场		34		412		395		697
肇源					312			
柳河		60		1080	636			46
涝洲鱼种场								
庆阳				5084	1564			
岔林河								
沙河								
香坊实验				219614	80			
青年			3700					
闫家岗							4	
红旗				42000			500	
四方山		1200		181	380		422	
松花江								
阿城原种场								
九龙山柞蚕育种场								
佳南实验农场								

附录 1-6　人民生产、生活

（2013 年）

农场名称	从业人员劳动报酬（万元）	职工工资总额（万元）	年末储蓄总额（万元）	人均纯收入（元）	等级公路（公里）	家用计算机（台）
二九〇	20738	8308	56637	23001	265	2778
绥滨	14825	4545	48500	27604	381	3140
江滨	16688	4161	34219	18914	55	2241
军川	14478	4765	37284	27352	254	2880
名山	11876	3239	24453	28661	105	1156
延军	8919	2247	15359	18910	132	479
共青	21673	2970	33574	25959	130	2201
宝泉岭	26158	6111	132790	24721	200	3403
新华	26700	5741	61965	22060	180	2447
普阳	21596	4032	45376	31908	120	2176
汤原	9746	2352	9206	23752	85	511
依兰	3157	1155	2832	21018	8	617
梧桐河	7021	2262	8753	22361	82	1215
友谊	107562	52614	70553	25502	550	8353
五九七	29230	18270	12365	24139	296	5364
八五二	52179	24246	131314	32432	398	7246
八五三	55468	21127	54190	30058	355	5293
饶河	20360	11599	17344	33536	197	1534
二九一	33742	15154	32057	27700	276	2027
双鸭山	18699	10189	12198	19877	67	1713
江川	32862	13924	9037	34731	108	1800
曙光	16545	9359	4919	19801	161	562
北兴	39422	30259	45000	25583	173	3438
红旗岭	22795	10269	23550	39382	129	762
宝山	3418	2045	2767	24791	46	1489
八五九	40938	9624	76400	26990	271	3373
胜利	32301	15135	33800	26353	245	2200
七星	59521	6943	40840	28967	303	5792
勤得利	23905	3174	30000	24505	154	3344
大兴	25470	2524	31300	25546	75	2879
青龙山	23385	2301	8098	25025	76	2392
前进	38138	3123	35100	30460	118	2540
创业	32073	12204	30538	32663	80	2565
红卫	16158	2306	32804	26856	70	285
前哨	16499	3586	13557	20903	129	3335
前锋	23790	8026	21894	25827	36	2019
洪河	14819	1979	36410	27478	115	1638
鸭绿河	7762	1858	21506	24888	71	2033
二道河	9593	1942	6053	28171	111	1085
浓江	17318	1306	8081	28210	98	201
八五〇	10605	2950	19957	25938	180	2996
八五四	20282	4214	19975	28540	360	2196
八五五	8012	4151	13366	25483	200	2253
八五六	13835	3639	29591	29392	408	3995
八五七	9576	3615	16809	29173	174	3608
八五八	18962	3744	12588	29716	167	932
八五一〇	10271	4262	8117	16094	144	1600
八五一一	8834	1940	4941	23690	171	2367
庆丰	8834	2902	26134	25968	146	2127
云山	10392	6397	7361	25586	162	1375
兴凯湖	10112	4007	6071	25094	160	1842
海林	11328	1716	5248	30877	80	2124
宁安	5278	2009	3240	26648	30	727
山市种奶牛场	1891	1007	1306	9052	49	123
锦河	6343	2307	14020	20003	365	261
红色边疆	6513	2502	6387	18115	106	1166

附录 1-6 续表 1　　（2013 年）

农场名称	从业人员劳动报酬（万元）	职工工资总额（万元）	年末储蓄总额（万元）	人均纯收入（元）	等级公路（公里）	家用计算机（台）
逊　克	15681	6265	24100	18685	393	2281
龙　门	6077	2272	8461	21600	68	425
襄　河	7736	3015	7481	21809	102	226
龙　镇	8514	3640	8824	21500	124	1384
二龙山	13513	4091	14311	21215	141	1722
引龙河	8232	3781	10731	21508	169	976
尾　山	8780	3737	14472	20074	117	976
格球山	10646	3500	8140	19254	96	1023
长水河	9977	2962	10014	21810	116	733
赵　光	17182	5372	22612	22536	234	2504
红　星	8507	4352	10238	21595	118	690
建　设	11011	4082	19466	21601	117	3221
五大连池	4989	2928	1758	18508	70	400
鹤　山	27092	14101	17396	29189	175	2549
大西江	15788	9895	4233	23994	90	438
尖　山	24473	9161	19947	22251	144	2007
荣　军	10456	8859	7551	21005	55	440
红五月	11515	6502	6196	24574	56	604
七星泡	25070	13773	17863	28285	152	2020
嫩　江	17492	7851	20204	20887	156	1560
山　河	24001	11400	11368	26790	100	1709
嫩　北	21525	10959	28900	22982	146	1548
建　边	18220	5855	5706	25300	68	1170
哈拉海	10796	6757	1131	28209	67	356
克　山	28858	17894	20080	21002	249	2828
依　安	7315	2925	3681	27288	8	393
富裕牧场	16103	4754	26458	21284	56	378
查哈阳	100811	74071	45144	23905	102	5074
泰　来	7744	1242	1199	29576		162
绿色草原牧场	9000	2322	6288	28696	2	522
巨浪牧场	8955	2087	1257	27118	4	61
齐齐哈尔种畜场	20031	19025	2448	23965		433
繁荣种畜场	5233	1187	703	7389		319
大山种羊场	3702	201	2101	12319		396
红旗种马场	2142	1292	800	11961	18	108
嘉　荫	8771	3863	11353	24655	65	1688
铁　力	6492	4520	10916	31555	105	2250
海　伦	19505	3324	7188	23717	108	1453
红　光	10053	2410	6660	18735	126	1045
绥　棱	5798	2550	5243	26925	97	1120
安达牧场	5061	201	1577	16700	13	70
和平牧场	12262	2544	5997	19650	94	840
肇　源	6271	1541	3918	32759	32	598
柳　河	4215	933	3540	25479	31	942
涝洲鱼种场	674	522		10901	2	
庆　阳	13326	4349	3245	26472		1125
岔林河	6673	2620	4629	27430		493
沙　河	2457	647	421	17682	2	111
香坊实验	8666	1703	5452	27545		
青　年	6795	523	874	25180		550
闫家岗	3861	1504	8694	29737		388
红　旗	11242	1038	2617	28642		1120
四方山	16334	7872	1064	26105	49	60
松花江	6682	1272	4910	26137	33	1042
阿城原种场	3900	2052	2962	16278		279
九龙山柞蚕育种场	480	165	255	13502		45
佳南实验农场	397	397		17673		657

附录 1–6 续表 2　　　　（2013 年）

农场名称	图书馆(室)（个）	社会消费品零售总额（万元）	普通中学在校学生数（人）	小学在校学生数（人）	医院床位数（张）	卫生技术人员（人）
二九〇	14	37141	502	558	60	128
绥滨	13	34305	540	611	60	119
江滨	3	26290	340	357	40	86
军川	4	35548	550	569	122	126
名山	5	38087	241	294	30	63
延军	1	12589	193	235	22	51
共青	16	27020	527	526	40	79
宝泉岭	3	118436	787	797	80	155
新华	2	18739	482	626	60	87
普阳	10	24289	337	377	50	51
汤原	1	8784	149	186	25	35
依兰	2	5084		113	20	23
梧桐河	1	9062	275	328	27	70
友谊	26	40938			307	397
五九七	9	34273	577	462	213	158
八五二	5	56593	1040	931	220	411
八五三	23	38840	1013	1007	295	307
饶河	13	14086	333	394	111	96
二九一	2	10036	670	886	80	113
双鸭山	4	6969	360	393	60	75
江川	4	10361	225	225	38	38
曙光	4	6826	208	235	63	65
北兴	30	24468	455	650	109	116
红旗岭	2	8524	299	358	50	97
宝山	1	2753	104	148	28	22
八五九	5	14592	517	1153	50	140
胜利	2	12643	375	777	50	88
七星	6	34913	1346	2901		57
勤得利	1	9383	744	1036	75	67
大兴	1	5863	377	793	48	65
青龙山	2	6238	258	584	32	57
前进	3	15522	661	1525	86	123
创业	6	12316	427	878	40	109
红卫		9374	291	760	40	59
前哨		8794	486	1468	50	54
前锋	1	6292	565	1197	60	118
洪河	1	2950	217	556	28	33
鸭绿河	2	4956	159	348	40	38
二道河	1	3760		294	36	35
浓江		2691		257	20	26
八五〇	8	9920	363	657	60	108
八五四	5	26199	640	1129	120	173
八五五	12	20200	289	502	60	99
八五六	10	21227	525	1038	80	122
八五七	16	17106	343	743	100	124
八五八	12	17945	366	629	64	89
八五一〇	2	14805	211	326	72	115
八五一一	4	18632	277	478	60	92
庆丰	12	15468	355	582	70	93
云山	16	18529	277	463	70	84
兴凯湖	18	16798	427	814	74	90
海林	5	11140	219	423	30	47
宁安	2	4071	511	575	34	37
山市种奶牛场		1606			20	26
锦河	3	7804	175	273	20	47
红色边疆	7	6582	215	374	24	60

附录 1-6 续表 3

（2013 年）

农场名称	图书馆(室)（个）	社会消费品零售总额（万元）	普通中学在校学生数（人）	小学在校学生数（人）	医院床位数（张）	卫生技术人员（人）
逊　克	6	11719	381	812	24	87
龙　门		6030	234	463	20	32
襄　河	2	9682	141	301	20	46
龙　镇		22940	376	707	40	73
二龙山	3	19750	373	594	30	67
引龙河	3	10004	260	398	20	50
尾　山	2	8565	193	311	20	42
格球山	3	7122	162	284	16	40
长水河	2	10478	301	551	24	56
赵　光	5	18339	917	1421	70	118
红　星	1	12406	236	439	20	50
建　设	8	22092	321	508	28	68
五大连池	1	5461			12	28
鹤　山	1	5359	306	410	30	39
大西江	3	13535	496	536	30	56
尖　山	8	12065	368	331	20	36
荣　军	1	12066		165	30	34
红五月	2	8682	233	216	100	58
七星泡	1	14521	481	534	45	58
嫩　江	5	6773	370	426	15	37
山　河	11	9433	430	430	30	65
嫩　北	1	7939	463	474	40	50
建　边	4	11020	295	410	30	42
哈拉海	1	1922	148	247	40	25
克　山	4	11484	775	600	100	125
依　安	1	2433	138	193	80	39
富裕牧场		7223	201	515	30	35
查哈阳	5	103300	2002	2340	130	262
泰　来	1	4528	66	151	24	15
绿色草原牧场	1	5419	94	201	15	33
巨浪牧场	1	1013	124	204	20	13
齐齐哈尔种畜场	2	3507			20	24
繁荣种畜场	1	3722			40	23
大山种羊场		3444			20	11
红旗种马场		996			8	4
嘉　荫	2	31934	300	171	40	41
铁　力	1	15017	191	210	30	48
海　伦	1	21888	356	435	13	18
红　光	2	18494	338	348	20	25
绥　棱	1	14910	219	318	30	24
安达牧场	1	662			5	4
和平牧场	1	15187	256	378	20	48
肇　源	2	9520	39	95	25	13
柳　河	1	2081	33	66	30	19
涝洲鱼种场						
庆　阳		4075	358	394	20	36
岔林河	2	1766	124	167	20	26
沙　河	2	850	91	119	20	8
香坊实验		9457	314	509	20	5
青　年	1	3722			20	16
闫家岗	1	7591	97	127	20	12
红　旗	2	15384	761	966	20	23
四方山	1	2618		233	20	11
松花江	1	1803	187	198	30	19
阿城原种场		610			6	11
九龙山柞蚕育种场						
佳南实验农场	1				42	23

附录 1-7　机械年末拥有量

（2013 年）

农场名称	大中型拖拉机（台）	#100 马力以上	小型拖拉机（台）	大中型拖拉机配套农具（台）	小型拖拉机配套农具（台）	播种机（台）	机动水稻插秧机（台）
二九〇	1437	46	735	1844	910	271	2040
绥滨	1821	30	494	1776	615	138	2199
江滨	1295	43	389	1307	321	279	1204
军川	1592	58	488	1557	631	669	534
名山	876	38	527	1018	694	138	490
延军	628	53	410	1097	348	690	62
共青	1294	160	134	1508	163	600	574
宝泉岭	1081	158	458	1379	646	614	286
新华	2036	43	218	4134	154	952	1192
普阳	1350	42	3	1738	167	68	1191
汤原	554	51	116	777	485	583	31
依兰	160	9	209	216	263	188	39
梧桐河	490	22	423	606	300	161	1007
友谊	2199	607	3377	4104	3286	1227	2563
五九七	579	128	1387	966	1819	1132	732
八五二	1414	285	1055	2814	1722	1169	702
八五三	1551	126	1653	2789	2726	648	1813
饶河	756	61	836	1637	874	646	631
二九一	447	81	1330	1354	1423	494	1511
双鸭山	760	49	237	1318	320	752	34
江川	1058	61	186	987	125		1703
曙光	143	37	638	265	513	285	208
北兴	1388	103	620	2196	987	1531	52
红旗岭	354	35	851	675	371	179	562
宝山	192	11	375	206	343	37	653
八五九	2023	163	781	2955	888	300	2035
胜利	1706	55	187	6857	434	989	1538
七星	2633	64	690	5943	1458	236	3383
勤得利	1509	90	865	1966	803	391	1170
大兴	787	98	1330	1178	1176	431	1235
青龙山	1628	9	541	4420	660	153	2050
前进	1448	190	259	2408	411	167	2630
创业	1752	8	78	7137	610		2371
红卫	1522	15	928	2954	6496	16	2018
前哨	600	108	358	709	473	236	839
前锋	1424	67	529	2745	1085	121	3177
洪河	652	44	365	788	216	100	1363
鸭绿河	947	25	339	3264	580	270	2379
二道河	1050			1960			1501
浓江	1120	50	790	2729	1266	205	2057
八五〇	1206	43	328	2244	348	233	1696
八五四	1300	143	1770	1503	959	401	2115
八五五	380	96	852	507	1050	830	104
八五六	2507	45	1550	2829	811	619	1792
八五七	1382	27	816	2262	673	188	2667
八五八	996	12	1320	1106	1773	398	2392
八五一〇	268	69	793	463	843	580	31
八五一一	669	75	698	487	2039	837	238
庆丰	905	51	1322	1245	986	411	773
云山	445	66	1162	639	1025	922	846
兴凯湖	1103	176	883	1364	520	25	1343
海林	446	43	2	665	10	51	42
宁安	183	40	441	355	212	115	150
山市种奶牛场	120		561	60	872	315	
锦河	111	57	429	496	593	127	
红色边疆	714	91	231	1061	627	280	

附录 1-7 续表 1

（2013 年）

农场名称	大中型拖拉机（台）	#100 马力以上	小型拖拉机（台）	大中型拖拉机配套农具（台）	小型拖拉机配套农具（台）	播种机（台）	机动水稻插秧机（台）
逊　　克	372	139	2848	2057	3182	2532	6
龙　　门	56	48	740	229	680	717	
襄　　河	48	42	563	262	496	372	
龙　　镇	108	45	404	484	490	232	26
二 龙 山	129	82	860	810	708	338	
引 龙 河	286	104	1106	1107	1202	493	
尾　　山	95	56	236	482	278	161	
格 球 山	243	56	181	364	15	84	
长 水 河	155	86	268	614	132	111	
赵　　光	209	103	311	709	324	152	3
红　　星	220	70	865	740	1106	364	72
建　　设	202	68	488	795	823	370	20
五大连池	481	37	276	326	194	271	
鹤　　山	241	105	501	775	431	330	
大 西 江	101	47	544	245	408	162	
尖　　山	160	103	285	617	480	265	
荣　　军	79	55	67	227	23	78	
红 五 月	90	67	207	341	147	76	
七 星 泡	263	100	79	682	66	167	
嫩　　江	108	70	390	314	478	173	
山　　河	244	93	759	555	680	286	
嫩　　北	108	73	826	497	997	105	
建　　边	126	68	362	423	437	224	
哈 拉 海	312	10	480	1013	2001	347	194
克　　山	264	120	473	1319	305	291	
依　　安	152	64	255	151	275	70	451
富裕牧场	94	49	446	184	506	237	258
查 哈 阳	663	270	2284	761	758	245	2547
泰　　来	321	13	165	260	170	84	183
绿色草原牧场	57	11	798	96	713	283	
巨浪牧场	41	18	344	86	277	103	20
齐齐哈尔种畜场	207	2	78	365	72	67	88
繁荣种畜场	502	13	85	727	85	398	295
大山种羊场	599		191	241	208	208	169
红旗种马场	138	8	48	104	88	12	
嘉　　荫	226	80	17	1158	62	152	4
铁　　力	311	25	671	274	670	431	397
海　　伦	165	64	283	117	270	148	14
红　　光	61	32	388	176	272	205	2
绥　　棱	84	19	143	213	253	264	44
安达牧场	25	24	16	26	6	31	
和平牧场	68	19	588	17	619	217	
肇　　源	44	20	206	67	89		800
柳　　河	114	22	148	91	187	156	9
涝洲鱼种场							
庆　　阳	52		1103	19	245		394
岔 林 河	360	3	672	366	126	31	626
沙　　河	84		5	84	5	5	64
香坊实验	2	2	7		18	5	
青　　年			15	4		4	7
闫 家 岗	13	12	29	17	25	20	5
红　　旗	6	1	15	34	4		
四 方 山	126	15	338	408	325	272	
松 花 江	117	3	164	311	269	223	26
阿城原种场	28	4	1	15	56	50	12
九龙山柞蚕育种场							
佳南实验农场	97	1	20	20	107	53	

附录 1–7 续表 2　　（2013 年）

农场名称	联合收割机（台）	# 自由式	脱粒机（台）	种子清选机（台）	汽车合计（台）	# 载重汽车	推土机（台）	挖掘机（台）	农业机械总动力（千瓦）
二九〇	501	500	68	25	518	118	9	2	153672
绥滨	736	736	3		981	182	8	7	222087
江滨	456	452	12	8	584	54	9	12	149789
军川	199	157	106	25	144	70	2	83	116951
名山	170	150	57	22	437	41	1	8	79215
延军	108	107	7	1	265	69	8	10	42422
共青	227	227	77	2	590	111	23	17	109851
宝泉岭	251	251	104	9	2622	679	11	14	114683
新华	482	482	25	1	920	139	23	9	136272
普阳	360	285	9	4	305	45	13	8	150075
汤原	138	138	23	1	159	111	9	3	33627
依兰	45	44	12	5	70	40	3		15068
梧桐河	276	275	50	2	133	42	3	2	71984
友谊	1671	1547	140	73	1330	364	69	41	467630
五九七	433	411	84	13	147	22	19	9	121191
八五二	479	463	1	69	1240	335	10	6	179957
八五三	748	748	175	5	840	416	5	19	210404
饶河	481	481	21	9	265	100	5	12	96736
二九一	301	291	145	7	592	93	2	5	116837
双鸭山	80	80	36	4	207	80	7	3	38735
江川	347	347			452	81	17	4	92281
曙光	121	111	4	3	45	11	7		53415
北兴	209	206	124		817	323	2	3	91656
红旗岭	330	298			217	53	3	14	64544
宝山	84	79			213	77	12	9	38980
八五九	1200	1114		5	1315	179	16	41	274129
胜利	696	673	6	7	1496	170	22	66	185065
七星	755	755	16	2	2703	502	15	31	265577
勤得利	545	507		12	443	46	12	20	189594
大兴	419	359	36	6	227	51	10	13	139129
青龙山	794	794		15	358	48	3	4	152737
前进	624	546		2	440	80	2	6	169376
创业	558	558	1		869	95	6	6	166516
红卫	348	329			430	103	4	10	149080
前哨	322	261	1		498	100	4	16	106436
前锋	539	530	103	2	549	36	24	38	210161
洪河	526	513	51	3	236	25	3	5	110376
鸭绿河	556	556		1	390	62	22	15	100610
二道河	394	394	52		172	74	17	63	107920
浓江	634	634	132		223	21	2	7	134725
八五〇	403	403	2	4	564	69	14	5	138744
八五四	937	865	88		189	59	3		198218
八五五	146	146	21	5	269	132	7	5	52222
八五六	853	840	45	6	721	280	23	46	274892
八五七	710	700	1	12	461	224	14	12	157247
八五八	680	644	454		154	100	21	16	156280
八五一〇	88	79	6	3	111	16			42493
八五一一	91	69	34		304	146	9	7	52844
庆丰	425	424	65	19	157	91	56	5	111832
云山	337	337	551	42	85	36	2	2	101355
兴凯湖	413	413	100		321	90	5		108757
海林	84	84		2	349	137	13	11	35306
宁安	149	144	10	2	77	30	1	1	28513
山市种奶牛场	6	4			23		6		10070
锦河	87	87		3	108	32	1		27570
红色边疆	64	64	27	30	129	60	1	3	41633

附录 1–7 续表 3　　　　（2013 年）

农场名称	联合收割机（台）	#自由式	脱粒机（台）	种子清选机（台）	汽车合计（台）	#载重汽车	推土机（台）	挖掘机（台）	农业机械总动力（千瓦）
逊　　克	181	181		33	302	49	5	6	129946
龙　　门	43	41		2	82	11	7	7	26249
襄　　河	43	43		2	11	7			22394
龙　　镇	77	77			177	45	3	5	29396
二 龙 山	76	45		10	249	120	7	9	61140
引 龙 河	143	143	31	33	296	154	22	5	46205
尾　　山	33	30		9	207	52	7	3	23300
格 球 山	36	35		19	70	25	4	2	22386
长 水 河	75	75			403	97	10	10	30497
赵　　光	87	87		2	373	119	30	18	51317
红　　星	76	39	8	10	256	110	1		52054
建　　设	75	75	1	10	143	69	3	5	45204
五大连池	41	40	2	7	98	15			18338
鹤　　山	93	93	7	8	204	56	6	4	56281
大 西 江	78	78		4	147	52	3	1	34199
尖　　山	87	87	3	18	260	11	12		49660
荣　　军	50	50		13	92	38	4	6	27545
红 五 月	46	46		5	52	9			24440
七 星 泡	104	85		15	181	36	2	3	62281
嫩　　江	58	58	1	7	151	33	5	2	37420
山　　河	118	118		11	90	24	2	2	52547
嫩　　北	57	57	14	5	271	54	7	6	50040
建　　边	79	79		8	78	33			32851
哈 拉 海	214	214			40	7	9	4	60456
克　　山	155	133		18	479	239	4	6	65052
依　　安	107	107	1	6	134	61	2		27127
富裕牧场	74	39			139	3	4	1	24309
查 哈 阳	537	505		2	936	79	80	32	192694
泰　　来	65	65	20		51	15	13	3	29188
绿色草原牧场	18	18	54		92	3	6		22372
巨浪牧场	45	45			89	16		3	19514
齐齐哈尔种畜场	56	56	65		478	176	1	4	14056
繁荣种畜场	104	104	21		83	14	2	3	35619
大山种羊场	247	110			91	17	20	2	34125
红旗种马场	24	24		2	26	5	4	1	9835
嘉　　荫	109	109			125	60			30327
铁　　力	169	169	5		278	38	9	10	54696
海　　伦	98	98			154	56	8	5	32932
红　　光	84	84			134	37	14	6	21410
绥　　棱	79	79	4	4	121	61	9	8	16710
安达牧场	46	46	1		43	17	1	3	12010
和平牧场	10	8	13		78	27	3	1	16589
肇　　源	170	170			148	24	5	3	28989
柳　　河	36	34	26		75	19	3	4	10945
涝洲鱼种场					1		1		685
庆　　阳	140	134	7		258	157	23		29112
岔 林 河	121	121	5		163	120	15	2	40413
沙　　河	31	31			20	1	3		6220
香坊实验					257	56	1	2	1753
青　　年					55	3			1526
闫 家 岗	2				57	8	1	1	5881
红　　旗	1	1			235	79	1	2	2417
四 方 山	15	15	7		69	38	2	2	18862
松 花 江	34	27			126	44	2		9896
阿城原种场	10	5					3		3121
九龙山柞蚕育种场									
佳南实验农场	17	17	6		2				9065

附录 1-8　农业现代化生产及基础设施情况

（2013 年）

农场名称	当年机耕面积（公顷）	当年机播面积（公顷）	有效灌溉面积（公顷）	排灌站（座）	排灌能力（立方米 / 秒）	机电井（眼）
二九〇	43834	43834	36622	1	16	2542
绥滨	35800	35800	35608	3	48	2432
江滨	23016	23016	18749			1629
军川	39171	39165	31517	1	10	1662
名山	17672	17672	17672			1933
延军	14675	13480	4133			225
共青	31467	31467	18513			809
宝泉岭	31640	31640	7837	3	11	1403
新华	29307	28199	19334	3	32	1169
普阳	33800	33800	33800	4	15	3227
汤原	9690	9650	311	1	1	6
依兰	3632	3589	1012	2	2	40
梧桐河	18534	18534	16301	7	80	811
友谊	106676	106144	71210	16	60	4635
五九七	42800	42800	20000	9	39	957
八五二	80000	78988	11600	5	36	100
八五三	68000	68000	40000	10	39	1581
饶河	34000	32356	20000	5	15	1027
二九一	37877	37700	25537	9	60	2634
双鸭山	14667	14334	1150			55
江川	18947	18947	18947	3	60	2138
曙光	13659	13652	4000	2	4	286
北兴	33334	33274	2200	1	1	10
红旗岭	19867	19854	14667	7	84	151
宝山	7430	7256	7049	1	12	1030
八五九	85546	85546	66733	1	32	2191
胜利	46200	46200	32000	2	6	1785
七星	81360	81360	75333	7	25	2958
勤得利	54980	51546	47047			1677
大兴	48067	47424	45334	2	4	1419
青龙山	36666	36666	34000	2	24	1590
前进	53067	53067	53067	1	6	2216
创业	37333	37333	37333	1	2	2381
红卫	38667	38667	38000	3	14	1414
前哨	38333	38333	35333			1584
前锋	71334	70756	68000			3103
洪河	42666	42666	40666	1	12	1697
鸭绿河	29067	28264	28667			1244
二道河	36216	35881	36069			1016
浓江	35533	35533	35533			1535
八五〇	33436	33436	24297	1	1	2331
八五四	67927	67927	44906	2	210	1312
八五五	30014	29974	667	1	3	35
八五六	75854	75854	73334	5	1305	2141
八五七	36063	36063	30667	20	293	515
八五八	39800	39800	36000	7	49	1681
八五一〇	21629	21629	1181			7
八五一一	22993	22993	3667	4	9	119
庆丰	44431	44431	26678	2	130	2131
云山	32947	32935	15134	9	48	1115
兴凯湖	39039	38487	36015			
海林	9210	7867	400			
宁安	7587	5210	4060	2	6	2
山市种奶牛场	4491	4491				
锦河	10791	10791	320			4
红色边疆	16633	16633	3177			471

附录 1–8 续表 1　　　　　　　　　　（2013 年）

农场名称	当年机耕面积（公顷）	当年机播面积（公顷）	有效灌溉面积（公顷）	排灌站（座）	排灌能力（立方米 / 秒）	机电井（眼）
逊克	42221	42221	1190			
龙门	15765	15765				
襄河	18606	16578	4			2
龙镇	22341	22341	4000	2	1	
二龙山	27286	27286	333	1	9	2
引龙河	23532	23532	667	1		
尾山	15201	15201				1
格球山	14400	14400				13
长水河	24067	24067				
赵光	33721	33721	553	2	138	2
红星	27333	11629	3327			13
建设	20080	20080	4667	1	9	34
五大连池	9753	9573				
鹤山	35578	34578	353	2	6	2
大西江	20030	20030				
尖山	27130	27120				25
荣军	16408	16408	1917			48
红五月	16487	16487				4
七星泡	33520	33520	130	1	3	
嫩江	30038	30036	66			11
山河	26750	26566				5
嫩北	27012	27003	269	4	78	
建边	20225	20225				12
哈拉海	13512	13512	12730			974
克山	29607	29607	20667			187
依安	5734	5734	4998	1	1	198
富裕牧场	11867	11379	10207	1	25	198
查哈阳	67333	67333	48848	28	33	9097
泰来	5334	3534	4854	10	16	487
绿色草原牧场	7333	7333	837			58
巨浪牧场	2667	2534	2272			246
齐齐哈尔种畜场	4740	3933	4756	2	2	
繁荣种畜场	9710	9710	9357			401
大山种羊场	4333	4333	3230	8	3	15
红旗种马场	1620	1000	1000			104
嘉荫	17790	17242	1460			
铁力	14872	14872	10453	1	2	595
海伦	16577	16577	2233			
红光	9928	9928	800	1	2	
绥棱	14614	13996	4154			24
安达牧场	840	840	730			78
和平牧场	7133	7133	6630			332
肇源	4012	3745	4012	3	18	
柳河	4252	2467	2467	2	1	4
涝洲鱼种场	8		8	1	1	
庆阳	3475	3475	3641	2	2	161
岔林河	4139	4139	4139	2	3	1253
沙河	1151	966	636	2	2	137
香坊实验	404	195	706			65
青年	331	331	195			28
闫家岗	539	539	494			73
红旗	536	150	617			46
四方山	7933	7933	333			89
松花江	4204	4204	430			
阿城原种场	1578	1578	1207			
九龙山柞蚕育种场	11	11				
佳南实验农场	2878	2870	1413	1		150

附录 1-8 续表 2　　（2013 年）

农场名称	化肥施用量（折纯量,吨）	农业用电量（万千瓦时）	粮食仓储能力（吨）	粮食处理中心（座）	粮食处理中心（吨/小时）	农用飞机场（处）	种子加工厂（座）
二九〇	8543	475	35080	1	30	1	1
绥滨	8692	530	31100	1	30	1	1
江滨	4595	335	37500	4	55	1	1
军川	12524	569	45041	1	30	1	1
名山	4148	174	33400	1	30		1
延军	3191	71	12550	1	41		1
共青	9221	780	17000	1	30	1	1
宝泉岭	8107	7955	137370	1	30	1	1
新华	5899	469	62000	1	20	1	
普阳	8055	667	14730	5	79	1	1
汤原	2191	577	10500	1	8		
依兰	890	93	15190				
梧桐河	4855	260	2000	1	15		1
友谊	23393	5071	708455	12	249	1	1
五九七	10083	2659	805197	13	50	2	
八五二	17098	425	16100	2	70	1	
八五三	11745	1379	27210	8	125	1	1
饶河	5721	1130	14568	1	38	1	
二九一	6297	227	71690	5	129	1	1
双鸭山	3677	298	6850				
江川	4116	246	22650	1	20	1	
曙光	4359	287	13928				
北兴	7355	181	48500	11	117	1	
红旗岭	2817	686	1500			1	
宝山	1605	180	8000				
八五九	16834	613	107730	2	80	1	
胜利	6507	1127	108990	2	42	1	
七星	16734	2361	289555	4	75	1	1
勤得利	8977	1586	237689	2	55	1	
大兴	8675	968	62600	2	25	1	
青龙山	5959	755	41010	1	20	1	1
前进	13062	882	160450	2	57	1	1
创业	8676	1068	97900	3	65	1	
红卫	7079	785	10500	1	50	1	1
前哨	6980	1546	138000	3	36	1	
前锋	12266	830	120000	2	30	2	1
洪河	5607	940	43540	1	90	1	
鸭绿河	5433	687	34360	1	80	1	1
二道河	6870	1374	128600	4	616	1	1
浓江	7690	1244	32320	1	20	1	
八五〇	6838	343	136870	14	194	1	1
八五四	8646	634	163520			1	
八五五	4127	273	32275	3	60		
八五六	14964	911	71200	2	800	4	
八五七	8458	358	167600	5	160	1	
八五八	11156	350	43360	4	64	1	1
八五一〇	8671	201	16684				
八五一一	3152	287	32575				
庆丰	7409	720	51980	1	15	1	3
云山	4165	305	125475	1	13	1	1
兴凯湖	4505	490	8849			1	
海林	1894	68	19200	1	10		1
宁安	2067	59	8420				
山市种奶牛场	873	83					
锦河	1630	17	4480	2	22	1	
红色边疆	3860	421	11570	1	15	1	1

附录 1-8 续表 3　　（2013 年）

农场名称	化肥施用量（折纯量，吨）	农业用电量（万千瓦时）	粮食仓储能力（吨）	粮食处理中心（座）	粮食处理中心（吨/小时）	农用飞机场（处）	种子加工厂（座）
逊　克	8380	530	32328	5	61	1	
龙　门	2392	31	14240	1	20	1	
襄　河	3081	124	19320	3	50	1	2
龙　镇	5138	91	22750	5	125	1	1
二龙山	4565	33	18895	4	86	1	1
引龙河	4530	250	22360	8	125	1	
尾　山	3526	511	21570	5	74		
格球山	3152	565	12830	5	45	1	
长水河	5607	199	77650	2	67	1	1
赵　光	8618	311	64635	9	164	1	1
红　星	3827	798	13740	5	75	1	4
建　设	4897	278	8200	3	90	1	1
五大连池	1906	15	19400	1	26		8
鹤　山	6827	133	33125	9	294	1	1
大西江	2811	180	14830	2	60	1	1
尖　山	5870	211	37950	14	194	1	
荣　军	2988	68	25070	1	20		
红五月	2921	109	16880	1	300		2
七星泡	7582	144	29820	8	190	1	1
嫩　江	5863	80	27205	9	195	1	1
山　河	5446	81	21200	8	155	2	
嫩　北	6037	35	28857	6	127	1	1
建　边	2184	300	34000	1	20		
哈拉海	2153	382	30000				
克　山	8552	187	22638	3	130	1	3
依　安	1646	60	4550				
富裕牧场	4102	167				1	
查哈阳	14305	1076	371509	2	43	1	1
泰　来	1457	117					
绿色草原牧场	1185	253					
巨浪牧场	525	92					
齐齐哈尔种畜场	1454	50					
繁荣种畜场	1498	122	200	1	5		
大山种羊场	1088	92					
红旗种马场	353	37					
嘉　荫	3294	165	21658	9	62		1
铁　力	2442	368	5230	1	20		
海　伦	3563	74	7230				
红　光	2032	108	10238			1	
绥　棱	1777	214	6180			1	
安达牧场	162	63		2	40		
和平牧场	2295	265					
肇　源	1271	467	17000				
柳　河	912	81					
涝洲鱼种场	2						
庆　阳	692	92	2700				1
岔林河	1004	62	30000	1	10		1
沙　河	418	110	4000				
香坊实验	56	75					
青　年	61	6					
闫家岗	81	173					
红　旗	95	96					
四方山	1265	125	2500	1	20		
松花江	995	12	3810				
阿城原种场	552	30					
九龙山柞蚕育种场							
佳南实验农场	501	64					

附录 1-9　农林牧渔业总产值及商品产值

（2013 年）　　单位:万元

农场名称	农林牧渔业总产值	#国有经济	#农业	#林业	#畜牧业	#渔业
二九〇	111360	99769	99279	239	11591	251
绥滨	142689	113230	107966	2159	29459	3105
江滨	68567	40266	39902	322	28301	42
军川	134455	98483	97827	656	35951	20
名山	81152	46834	43777	46	34300	3030
延军	40072	28789	28282	715	10968	107
共青	123347	83489	82653	24	39858	812
宝泉岭	142526	84087	83449	522	58427	128
新华	120696	77154	74447	902	43242	2104
普阳	117619	89634	88389	1020	27985	225
汤原	38744	25740	24698	1042	13004	
依兰	15424	9557	9303	167	5741	213
梧桐河	68933	53806	53488	270	15127	48
友谊	365314	306760	302731	2400	58554	1630
五九七	175348	116901	112815	3408	58447	678
八五二	249622	207232	202716	900	42390	3616
八五三	221503	195762	193488	1592	25279	1145
饶河	129920	101498	93318	3282	26779	6541
二九一	119061	103831	101478	1198	15230	1155
双鸭山	63648	39087	36503	2092	24561	492
江川	103975	57728	56898		46247	830
曙光	72397	24629	24431	168	47768	30
北兴	105533	76489	73140	2654	29044	695
红旗岭	94593	52397	51312	527	42196	558
宝山	31612	23496	22397	320	8886	9
八五九	243007	231778	231150	628	10299	930
胜利	124891	110611	110318	293	13771	509
七星	271004	238130	238224	964	30934	882
勤得利	152153	133565	133057	508	15838	2750
大兴	144814	131560	131509	51	13046	208
青龙山	99271	90228	90199	29	8971	72
前进	177354	154104	154023	81	23187	63
创业	113393	104341	103699	642	8809	243
红卫	134441	122659	122539	120	11542	240
前哨	101157	93490	93134	356	7655	12
前锋	198569	182859	182793	56	15710	10
洪河	64758	60855	60825	30	3778	125
鸭绿河	91100	82137	82072	65	8921	42
二道河	103685	99941	99853	88	3720	24
浓江	120490	107196	107169	27	13258	36
八五〇	126123	99230	99202	124	26741	56
八五四	255360	226998	223126	2000	28977	1257
八五五	71429	47015	46603	412	24248	166
八五六	270490	242927	242844	584	24592	2470
八五七	160183	118645	117665	980	38247	3291
八五八	178796	136258	135372	886	39806	2731
八五一〇	53343	35958	35237	700	16180	1226
八五一一	91303	47169	47168	1	44133	
庆丰	142568	127211	126829	382	14971	386
云山	151030	107349	112295	1247	36776	713
兴凯湖	147469	49141	135652	570	10579	668
海林	62275	21083	21055	394	40486	341
宁安	42591	25023	24791	20	17679	100
山市种奶牛场	11719	5698	5606	92	5999	22
锦河	24820	15512	9851	5661	9278	30
红色边疆	31944	20362	19002	1608	10849	485

附录 1-9 续表 1　　（2013 年）　　单位:万元

农场名称	农林牧渔业总产值	#国有经济	#农业	#林业	#畜牧业	#渔业
逊克	113032	73158	69706	5003	38171	152
龙门	28488	17890	17606	1774	9059	49
襄河	48862	35868	34600	1604	11934	724
龙镇	68064	53094	51090	2036	14685	254
二龙山	76620	56239	53949	3444	17841	1386
引龙河	68963	45603	45190	2408	20091	1274
尾山	55474	27783	27783	2180	25441	70
格球山	34325	22530	22204	326	11617	177
长水河	59839	43867	34647	9220	15931	41
赵光	93341	67707	65505	2297	24596	943
红星	68497	48603	51760	1967	14140	631
建设	54374	40146	37391	2745	13186	1052
五大连池原种场	19552	17625	16717	1169	1666	
鹤山	91915	50629	49639	727	41287	263
大西江	53205	32820	32362	564	20084	194
尖山	55153	38673	38576	51	16480	46
荣军	43640	25594	24815	780	17942	104
红五月	30712	22908	22763	145	7570	233
七星泡	74711	57764	56873	396	16948	495
嫩江	41104	35806	35402	404	5249	48
山河	65916	44710	42706	2004	20800	405
嫩北	68698	47031	46207	728	21667	96
建边	37096	27096	25958	1138	10000	
哈拉海	36001	33088	33064	24	2913	
克山	70185		38339	2630	29181	35
依安	33732	13086	12469	617	20567	79
富裕牧场	74936	16491	16391	100	57986	459
查哈阳	207225	142925	138582	5841	62005	796
泰来	29890	10370	10043	386	19175	285
绿色草原牧场	45094	11428	11213	214	33666	
巨浪牧场	23653	6202	6164	39	17409	42
齐齐哈尔种畜场	43516	19473	19078	395	24043	
繁荣种畜场	17137	9890	9716	174	7248	
大山种羊场	13349	6774	6514	260	5661	915
红旗种马场	4729		2961		1768	
嘉荫	59814	30742	30742	430	27882	760
铁力	61844	39206	38816	53	22507	468
海伦	47577	27407	27373	34	18999	1170
红光	33686	12697	12284	93	20893	417
绥棱	79356	66273	65225	48	11827	2256
安达牧场	9197	1907	1899	8	7290	
和平牧场	46266	13987	13452	535	32279	
肇源	40697	10410	9514	896	28823	1464
柳河	15895	9150	8227	923	6373	372
涝洲鱼种场	1467	1180	8		287	1173
庆阳	21895	19821	16055	3766	1488	587
岔林河	12194	7327	9759	720	1013	702
沙河	2041	1836	1836		164	41
香坊实验	9039	7130	7130		1909	
青年	5024				5024	
闫家岗	12901	5628	5436		7273	192
红旗	13329	11591	11591		1738	
四方山	21940	15254	14386	668	6687	200
松花江	8634	8126	7986	140	424	84
阿城原种场	7180	4323	4323		2857	
九龙山柞蚕育种场	1646	1646	16		1630	
佳南实验农场	10338		6127	90	4023	98

附录 1-9 续表 2　　　　（2013 年）　　　　单位：万元

农场名称	农林牧渔业商品产值（现价：万元）	#农业	#林业	#畜牧业	#渔业
二九〇	103032	91770	23	11030	209
绥滨	129326	97058		29165	3104
江滨	64386	36014	29	28302	42
军川	124612	87984	656	35951	20
名山	74514	37185		34300	3030
延军	34990	23200	715	10968	107
共青	108954	68888		39271	795
宝泉岭	134327	76100	127	58000	100
新华	110029	65372	80	42507	2070
普阳	107984	81398		26586	
汤原	34702	20990	968	12744	
依兰	14062	7968	142	5741	211
梧桐河	63073	48573		14500	
友谊	359298	299622	2381	55811	1485
五九七	171899	110558	3399	57278	664
八五二	239591	194607	864	40694	3426
八五三	210080	183206	1510	24265	1098
饶河	115247	82873	3150	22945	6279
二九一	115527	98434	1198	14774	1121
双鸭山	61178	34678	1945	24070	485
江川	99604	54082		44733	789
曙光	47145	13197	168	33757	23
北兴	102315	70508	2654	28463	691
红旗岭	93447	50778	519	41595	555
宝山	30022	21277	294	8442	9
八五九	233133	221904		10299	930
胜利	118467	105905	100	12462	
七星	259894	228695		30317	882
勤得利	146479	127735	157	15838	2750
大兴	138918	126784		11937	197
青龙山	95662	86591	29	8971	72
前进	165072	147862	24	17126	60
创业	108916	99551	636	8495	234
红卫	129234	117637	120	11477	
前哨	96489	89408		7070	11
前锋	189934	175481		14448	5
洪河	121801	112875	50	8741	135
鸭绿河	87221	78789		8390	42
二道河	99317	95858		3435	24
浓江	115709	102882		12795	32
八五〇	99099	76002	37	23006	53
八五四	214777	188963		24613	1201
八五五	68196	44273	372	23392	159
八五六	249233	222847	223	23739	2424
八五七	152566	112017	935	36475	3139
八五八	178795	135372	886	39806	2731
八五一〇	53343	35237	700	16180	1226
八五一一	78237	46558	1	31678	
庆丰	124781	111352	12	13131	287
云山	143566	106382	1196	35313	675
兴凯湖	141558	130140	180	10570	668
海林	57093	20671	365	35717	340
宁安	29086	16190	20	12872	4
山市种奶牛场	11162	5284	91	5764	22
锦河	5632	2989	600	2044	
红色边疆	29409	17482	1495	9981	451

附录 1-9 续表 3　　　　（2013 年）

农场名称	农林牧渔业商品产值（现价:万元）				
		#农　业	#林　业	#畜牧业	#渔　业
逊　克	89637	49818	4594	35118	107
龙　门	23303	13629	1112	8513	48
襄　河	35527	25043	1080	8700	704
龙　镇	64653	48448	2030	13935	240
二龙山	56733	42029	1044	12525	1135
引龙河	62089	40671	2167	18104	1147
尾　山	39860	21340	2180	16270	70
格球山	22204	22204			
长水河	57677	34000	7735	15900	41
赵　光	88698	62623	1068	24073	934
红　星	58223	43996	1672	12019	536
建　设	54374	37391	2745	13186	1052
五大连池	19552	16717	1169	1666	
鹤　山	88431	47808	720	39652	251
大西江	53205	32362	564	20084	194
尖　山	18197	2863	30	15260	44
荣　军	42860	24815		17942	104
红五月	26210	18628	123	7241	217
七星泡	68185	51375		16334	476
嫩　江	39610	34399		5163	48
山　河	62576	40416	954	20800	405
嫩　北	59243	37940	673	20542	88
建　边	21987	13475	12	8500	
哈拉海	36001	33064	24	2913	
克　山	63937	34889	2177	26846	25
依　安	27813	8803	13	18925	72
富裕牧场	74090	16000	90	57600	400
查哈阳	207218	138581	5841	62003	792
泰　来	29890	10043	386	19176	285
绿色草原牧场	34632	5237	70	29325	
巨浪牧场	19007	1489		17481	37
齐齐哈尔种畜场	43017	18974		24043	
繁荣种畜场	17137	9716	174	7248	
大山种羊场	13349	6514	260	5661	915
红旗种马场	4737	2961		1776	
嘉　荫	59384	30742		27882	760
铁　力	38697	28905	11	9376	405
海　伦	48950	27373	34	20373	1170
红　光	32056	10975	22	20642	417
绥　棱	79310	65225	48	11827	2210
安达牧场	8558	1260	8	7290	
和平牧场	21298	6712	484	14102	
肇　源	40697	9514	896	28823	1464
柳　河	14423	7049	629	6373	372
涝洲鱼种场	1235	5		246	984
庆　阳	17373	12138	2866	1910	459
岔林河	8762	5862	700	1500	700
沙　河	2057	1773		244	40
香坊实验	9958	7130		2828	
青　年	7441			7441	
闫家岗	16402	5436		10774	192
红　旗	14050	11485		2565	
四方山	225358	106540	3080	115738	
松花江	5993	5265	113	562	53
阿城原种场	7000	4200		2800	
九龙山柞蚕育种场	1600	15		1585	
佳南实验农场	10338	6127	90	4023	98

附录 1-10　农作物播种面积、单产和总产

（2013 年）

农场名称	总播种面积（公顷）	1. 粮食			(1)谷物		
		面积（公顷）	单产（公斤/公顷）	总产（吨）	面积（公顷）	单产（公斤/公顷）	总产（吨）
二九〇	43834	43834	6370	279216	43456	6423	279103
绥滨	35800	35800	8837	316382	35800	8837	316382
江滨	23016	22915	5306	121601	22915	5307	121601
军川	39171	38871	7981	310226	38177	8082	308540
名山	17672	17672	7830	138382	17572	7859	138102
延军	14675	14675	6444	94565	13342	6888	91899
共青	31467	31467	8011	252096	31467	8011	252096
宝泉岭	31640	31610	7602	240305	29610	8020	237497
新华	29307	29307	7802	228655	26600	8302	220836
普阳	33800	33596	8769	294612	33596	8769	294612
汤原	9690	9660	8552	82621	9593	8597	82472
依兰	3632	3590	8445	30321	3590	8446	30321
梧桐河	18534	18534	7858	145641	18534	7858	145641
友谊	106676	102233	8873	907097	100233	8987	900759
五九七	42800	41466	7605	315367	37333	8122	303216
八五二	80000	78000	7260	566269	58267	8728	508553
八五三	68000	68000	8647	588022	63333	9064	574021
饶河	34000	33867	8286	280635	32933	8445	278119
二九一	37877	34543	8125	280660	34543	8125	280660
双鸭山	14667	14334	8490	121690	14000	8624	120738
江川	18947	18947	8250	156312	18947	8250	156312
曙光	13659	12333	8611	106200	12000	8767	105200
北兴	33334	32507	7700	250301	27173	8681	235899
红旗岭	19867	19680	8452	166331	18134	8901	161419
宝山	7430	7256	8515	61782	7256	8515	61782
八五九	85546	85546	8416	719955	85546	8416	719955
胜利	46200	46200	8736	403595	46200	8736	403595
七星	81360	81321	8935	726618	80000	9039	723148
勤得利	54980	54980	8157	448473	54980	8157	448473
大兴	48067	48067	7642	367311	48067	7642	367311
青龙山	36666	36666	7694	282104	36666	7694	282104
前进	53067	53067	8698	461577	53067	8698	461577
创业	37333	37333	8618	321721	37333	8618	321721
红卫	38667	38667	8830	341425	38667	8830	341425
前哨	38333	38333	7978	305836	38333	7978	305836
前锋	71334	71334	8322	593653	71334	8322	593653
洪河	42666	42666	8420	359248	42666	8420	359248
鸭绿河	29067	29067	8441	245345	29067	8441	245345
二道河	36216	36216	8382	303580	36216	8382	303580
浓江	35533	35533	8490	301687	35533	8490	301687
八五〇	33445	32602	8145	265552	29526	8743	258148
八五四	67927	67727	7903	535277	59000	8680	512109
八五五	30014	28814	5643	162607	20667	7142	147614
八五六	75854	75334	9016	679243	75334	9016	679243
八五七	36063	35063	8871	311027	34730	8932	310205
八五八	40267	39800	8596	342135	37333	8989	335594
八五一〇	21629	18640	6762	126046	17661	6993	123504
八五一一	22993	21000	6188	129957	15667	7387	115734
庆丰	44431	43345	7693	333449	36678	8584	314843
云山	32947	32035	7535	241389	30701	7740	237638
兴凯湖	39090	39017	8468	330380	37880	8646	327520
海林	9210	7667	6782	51995	6400	7578	48497
宁安	7587	6078	5508	33476	4688	5860	27472
山市种奶牛场	4491	4085	5206	21266	2333	7109	16585
锦河	10791	10791	1502	16211	5333	2812	14994
红色边疆	16633	16633	5154	85722	10667	7185	76646

附录 1-10 续表 1　　　　　　　　　　（2013 年）

农场名称	总播种面积（公顷）	1. 粮食			(1)谷物		
		面积（公顷）	单产（公斤/公顷）	总产（吨）	面积（公顷）	单产（公斤/公顷）	总产（吨）
逊克	42221	42221	6187	261210	26020	8805	229100
龙门	15765	15032	3264	49058	3467	6714	23277
襄河	18606	18373	6379	117209	11671	8706	101613
龙镇	22341	22341	8189	182961	16667	10144	169075
二龙山	27286	26286	7444	195670	18333	9618	176320
引龙河	23532	23532	7487	176194	16734	9550	159805
尾山	15238	15201	7315	111188	10667	9372	99972
格球山	14400	14400	6060	87263	7333	9637	70665
长水河	24067	24067	7930	190854	19334	9271	179237
赵光	33721	33087	9345	309208	29029	10290	298701
红星	27333	27206	9412	256064	24801	10073	249832
建设	20080	20080	9256	185862	17400	10291	179056
五大连池	9867	9553	5514	52677	4280	9408	40266
鹤山	35578	33423	6337	211806	20700	9589	198492
大西江	20030	18792	5635	105891	9800	9480	92906
尖山	27130	25254	6980	176275	17290	9711	167904
荣军	16408	15084	5588	84294	7716	9471	73075
红五月	16487	15425	4462	68834	6414	9320	59779
七星泡	33529	30846	6933	213870	20517	9737	199770
嫩江	30038	27640	4474	123662	15278	6954	106239
山河	26767	24932	5951	148366	14415	9400	135505
嫩北	27012	25042	6460	161774	14787	9899	146382
建边	20225	17392	4008	69712	6093	8785	53525
哈拉海	13512	13097	9741	127584	13097	9741	127584
克山	29607	28001	5132	143689	19334	6728	130070
依安	5734	4867	7764	37787	4734	7745	36667
富裕牧场	11867	8867	5446	48290	8134	5700	46363
查哈阳	67333	63901	8049	514349	62767	8141	510982
泰来	5334	4534	6093	27626	4534	6093	27626
绿色草原牧场	7333	4799	6521	31294	3733	7963	29726
巨浪牧场	2667	2067	3302	6826	1600	4037	6459
齐齐哈尔种畜场	4740	3933	6971	27418	3800	7212	27407
繁荣种畜场	9710	9334	3451	32211	8334	3865	32211
大山种羊场	4333	4200	4610	19361	4200	4610	19361
红旗种马场	1620	1620	5794	9386	1620	5794	9386
嘉荫	17790	16856	5219	87978	7667	8858	67916
铁力	15872	14872	7619	113309	13000	8425	109520
海伦	16577	16565	5301	87804	9333	7974	74425
红光	9928	9921	5312	52697	5467	8054	44030
绥棱	15321	14320	5237	74992	10043	6630	66583
安达牧场	997	597	5963	3560	564	6223	3510
和平牧场	7718	4984	9040	45055	4399	10033	44134
肇源	4012	4012	7650	30692	4012	7650	30692
柳河	4252	4252	6877	29241	3800	7427	28221
涝洲鱼种场	8	8	4875	39	8	4875	39
庆阳	3475	3341	9238	30864	3341	9238	30864
岔林河	4139	4139	4985	20631	4139	4985	20631
沙河	1151	1151	5887	6776	1098	6052	6645
香坊实验	452	70	5657	396			
青年	331	331			331		
闫家岗	539	339	9416	3192	299	9472	2832
红旗	637	135	7407	1000			
四方山	7933	5373	5324	28608	5186	5421	28113
松花江	4204	4204	8194	34447	3628	9136	33145
阿城原种场	1578	1578	7740	12213	1578	7740	12213
九龙山柞蚕育种场	11	11	7455	82	11	7455	82
佳南实验农场	2878	2834	8427	23882	2699	8715	23523

附录 1–10 续表 2

(2013 年)

农场名称	#水稻			#小麦			#玉米		
	面　积（公顷）	单　产（公斤 / 公顷）	总　产（吨）	面　积（公顷）	单　产（公斤 / 公顷）	总　产（吨）	面　积（公顷）	单　产（公斤 / 公顷）	总　产（吨）
二九〇	36000	7719	277888				7456	163	1215
绥　滨	35067	8822	309389				733	9540	6993
江　滨	18134	6168	111848				4781	2040	9753
军　川	31467	7859	247288				6710	9128	61252
名　山	15335	7576	116181				2237	9799	21921
延　军	4133	8500	35132				9209	6164	56767
共　青	17333	9315	161459				14134	6413	90637
宝泉岭	7835	8051	63080				21775	8010	174417
新　华	19334	8468	163725				7266	7860	57111
普　阳	33596	8769	294612						
汤　原	311	9756	3034				9282	8558	79438
依　兰	810	8258	6689				2780	8500	23632
梧桐河	15701	8235	129300				2833	5768	16341
友　谊	66667	9344	622910				33566	8278	277849
五九七	20000	8080	161600				17333	8170	141616
八五二	11600	8925	103530				46667	8679	405023
八五三	40000	9497	379891				23333	8320	194130
饶　河	20000	8300	166000				12933	8669	112119
二九一	20142	8150	164154				14401	8090	116506
双鸭山	1000	8071	8071				13000	8667	112667
江　川	18947	8250	156312						
曙　光	4000	8604	34416				8000	8848	70784
北　兴	2200	9075	19965				24973	8647	215934
红旗岭	14667	8993	128597				3467	9467	32822
宝　山	7049	8505	59950				207	8850	1832
八五九	66733	8446	563622				18813	8310	156333
胜　利	32000	8603	275280				14200	9036	128315
七　星	75333	8989	677197				4667	9846	45951
勤得利	47047	8197	385642				7933	7920	62831
大　兴	45334	7689	348558				2733	6862	18753
青龙山	34000	7742	263233				2666	7078	18871
前　进	53067	8698	461577						
创　业	37333	8618	321721						
红　卫	38000	8825	335363				667	9088	6062
前　哨	35333	8038	284023				3000	7271	21813
前　锋	68000	8379	569754				3334	7168	23899
洪　河	40666	8441	343278				2000	7985	15970
鸭绿河	28667	8468	242765				400	6450	2580
二道河	36069	8389	302567				147	6891	1013
浓　江	35533	8490	301687						
八五〇	24297	9134	221922				5229	6928	36226
八五四	43667	9017	393764				15333	7718	118345
八五五	667	8337	5561				20000	7103	142053
八五六	73334	9061	664463				2000	7390	14780
八五七	30667	9132	280064				4063	7418	30141
八五八	36000	9044	325600				1333	7497	9994
八五一〇	1181	8255	9749				16480	6903	113755
八五一一	3667	8870	32525				12000	6934	83209
庆　丰	26678	8993	239923				10000	7492	74920
云　山	16601	8379	139100				14100	6989	98538
兴凯湖	36000	8713	313660				1880	7372	13860
海　林	400	8370	3348				6000	7525	45149
宁　安	2797	6173	17265				1891	5398	10207
山市种奶牛场							2333	7109	16585
锦　河							5333	2812	14994
红色边疆	667	8340	5563	667	4801	3202	9333	7273	67881

附录 1–10 续表 3　　（2013 年）

农场名称	#水稻			#小麦			#玉米		
	面积（公顷）	单产（公斤/公顷）	总产（吨）	面积（公顷）	单产（公斤/公顷）	总产（吨）	面积（公顷）	单产（公斤/公顷）	总产（吨）
逊克	1000	9000	9000	333	5309	1768	24687	8844	218332
龙门				2667	6075	16202	800	8844	7075
襄河	4	9000	36	1000	5852	5852	10667	8974	95725
龙镇	4000	10500	42000				12667	10032	127075
二龙山	333	8625	2872				18000	9636	173448
引龙河	667	10651	7104				16067	9504	152701
尾山							10667	9372	99972
格球山							7333	9637	70665
长水河				1334	6120	8164	18000	9504	171073
赵光	333	9751	3247				28696	10296	295454
红星	3333	10500	34997	134	6060	812	21334	10032	214023
建设	4667	10273	47944				12733	10297	131112
五大连池				280	6150	1722	4000	9636	38544
鹤山				700	5217	3652	20000	9742	194840
大西江				87	5230	455	9713	9518	92451
尖山							17290	9711	167904
荣军				4	6250	25	7564	9536	72127
红五月							6414	9320	59779
七星泡	130	7000	910	610	5151	3142	19777	9896	195718
嫩江							15046	7060	106228
山河				733	5025	3683	13404	9723	130328
嫩北	133	6526	868	154	5221	804	14500	9980	144710
建边				1293	5038	6514	4800	9794	47011
哈拉海	10000	9553	95530				3097	10350	32054
克山	667	5970	3982				18667	6755	126088
依安	4067	7850	31925				667	7109	4742
富裕牧场	6667	5683	37887				1467	5778	8476
查哈阳	45667	8610	393179				17100	6889	117803
泰来	3534	6111	21597				1000	6029	6029
绿色草原牧场							3733	7963	29726
巨浪牧场	133	6842	910				1467	3783	5549
齐齐哈尔种畜场	3333	7293	24308				467	6636	3099
繁荣种畜场	5000	5923	29613				3334	779	2598
大山种羊场	3100	5325	16510				1100	2592	2851
红旗种马场	1000	7053	7053				620	3763	2333
嘉荫	1000	6580	6580				6667	9200	61336
铁力	10333	8489	87717				2667	8175	21803
海伦	2133	6200	13225				7200	8500	61200
红光	800	5218	4174				4667	8540	39856
绥棱	4014	6315	25348				6029	6839	41235
安达牧场							464		2760
和平牧场							4133	10051	41541
肇源	4012	7650	30692						
柳河	2467	7104	17526				1333	8023	10695
涝洲鱼种场	8	4875	39						
庆阳	2867	9654	27678				474	6722	3186
岔林河	4139	4985	20631						
沙河	636	7629	4852				462	3881	1793
香坊实验									
青年	195						136		
闫家岗	200	9550	1910				99	9313	922
红旗									
四方山	333	7802	2598				4353	5276	22966
松花江	430	9472	4073				3198	9091	29072
阿城原种场	1074	7500	8055				504	8250	4158
九龙山柞蚕育种场							11	7455	82
佳南实验农场	1413	8682	12267				1270	8762	11128

附录 1–10 续表 4　　　　　　　　(2013 年)

农场名称	#大麦 面积（公顷）	#大麦 单产（公斤/公顷）	#大麦 总产（吨）	(2)豆类 面积（公顷）	(2)豆类 单产（公斤/公顷）	(2)豆类 总产（吨）	#大豆 面积（公顷）	#大豆 单产（公斤/公顷）	#大豆 总产（吨）
二九〇				378	299	113	378	299	113
绥滨									
江滨									
军川				694	2429	1686	694	2429	1686
名山				100	2800	280	100	2800	280
延军				1333	2000	2666	1333	2000	2666
共青									
宝泉岭				2000	1404	2808	2000	1404	2808
新华				2707	2888	7819	2707	2888	7819
普阳									
汤原				67	2224	149			
依兰									
梧桐河									
友谊				2000	3169	6338	2000	3169	6338
五九七				4133	2939	12151	4133	2939	12151
八五二				19733	2925	57716	19733	2925	57716
八五三				4667	3000	14001	4667	3000	14001
饶河				934	2694	2516	667	2775	1851
二九一									
双鸭山				334	2850	952	334	2850	952
江川									
曙光				333	3003	1000	333	3003	1000
北兴				5334	2700	14402	5334	2700	14402
红旗岭				1533	3157	4840	1333	3158	4210
宝山									
八五九									
胜利									
七星				1321	2627	3470	1321	2627	3470
勤得利									
大兴									
青龙山									
前进									
创业									
红卫									
前哨									
前锋									
洪河									
鸭绿河									
二道河									
浓江									
八五〇				3076	2407	7404	2142	2571	5507
八五四				8727	2655	23168	4667	2811	13120
八五五				8147	1840	14993	5667	1924	10903
八五六									
八五七				333	2468	822			
八五八				2467	2651	6541	667	2694	1797
八五一〇				979	2597	2542	979	2597	2542
八五一一				5333	2667	14223	4000	2712	10850
庆丰				6667	2791	18606	5334	2813	15007
云山				1334	2812	3751	1334	2812	3751
兴凯湖				1137	2515	2860	1137	2515	2860
海林				1267	2761	3498	933	2829	2639
宁安				555	1868	1037	555	1868	1037
山市种奶牛场				1699	2474	4204	1666	2480	4131
锦河				5458	223	1217	5458	223	1217
红色边疆				5966	1521	9076	5899	1524	8989

附录 1–10 续表 5　　　　　　　　　　　　　　（2013 年）

农场名称	#大　麦			(2)豆　类			#大　豆		
	面　积（公顷）	单　产（公斤 / 公顷）	总　产（吨）	面　积（公顷）	单　产（公斤 / 公顷）	总　产（吨）	面　积（公顷）	单　产（公斤 / 公顷）	总　产（吨）
逊　　克				16201	1982	32110	16201	1982	32110
龙　　门				11165	2212	24701	9165	2106	19301
襄　　河				6235	2288	14265	5102	2230	11376
龙　　镇				5007	2354	11785	5007	2354	11785
二 龙 山				7286	2354	17149	7286	2354	17149
引 龙 河				6198	2354	14589	6198	2354	14589
尾　　山				4134	2443	10100	4134	2443	10100
格 球 山				7067	2349	16598	7067	2349	16598
长 水 河				4133	2353	9727	4133	2353	9727
赵　　光				3191	2478	7906	3191	2478	7906
红　　星				1671	2478	4140	1671	2478	4140
建　　设				2680	2540	6806	2680	2540	6806
五大连池				5273	2354	12411	5273	2354	12411
鹤　　山				11424	989	11303	10524	1074	11303
大 西 江				8342	1468	12246	8342	1468	12246
尖　　山				7170	1030	7382	7170	1030	7382
荣　　军				6708	1515	10163	6708	1515	10163
红 五 月				8351	957	7992	8253	960	7922
七 星 泡				9439	1345	12695	9439	1345	12695
嫩　　江				11247	1403	15780	10830	1435	15537
山　　河				10517	1223	12861	10517	1223	12861
嫩　　北				10255	1501	15392	9429	1513	14269
建　　边				11299	1433	16187	10090	1501	15147
哈 拉 海									
克　　山				667	2453	1636	667	2453	1636
依　　安									
富裕牧场				366	2251	824			
查 哈 阳				1134	2969	3367			
泰　　来									
绿色草原牧场				1066	1471	1568			
巨浪牧场				467	786	367			
齐齐哈尔种畜场									
繁荣种畜场				1000					
大山种羊场									
红旗种马场									
嘉　　荫				8522	1953	16641	6789	1850	12560
铁　　力				1872	2024	3789	1872	2024	3789
海　　伦				7232	1850	13379	7232	1850	13379
红　　光				4454	1946	8667	4454	1946	8667
绥　　棱				4277	1966	8409	4277	1966	8409
安达牧场				33		50			
和平牧场				585	1574	921			
肇　　源									
柳　　河				452	2257	1020	452	2257	1020
涝洲鱼种场									
庆　　阳									
岔 林 河									
沙　　河				53	2472	131	53	2472	131
香坊实验									
青　　年									
闫 家 岗									
红　　旗									
四 方 山				167	2246	375			
松 花 江				576	2260	1302	576	2260	1302
阿城原种场									
九龙山柞蚕育种场									
佳南实验农场				133	2549	339	133	2549	339

附录 1-10 续表 6

(2013 年)

农场名称	(3)薯类	2.油料作物			3.麻类			4.药材	5.蔬菜瓜果类面积
	面　积	面　积(公顷)	单　产(公斤/公顷)	总　产(吨)	面　积(公顷)	单　产(公斤/公顷)	总　产(吨)	面　积(公顷)	(公顷)
二九〇									
绥滨									
江滨									
军川									
名山									
延军									
共青									
宝泉岭									30
新华									
普阳									
汤原									
依兰									
梧桐河									
友谊		400	3000	1200					800
五九七									
八五二								113	282
八五三									
饶河								47	86
二九一									
双鸭山									333
江川									
曙光									726
北兴									60
红旗岭	13	80	1200	96					40
宝山									174
八五九									
胜利									
七星									39
勤得利									
大兴									
青龙山									
前进									
创业									
红卫									
前哨									
前锋									
洪河									
鸭绿河									
二道河									
浓江									
八五〇		18	2500	45				15	3
八五四									
八五五		667	654	436					
八五六									9
八五七		333	1426	475					
八五八									34
八五一〇									67
八五一一		393	903	355					267
庆丰		333	1198	399					115
云山									12
兴凯湖									6
海林									164
宁安	835	231	2000	462				95	1094
山市种奶牛场	53	373	895	334					
锦河									
红色边疆									

附录 1-10 续表 7　　（2013 年）

农场名称	（3）薯类	2.油料作物			3.麻类			4.药材	5.蔬菜瓜果类面积
	面　积	面　积（公顷）	单　产（公斤 / 公顷）	总　产（吨）	面　积（公顷）	单　产（公斤 / 公顷）	总　产（吨）	面　积（公顷）	（公顷）
逊　克									
龙　门	400								
襄　河	467								
龙　镇	667								
二 龙 山	667								
引 龙 河	600								
尾　山	400								37
格 球 山									
长 水 河	600								
赵　光	867								
红　星	734								127
建　设									
五大连池									200
鹤　山	1299							60	
大 西 江	650								
尖　山	794							334	10
荣　军	660	76	3066	233					12
红 五 月	660								
七 星 泡	890								9
嫩　江	1115	5	200	1				154	2
山　河								100	132
嫩　北								10	7
建　边								802	4
哈 拉 海									
克　山	8000								273
依　安	133								467
富裕牧场	367								667
查 哈 阳									999
泰　来		533	2964	1580					
绿色草原牧场								934	
巨浪牧场								200	
齐齐哈尔种畜场	133								727
繁荣种畜场									376
大山种羊场		133	2647	352					
红旗种马场									
嘉　荫	667				200	3860	772	67	667
铁　力								1000	
海　伦									12
红　光									7
绥　棱									1001
安达牧场								133	267
和平牧场		1067	2251	2402				933	67
肇　源									
柳　河									
涝洲鱼种场									
庆　阳		134	2254	302					
岔 林 河									
沙　河									
香坊实验	70								320
青　年									
闫 家 岗	40								200
红　旗	135	30	3833	115					274
四 方 山	20	760	2250	1710					100
松 花 江									
阿城原种场									
九龙山柞蚕育种场									
佳南实验农场	2								35

附录 1–10 续表 8　　　　（2013 年）　　　　单位:公顷

农场名称	6.甜菜			7.饲料面积	青饲料面积	8.其他作物面积
	面　积（公顷）	单　产（公斤 / 公顷）	总　产（吨）			
二 九 〇						
绥　　滨						
江　　滨				101	101	
军　　川				300	300	
名　　山						
延　　军						
共　　青						
宝 泉 岭						
新　　华						
普　　阳				204	204	
汤　　原						
依　　兰				42	42	
梧 桐 河						
友　　谊	3243	48000	155664			
五 九 七	1334	7500	10005			
八 五 二	1333	48794	65043	192	192	80
八 五 三						
饶　　河						
二 九 一	2667	28010	74704	667	667	
双 鸭 山						
江　　川						
曙　　光				133	133	467
北　　兴	667	37501	25013	100	100	
红 旗 岭				67	67	
宝　　山						
八 五 九						
胜　　利						
七　　星						
勤 得 利						
大　　兴						
青 龙 山						
前　　进						
创　　业						
红　　卫						
前　　哨						
前　　锋						
洪　　河						
鸭 绿 河						
二 道 河						
浓　　江						
八 五 〇				800	800	
八 五 四				200	200	
八 五 五				533	533	
八 五 六				334	334	177
八 五 七				667	667	
八 五 八				433	433	
八五一〇				281	281	2641
八五一一				1333	1333	
庆　　丰				638	638	
云　　山				900	900	
兴 凯 湖				67	67	
海　　林	52	43385	2256	534	534	753
宁　　安						89
山市种奶牛场				33	33	
锦　　河						
红色边疆						

附录 1–10 续表 9　　（2013 年）

农场名称	6.甜菜			7.饲料面积		8.其他作物面积
	面　积（公顷）	单　产（公斤 / 公顷）	总　产（吨）		青饲料面　积	
逊　克						
龙　门				666	666	67
襄　河				233	233	
龙　镇						
二龙山				1000	1000	
引龙河						
尾　山						
格球山						
长水河						
赵　光				634	634	
红　星						
建　设						
五大连池						114
鹤　山	734			1361	1361	
大西江	400	36555	14622	838	838	
尖　山	620	869	539	912	912	
荣　军	434	2666	1157	602	602	200
红五月	367	10000	3670	575	575	120
七星泡	1300	15117	19652	1374	1374	
嫩　江	1100	4051	4456	1137	1137	
山　河	200	1495	299	1236	1236	167
嫩　北	947	20000	18940	1006	1006	
建　边	567	20000	11340	970	970	490
哈拉海				415	415	
克　山				1333	1333	
依　安				200	200	200
富裕牧场				1733	1733	600
查哈阳				1766	1766	667
泰　来				267	267	
绿色草原牧场				1600	1600	
巨浪牧场				400	400	
齐齐哈尔种畜场						80
繁荣种畜场						
大山种羊场						
红旗种马场						
嘉　荫						
铁　力						
海　伦						
红　光						
绥　棱						
安达牧场						
和平牧场						
肇　源						
柳　河						
涝洲鱼种场						
庆　阳						
岔林河						
沙　河						
香坊实验				60	60	2
青　年						
闫家岗						
红　旗	13	67692	880			185
四方山	727	38000	27626	933	600	40
松花江						
阿城原种场						
九龙山柞蚕育种场						
佳南实验农场						9

附录 1-11　林业、水果生产情况

（2013 年）

农场名称	年末人工成林面积（公顷）	#当年造林面积	#用材林面积	#农田防护林面积	育苗面积（公顷）	林木采伐量（立方米）	果园面积（公顷）	水果产量（吨）
二九〇	8233	20	81	6867	90	50		
绥滨	7129	20	3076	1900	100			
江滨	5536	20		5502	20	61		
军川	6287	20	594	5201	20			
名山	2714	13	604	1544	27			
延军	3997	13	2118	1086				
共青	9169	20	2627	5869	35			
宝泉岭	11216	20	7418	3010	48	356		
新华	7126	20	5019	1995	22			
普阳	4056	20	704	2752	52			
汤原	1208	13	143	1025	10			
依兰	630	13	315	249	2			
梧桐河	2456	14		2155				
友谊	12398	13	2345	9969	4		394	1020
五九七	4608	334	860	3200	68	1350	1728	10566
八五二	9848		2077	7771	53			
八五三	8844	108		7693	72	2400	200	3796
饶河	7469		5575	1834	63	2871		
二九一	4428			4308	67	3026		
双鸭山	2101	67	756	1345	27	920	30	180
江川	2466		69	2092	30			
曙光	2382		486	1896	36			
北兴	9217		8256	857	72		10	56
红旗岭	3309		2380	781	45	2252		
宝山	766		80	686				
八五九	8761	40	3712	4637	10			
胜利	8785	73	4902	3331	28	1269		
七星	12864	107	1566	10987	31			
勤得利	7553	73	2096	5251	10			
大兴	6446	133	310	4954				
青龙山	4346	73	551	3795	26			
前进	6597	100	2188	3759	32	171		
创业	6050	86	824	5004	60	397		
红卫	8031	80	608	6762	7			
前哨	7157	107	1090	5656	37			
前锋	7195	80	4362	1911	15			
洪河	5835	87	2071	3764	17			
鸭绿河	3014		936	1968				
二道河	5235	73	1085	2722				
浓江	5666	113	810	4755				
八五〇	4923		1625	3298	10	85		
八五四	15136	100	11041					
八五五	12505	67	11818	558	121	2710		
八五六	5274		2773	1923		1680		
八五七	4555		3165	492	51			
八五八	3340	38	3323			800		
八五一〇	6459		4476	741				
八五一一	8841		7789	172	5			
庆丰	3627		1681	1684	40			
云山	5956		4266	1690	27	4231	5	180
兴凯湖	3538	34	2998	509	20	1800		
海林	3543	13	3162	296	3			
宁安	2824		2584	88	9		70	325
山市种奶牛场	2671		2213			1307		
锦河	23052		22792					
红色边疆	7779	20	6954	667	97			

附录 1-11 续表　　（2013 年）

农场名称	年末人工成林面积（公顷）	#当年造林面积	#用　材林面积	#农田防护林面积	育　苗面　积（公顷）	林　木采伐量（立方米）	果　园面　积（公顷）	水　果产　量（吨）
逊　　克	9798		8755	586	71			
龙　　门	9073	137	8336	455	3			
襄　　河	6519		6142	39	17			
龙　　镇	2873	37	2230	515	57			
二 龙 山	3478	35	1140	870	27			
引 龙 河	5998	34	5311	568	15	200		
尾　　山	7480		6647	833	14			
格 球 山	7467	33	5254	2063	35			
长 水 河	5095		3158	1756	94	58776		
赵　　光	3398		862	2255	30			
红　　星	2516	34	127	2389	61			
建　　设	6209		5298	600	41			
五大连池	3339		3159	129				
鹤　　山	10404		4077	4331	67			
大 西 江	9382		4977	2165	20			
尖　　山	7324		4860	2271	80			
荣　　军	3320		1323	722	30			
红 五 月	4018		1677	1051	84			
七 星 泡	14686	78	11170	2773	28			
嫩　　江	4390		2938	892	70			
山　　河	14258		10116	3627				
嫩　　北	5658		3184	580	76			
建　　边	6340		466	5874				
哈 拉 海	1405	13	1143		37			
克　　山	3369	100	296	3073	90	10351		
依　　安	2826	13	1411	1415	73	560		
富裕牧场	6685	100			78			
查 哈 阳	10973	400	3136	4986		2519		
泰　　来	2671	33	1531			2700		
绿色草原牧场	10390	166		10390	32	2443		
巨浪牧场	790	7	454					
齐齐哈尔种畜场	1356	173	172		27		260	6884
繁荣种畜场	457	167						
大山种羊场	1811	100	140		3			
红旗种马场	122							
嘉　　荫	20662	53	19478					
铁　　力	1369	53	712	475		366		
海　　伦	3356	47	1766	1363				
红　　光	3443		1781	1638	5	442		
绥　　棱	1682		1057	625		1071		
安达牧场	770		537		5			
和平牧场	7435			7435	33			
肇　　源	993	2	747			247		
柳　　河	1252	47	1205		83		9	43
涝洲鱼种场								
庆　　阳	1471		1423					
岔 林 河	1312	6	399	120				
沙　　河	464		451	13				
香坊实验	49			49				
青　　年	11			11				
闫 家 岗	42			42				
红　　旗	95			25				
四 方 山	1714	8		449				
松 花 江	2817		1777		40	646		
阿城原种场	65							
九龙山柞蚕育种场								
佳南实验农场	68			68		255	1	3

附录 1-12　畜牧业、渔业生产情况

（2013 年）

农场名称	大牲畜年末存栏（头）	#马	#黄　牛	#奶　牛	猪年末存栏（头）	羊年末存栏（只）	禽年末存栏（只）	出栏肥猪（头）	出栏肉牛（头）
二九〇	364		68	296	19310	200	84000	36564	4016
绥　滨	804		550	254	43669	2035	60000	130057	2892
江　滨	1727		146	1581	38060	1591	54926	113262	3563
军　川	3343		254	3089	34120	600	14369	158982	4231
名　山	3940		3140	800	32110	470	11060	121361	8039
延　军	1082		252	830	6409	1486	21040	32474	3164
共　青	619		173	446	59634	2589	14940	179185	1063
宝泉岭	2327		1633	694	159433	1095	161981	279693	2282
新　华	2359		1535	824	42276	1866	718006	105298	2233
普　阳	1352		699	653	51784	4752	41000	118718	2807
汤　原	2244		2171	73	8350	4207	60148	38272	3759
依　兰	754		207	547	6081	402	10200	15462	1416
梧桐河	411		225	186	27415	960	100287	78157	661
友　谊	1435		1406	29	127110	16669	307911	198292	3948
五九七	2054		2054		15442	4912	46345	81200	11523
八五二	2846		2348	498	11881	6963	67558	139482	10828
八五三	1725		1354	371	39044	3550	52996	93707	5726
饶　河	6585		6585		13803	4456	60746	47436	11000
二九一	2001		468	1533	11369	15053	137960	23987	1696
双鸭山	546		532	14	23500	2620	26300	94549	3703
江　川	550		550		41670	700	76200	242744	6836
曙　光	265		265		23848	412	397400	154816	813
北　兴	4593		4381	212	9784	4032	29261	38144	11787
红旗岭	128		128		8952	1124	6171	28860	1977
宝　山	45		45		5159	2211	28890	9523	4957
八五九	1020			1020	4600		72000	14719	
胜　利	388		388		3998	1433	7403	16854	6537
七　星	531		531		28952	4386	198937	51344	13525
勤得利	104		79	25	12601	2105	16340	42013	4964
大　兴	87		87		7798	2617	20000	26117	4983
青龙山	39		39		2640	1292	7614	16589	3581
前　进	795		795		8699	3869	77387	31379	9815
创　业	392		392		7819	1758	60573	13309	1949
红　卫					2422	6559	66000	15535	
前　哨	42		42		2608	1842	25100	18938	1499
前　锋	242		21	221	402	1904	1996	26800	4092
洪　河	689		689		1439	1209	10004	7440	3988
鸭绿河	55		55		1431	1289	27551	7533	5526
二道河					482	209	5976	4171	1638
浓　江	88		88		518	782	4403	6601	3699
八五〇	5133		397	4736	7108	287	56510	30732	10490
八五四	2734		926	1808	18051	2114	318369	43837	8232
八五五	2644		911	1733	9546	4717	146000	35829	8129
八五六	2291		956	1335	6349	810	100266	46052	7512
八五七	5190		712	4478	8934	1408	99926	54906	8988
八五八	2615		1065	1550	22604	3106	521144	48179	8571
八五一〇	1961		752	1209	21918	4217	58908	32006	3653
八五一一	9683		900	8783	14493	3480	73300	38053	15118
庆　丰	1812		606	1206	9917	4465	153464	22063	5721
云　山	6587		1334	5253	19533	11693	240292	34054	5506
兴凯湖	965		965		15077	1850	62397	20853	12159
海　林	6685		1088	5597	11619	175	63659	53323	10776
宁　安	943		943		23820	1760	58500	65778	4517
山市种奶牛场	3435		1700	1735	4277	2500	10600	8131	2758
锦　河	3189		3189		3484	16206	10500	4349	4627
红色边疆	5056		4898	158	7881	8080	400	13140	5852

附录 1-12 续表 1　　　　　　　　　（2013 年）

农场名称	大牲畜年末存栏（头）	#马	#黄牛	#奶牛	猪年末存栏（头）	羊年末存栏（只）	禽年末存栏（只）	出栏肥猪（头）	出栏肉牛（头）
逊克	18718	533	18185		16375	131212	82700	35895	28031
龙门	3468		2474	994	4499	4496	35128	10188	6543
襄河	5040		4460	580	4422	4461	13517	12776	12425
龙镇	3151		1669	1482	5600	8872	30769	13397	2947
二龙山	8738		2544	6194	4408	2557	46815	5438	3208
引龙河	8240		4160	4080	7270	3969	62100	16471	6810
尾山	4085		2014	2071	6165	9144	8000	13818	9146
格球山	4912	122	2850	1940	4428	2296	4713	16310	5740
长水河	9623		4952	4671	4400	1980	44800	8900	3550
赵光	7449		2257	5192	4400	2562	60000	12600	7640
红星	5714		2369	3345	4089	3256	30118	7627	3613
建设	4995		4747	248	10210	9920	9000	18054	8403
五大连池原种场	82	3	75		62	1500	1264	1932	961
鹤山	6460		302	6148	7205	2102	31595	61972	35360
大西江	4803		2820	1970	2680	11978	58200	6716	12748
尖山	4836	107	1552	3006	5790	45600	85037	15564	6656
荣军	2805	6	87	2701	5634	3466	30660	11667	3946
红五月	2936		497	2439	4317	6560	23931	4727	1039
七星泡	6138	76	615	5438	1015	4823	15522	8621	6932
嫩江	5221		500	4721	2400	4398	8006	3757	1683
山河	4916		718	4198	3893	4544	8470	16789	19416
嫩北	4255		156	4088	561	3449	9855	3063	16614
建边	5694	186	3698	1810	1833	16148	11309	3264	3773
哈拉海	1417		26	1391	1735	7722	7030	4270	324
克山	3901		1816	2085	21119	2706	201768	43593	4841
依安	1839		1684	155	11123	1357	77270	26925	2490
富裕牧场	3734		1072	2662	25548	6025	376480	36290	22240
查哈阳	5900		3167	2733	51315	27452	731827	102105	9034
泰来	5969		5168	801	8274	3315	60912	20164	14647
绿色草原牧场	4637		878	3759	6923	3060	91683	20683	3564
巨浪牧场	3444		187	3257	672		29347	3835	2333
齐齐哈尔种畜场	2906	97	1407	1376	11878	1065	443000	18267	11558
繁荣种畜场	636		215	377	8253	4958	79895	15850	282
大山种羊场	2076	135	297	1486	615	10081	49178	885	1047
红旗种马场	432		300	132	3537	9788	25200	3000	220
嘉荫	39		39		4435	869	3911	44054	21765
铁力	275		35	240	720	280	60641	46471	10297
海伦	1291		326	965	2886	3560	15000	32544	8760
红光	339		56	283	2239	334	6340	46405	6068
绥棱	215		215		2686	612	4898	24937	9477
安达牧场	3067	25	892	2150	2090	1571	13135	3762	2391
和平牧场	9012			9012	2949	9695	24100	20070	11383
肇源	10		10		831	121	2310	3155	1530
柳河	350		350		10349	304	52349	19395	544
涝洲鱼种场					948		4000	1262	
庆阳					2750			4010	132
岔林河	97		97		1146		41000	1840	133
沙河					590			898	14
香坊实验					4527			4416	
青年					1715		66000	3118	
闫家岗	534			534	4134		120000	6524	303
红旗	756			756	89		30000	4367	
四方山	2981		107	2874	4116	3630	119530	3930	792
松花江	85		85		1747	1509	6486	1136	92
阿城原种场	105		35	70	2000		88000	4530	464
九龙山柞蚕育种场									
佳南实验农场									

附录 1-12 续表 2

（2013 年）

农场名称	出栏肉羊（只）	出栏肉禽（只）	肉类总产量（吨）	牛奶产量（吨）	羊毛产量（公斤）	禽蛋产量（吨）	蜂蜜产量（公斤）	鲜鱼产量（吨）	#养殖产量（吨）
二九〇	1226	308400	3809	731	3840	584		36	97
绥滨	3684	90000	10689	7441	18000	782		311	135
江滨	1500	245567	9652	8595	8323	1682			17
军川	1052	31221	11685	11791	46	148		11	
名山	3127	336861	12060	6323	688	1034		494	5
延军	2512	15738	2919	5260	70	328	4000	21	40
共青	5105	744180	15554	4385	15600	248		23	121
宝泉岭	1232	129870	21672	6840	2176	1583	1400	65	
新华	2443	3506555	15743	4036	6660	1155		433	248
普阳	7590	113600	10537	6030	25220	286		100	
汤原	2815	65494	3422	2770	1583	361	500		9
依兰	2480	47936	1636	2839	1500	181		37	70
梧桐河	682	141669	6649	1724	3052	41		22	
友谊	26570	910998	18416	1370	87269	2570		35	1201
五九七	79147	627000	10630		4244	149		145	18
八五二	12901	254874	14399	1604	10538	883	16000	112	2327
八五三	12275	145576	8429	3088		1063	185548	266	685
饶河	10113	405807	6804			341	138306	905	61
二九一	24345	674800	4003	7020	25400	519	750	118	782
双鸭山	8284	161292	8666	162	23547	392	156347		261
江川	3460	469900	21779			170			547
曙光	1071	2908133	17716			1160			25
北兴	10930	183723	5858	1128	6274	281	240000	8	345
红旗岭	8073	64423	2774			94	25559	212	228
宝山	8098	55859	2126		3010	92			6
八五九	7285	480000	2049	4850		1350		690	110
胜利	19856	212489	3259			747		363	
七星	45014	1106807	9167		2010	1756			551
勤得利	16779	328842	4805	1146	3650	852		350	1300
大兴	28035	136420	3608			625		130	
青龙山	11976	83833	2259			364		65	
前进	35690	264889	5325			991		35	
创业	15214	160456	1998		5878	792			135
红卫	41057	133000	2225			368		50	50
前哨	17067	142456	2231		915	138			5
前锋	18187	306599	3848	1662		340		10	
洪河	22786	154036	1985			255		10	72
鸭绿河	19114	214851	2291			657		35	
二道河	7539	85342	896			113		15	
浓江	36668	277982	2361		1000	336		17	8
八五〇	6861	331490	4583	26419	2800	671			40
八五四	5924	365329	5456	20959	2560	1175	54000		837
八五五	12499	505000	5167	19404	4117	659	17312		88
八五六	10261	438890	5849	9565	906	638		100	810
八五七	6218	714904	6820	30011	6075	2714		563	773
八五八	6211	644778	6849	15422	3064	2963	16500	293	1262
八五一〇	6553	61243	2973	11797	2418	119		359	380
八五一一	9842	688500	6754	59252		756			
庆丰	4501	202436	3135	12212	2700	652	8000	85	140
云山	11692	469354	4494	31813	4680	1581	88717		198
兴凯湖	9647	46050	4546			106		240	53
海林	9542	520364	6453	34821		987			236
宁安	9410	186700	5843		4400	544			56
山市种奶牛场	3300	25966	1138	13820		125		15	1
锦河	22680	74237	1623	482	39886	254		4	18
红色边疆	10157	89118	2541	795	22065	381		105	136

附录 1-12 续表 3　　　　（2013 年）

农场名称	出栏肉羊（只）	出栏肉禽（只）	肉类总产量（吨）	牛奶产量（吨）	羊毛产量（公斤）	禽蛋产量（吨）	蜂蜜产量（公斤）	鲜鱼产量（吨）	#养殖产量（吨）
逊　克	191815	190500	9947	738	371290	872		74	
龙　门	9708	63500	1962	5576	15300	330	270	17	18
襄　河	11734	92714	2944	4408	9603	319			430
龙　镇	15760	139380	1869	7141	21900	228		80	200
二龙山	3953	308750	2137	24515	6733	807		312	729
引龙河	6679	153910	2729	20540	9200	380			700
尾　山	25198	67900	2720	20418	19395	161			50
格球山	5510	120000	2919	6805	5000	306			199
长水河	3440	170000	1710	21000	2100	89		1	19
赵　光	4160	140000	2918	33630	9000	280			680
红　星	4646	104638	1619	18855	4969	398			380
建　设	14467	108000	2488	485	11700	94		101	450
五大连池	3609	67354	585	479	3472	92			
鹤　山	66631	160297	10450	28115	36614	351			130
大西江	24055	143200	3082	15164	134900	486			152
尖　山	10956	91358	3015	8340	287000	1050			28
荣　军	10509	36750	1460	11562	22972	275			71
红五月	9832	24513	1094	8154	9600	35			366
七星泡	23582	125924	2615	13115	103275	631			344
嫩　江	7083	21564	712	9672	24515	97			65
山　河	13605	32481	4402	16537	45673	66		34	196
嫩　北	6300	310400	3100	7071	32096	119	1000		71
建　边	20898	29291	1219	2551	75800	90	33000		
哈拉海	5260	10650	474	2977	38465	14			
克　山	10109	331218	5014	8353	5034	1166			20
依　安	94640	127357	4872	520		392			58
富裕牧场	21350	436080	9677	11357	14200	3651		13	271
查哈阳	80558	1503531	13578	7359	180500	2477		5	465
泰　来	15765	166764	4327	6758		529		90	122
绿色草原牧场	7850	364800	3302	14413		70			
巨浪牧场		76532	774	13556		38			56
齐齐哈尔种畜场	1809	3364390	10223	4160		333			
繁荣种畜场	3945	139325	1832	1272	7239	223			
大山种羊场	21217	95393	865	4218	17500	9		260	109
红旗种马场	4000	83947	475	500	25600	36			
嘉　荫	63834	432995	10793			920	49356	380	
铁　力	12298	349559	6774	7317		828			395
海　伦	13242	383571	6139	4546	53670	862	7498		975
红　光	24863	779034	6220	5749	27550	483			379
绥　棱	19462	182091	4175		13440	235		319	520
安达牧场	1957	58700	742	7946	13200	31			
和平牧场	20620	128992	3597	44205	103560	1031			
肇　源	2444	140250	1446		8017	168		620	753
柳　河	1378	317181	2287			571		47	199
涝洲鱼种场		3000	126			28			1353
庆　阳	81	273360	706					144	153
岔林河		41000	236			420		540	
沙　河			65				15750	10	15
香坊实验		152560	708			321			
青　年		100000	653			644			
闫家岗		130000	1088	1200		1120		50	142
红　旗		54000	517	2509		242			
四方山	3738	97600	598	7726	16200	1264			200
松花江	596	6587	132	3		18		26	30
阿城原种场		43000	523	1229		1154			
九龙山柞蚕育种场									
佳南实验农场									126

附录 1–13　工业总产值、销售产值及产品产量

（2013 年）

农场名称	工业总产值（万元）	工业销售产值（万元）	大　米（吨）	小麦粉（吨）	食用植物油（吨）	配混合饲料（吨）	白酒（折 65 度，商品量）（千升）	砖（折标准砖）（万块）
二九〇	50865	48310	145500			4000	1300	5500
绥　滨	44820	44820	29910	1800	800	4750	1750	1800
江　滨	52703	52703	24660		424		630	700
军　川	38023	38078	84000				4000	2000
名　山	43618	43618	10880		763		231	2860
延　军	76331	76331						605
共　青	72315	72315	29376		1002	5200	1185	3550
宝泉岭	26580	21224	27179			41606	1052	
新　华	56674	51975	46009			35945	94	3407
普　阳	50662	50662	131148					800
汤　原	25527	25527	1395		633			
依　兰	10334	10334	3810		90		100	
梧桐河	40580	40580	132972				150	255
友　谊	177349	177349	223612	4012	27800	2500	3280	3270
五九七	121027	121027	70478		170			4936
八五二	128743	125129	41126				825	8115
八五三	141002	141002	220533		1920	23580	6731	1169
饶　河	35807	35807	42433	5180	1319		1329	6110
二九一	26280	26280	29391	3241	394		1412	2627
双鸭山	32104	321404	7810				6600	5760
江　川	54241	54241	144000					800
曙　光	58517	58517	14810				6366	1676
北　兴	35830	35830			480		230	9730
红旗岭	66630	66630	172221				160	700
宝　山	6060	6060	13249					
八五九	47593	47242	109006		330	944	1537	1040
胜　利	47882	47882	61500	4122				500
七　星	80224	83654	140900	1650	520	2500	1000	1600
勤得利	32796	32796	68010					
大　兴	10258	10258	18625					
青龙山	16260	16260	40000					150
前　进	75093	73773	107624		17677	500		1200
创　业	139079	139079	245880					650
红　卫	14190	14904	28338					100
前　哨	10984	10984	20810					1500
前　锋	14190	14190	37710					1062
洪　河	19445	19445	39450					
鸭绿河	9166	9166	17395					
二道河	14648	14648	24575					
浓　江	10344	10344	22792					
八五〇	131773	142726	266125		2210			4430
八五四	157906	177618	340107		4248		825	924
八五五	35112	35239	596		910	4844	501	1397
八五六	101701	54482	258250				905	
八五七	114201	82372	229643		546	86	40	3750
八五八	92978	104345	354093			23619		1237
八五一〇	49648	58893						
八五一一	70683	67854	11060		6479	23850		1984
庆　丰	115357	134704	249650		375	6200		142
云　山	37211	29755	28908			20965		3920
兴凯湖	39981	41829	59680					5000
海　林	43059	24093		3600		22000	140	900
宁　安	52432	41489		18230	450			1584
山市种奶牛场	2213	2689						
双　峰	4256	3117						
锦　河	16422	16422						
红色边疆	8749	8749		1003	410		121	2500

附录 1-13 续表 1　　　　　　　　　　　　　　（2013 年）

农场名称	工业总产值（万元）	工业销售产值（万元）	大　米（吨）	小麦粉（吨）	食用植物油（吨）	配混合饲料（吨）	白酒（折 65 度，商品量）（千升）	砖（折标准砖）（万块）
逊　克	3349	3349					44	600
龙　门	14780	13231		12000				
襄　河	15260	13830		3000		5000		400
龙　镇	24537	24547	7000	6000				1380
二龙山	43019	43019		4750		25940		6480
引龙河	2747	19010		510	1300	1820	2700	2900
尾　山	15556	15556		80				1080
格球山	6522	6522				1103	50	1300
长水河	7604	7604		4395	116	966		
赵　光	36768	36768		15000		9000	280	7000
红　星	23000	23000			702	1200	1536	
建　设	9856	9856		720	60		220	
五大连池	1901	1901			20		10	
鹤　山	30381	29176				8184		3860
大西江	22435	18108			1046			2006
尖　山	2705	2421		85		1905		4450
荣　军	21403	18219					81	800
红五月	3841	3374		3685	1222	13931	1067	3948
七星泡	11013	11123		9303	3159	5784		
嫩　江	8715	8288				64366	40	7880
山　河	6424	4076			2817		538	3934
嫩　北	36021	27225		1800	1250			
建　边	21470	21470		5175			400	8082
哈拉海	6786	6937	3681					
克　山	15883	15391		10221	1030	8756	215	210
依　安	30299	29130	67000					3000
富裕牧场	6755	6401	45100			18400	4150	3100
查哈阳	123663	120038	266516				287	860
泰　来	16309	15774	69930		1109		227	
绿色草原牧场	3429	3198			169	29000	161	
巨浪牧场	6616	6329			492	10989	880	
齐齐哈尔种畜场	18910	17973				10518		
繁荣种畜场	9764	9560	17177		560			
大山种羊场	10982	10121	30072				104	
红旗种马场	620	620			150			
嘉　荫	12227	12227					995	1400
铁　力	50422	50422	51139		890		32054	1350
海　伦	14160	12443					1204	1350
红　光	8894	8890						1220
绥　棱	5329	5329	5924	2952	395		235	
安达牧场	6931	6931						740
和平牧场	41174	41174				8180	2716	6580
肇　源	28053	28053	39469					
柳　河	6825	6825	1973					536
涝洲鱼种场	148	148				4500		
庆　阳	44994	44994	125784				765	
岔林河	10795	10795	31450					
沙　河	2111	2149						1500
香坊实验	41414	41449				100686	930	
青　年	16362	16317				860		
闫家岗	10243	8253						
红　旗	43684	43684				5100		
四方山	5430	5430						
松花江	40873	38009						
阿城原种场	11760	11760						
九龙山柞蚕育种场								

附录 1-14　农村公路里程及公路硬化情况

（2013 年）　　单位:公里

农场名称	公路里程	#硬化路面里程	有铺装里程	简易铺装里程	不含专用公路里程	硬化率（%）
依兰农场	67	18	18	32	18	57
新华农场	354	138	138	180	138	77
江滨农场	207	90	90	118	90	76
军川农场	356	178	178	240	171	71
名山农场	165	64	64	80	64	80
延军农场	175	84	84	110	84	76
共青农场	260	92	92	131	88	67
宝泉岭农场	385	133	133	212	133	63
绥滨农场	346	167	167	239	163	68
普阳农场	322	137	137	173	137	79
汤原农场	167	34	34	62	34	56
梧桐河农场	232	96	96	114	96	84
二九〇农场	417	168	168	275	166	61
八五二农场	870	293	293	440	265	60
八五三农场	698	216	216	345	216	63
红旗岭农场	290	101	101	161	92	57
饶河农场	329	129	129	152	129	84
五九七农场	570	210	210	271	202	74
双鸭山农场	215	38	38	96	37	38
北兴农场	434	137	137	214	137	64
友谊农场	58	12	12	47	12	25
二九一农场	356	139	139	197	128	65
宝山农场	67	43	43	42	39	94
江川农场	266	97	97	140	95	68
曙光农场	158	69	69	90	69	77
胜利农场	463	144	144	252	144	57
建三江局直公路站	66	38	38	66	38	57
勤得利农场	422	103	103	218	94	43
前锋农场	395	102	102	272	102	37
前哨农场	346	86	86	244	82	34
八五九农场	493	174	174	282	163	58
红卫农场	309	150	150	230	150	65
二道河农场	193	15	15	125	15	12
前进农场	280	85	85	143	82	57
青龙山农场	244	144	144	145	139	96
洪河农场	220	67	67	144	67	46
鸭绿河农场	175	58	58	103	58	56
浓江农场	232	91	91	151	90	60
大兴农场	380	136	136	259	136	53
七星农场	525	165	165	251	165	66
创业农场	486	139	139	226	139	62
八五一零农场	230	97	97	144	97	68
八五四农场	467	269	269	295	269	91
八五八农场	260	154	154	187	134	72
庆丰农场	274	99	99	174	98	56
八五零农场	268	80	80	169	80	47
八五六农场	370	237	237	260	237	91
云山农场	240	119	119	159	119	75
八五七农场	238	129	129	146	129	88
八五一一农场	406	249	249	321	248	77
兴凯湖农场	230	132	132	186	132	71
八五五农场	261	107	107	188	107	57
海林农场	154	87	87	86	76	88

注:附录 1-14 表资料由交通局提供。

附录 1–14 续表　　　　(2013 年)　　　　单位:公里

农场名称	公路里程	#硬化路面里程	有铺装里程	简易铺装里程	不含专用公路里程	硬化率(%)
宁安农场	63	17	17	38	17	45
山市奶牛场	36	36	36	36	36	100
赵光农场	252	97	97	177	97	55
格球山农场	113	57	57	81	57	71
尾山农场	133	49	49	108	49	45
锦河农场	202	69	69	185	69	37
逊克农场	510	140	140	426	140	33
红色边疆农场	97	32	32	60	32	54
红星农场	128	47	47	97	47	48
建设农场	162	118	118	120	118	99
长水河农场	230	104	104	156	103	66
二龙山农场	185	77	77	136	77	57
龙镇农场	158	58	58	125	51	40
引龙河农场	222	68	68	136	68	50
襄河农场	145	76	76	107	76	70
龙门农场	89	26	26	67	26	38
五大连池	47	36	36	47	36	75
七星泡农场	192	82	82	126	82	65
嫩江农场	217	57	57	118	57	49
哈拉海农场	60	23	23	42	23	54
大西江农场	135	56	56	101	56	56
鹤山农场	135	56	56	101	56	55
跃进农场	136	36	36	84	36	43
尖山农场	183	116	116	140	116	82
红五月农场	130	56	56	114	56	49
荣军农场	126	55	55	67	55	83
山河农场	166	71	71	90	54	60
嫩北农场	159	58	58	111	58	53
建边农场	115	44	44	55	44	80
查哈阳农场	686	248	248	369	248	67
依安农场	109	37	37	43	35	81
泰来农场	79	36	36	51	36	70
富裕牧场	160	42	42	121	42	35
克山农场	284	94	94	169	94	56
巨浪牧场	62	15	15	46	15	33
绿色草原牧场	156	73	73	125	73	58
齐齐哈尔种畜场	63	39	39	63	39	62
大山种羊场	88	26	26	88	26	29
繁荣种畜场	121	27	27	121	27	22
红旗种马场	40	11	11	40	11	28
和平牧场	123	72	72	84	68	81
肇源农场	73	19	19	32	19	60
嘉荫农场	170	50	50	83	35	42
铁力农场	292	62	62	166	62	37
柳河农场	57	11	11	36	11	32
绥棱农场	204	85	85	124	85	68
安达牧场	38	6	6	13	6	44
红光农场	192	91	91	104	91	88
海伦农场	233	97	97	97	88	91
茂兴湖水产养殖场	28	2	2	28	2	8
涝洲鱼种场	9	2	2	9	2	26
闫家岗农场	32	32	32	32	32	100
红旗农场	14	11	11	14	11	82
青年农场	8	6	6	8	6	71
香坊实验农场	9	7	7	9	7	72
松花江农场	30	21	21	30	21	71
沙河农场	10	2	2	10	2	23
岔林河农场	47	10	10	15	10	66
庆阳农场	88	33	33	53	33	63
四方山农场	36	36	36	36	36	100
佳南农场	17	12	12	17	12	68

附录 2　总局直属单位基本情况

（2013 年）

单位名称	所在地	总户数（户）	总人口（人）	年末在岗职工（人）	在岗职工工资总额（万元）	增加值（万元）	固定资产投资完成额（万元）	汽车（辆）	房屋实有面积（平方米）
黑龙江北大荒药业有限公司	哈尔滨	1084	2696	1555	4992	13861	2230	11	197546
北大荒丰缘麦业有限公司	哈尔滨	283	596	1349	4033	36495	24963	12	123990
黑龙江省完达山乳业股份有限公司	哈尔滨	707	1929	5389	19873	75661	9306	131	432321
北大荒米业上市分公司	哈尔滨	470	863	1599	7358	34			280714
九三粮油工业集团有限公司	哈尔滨	2876	6295	3971	22084	337447	111378		716958
黑龙江北大荒薯业	哈尔滨	295	355	699	2762	14696	6918	22	210810
哈尔滨龙垦麦芽	哈尔滨	260	501	276	13802	77			45000
北大荒股份浩良河化肥厂分公司	伊　春			1693	5711	4673		10	
北大荒纸业有限责任公司	鸡　西			4	910	75			
黑龙江浩良河化肥厂（非上市）*	伊　春	2193	4839	423	1097	3531	2140	7	285770
黑龙江农垦贸易集团公司	哈尔滨								
黑龙江农垦北大荒商贸集团有限责任公司	哈尔滨	1662	6095	4347	22777	80059	28082	659	319430
黑龙江北大荒种业集团*	哈尔滨	1139	2540	1965	9872	44716	17525	88	137093
黑龙江北大荒粮食集团有限公司	哈尔滨	462	1064	537	1830	28617	1138	17	238001
黑龙江北大荒农垦集团总公司	哈尔滨	26	5	548	2259	17500	14730	15	200
黑龙江农垦通信有限公司	哈尔滨	65	202	1454	6926	15155		55	252
黑龙江农垦建工集团	哈尔滨	1458	4316	1653	7858	161028	4513	96	117052
农垦科学院	哈尔滨	387	948	402	3137	7547	1078	21	31883
总局机关农场	佳木斯	13	44	3		250	384	1	750
黑龙江省九三农垦恒达建筑安装工程有限责任公司	哈尔滨	71	341	196	285	1355			10940
黑龙江农垦龙兴建筑工程劳务有限公司	哈尔滨	7	17	12	20				170
黑龙江恒大建筑工程有限公司	哈尔滨	24	57	44	27	259		3	670
黑龙江农垦水利有限公司	哈尔滨	325	1798	319	612	1293		20	26092
黑龙江农垦嘉隆建筑工程有限公司	佳木斯	10	14	14	33	48			60
黑龙江省农垦恒胜建筑安装工程有限公司	佳木斯	127	586	397	1376	4291		10	11855
黑龙江垦区兴垦建筑安装有限公司	佳木斯	201	608	219	411	717			12441
黑龙江天德建设工程有限公司	哈尔滨	30	105	85	415	1251			1000
黑龙江成业建设工程有限责任公司	哈尔滨	70	260	120	422	864		4	3800
黑龙江农垦水利开发建设有限责任公司	哈尔滨	98	287	173	597	979		4	4764
黑龙江正业建设有限公司	哈尔滨	418	669	507	1715	2474		3	15160
黑龙江农垦佳昌建筑安装工程有限责任公司	哈尔滨	196	196	275	166	1136		3	11625
黑龙江方略建筑工程有限公司	哈尔滨	4	13	13	31	120			1014
北大荒通用航空公司	佳木斯	252	494	252	2198	4594		13	29886
黑龙江农垦鑫博经贸有限公司	哈尔滨	1	3	4	8				50
黑龙江方达电梯销售有限责任公司	哈尔滨			3	7	40			
黑龙江农垦佳星液化气经销有限公司	哈尔滨	20	50	34	82	150		4	2275
黑龙江北大荒医药开发有限公司	哈尔滨	4	12	40	133	241			200

附录 2 续表 1　　　　　　　　　　　　（2013 年）

单位名称	所在地	总户数（户）	总人口（人）	年末在岗职工（人）	在岗职工工资总额（万元）	增加值（万元）	固定资产投资完成额（万元）	汽车（辆）	房屋实有面积（平方米）
黑龙江省农垦干部培训中心	哈尔滨	108	286	524	1713	5196		2	48975
黑龙江省农垦天阳农机有限公司	哈尔滨	18	23	43	119	5397			244
黑龙江富源房地产开发有限公司	哈尔滨	11	33	11	26	79			770
黑龙江农垦盛源房地产估价有限公司	哈尔滨	3	9	3	48	54		1	180
黑龙江农垦泰鑫房地产开发有限公司	哈尔滨	21	52	56	720	9191		3	2050
黑龙江农垦鑫泰房地产开发有限公司	哈尔滨	12	39	18	5	6		1	700
黑龙江农垦鑫源房地产开发有限公司	哈尔滨	8	24	8	29	103	297		480
黑龙江万昌房地产开发有限公司	哈尔滨					1198			
黑龙江岳华房地产估价有限责任公司	哈尔滨	8	24	10	48				400
黑龙江农垦佳昌房地产开发有限公司	佳木斯	147	147	33	138	1198	1109	1	7065
黑龙江华强项目管理有限公司	哈尔滨	1	3	3	7				
黑龙江华业工程设计有限公司	哈尔滨	12	30	12	80	143			670
黑龙江农垦龙信产权交易有限公司	哈尔滨	3	6	6	43	90		1	200
黑龙江农垦现代农业工程设计有限公司	哈尔滨	28	67	32	310	926			1680
黑龙江农垦弘正文化发展有限公司	哈尔滨	2	2	2	2	8			30
黑龙江省龙垦资产评估有限公司	哈尔滨	5	21	13	47	44		1	300
黑龙江岳华工程造价咨询有限公司	哈尔滨	10	30	21	292	406			300
黑龙江德鸿工程项目管理有限公司	哈尔滨	4	12	12	25				240
黑龙江省新奥博工程设计有限公司	哈尔滨	45	135	64	127	668		18	2730
黑龙江农垦北大荒人力资源有限公司	哈尔滨	2	7	7	23	34			102
黑龙江农垦阳光礼义服务有限公司	哈尔滨	1	10	8	33	47			60
黑龙江建正会计师事务所有限责任公司	哈尔滨	3	9	10	46	63			230
黑龙江农垦正业矿产开发有限公司	哈尔滨		14	7	27			2	735
正业勘测设计集团有限公司	哈尔滨	146	391	198	2620	5441		10	10304
阳光农业相互保险公司	哈尔滨			520	4390	1593	3137	116	
黑龙江省新奥博工程咨询有限公司	哈尔滨	3	9	3	4	5		3	212
黑龙江农垦路通公路工程监理有限公司	哈尔滨			2	9				
黑龙江八一农垦大学	大　庆	1326	20333	1243	9166	20600	1727	681	497831
黑龙江农垦神经精神病防治院	佳木斯	360	904	701	2234	4751	285	8	62819
黑龙江农垦广播电视台	哈尔滨	32	74	159	1107	1359		4	96677
黑龙江农垦管理干部学院	哈尔滨	174	459	221	728	3166	30	75	28993
北大荒版画院	哈尔滨	2	6	3	7	8			140
黑龙江省农垦工会委员会	哈尔滨	25	66	29	150	207		8	2951
黑龙江省农垦总局驻北京联络处	北　京	12	20	20	78				4880
黑龙江省农垦总局佳木斯离退休干部休养所	佳木斯	12	36	12	68	91		3	2800
黑龙江省农垦总局驻佳木斯办事处	佳木斯	108	261	44	399	713	2	6	24600
黑龙江农垦佳木斯学校	佳木斯	330	990	336	1713	2583	436	1	125000

附录2续表2　　　　　　　　　　　　（2013年）

单位名称	所在地	总户数（户）	总人口（人）	年末在岗职工（人）	在岗职工工资总额（万元）	增加值（万元）	固定资产投资完成额（万元）	汽车（辆）	房屋实有面积（平方米）
黑龙江农垦勘测设计研究院	哈尔滨	201	811	217	2472	2944		32	12500
黑龙江省垦区公安局交通警察支队	哈尔滨	51	233	81	432	1329	1354	30	1785
黑龙江省垦区工商行政管理局	哈尔滨	38	131	103	486	1007		10	6679
北大荒日报社	哈尔滨	72	159	96	1122	1912		5	9637
黑龙江省农垦总局墙体材料改革办公室	哈尔滨	3	7	6	54	73		1	280
黑龙江农垦职业学院	哈尔滨	354	730	448	1826	6058	3966	8	182478
黑龙江省垦区公安局	哈尔滨	90	260	118	470	625		30	15830
北大荒博物馆	哈尔滨	1	8	3	11	168		6	200
黑龙江农垦土地整理储备中心	哈尔滨	8	23	10	74	116		3	843
黑龙江省农垦土地勘测规划院	哈尔滨	10	30	10	158	114	78	6	1140
黑龙江农垦人才中心	哈尔滨	6	18	12	120	144		2	600
黑龙江省农垦总局卫生局卫生监督所	哈尔滨	11	21	14	105	287		2	2472
黑龙江省农垦总局北大荒文工团	哈尔滨	15	42	20	267	471	484	3	2525
黑龙江农垦社会保险事业管理局	哈尔滨	31	89	72	263	437		2	5934
黑龙江省农垦中级法院	哈尔滨	69	215	69	603	808		15	17300
黑龙江农垦经济研究所	哈尔滨	11	30	20	189	406			886
黑龙江垦区采购招标中心	佳木斯	12	36	22	96	107		5	2166
黑龙江农垦科技职业学院	哈尔滨	284	853	560	3624	6739	1406	15	172323
黑龙江省农垦总局司法局	哈尔滨	6	16	8	47	199		1	1084
黑龙江省农垦总局哈尔滨离退休干部休养所	哈尔滨	5	10	13	41	828			9985
黑龙江省农垦总局能源办公室	哈尔滨	7	19	8	84	96			872
黑龙江省人民检察院农垦区分院	哈尔滨	53	159	58	383	833			5180
黑龙江省农垦职业技能鉴定指导中心	哈尔滨	4	12	4	19	19			360
黑龙江省环境保护厅垦区环境保护局	哈尔滨	31	100	37	180	378		9	3363
黑龙江农垦工程咨询评审中心	哈尔滨	8	20	8	55	94		1	1340
黑龙江省农垦总局政法委	哈尔滨	6	21	9	39	128			620
黑龙江省农垦绿色食品办公室	哈尔滨	5	13	14	82	161		1	362
黑龙江省垦区公证处	佳木斯	5	12	11	59	60		4	400
黑龙江省垦区特种设备检验研究所	哈尔滨	15	33	27	112	218		5	900
黑龙江省农垦总局总医院	哈尔滨	290	1102	1050	7483	14328		19	96117
黑龙江农垦总局办公室	哈尔滨	520	1520	430	1760	3803		322	133000
黑龙江省农垦总局交通运输局	哈尔滨	50	150	79	388	905	122942	11	11208
黑龙江省农垦总局工程质量监督站	哈尔滨	7	20	10	52	124		1	950
黑龙江省农垦总局工程造价管理站	哈尔滨	5	13	6	34	56			582
黑龙江省农垦总局水务局	哈尔滨	23	66	28	90	153		1	5400
黑龙江省农垦总局住房公积金管理中心	哈尔滨	12	54	31	85	354		1	2469
黑龙江省农垦乳品检测中心	哈尔滨	23	63	40	102	273		4	4003

附录2续表1　　　　　　　　　　　　　（2013年）

单位名称	所在地	总户数（户）	总人口（人）	年末在岗职工（人）	在岗职工工资总额（万元）	增加值（万元）	固定资产投资完成额（万元）	汽车（辆）	房屋实有面积(平方米)
黑龙江省国土资源厅驻农垦总局国土资源局	哈尔滨	14	42	27	155	346			570
黑龙江省农垦总局直属行政事业财务结算中心	哈尔滨	9	9	7	33	1396	183	3	560
黑龙江省农垦总局植保植检站	哈尔滨	1	3	1	6				
黑龙江省农垦总局气象管理站	哈尔滨	4	11	4	19				170
黑龙江省农垦总局种子管理局	哈尔滨	10	30	10	49				7000
黑龙江省农垦总局动物卫生监督所	哈尔滨	5	12	5	29				270
黑龙江省农垦经济调查队	哈尔滨	4	12	8					370
黑龙江垦区残疾人联合会	哈尔滨	5	8	4	22				270
黑龙江省农垦总局就业局	哈尔滨	3	9	7	25				207
黑龙江省农垦总局森林病虫害防治检疫站	哈尔滨	2	6	2	10	10			170
黑龙江省农业机械安全监理总站农垦分站	哈尔滨	2	2	2	7				
黑龙江垦区残疾人劳动就业服务管理中心	哈尔滨	3	12	3	13				170
黑龙江省农垦总局图书馆	哈尔滨	3	5	5	12				200
黑龙江挠力河国家级自然保护区管理局	哈尔滨	4	9	4	20				500
黑龙江垦区粮油卫生检验监测站	哈尔滨	1	3	3	14				258
预算外资金管理局	哈尔滨	9	15	6	26				420
会计管理局	佳木斯	1	2	1	5				100
史志办	哈尔滨	4	7	4	16				200
财务总监办	哈尔滨	3	3	4	21				200
档案馆	哈尔滨	1	2	2	10				100
政务中心	哈尔滨	1	2						100
房产处	哈尔滨	1	2	6	27				100
水管站	哈尔滨	5	13	5	20				390
农垦机构编制数据	哈尔滨			1	3				
扶贫办	哈尔滨	4	12	4	21				73
招生办	哈尔滨	6	17	6	27				300
维修中心	哈尔滨	6	6	6	22				360
局长电话办	佳木斯	2	10	2	12				100
低保中心	哈尔滨	2	2	2	8				200
红十字会	哈尔滨	1	1	1	6				100
农垦科技信息中心	哈尔滨	1	3	4	15				50
依法治垦办	哈尔滨	1	2	2	9				74
王岗就业中心	哈尔滨	3	5	3	16				60
北大荒鑫亚经贸有限责任公司	哈尔滨	90	260	98	993	330			7030
北大荒鑫都房地产开发有限公司	哈尔滨	28	74	44	233	351		1	3600
黑龙江北大荒投资担保股份有限公司	哈尔滨	17	71	41	465	1598	4	15	3094
北大荒农业股份有限公司本部	哈尔滨	64	210	80	1354	7391		8	10139

中国统计出版社最新图书简目

（仅供参考,以最后出书为准）

统计资料

综合类：中国统计年鉴　中国统计摘要　中国发展报告

国际资料类：国际统计年鉴　金砖国家联合统计手册　世界能源资源年鉴

区域资料类：中国区域经济统计年鉴　中国县域统计年鉴　中国城市统计年鉴　中国农村统计年鉴　中国地区经济监测报告

经贸与投资类：中国贸易外经统计年鉴　中国对外直接投资统计公报　中国商品交易市场统计年鉴　大中型批发零售和住宿餐饮企业统计年鉴　中国零售和餐饮连锁企业统计年鉴

住户与物价类：中国住户调查年鉴　中国价格统计年鉴　中国农产品价格调查年鉴　全国农产品成本收益资料汇编

资源与环境类：中国环境统计年鉴　中国能源统计年鉴

产业类：中国工业统计年鉴　中国建筑业统计年鉴　中国房地产统计年鉴　中国第三产业统计年鉴　中国证券期货统计年鉴

科技类：中国科技统计年鉴　中国高技术产业统计年鉴　工业企业科技活动资料

人口与就业类：中国劳动统计年鉴　中国人口和就业统计年鉴　中国人才资源统计报告

社会与文化类：中国社会统计年鉴　中国文化及相关产业统计年鉴

公共管理类：中国民政统计年鉴　中国民族统计年鉴　中国乡镇街道行政区域简册

省级综合统计年鉴系列

北京 天津 河北 山西 内蒙古 辽宁 吉林 黑龙江 上海 江苏 浙江 安徽 福建 江西 山东 河南 湖北 湖南 广东 广西 海南 重庆 四川 贵州 云南 西藏 陕西 甘肃 青海 宁夏 新疆 新疆生产建设兵团

市(县)级综合统计年鉴系列

天津滨海新区 石家庄 唐山 邯郸 太原 大同 阳泉 长治 晋城 塑州 晋中 运城 忻州 临汾 呼和浩特 鄂尔多斯 包头 沈阳 大连 长春 吉林市 四平 哈尔滨 黑龙江垦区 上海浦东新区 南京 无锡 徐州 常州 苏州 南通 连云港 淮安 盐城 扬州 镇江 泰州 宿迁 江阴 丹阳 杭州 宁波 温州 嘉兴 绍兴 金华 衢州 舟山 台州 丽水 合肥 福州 厦门 宁德 福州经济技术开发区 南昌 济南 青岛 郑州 洛阳 平顶山 三门峡 南阳 武汉 十堰 荆州 宜昌 荆门 咸宁 长沙 广州 深圳 惠州 东莞 南宁 柳州 桂林 来宾 海口 三亚 成都 贵阳 昆明 西安 兰州 庆阳 银川 乌鲁木齐 兵团一师 兵团十师

调查年鉴系列

山西 内蒙古 吉林 辽宁 上海 福建 湖北 广西 重庆 四川 云南 甘肃 宁夏 新疆 南宁 桂林

“十二五”规划教材

统计学（经济管理类专业本科适用，单薇 等）　抽样调查理论与方法（冯士雍 等）

贝叶斯统计（茆诗松 等）　统计学（黄良文 等）　试验设计（茆诗松 等）

统计学：从数据到结论（吴喜之）　医学统计学（于浩）　统计学（经济、管理类专业基础教材，张小斐）

概率论与数理统计三十三讲（魏振军）　概率论与数理统计三十三：学习指导与习题解答（魏振军）

非参数统计（吴喜之 等）　统计学：经济与管理中的数据分析（李慧云 等）

卫生管理统计学（新编医学院校基础课教材，尚磊）　医院统计学（新编医学院校基础课教材，徐天和 等）

社会统计学（将萍 等）　现代金融投资统计分析（李腊生 等）

国民经济核算初级教程（经济类、统计类、管理类专业适用，蒋萍等）

重点图书

新中国 65 年　新编英汉汉英统计大词典　中华医学统计百科全书

挑大学选专业 2014—考研择校指南　挑大学选专业 2014—高考志愿填报指南